José María García Martín y Ángeles Romero Cambrón

EL *FUERO JUZGO*: HISTORIA Y LENGUA

MEDIEVALIA HISPANICA

Fundador y director Maxim Kerkhof

Vol. 21

José María García Martín
Ángeles Romero Cambrón

EL *FUERO JUZGO*: HISTORIA Y LENGUA

Iberoamericana • Vervuert • 2016

Este libro ha sido escrito en el desarrollo de los proyectos FFI2012-31896 i 2014 SGR 51

Amor de Dios, 1 – E-28014 Madrid
Tel.: +34 91 429 35 22
Fax: +34 91 429 53 97
info@iberoamericanalibros.com
www.iberoamericana-vervuert.es

Elisabethenstr. 3-9 – D-60594 Frankfurt am Main
Tel.: +49 69 597 46 17
Fax: +49 69 597 87 43
info@iberoamericanalibros.com
www.iberoamericana-vervuert.es

ISBN 978-84-16922-08-6 (Iberoamericana)
ISBN 978-3-95487-576-4 (Vervuert)

Depósito Legal: M-42957-2016

Diseño de cubierta: Juan Carlos García

The paper on which this book is printed meets the requirements of ISO 9706

Impreso en España

Índice

PALABRAS LIMINARES

En 1241 Fernando III ordena traducir el *Liber Iudicum* al romance para otorgarlo a Córdoba. La decisión del monarca respondió a poderosas razones de orden político y jurídico. Durante la Alta Edad Media, el código legal visigodo no dejó de ser consultado por los juristas. El texto romance, conocido como *Fuero Juzgo,* pasa a ser el ordenamiento local de las nuevas ciudades conquistadas en esa época por Castilla: se otorgará también a Sevilla, a Alicante, más tarde a Murcia y a Cartagena... En el caso de León, llega incluso a desplazar a los fueros locales y a convertirse en el *Fuero de León*. No es de sorprender, por tanto, que una obra de tal significación se nos haya transmitido en un número muy elevado de testimonios, alrededor de cincuenta, una cifra altísima para un texto escrito en romance. Los códices más antiguos, al reflejar variedades dialectales diversas, constituyen una fuente de documentación preciosa para la Historia de la lengua.

La ejecución de nuevas copias manuscritas, así como las anotaciones existentes en muchas de las antiguas, constituyen un dato bien elocuente del interés que siguió suscitando el *Fuero Juzgo* a partir del siglo XVI. No obstante, faltaba una edición válida y estudios rigurosos. Quienes sintieron en un momento u otro la urgencia de acometer un empeño tal, conscientes de su relevancia, se contaban entre las personas más descollantes en la vida cultural del reino: es el caso, en el XVI, de Diego y Antonio Covarrubias, que se centraron en una operación minuciosa con el *Liber Iudicum,* o en el XVIII, de Burriel, que trabajó con ahínco y perspicacia en el *Fuero Juzgo*. Este tipo de iniciativas fueron apoyadas desde el gobierno, aunque por motivos ajenos al estudio lingüístico. Así sucedió, de hecho, con la única edición anterior a la académica, la de Villadiego, publicada en 1600, pues ni la de Llorente en 1792 ni la de Reguera Valdelomar en 1798 superaron claramente a los trabajos del siglo XVI.

Toda investigación, sea cual sea su naturaleza (jurídica, política, histórica), precisa verse sobre esta pieza angular de nuestra historia cultural, por lo que debe sustentarse en una edición solvente y satisfactoria. Es cierto que completarla constituye una empresa compleja, no solo por la tradición textual del fuero romance, sino también por la del tomo latino, producto de sucesivas versiones. En su *Historia del derecho español* (1822), Sempere se indignaba de que en España se hubiera tardado tanto en publicar una edición como la que finalmente consiguió llevar a término la Real Academia Española en 1817. La edición académica supuso un cambio de rumbo; se pueden discutir muchas soluciones del *Fuero Juzgo*, pero todavía hoy hay que partir de él para cualquier trabajo ulterior. En ella se tienen en cuenta veintiséis manuscritos, nueve latinos y diecisiete romances; también dos ediciones: la de Limdebrog del *Liber Iudicum* y la de Villadiego del *Fuero Juzgo*, sistemáticamente impugnada por los editores de los siglos XVIII y XIX.

Derecho, política, historia, conocimiento lingüístico, filología... Muchos son los ángulos desde los que cabe aproximarse al *Fuero Juzgo*. Este volumen ofrece dos aportaciones que se internan en aspectos diferentes.

En lo referente al capítulo de José María García Martín, se ha intentado describir las "prolijas diferencias" (Sempere) que condujeron felizmente a la conclusión de un trabajo que no se ha repetido nunca. En el hecho de esta edición se han combinado enfoques muy distintos, desde la lengua hasta la política, pasando por la historia, la crítica textual y el derecho. Y ello responde realmente a lo que ocurrió. El impulso que llevó a la Real Academia Española a lanzarse a este mundo absolutamente nuevo para algunos de sus miembros es, como se puede ver, un objetivo político y jurídico, más allá del análisis histórico-lingüístico. Y desde el plan de Jovellanos hasta el prólogo que remata la labor de casi treinta y cinco años (1784-1817) se reemplazan unos a otros, con la excepción de Lardizábal, con la particularidad de que en ese período ha habido cambios de ruta, cuando los protagonistas y los contextos sociales de España fueron modificándose de acuerdo con los distintos ambientes políticos e ideológicos. Los editores académicos iniciaron con la luz del concepto de constitución y terminaron la larguísima jornada con la idea de una nación unitaria: desde los discursos académicos de Jovellanos (1780-1781) hasta el *Discurso preliminar* de Lardizábal (1817). Y, junto a los dos juristas dieciochistas, fueron siempre los secretarios de la corporación (Lardizábal, Alomanzón y González) los que intentaron salvar las situaciones peligrosas o insalvables, y lo consiguieron prácticamente siempre, con prudencia, tacto y firmeza. El autor ha podido comprobar que hay asuntos que requieren puntualizaciones mucho más detenidas y documentadas hasta donde sea posible.

Por su parte, desde una perspectiva filológica, Ángeles Romero Cambrón aborda el ms. Holkham misc. 46 de la Bodleian Library. En el estudio que de él se presenta, se ha procurado destacar las características codicológicas y escriturarias que presenta en tanto que código legal: la utilización de una cuidada representación de la *ordinatio*, las dificultades particulares que el estilo repetitivo planteaba al copista, la existencia de un revisor... La edición parcial de algunos fragmentos y, en especial, de la capitulación, permitirá llevar a cabo un primer examen contrastivo del códice oxfoniense con otros testimonios. La versión del fuero transmitida en el manuscrito de la Bodleian no había sido aún atendida. La documentación contenida en el archivo académico ha deparado hallazgos extraordinarios y ha permitido extraer conclusiones novedosas. Los autores esperan que el tiempo les brinde la oportunidad de proseguir con el trabajo ya comenzado. Desean asimismo que futuras investigaciones de especialistas en diferentes ámbitos logren proporcionarnos un mejor conocimiento de este fuero medieval en todas sus vertientes: la histórica y, por supuesto, la textual y lingüística.

Antes de acabar estas líneas, hemos de subrayar que tanto el Archivo de la Real Academia Española como la Bodleian Library de la Universidad de Oxford han puesto sus materiales a nuestra disposición, lo que nos ha permitido trabajar con una deliciosa tranquilidad y una extraordinaria riqueza de fuentes. Se lo agradecemos muy sincera y cordialmente a ambas instituciones. Y, como es lógico, se debe hacer constar que el presente libro es uno de los resultados finales del proyecto de investigación de *Edición y estudio del Fuero Juzgo: primera fase*, financiado por el Ministerio de Economía y Competitividad de España (referencia FFI2011-28930), desarrollado en la Universidad de Cádiz.

En fin, el *Fuero Juzgo*, insistimos en ello, constituye una obra central desde distintos puntos de vista: lo es para la Historia, la Historia de la cultura, la Historia del Derecho, la Historia de la Lengua Española, la Dialectología histórica, incluso la Política... Por ello, no se debe olvidar nunca la exigencia polifacética de esta obra, lo que, al mismo tiempo, hace mucho más atractivo el reto que significa. Esperamos que ello lleve a dar frutos copiosos en el futuro.

JOSÉ MARÍA GARCÍA MARTÍN
ÁNGELES ROMERO CAMBRÓN

BASES PARA UNA CRÓNICA DE LA EDICIÓN ACADÉMICA DEL *FUERO JUZGO* (1817)

0. Introducción

Antes de la aprobación de la Constitución de 1812, un episodio básico en la formación de la nación moderna que se llama España, se bucea en los momentos muy anteriores en que se legisló a través de códigos que se dirigen a las sociedades medievales y los territorios en que viven aquellas. Me refiero, evidentemente, al *Fuero Juzgo* y las *Partidas* como textos legales que empiezan a extenderse en castellano medieval a lo largo de los reinados de Fernando III (en cuanto al *Fuero Juzgo* solamente) y Alfonso X de Castilla y León (se podrían mencionar otros muchos, como, por ejemplo, el *Ordenamiento de Alcalá*, de 1348, con Alfonso XI). Ahora bien, hay otro factor muy importante, a saber, que el *Fuero Juzgo*, en todos los casos, es una especie de constitución, además de código civil y código penal (*vid.* Mencé 1996: I, 61), sin que los diversos manuscritos contengan traducciones de la misma versión del *Liber Iudicum* con las equivalencias idiomáticas mantenidas en las sucesivas interpretaciones del texto romance, que, con esbozos precedentes desde al menos la segunda mitad del siglo VI, afecta a todo el reino visigodo durante el siglo VII hasta el año 711, en que se produce la invasión musulmana que acaba con aquella estructura unitaria para la península Ibérica. ¿Cómo influyen esas circunstancias previas en la aparición de las ediciones de los códigos citados a principios del siglo XIX? Lo que pretende Lardizábal en el *Discurso preliminar* es establecer las relaciones jurídicas y políticas entre los hechos que se dan entre los siglos VII y XIII, por un lado, y los comienzos del siglo XIX, la Edad Contemporánea, en España. En esa conexión histórica, sobre todo en cuanto al *Fuero Juzgo*, claro es, hay una institución que desempeña un papel clave, la Real Academia Española (en adelante, RAE)[1]. Ahora bien, ¿cuáles

[1] Téngase en cuenta, además, que desde entonces no ha existido una edición de este texto con suficiente base textual que haya superado la publicada por la RAE en el siglo XIX.

son las características decisivas en la edición del *Fuero Juzgo* que la RAE logró publicar en la fecha aceptada hasta hoy, 1815[2]?

Lo primero que debo especificar es que este capítulo tiene un alcance limitado. La crónica relativa a la edición del *Fuero Juzgo* necesita englobar una serie muy amplia de hechos que deberán abordarse en algún momento. Me limito aquí a los acontecimientos más próximos a la edición propiamente dicha. Se ha visto que hay múltiples factores en juego, lo que hace necesario ir poco a poco, con objeto de despejar las distintas dificultades existentes, lo que entraña cada una de ellas y la red de relaciones entre los diversos elementos identificadores. Por ello, no se analizan ahora muchos puntos, que, si acaso, se citarán o, como mucho, se hará un primer reconocimiento acerca de su ubicación en el panorama global para orientarnos en él. Por ejemplo, como se puede ver en lo que viene a continuación, lo que llamo *antecedentes* serán siempre los próximos, ya que los demás, por lo menos desde el siglo XVI hasta mediados del XVIII, nos introducen en asuntos que van desde la filología latina hasta la política. No quiero abarcar demasiado desde el principio porque podemos perder de vista lo fundamental en el trabajo académico durante el período 1784-1817, e incluso algunos años después.

Por último, debo advertir de algunos rasgos de la exposición: 1) se respetará la (orto)grafía del siglo XVIII y principios del XIX, un período en el que se pueden constatar varias soluciones, a veces incluso en el mismo autor; 2) se darán los datos mínimos necesarios de los que han participado en la correspondencia atingente a los preparativos de la edición analizada, siempre que se puedan descubrir esos datos en fuentes a veces insospechadas y por muy alejados que los personajes estén de los ámbitos académicos; y 3) en la transcripción se usa *sic* sobre todo para indicar que la persona dedicada a aquella no se ha despistado al copiar: si se aplicara en casos de alejamiento de la norma, hubieran sido muchos más las ocasiones en que se hubiera empleado.

Finalmente, quiero agradecer profundamente a doña Covadonga de Quintana el trabajo en desarrollo, ahora tan avanzado, en el Archivo de la Real Academia Española en los dos últimos años, que está siendo organizado de manera que ha permitido el conocimiento de todas sus oportunidades, sin las que hubiera sido imposible el aprovechamiento de los materiales concernientes al *Fuero Juzgo*,

[2] Ya hace tiempo Carlos Petit, catedrático de Historia del Derecho español de la Universidad de Huelva, me comunicó que la fecha de la edición era 1817 y, en ese sentido, pronunció una conferencia titulada "El Fuero Juzgo de 1815 es de 1817. Venturas y desventuras de la edición académica" en la Universidad de Cádiz el día 10 de julio de 2015, en un curso titulado *Los centenarios de la Real Academia Española. Del Estatuto al Fuero Juzgo (1715-1815)*. Mucho le agradezco públicamente su observación al profesor Carlos Petit.

ahora y, espero, también en un futuro lo más cercano posible, así como sus respuestas a cualquier pregunta que le pueda formular en cuestiones archivísticas.

1. Antecedentes próximos

1.1. La Real Academia Española ante la edición del *Fuero Juzgo*: ideas y decisiones

El 30 de diciembre de 1784, en reunión ordinaria de los miembros de la RAE, se aprueba el proyecto de editar el *Fuero Juzgo*, tanto en latín como en su "traducción" castellana (*vid.* doc. 4, *Libro de actas 15*: 208v)[3]. Anteriormente, se puede comprobar una serie de acciones o actitudes por parte de la RAE que pueden tener que ver con una futura labor de edición del *Fuero Juzgo*. Así, por ejemplo, se manifiesta el interés por la obra de los santos padres toledanos, esto es, de una ciudad que tuvo mucha importancia en la redacción del texto latino del *Liber Iudicum* por haberla tenido los clérigos de ese origen (*vid.* doc. 1, *Libro de actas 15*: 52v); se compone la censura sobre el *Diccionario Histórico Forense del Derecho Real de España* (*vid.* doc. 2, *Libro de actas 15*: 129r); se expresa el deber de la Academia en cuanto a la elección de sus miembros que se ocuparán de un trabajo de cualquier naturaleza que le corresponda (*vid.* doc. 3, *Libro de actas 15*: 144v). En el acuerdo inicial se fijan una serie de requisitos muy importantes: se busca una "edición correcta" (doc. 4) o "exâcta y correcta" (doc. 150, Alamanzón; o, más aún, "correcta, y exâcta, pero no muy costosa",

---

[3] Creo que el profesor Pérez-Prendes plantea la índole problemática del carácter traducido del *Fuero Juzgo* de manera muy correcta: "Dá-se o nome de «*Fuero Juzgo*» ao conjunto de versões, em dialectos romances, feitas na baixa Idade Média, sobre algumas das diferentes redacções latinas do *Liber Iudiciorum*. Embora não haja um estudo definitivo sobre o problema, pode dizer-se que existem diversas versões independentes umas das outras. Tudo levar a afirmar que não existiu propriamente um *F. J.*, mas vários, os quais às vezes não apresentam entre si mais semelhanças que as derivadas do parentesco que possa existir entre as distantes redacções do *Liber*. As referidas versões fizeram-se ou por um mandato oficial, sobretudo de Fernando III e Afonso X, ou em virtude da iniciativa privada. Postas de lado as disparatadas opiniões de antigos eruditos sobre este problema, como é o caso de Pellicer, De Mello e outros, o testemunho mais antigo da iniciativa régia em tais versões parece ser a concessão do *Liber*, traduzido en romance, à cidade de Córdoba como foro municipal, outorgado por Fernando III em 1241. O jesuíta P.e A. Marcos Burriel destacou as variantes existentes num códice deste séc. XIII, propriedade da Catedral de Toledo, como prova das posteriores correcções à versão fernandina, revisão levada a cabo por seu filho e sucessor Afonso X" (Pérez-Prendes 1978). Me parece que la teoría de Pérez-Prendes es la más lógica y coherente, pero no puedo entrar ahora mismo en esa cuestión tan seductora.

doc. 21, o "completa, exâcta y auténtica q.ᵉ sea posible", doc. 81, Jovellanos), se trabajará tanto sobre el *Liber Iudicum* como sobre el *Fuero Juzgo*, los académicos deberán aunar "muchos Codices" y, *last but not least*, la máxima autoridad, el Director, tiene la responsabilidad de negociar con el primer ministro para que esos manuscritos puedan terminar en las manos de quienes vayan a hacer la edición. En definitiva, ese 30 de diciembre, los integrantes de la RAE deciden emprender la segunda edición verdaderamente importante que se aborda por parte de la institución, después del *Quijote* cervantino. ¿Cómo es posible entonces que, después de una obra literaria conocidísima que, prácticamente desde la publicación a principios del siglo XVII, ya había alcanzado una fama internacional (reducida a lo que mentalmente era el mundo en aquel momento, es decir, por lo menos en Europa), la RAE se fijara en un texto jurídico cuya importancia lingüística solo se puede descifrar aquende nuestras fronteras[4]? De

---

[4] En realidad, hay una serie de obras intercaladas entre el *Quijote* y el *Fuero Juzgo*, pero lo que expuso Cotarelo y Mori da la idea de que la finalidad de estas otras obras editadas por la RAE tenían, al menos en principio, otro objetivo. Su catálogo es este:

"XIX. Obras varias.

420.-1801. Discurso / pronunciado / en la Real Academia / Española / el dia XIII de enero / por / el Ciudadano Arnault, / miembro del Instituto nacional de Francia, / y director de la instrucción pública. / Madrid M DCCCI. / En casa de la Viuda de Ibarra.

421.-1801. Respuesta / de la Real Academia / Española / al Discurso / que pronunció en su junta / de XIII de Enero / de M DCCCI / el Ciudadano Arnault, / miembro del Instituto Nacional de Francia, / y director de la instrucción pública. / Madrid M DCCCI. / En casa de la Viuda de Ibarra.

422.-1804. Jornada / de Carlos V. / á Tunez / por el Doctor Gonzalo de Illescas / *Monograma de la Academia* / Madrid. / Edición estereotípica / 1804.

... Así como la edición de la traducción de la *Aminta* del Tasso, sólo se hizo esta impresión para ensayar el entonces nuevo procedimiento de la estereotipia. No dio resultado y la Academia se deshizo luego de las máquinas y enseres. ...

423.-1804. Aminta / Fábula pastoril / de Torquato Tasso / Traducida / por / Don Juan / de / Jáuregui / *Monograma de la Academia* / Madrid. / Edición estereotípica / 1804.

8.º; 3 hojas prels. y 86 págs. Está dedicada "A la Reyna n.s.-La Academia Española." No tuvo más objeto al publicar esta obra que hacer el primer ensayo en España de la estereotipia.

424.-1815. Fuero Juzgo / en latín y castellano / cotejado / con los más antiguos y preciosos códices / por / la Real Academia Española. / *Monograma de la Academia* / Madrid / por Ibarra, impresor de Cámara de S.M. / 1815.

Gran folio; 7 hojas prels., más XLIV páginas de prólogo que escribió don Manuel de Lardizábal y Uribe; más X pág.: más 162 págs. de texto latino; más XVI páginas, más 231 de texto castellano y una de erratas. Es una de las publicaciones que más honran a la Academia por el grandísimo trabajo que supone el cotejo y concordancia de tantos códices como tuvo presentes. En la Bib. Nac. de París hay otro del siglo XIII que no pudieron conocer los editores; pero que hoy habrá que estudiar en cualquier trabajo crítico que se intente acerca de este insigne monumento de la cultura española" (Cotarelo y Mori 1928: 83).

hecho, son escasísimos las ediciones de manuscritos aislados o los estudios lingüísticos extranjeros que han surgido en Francia e Italia, pero solamente en los últimos veinte años, aparte de dos monografías estadounidenses antiguas sobre el *Liber Iudicum*[5].

En aquella sesión no se decide nada más. La elección de los que se van a ocupar de esa edición "correcta" se demora a una junta posterior, la del 18 de enero de 1785 (*vid.* doc. 5, *Libro de actas 15*: 211v). Pero, además, hay una reunión muy importante, fuera de la Academia, siguiente al 30 de diciembre y previa a la que exige entre otras cosas una serie de nombramientos. No se dice dónde y cuándo se produjo el encuentro entre el conde de Floridablanca[6] y el marqués de Santa Cruz, pero sí se precisa el resultado de aquella conversación entre los dos próceres, y se incluye en el acta un hecho que ocurrió fuera de la sede de la RAE: Floridablanca "respondió à S. Exc[a]. que se darian todas las ordenes convenientes p.[ra] hacer venir los Codices q.[e] fuesen necesarios para el cotejo". Solo entonces la comisión quedó integrada, como se ha indicado en va-

---

[5] Igualmente que el estudio de Paul Cooper, *The language of the Forum Iudicum*, Chicago, 1953, tesis citada en Baldinger 1971: 97, n. 88, se deben tener en cuenta los trabajos de Scott 1910, Mencé 1996, Orazi 1993, 1994 y 1997 y Maintier-Vermorel 2008, 2009 y 2010. No considero como extranjeros los elaborados por Castillo Lluch, aunque desarrolle su actividad fuera de España. Por lo demás, no voy a entrar en la bibliografía estrictamente lingüística o editorial de los filólogos españoles porque no voy a tratar ahora esas cuestiones, a no ser que tengan relación directa con el tema de esta publicación.

[6] Nunca se puede localizar una hipotética carta entre Floridablanca y Jovellanos durante la etapa de empezar a trabajar en el proyecto del *Fuero Juzgo*, en primer lugar, claro está, porque el secretario tanto de la comisión como, sobre todo, de la RAE era Lardizábal, quien llevaba las riendas en estos asuntos, pero, además, las noticias de Caso González nos ponen en la pista de la adversidad que puede haber entre aquellos: "En 1785 es ministro de Estado y de Gracia y Justicia Floridablanca, y Lerena lo es de Hacienda. Ante ellos Jovellanos sostiene con una firmeza poco menos que desconocida en las alturas todos los derechos y todas las opiniones que considera justos." Y añade poco más abajo: "Sólo el atender a la correspondencia tenía que ocuparle una gran cantidad de horas diarias, a pesar de lo cual muchas de las cartas las escribe él directamente. Aún encuentra tiempo para asistir a la tertulia de Campomanes o para rodearse en su misma casa de unos cuantos amigos. (…) Se siente combativo, como en el *Elogio de Carlos III*, que es tanto el canto de triunfo de los ilustrados como un alegato político a favor del caído conde Aranda y en contra de Floridablanca." (1976: 15-16) Todavía en el primer año de la guerra de la Independencia, "[e]ra indudable, y el conde [de] Toreno insiste en ello, que de los miembros de la Junta Central, las tres personas más conocidas eran Floridablanca, Antonio Valdés y Jovellanos. Ya en Aranjuez el primero y el último habían catalizado las opiniones de los centrales, hasta el punto de que el conde de Toreno puede hablar del partido de Floridablanca y del partido de Jovellanos" (Caso 1998: 255). Hay una breve biografía muy bien organizada, que es la de Anes 2012: 183-193.

rios estudios, por don Antonio Tavira y Almazán, don Antonio Murillo Mateos, don Gaspar Melchor de Jovellanos Ramírez, don José de Flores y la Barrera[7] y don Manuel Lardizábal y Uribe (por ese nombramiento se cumple la norma aprobada en la sesión del 23 de octubre de 1783, doc. 3, cit.)[8].

---

[7] Los dos caracterizados académicos de la RAH en la comisión eran Flores y Murillo. En cuanto al primero, "auditor de Guerra, era supernumerario desde diciembre de 1783. Su trabajo se orientó con intensidad hacia la Academia de la Historia, de la que era secretario desde 1769. José Miguel de Flores (hermano de Joaquín Juan, silla B), oidor de la Audiencia de Sevilla, trabajó en la larga elaboración del *Fuero Juzgo* para su impresión, y en la disposición de materiales para la segunda edición de *Autoridades*." (Zamora 1999: 90) Se pueden obtener más datos de Velasco 2011: 238-240, Barrera y Leirado 1922: 257-278 y Sempere 1786, III: 53-62. Mateos, como dice Zamora, era sacerdote y jurista, pero "tenía gran inclinación por los estudios históricos" (1999: 88). Su capacidad de trabajo era enorme y se verá en estas páginas en algún momento. *Vid.* también Nava Rodríguez 2012: 804-805.

[8] Zamora recuerda lo que supuso el *Fuero Juzgo* para la RAE en aquella época: "Volviendo a las publicaciones del siglo pasado [XIX], nos encontramos en sus inicios, con que la Academia dedicó muchos esfuerzos a una obra: *Fuero Juzgo en latín y castellano*, que la imprenta de Ibarra lanzó en 1815. Emilio Cotarelo ha recordado el denodado trabajo que supuso cotejar variantes, manuscritos, etc. Se contó con la protección real para su elaboración. Varios ilustres académicos se encargaron de la tarea. Manuel de Lardizábal, Antonio Tavira, Jovellanos, Mateos Murillo, José Miguel de Flores. Con el paso del tiempo, varios nombres más aparecen y desaparecen entre los colaboradores: solamente Lardizábal llegó al final. Envuelto en los azares de la guerra napoleónica (parece que Lardizábal llevaba consigo los materiales donde quiera que fuese), solamente al regreso a una relativa tranquilidad, en 1814, pudo dar fin a la empresa. El volumen, en folio, ha sido reproducido en facsímil en 1971, y en tamaño reducido; también lo ha sido por una editorial privada (Valladolid, Lex Nova, 1980)." (Zamora 1999: 391) El punto de partida de aquella iniciativa lo describe así: "La decisión de editar el *Fuero Juzgo* venía de 1784. Los académicos manejaron las ediciones latinas y alguna castellana (de Alonso de Villadiego, 1600, reeditada en 1792). Asimismo tuvieron en cuenta los manuscritos de Palacio y de El Escorial, y otros varios, dispersos por bibliotecas o instituciones diversas. Se alcanzó el conocimiento de 22 códices castellanos. Solo el tesón y el entusiasmo de Lardizábal pudo llevar a término la empresa." (Zamora 1999: 405, n. 33) En el mismo sentido se pronuncia Orella: una vez nombrada la primera comisión del *Fuero Juzgo*, "[d]espués entendieron en este tema, otros muchos, según iban llegando y desapareciendo, o por muerte o por cansancio. Sólo uno permaneció constante y tuvo al fin la gloria de escribir el extenso y erudito Discurso Preliminar que lleva la obra, aunque sin el nombre de su autor. Tan encariñado estaba Lardizábal con su obra, que los borradores de ese discurso y las copias y extractos del texto le acompañaban en los destierros y persecuciones políticas que hubo de sufrir, y, de cuando en cuando, escribía a la Academia acerca del estado de su trabajo. Por fin, desde 1814 pudo resistir libremente en Madrid y logró ver impreso su estudio predilecto" (Orella 2003: 120, n. 12). Se pueden consultar también Orella 1998 y Orella 2009. Aparte de este autor, se puede tratar sobre Lardizábal, en principio, con Blasco 1957, Antón Oneca 1966, Rivacoba 1964 y 2001, Silva Sánchez y Baldó Lavilla 1989, Casabó Ruiz 1989, Moreno Mengíbar 2002, Cuesta 2004 y Soria Sesé 2012.

¿Qué llevó a la RAE a adoptar, o inducir en altos niveles del gobierno, una resolución de la que uno se puede cerciorar en el acta que acabo de transcribir? Algo de ello aparece ya en el principio de la información sobre la edición del *Fuero Juzgo* hecha por la RAE en la reimpresión que salió en el año supuesto para el bicentenario (2015). El prologuista, Santos Manuel Coronas González, catedrático de Historia del Derecho español en la Universidad de Oviedo, nos sitúa en la España del siglo XVIII, en la que empieza a haber intentos de publicación de este texto fundamental para nuestra historia jurídica:

> El conocimiento de las fuentes del Derecho español se había vuelto perentorio tras las polémicas regalistas que enfrentaron al Estado con la Santa Sede desde la instauración de la monarquía borbónica en 1700. Y fue a mediados del siglo XVIII cuando se inició el camino correcto de atender las bases visigóticas del derecho hispano por medio de la obra meritoria del P. Burriel y sus corresponsales, reuniendo información valiosa y copias de algunos de códices legales, en especial una copia del códice murciano del Fuero Juzgo (1755) que serviría luego de base a la edición académica como *codex optimus*. Otro ilustrado, Rafael Floranes (1743-1801), dejó preparada e inédita un ejemplar de Fuero Juzgo romanceado valiéndose para ello del texto de Villadiego y de otros tres códices antiguos, utilizados luego también por la Real Academia de la Lengua para su edición de 1815. (Coronas González 2015b: XXIII-XXIV)[9]

---

[9] Sánchez González vincula la edición académica con Burriel, pero fundamentalmente entre el jesuita y Lardizábal: "La obra como tal no llegó a imprimirse, pero los pasos dados por Burriel abonaron el terreno para la definitiva publicación. En 1815 la Real Academia Española publicaba el *Fuero Juzgo en la latín y castellano, cotejado con los más antiguos y preciosos códices*, incorporando el prólogo de la obra de Burriel. Larardizábal [sic], encargado de esta edición, utilizó para la misma el material y opiniones sobre el Fuero Juzgo de Burriel." (Sánchez González 2000: 620) En el mismo sentido, Castillo Lluch, quien parte de que "[l]e «Discurso» de Lardizabal est à peine plus riche en informations sur la version romane du FJ. Il aborde tout de même le problème de la date imprécise de celle-ci et retrace un état de la question passant en revue les différentes hypothèses". Dejando a un lado otras hipótesis, Castillo se fija en las de Martínez Marina y Burriel, ambos relacionados con el origen de la Historia del Derecho español, que aparecen en el *Discurso* de Lardizábal: "à partir de là on peut raisonnablement imaginer que la traduction s'est faite aussitôt après cette déclaration, quoique certains pensent que la traduction n'a été réalisée que du temps d'Alphonse X (Francisco de Marina), et que d'autres proposent (Burriel) qu'il y a pu avoir deux versions différentes: l'une de l'époque de Ferdinand III et l'autre de l'époque de son fils" (2011: 37; *cfr*. Castillo Lluch 2016: 52). En cualquier caso, como veremos en otro momento, parece mucho más directo el nexo que podríamos denominar "personal" entre Burriel y Jovellanos. Además, por un lado, esta autora apunta una idea perfectamente posible en la versión alfonsí: "Sin duda A. Burriel reparó entre otras en estas variantes del ms. 4 de Toledo (ahora Vitr. 17-10) y las interpretó como una serie de modificaciones tendentes a adaptarlo a una ideología más afín a la de Alfonso X" (Castillo Lluch 2016: 64). Por otro lado, Castillo cree que la

Eludiré en adelante el período previo a 1780, aunque las citas de Coronas y Castillo (esta en la nota 9) nos da ya alguna indicación al respecto. El caso es que hubo de existir alguna persona que se convirtiera en la que provocó la necesidad de llevar a cabo la publicación de una obra significativa por muchas razones, como voy a intentar explicar a continuación. Desde luego, se puede decir desde el principio que el autor del *Discurso preliminar* de la edición académica será un conocido magistrado, que se ha destacado sobre todo como un teórico importante en el campo del derecho penal, esto es, Manuel de Lardizábal, pero, en realidad, quien creó las condiciones necesarias para que, en el último cuarto del siglo XVIII y en el seno de la RAE, se considerara que tal tipo de edición era necesario fue, obviamente, Gaspar Melchor de Jovellanos[10]. Paso a analizar

---

edición académica tiene un valor simbólico: es cierto, pero hay que precisar qué implica en este contexto la expresión *valor simbólico* (*vid.* Castillo Lluch 2012: 4-5). Intentaré hacerlo en las conclusiones. Para completar la nómina de los estudiosos españoles sobre el *Fuero Juzgo*, habría que incluir a diversos jurisconsultos y canonistas del siglo XVI citados por Rafael Ureña en su discurso de ingreso en la RAH, que se centraron sobre todo en el *Liber Iudicum*, tales como Francisco de Espinosa, de la primera mitad de dicha centuria; Diego de Covarrubias, que fue obispo de Segovia y presidente del Consejo de Castilla, 1512-1577; y Antonio Agustín, arzobispo de Tarragona, 1517-1586 (*vid.* Ureña 1909: 33), a los que habría que añadir a Juan Bautista Pérez, obispo de Segorbe, 1537-1597, que había trabajado bastante tiempo en el archivo de la catedral de Toledo durante una etapa de su vida, antes de volver a su tierra levantina.

[10] Otra cosa es que hubiera una relación bastante intensa entre ambos. Soria Sesé indica que el mexicano "[s]e trasladó a la Península en 1761, donde continuó esa inicial orientación hacia la jurisprudencia, graduándose de bachiller en Leyes por la Universidad de El Burgo de Osma en 1762 y de bachiller en Cánones por la Universidad de Valladolid en 1764, llevando así a cabo una completa formación en Derecho que le permitió recibirse de abogado de la Chancillería y de los Reales Consejos" (Soria 2012: 28). En el caso de Jovellanos, Caso González nos informa de que el jurista asturiano "estudió en el palacio del obispo de Ávila derecho canónico, es decir, Decreto, Decretales y Sexto. Pero tampoco parece que haya sido alumno de la Universidad de Santo Tomás, y la prueba es que Jovellanos, y algún otro de los que con él estaban en la *familia* del obispo, se fueron a recibir el grado de bachiller a la Universidad de Osma. Concretamente, don Gaspar se graduó el 9 de junio de 1761" (Caso 1998: 19). Jovellanos se graduó como bachiller en Cánones en la Universidad de Ávila el 3 de noviembre de 1763 (*vid. ibid.*: 20), pero "[l]o que indudablemente pretendía Jovellanos era no sólo obtener la licenciatura de una Universidad que gozaba de cierto prestigio, especialmente por las atrevidas doctrinas que se discutían en sus aulas, sino estar en condiciones de pasar al Colegio Mayor de San Ildefonso de Alcalá. En todo caso, lo que sí podemos afirmar es que de Ávila Jovellanos sólo salió con el grado de licenciado en Cánones, y no con el de licenciado en Leyes" (Caso 1998: 21), lo que ocurrió el 24 de diciembre de 1764 (*vid. ibid.*: 22). ¿Se conocieron Jovellanos y Lardizábal en Osma, muy jóvenes? Lo que está claro es lo que pasó después, pues, hablando de la segunda etapa que había distinguido en la vida profesional de Lardizábal, Soria Sesé dice: "Fue posiblemente durante esta segunda

lo que dice Jovellanos al respecto, por lo menos algunos discursos de esa misma época, que esclarecen su punto de vista coetáneo.

1.2. Las ideas de Jovellanos que afectan al interés por el *Fuero Juzgo*

Para empezar el estudio del pensamiento histórico-jurídico de Jovellanos, es conveniente, como intentaré razonar, adoptar un enfoque analítico que plantea Tomás y Valiente con respecto a Martínez Marina. Sobre la base de la conclusión de Lester G. Crocker acerca de la Ilustración ("Theory was –often, of not always-associated with practice... There was, consequently, constant tension between moralizing and reality, between hope and pessimism"), se pregunta Tomás y Valiente:

> (...) si esta es una constante en «l'età dei lumi», ¿no podemos atribuir a ella lo que en un plano superficial parecen incoherencias o contrastes de un pensamiento fluctuante? Además de la tensiones ya sugeridas [en Martínez Marina], ¿no hay que atribuir, como por ejemplo sucede también a mi entender con Jovellanos o con León de Arroyal, algunas de las aparentes incongruencias a este choque entre pensamiento y realidad, sobre todo teniendo en cuenta que Marina escribe y vive en uno de los períodos más tornadizos y contradictorios de nuestra historia? (Tomás y Valiente 1991: 29)

El mismo Tomás y Valiente da una respuesta que se puede generalizar, no sólo en los casos de Jovellanos y Martínez Marina, ya citados por él, sino también, por ejemplo, en el de Manuel Lardizábal (no en el de su hermano Miguel, que parece ser completamente diáfano para llamarlo realista o absolutista):

> Si esto, como creo, es así, se deriva de ello una prudente consecuencia metodológica: la de circunstancializar mucho cada uno de los escritos de nuestro autor. No parece aconsejable yuxtaponer textos de la *Teoría* con otros de los *Principios* o del

etapa cuando se establecieron las sólidas y continuadas relaciones con Jovellanos, con quien los dos hermanos Lardizábal compartieron avatares políticos, destacando durante la mayor y mejor parte del reinado de Carlos III y cayendo en desgracia, como otras grandes figuras de esa época, al ascender Godoy al poder a finales de 1792. Lardizábal fue destituido de sus cargos y desterrado de la capital probablemente muy poco antes del 12 de junio de 1794, y sus andanzas en los años finales del siglo XVIII pueden seguirse precisamente a través de los diarios de Jovellanos, quien durante su fugaz rehabilitación y su paso por el Ministerio de Gracia y Justicia, de 1797 a 1798, intentó y no logró la de sus amigos Lardizábal, pues propuso, sin éxito, el nombre de Manuel para que se hiciese cargo de la aplicación, en Guadalajara y Ciudad Real, del proyecto de venta de los bienes de patronatos y obras pías eclesiásticas presentado ante el ministro de Hacienda" (Soria 2012: 30). Sin embargo, como ya hemos visto y vamos a ver en toda la primera etapa de los trabajos de la edición del *Fuero Juzgo*, colaboraron, por lo menos, desde 1784. Desde luego, Lardizábal, como muy tarde, pudo oír el discurso de entrada de Jovellanos en la RAE (1781).

Ensayo o del *Juicio* o de la *Defensa*, sin percatarse y sin advertir al lector de las características de cada una de estas obras. Tampoco lo es abstraer textos para componer con ellos «el pensamiento» de Marina de un modo intemporal y sistemático, sino que parece preferible usar con él la diacronía y datar sus ideas, sus principales tesis, para poder así distinguir entre constantes y variaciones y para, respecto a éstas, dar razón histórica del por qué [sic] de cada una de ellas, alumbrando el momento, el propósito y el contexto (incluso el pretexto) de cada texto (Tomás y Valiente 1991: 29-30).

Me voy a concentrar ahora en la actividad previa de Jovellanos en el campo relacionado con el *Fuero Juzgo*, esto es, las leyes visigóticas y lo que pensaba de estas en los años ochenta del siglo XVIII. La visión de Jovellanos sobre el mundo jurídico en que vive es el que aparece ya en su discurso de ingreso en la RAH, en 1780[11]:

---

[11] Caso González presenta la entrada en la RAH y su discurso así: "Ya he dicho anteriormente que Campomanes, director de la Real Academia de la Historia, propuso a Jovellanos como académico supernumerario el 16 de abril de 1779, que don Gaspar presentó su memorial el 23, y que el 7 de mayo fue nombrado por unanimidad. Su discurso de ingreso lo leerá el 4 de febrero de 1780. Se ha intitulado *Discurso sobre la necesidad de unir al estudio de la legislación el de nuestra historia y antigüedades.*

Conviene primero decir que este discurso estuvo inédito hasta 1817, en que la Academia lo incluye en el tomo V de sus *Memorias*. En esta edición se han suprimido algunos importantes párrafos, cosa por otra parte explicable dado el momento de su publicación. Tampoco fue más correcta la edición de Cañedo de 1830. Aunque el original del discurso, de letra de Ceán Bermúdez, con correcciones autógrafas de Jovellanos y su firma al final, se conserva en la biblioteca de la propia Academia, no se utilizó como fuente para su edición hasta que Gómez Centurión lo incluyó en el número extraordinario que en 1911 le dedicó la Academia de la Historia en su *Boletín*. Tampoco es una edición totalmente correcta. Sirviéndome del mismo manuscrito lo publiqué en *Obras en prosa*, Madrid, Castalia, 1969. Se trata de un importante escrito jovellanista, tanto por las ideas históricas que expone como por las opiniones políticas que laten en el fondo y que afloran de vez en cuando" (Caso González 1993: 160).

Dice Gibert: "Ser recibido en la Academia de la Historia lo consideraba él como un premio, no por lo que en aquel momento era sino por lo que deseaba ser; le recibía en aquel momento una corporación que guardaba el depósito de la erudición y de la crítica en España (…).

No era sin embargo culpa suya el no haber realizado un estudio serio y reflexivo de la Historia. Siguió en sus primeros estudios el método vulgar que se fundaba sólo en la gramática. Su segunda enseñanza conforme al viejo método de las Escuelas: una lógica bárbara, una metafísica estéril y confusa (él las veía así). Sus propios directores miraban como inútiles otro cualquier estudio, incluido el de la Historia. Con esta falta de preparación había entrado en la Jurisprudencia, y allí ocurría que los maestros dedicados a interpretar las leyes romanas creían perder el tiempo si lo dedicaban a leer los «Fastos», es decir, los sucesos de la República Romana; comprendan el horror. Fueron sus propios maestros quienes le separaron de un estudio que el tiempo –maestro superior– le hizo ver como necesario" (1986: 298-299).

Se puede aceptar lo expuesto por Gibert como punto de partida de Jovellanos, pero, a partir de ahí, hay un método jurídico, descrito por Coronas González, que empieza por las

Nosotros, señores, nos gobernamos en el dia por leyes, no solo hechas en los tiempos mas remotos de nuestra monarquía, sino tambien en las épocas que corrieron desde su fundacion hasta el presente. El código que tiene en nuestros tribunales la primera autoridad es una coleccion de leyes antiguas y modernas, donde, al lado de los establecimientos mas recientes, están consignados, ó mas bien confundidos, los que dispuso la mas remota antigüedad. Varias colecciones de leyes hechas en los siglos medios se han refundido y renovado en este código; y las leyes que no han entrado en la coleccion, no por eso han perdido su primitiva autoridad, pues está mandado que se recurra á ellas en falta de decision reciente. Así el buen jurisconsulto que quiere conocer nuestro derecho debe revolver continuamente nuestros códigos antiguos y modernos, y estudiar en el inmenso cúmulo de sus leyes el sistema civil que siguió la nación por espacio de tres siglos.

(...) Subamos pues á la fuente primitiva de nuestro derecho, y descubramos el antiguo manantial de las leyes que nos gobiernan, y que habiendo tenido su orígen bajo la dominacion de los godos desde el siglo V hasta el VIII, se obedecen todavía por los españoles del siglo XVIII. (Jovellanos 1951: 289-290)

¿Cuáles son las fuentes de esa legislación, la que se construye en el reino visigodo? Hay cuatro elementos que se deben tener en cuenta: el derecho no escrito que los godos traeron a España (más adelante, habla del derecho consuetudinario en la Castilla de los primeros tiempos, en la página 293), el derecho de los visigodos establecidos en España antes de Recaredo, el derecho romano y los decretos conciliares desde Recaredo en adelante (*cfr.* p. 22). Lo que dice Jovellanos sobre este último punto reza así:

Pero no puedo dejar de detenerme á hablar mas particularmente de los decretos conciliares hechos desde el tiempo de Recaredo, que forman la cuarta y principal fuente de la legislacion visigoda. ¿Por qué no lo dirémos claramente? Ellos alteraron la constitucion del Estado en los puntos capitales, y la dieron una nueva forma. Esta alteracion fue un efecto de la prepotencia del clero. Veamos si es posible descubrir las causas de una revolucion, que ya habia experimentado el gobierno de Roma bajo los emperadores católicos, y de que pueden testificar no pocas leyes de los códigos de Teodosio y Justiniano. Pero no quiera Dios que mi lengua se atreva á manchar temerariamente las santas intenciones de aquellos venerables prelados, sin cuyo consejo, todo, basta la Iglesia misma, hubiera zozobrado en unos tiempos y entre unos legos que no conocian mas virtud que el valor, mas ejercicio que el pelear, ni mas ciencia que la de vencer y destruir. No, señores; yo aplaudo con sincera veneracion el celo que los guiaba, y si me atrevo á indicar el origen de las leyes que dictaron, no es para censurarlas, sino para conocerlas. (Jovellanos 1951: 291a)

---

leyes visigodas dentro de la Constitución histórica española (*vid.* Coronas González 1995: 128-130), de acuerdo con la construcción de su propio método en el polígrafo asturiano (*vid.* Coronas González 1996: 584-586, 2000c: 555-559 y 2011: 330).

Hay dos puntos que se deben mantener en el razonamiento posterior: 1) no es que estemos hablando de un fuero sin más; en realidad, Jovellanos ha partido del *Fuero Juzgo*, de su elemento peculiar y característico, esto es, lo singular del derecho visigodo, para iniciar la construcción de una constitución; y 2) junto al contenido, es absolutamente propio de aquella época el papel directivo del componente eclesiástico de la sociedad: Jovellanos procura no entrar en un conflicto que solo le traerían complicaciones, pero, a pesar de ello, poco más abajo detalla algunas de las consecuencias:

> (…) La historia nos los representa, desde el siglo VII, concurriendo á la formacion de las leyes en los concilios. Allí los vemos ocupados, no solo en la reforma de la disciplina eclesiástica, sino tambien en dictar reglas políticas de conducta á los pueblos, á los magistrados y ministros públicos, á los grandes y señores de la corte, y aun á los reyes mismos. Los oficiales del palacio, los prefectos del fisco, los jueces y altos magistrados debian responder al concilio del buen ejercicio de sus funciones. Aun fuera del concilio ejercian particularmente los obispos una especie de superintendencia general sobre la administracion civil, en tanto grado, que de las providencias injustas del magistrado secular se llevaba recurso de fuerza á los obispos. Por este medio la mejor parte de la potestad temporal se subordinó á la eclesiástica, creció ilimitadamente el influjo de los obispos en los negocios públicos, y en fin, las mismas leyes autorizaron una novedad, que mirada á la luz de las ideas de nuestro siglo, parecerá, no solo extraordinaria, sino es tambien prodigiosa. (Jovellanos 1951: 291b)[12]

---

[12] La noción de historia en Jovellanos merece unas palabras muy interesantes por parte de Caso: "El concepto que Jovellanos tiene de la historia en este discurso es muy moderno y bastante innovador para su época, aunque las ideas centrales procedan de Voltaire y de otros ilustrados franceses. Don Gaspar condena una historia preocupada únicamente de los grandes personajes, de las guerras, de los desastres más sobresalientes, de portentos y supersticiones, de «cuanto hay de inútil, de absurdo y de nocivo en el país de la verdad y la mentira». Desea, por el contrario, «una historia civil que explique el origen, progresos y alteraciones de nuestra constitución, nuestra jerarquía política y civil, nuestra legislación, nuestras costumbres, nuestras glorias y nuestras miserias». A Jovellanos le interesaban más los hechos que explican el porqué del ser de un pueblo, lo cual es en definitiva su historia, y menos los que son simple manifestación externa de unas circunstancias o sucesos debidos a la iniciativa individual.

Precisamente a ese tipo de historia le era necesario, como jurista preocupado por el espíritu de las leyes vigentes, antiguas o modernas, para su recta interpretación, tanto en sentido literal como en el contexto histórico que las hizo posibles. No debe olvidarse que la vieja legislación española, bien por estar recogida en la *Nueva Recopilación*, bien por no existir otra sobre una serie de aspectos legales, seguía totalmente vigente. En este discurso pretende esbozar lo que podría ser una interpretación histórica de nuestra legislación. Es indudable que le faltaban muchos datos y que aceptaba otros históricamente discutibles; pero en su tiempo nadie había hecho nada semejante, porque el mismo jurisconsulto alemán Federico Carlos de Savigny, considerado como el creador de la moderna ciencia jurídica por estimar

Tanto en ese instante como después, Jovellanos quiere transmitir la idea básica de que ley e historia se explican mutuamente, aunque, en principio, al menos, es esta última la que construye la lógica de la primera. Y la primera ley que se ve afectada por los hechos históricos es lo que Jovellanos denomina, sin ambages de ningún tipo, constitución:

---

la historia como elemento fundamental en el estudio del derecho, nacía dos años antes de que Jovellanos pronunciara este discurso en una Academia española. Si no podemos concederle el mérito de haber iniciado en Europa esta doctrina, porque no consta que Savigny conociera su discurso, al menos podemos afirmar que ha sido el primero, o uno de los primeros, en propugnar el método y en lanzar la idea de una historia civil bien distinta de la que se venía practicando" (Caso 1993: 161-162).

Gibert tiene una visión algo más escéptica: "Halló [Jovellanos] dificultades en penetrar *el espíritu de estas leyes*. (…) Cuando se encontraba en esta situación –recordó ahora- se vio repentinamente elevado a la Magistratura y envuelto en las funciones de la judicatura criminal. Joven, inexperto, mal instruido, se miró colocado delante de las leyes que debía ejecutar con el peligro inminente de ejecutarlas mal y la necesidad absoluta de penetrar en su espíritu para ejecutarlas bien. Entonces se dio cuenta de que los viejos Códigos de la Patria estaban escritos en un idioma enigmático cuyo misterio no podía desatarse sin la ciencia histórica: la historia del lenguaje. Semejantes reflexiones le llevaron al convencimiento de que el estudio de la Historia es del todo necesario para el jurisconsulto" (Gibert 1986: 299).

En el mismo sentido, en este momento, lo plantea Gracia bajo el rótulo de *El conocimiento de la vertiente histórica de la lengua castellana*: "Examina en ese discurso las dificultades con las que se encuentra el juez hacia finales del siglo XVIII para comprender e interpretar textos legislativos medievales. El hecho de que acabara de ser nombrado miembro de la RAE y de que se tratara de su discurso de recepción ante dicha Academia, influye en que se ciñera a un ángulo filológico para indagar en los obstáculos para acceder a textos jurídicos medievales. Acierta, pues, en que toda comprensión de un texto antiguo ha de solventar primero el método para garantizar su lectura y su comprensión posterior. Tematiza este erudito una problemática que durante el siglo XVIII se había convertido para filósofos y filólogos, sobre todos los alemanes, en una custión epistemológica que unas décadas después determinaría la creación de la disciplina filológica en el siglo XIX. Además, esa reflexión resalta la relevancia de la filología como disciplina auxiliar para varias disciplinas dentro de las humanidades en este caso, para el derecho y la historia.

Para el discurso ante la Academia Española son precisamente ambos principios los que lo guían: el histórico y el metodológico. Establece que es esencial para un juez conocer el castellano antiguo para poder entender la legislación histórica y comprender la legislación medieval con el fin de tener un conocimiento de las leyes medievales y de su evolución. Este escrito se caracteriza por una complejidad conceptual e interdisciplinaria entre historia, jurisprudencia y filología que he analizado detalladamente en «Una aproximación hermenéutica de Gaspar de Jovellanos» y en «El enfoque interdisciplinario de Gaspar de Jovellanos», por lo que no voy a entrar aquí en más detalles. Es lamentable que su nombre no aparezca en relación con la hermenéutica jurídica ni con su concepto de «derecho histórico», para el cual se suele citar a Friedrich Carl von Savigny como fundador del Colegio de Derecho Histórico (Historische Rechtschule). Mi artículo «Gaspar de Jovellanos y Friedrich von Savigny: el re-

> Como quiera que sea, lo dicho hasta aquí demuestra que los primeros de Astúrias pensaron sériamente en restablecer la constitucion visigoda. Pero este designio era en aquel tiempo casi impracticable: una constitucion perfeccionada en el espacio de dos siglos, y cuyo objeto era conservar un imperio extendido, mantener un gobierno pacífico y reunir dos pueblos diferentes, no podia acomodar al nuevo estado; esto es, á un estado pequeño, vacilante, rodeado de poderosos enemigos, falto de fuerzas y recursos, y donde la poblacion y la defensa nacional debian formar su principal objeto.
>
> Esto se conoció muy bien cuando los castellanos empezaron á sentir la fuerza de los moros de Leon, y cuando, sacudiendo el yugo que los oprimia, empezaron á reconocer á sus condes como á soberanos independientes, asegurando por este medio su libertad misma. Este suceso, por mas que fuese una consecuencia natural del estado mismo de las cosas, debia causar, y causó con efecto, una considerable alteracion en el antiguo sistema de gobierno. Por eso vemos despues consolidarse poco á poco otra constitucion notablemente diversa de la antigua, y cuyo principio merece tambien de nuestra parte algun exámen, por la influencia que tuvo en las leyes que nacieron de ella. (Jovellanos 1951: 292ab; *vid.* p. 293)

Un tercer factor que Jovellanos hace salir a la luz es la importancia del conocimiento lingüístico necesario para destapar esa relación entre las leyes y la historia, es decir, no solo deben captarse en los hechos en sí mismos, sino también en las formas abstractas que pueden reflejar otra manera de darse en aquellos:

> Pero lo que hace mas á mi propósito es, que el espíritu de estas leyes antiguas solo se puede descubrir á la luz de la historia; sin este auxilio el jurisconsulto dedicado á estudiarlas correrá deslumbrado por un país tenebroso y lleno de dificultades y tropiezos. Yo quisiera poderlos descubrir menudamente, para inculcar en los ánimos una verdad tan provechosa é importante; pero la generalidad de mi objeto no me permite tanta detencion. Por eso, dejando á un lado otras dificultades, hablaré solamente de una, que es acaso la mas principal de todas.

---

curso a la filología y su aportación a la disciplina» explora las analogías entre ambos juristas en cómo abordan textos jurídicos antiguos, y en ambos la cuestión de la filología es esencial y condición previa. Ello demuestra que el gijonés se remonta a lo más esencial y básico y, por ello, a un plano epistemológico que requiere el recurso de la filología como disciplina auxiliar para una cuestión que pertenece a la metodología jurídica. Además, esa problemática pueden extenderse a otro tipo de texto, como a la literatura. Por ello esta reflexión cobra mayor trascendencia" (Gracia Menéndez 2011: 816-817). Varela cree que existe un sentido de ambigüedad en los conceptos de *constitución* e *historia* (*vid.* Varela 1988: 68-69), lo que Álvarez-Valdés no ve con claridad: "No obstante el «sentido de ambigüedad» de que habla Varela, este investigador no duda en formular una enumeración taxativa, que no encuentro expresada en Jovellanos", y ello porque "[n]o cabe duda de que, en los cuerpos legales mencionados, se incluían las fuentes de la forma de gobierno establecida en España, pero en ellos están comprendidas, a veces, muchas otras materias" (Álvarez Valdés 2012: 126-127; *vid.*, además, el cap. X, pp. 589-632).

> Esta dificultad consiste en el mismo lenguaje en que están escritas nuestras leyes antiguas; en este lenguaje venerable, que por mas que le motejen de tosco y de grosero los jurisconsultos vulgares, está lleno de profunda sabiduría y altos misterios para todos aquellos á quienes la historia ha descubierto los arcanos de la antigüedad. Las palabras y frases que le componen están casi desterradas de nuestros diccionarios, y el preferente estudio que han hecho nuestros jurisconsultos en unas leyes extrañas, y escritas en un idioma forastero, las ha puesto enteramente en olvido. Sus significaciones, ó se han perdido del todo, ó se han cambiado ó desfigurado extrañamente; los glosadores no las han explicado, y acaso no diré mucho si afirmo que ni las han entendido; ¿qué dificultad pues tan insuperable no ofrecerá á los jurisconsultos su lectura? ¿Y cómo podrán evitarla si el estudio de la historia y de la antigüedad no les abre las fuentes de la etimología? (Jovellanos 1951: 293b-294a)

Otra cuestión que desarrolla Jovellanos tiene que ver con los diversos elementos componentes de las Cortes, pues la constitución se relaciona, como es lógico, con el bien general:

> Pero este sistema de gobierno, en que estaban como aisladas las varias porciones en que se dividia la nacion, hubiera hecho nuestra constitucion varia y vacilante si las Cortes, establecidas desde los primitivos tiempos, no reunieran las partes que la componian, para el arreglo de los negocios que interesaban al bien general. Al principio, como hemos dicho, estas cortes eran tambien concilios, y en ellas el Rey, los grandes, los prelados y señores arreglaban los negocios del Estado y de la Iglesia. Pero despues que la nacion creció en individuos y provincias, despues que empezaron á distinguirse los tres estados, y despues que se fijó la representacion y la influencia de cada uno en los negocios, las Cortes solo cuidaron del gobierno civil y político del reino. Todo el mundo sabe cuánto contribuian entonces estas asambleas para conservar la paz interior del reino, y á mantener las clases en su debida dependencia, y á refrenar los excesos de la ambicion y del poder de los magnates; en ellas se reunia la voluntad general por medio de los representantes de cada estado, se clamaba por el remedio de los males públicos, se descubrian sus causas, y se indicaban los medios de extirpar los abusos que la relajacion ó inobservancia de las leyes introducia en los diferentes ramos de la administracion pública. (Jovellanos 1951: 294b)[13]

[13] Caso se basa en una versión más cercana a lo que dijo Jovellanos ante la RAH: "Pero además en el discurso hace de alguna manera un repaso a la constitución española, desde el tiempo de los godos hasta el siglo XV. Y cuando llega a la época de los fueros y las cartas pueblas, escribe: «Pero lo que más merece nuestra observación es que, al favor de estos fueros, se perfeccionó poco a poco la forma del gobierno municipal de los pueblos, conocida ya desde tiempos más remotos. Hablo de los ayuntamientos a quienes fue dada desde el principio la autoridad precisa para dirigir los negocios tocantes al procomunal de los pueblos. Los concejos formaron desde entonces como unas pequeñas repúblicas, y su gobierno se podía llamar por semejanza democrático, o bien porque el pueblo nombraba a todos los miembros de su primer senado, o bien porque en éste residía siempre uno o más representantes de sus derechos».

Pero, además, la constitución debe evitar una serie de vicios que existen, porque, en caso contrario, puede fallar el encaje entre esas distintas piezas integrantes del mecanismo que hace funcionar la estructura del gobierno[14]:

Hay que observar que aquí Jovellanos se apoya en el pensamiento político de Montesquieu, y que utiliza su terminología. Efectivamente, considera el autor francés que hay tres tipos de gobierno: el republicano, el monárquico y el despótico. Entiende por gobierno republicano aquel en que el pueblo en cuerpo, o solamente una parte del pueblo, tiene la soberanía. Cuando en la república el pueblo en cuerpo tiene la soberanía, es una *democracia*. Así pues, los ayuntamientos son como «unas pequeñas repúblicas, y su gobierno se podía llamar por semejanza democrático».

Pero este gobierno fragmentario hubiera hecho nuestra constitución varia y vacilante, si las Cortes no hubiesen reunido las partes que lo componían, para el arreglo de los negocios que interesaban al bien general. Desde los concilios de Toledo, constituidos por el rey, los grandes, los prelados y los señores, se llega a las Cortes en que están representados los tres estados. Y entonces escribe: «Todo el mundo sabe cuánto contribuían estas asambleas a conservar ilesa la constitución, a mantener las clases en su debida dependencia y a refrenar los excesos de la ambición y el poder; en ellas se reunía la voluntad general por medio de los representantes de cada estado, se clamaba por el remedio de los males públicos, se descubrían sus causas, y se indicaban los medios de extirpar los abusos que introducía la relación desde la primera dignidad hasta la última persona del estado. ¡Loable institución, en que reducidas a pública conferencia las materias de gobierno, oía el Príncipe la verdad entera y sin disfraces, pronunciada por sus órganos naturales, y en que los súbditos obedecían los decretos de la voluntad general, inmediatamente autorizados por el Príncipe y pronunciados por su misma boca!».

En este precioso párrafo, que se suprimió en la ed. de la Academia, hay varias cosas dignas de subrayarse: la utilización de términos procedentes de Rousseau, como «órganos naturales» o «voluntad general», o el carácter representativo de esos «órganos naturales», o que la soberanía está compartida por el poder legislativo y por el ejecutivo, encarnado en el rey, que se limita a sancionar las decisiones de la voluntad general. Pero sobre todo, hay que tener en cuenta que Jovellanos sabe que no está elogiando algo históricamente cierto, lo que concede más importancia a sus palabras" (Caso 1993: 162-163).

[14] Caso explica así la relación conceptual entre esas diversas piezas en el paso de la situación medieval a la constitución: "Nuestro autor es un auténtico especialista en el arte de decir lo que quiere realmente decir, pero expresando aparentemente algo muy distinto. Su elogio de las Cortes medievales, compuestas de privilegiados y tercer estado, representativas, órgano del poder legislativo, diferenciado del ejecutivo, no puede referirse a las Cortes históricamente conocidas. Jovellanos lo sabe, y por eso intercala a continuación un curioso párrafo, que podría calificarse de *captatio benevolentiae*. Quiere hablar de los vicios y defectos de esta constitución, pero antes aclara a los «sabios que dotados de tanta buena fe como ilustración, no creerán que mi voz se dirige a sus oídos para inspirarles ideas menos convenientes a la gravedad de los que oyen que a la modestia del que discurre». Y comienza entonces a hablar de los vicios de aquella constitución, que estaban autorizados por las leyes. El poder de los señores era demasiado grande y toda la fuerza del Estado se concentraba en sus manos; a ellos se unían los maestres de las Órdenes Militares, los prelados y hasta los mismos concejos: el rey en definitiva era un jefe subordinado al capricho

Digámoslo claramente: si la antigua legislacion de que hablamos es digna de nuestros elogios por la absoluta conformidad que habia entre ella y la constitucion coetánea, es preciso confesar que esta misma constitucion tenia dentro de sí ciertos vicios generales que conspiraban á destruirla, y que estos vicios estaban de algun modo autorizados por las leyes. El poder de los señores era demasiado grande, y en la primera dignidad no habia entonces bastante autoridad para moderarle. Toda la fuerza del Estado estaba en manos de los mismos señores; cada uno podia disponer de un pequeño ejército, compuesto de sus vasallos y amigos y parientes; los maestres de las órdenes militares tenian en su séquito una porcion de milicia, la mas ilustre y numerosa; los prelados, en calidad de propietarios, disponian tambien de una porcion de brazos que se sustentaban de sus tierras, y aun los concejos acudian á las guerras, llevando una numerosa comitiva bajo de sus pendones. Es verdad que toda esta fuerza estaba subordinada por la constitucion al Príncipe, á quien debia seguir todo vasallo en sus expediciones, pero en el efecto estos eran siempre unos auxilios precarios, y dependientes de la voluntad ó del capricho de los señores. Aun cuando se prestaran sin resistencia á los designios del Monarca, era de cargo de este mantenerlos en la guerra. Por un antiguo privilegio de la nobleza, no debia esta militar sino á sueldo del Príncipe. El erario era entonces muy pobre, los tributos pocos y

---

de sus vasallos. Los excesos procedían sobre todo delos grandes propietarios; el rey podía recurrir a dividirlos, con lo que daba a unos los bienes quitados a otros. Esto provocaba constantes luchas inetstinas y anarquía. Y a continuación Jovellanos escribe: «Pero sobre todo, en esta constitución yo busco un pueblo libre, y no le encuentro. Entre unos príncipes subordinados y unos señores independientes, ¿qué otra cosa era el pueblo que un rebaño de esclavos, destinados a saciar la ambición de sus señores?». Sólo las Cortes podían evitar los inconvenientes que producía la constitución. «Pero en las Cortes preponderaba también el poder de las primeras clases: la nobleza y los eclesiásticos eran igualmente interesados en su independencia y en la opresión del pueblo; los concejos que le representaban eran representados también por personas tocadas del mismo interés a quienes dolía muy poco la suerte de la plebe inferior; en una palabra, una constitución que permitía que el Estado se compusiese de muchos miembros poderosos y fuertes, en que los vínculos de unión eran pocos y débiles, y los principios de división muchos y muy activos; una constitución, en fin, en que los señores lo podían todo, el Príncipe poco y el pueblo nada, era sin duda una constitución débil e imperfecta, peligrosa y vacilante».

Jovellanos no necesitaba decir nada más. Su elogio de las Cortes no era tal, sino en realidad la expresión de lo que él deseaba para España, esto es, unas Cortes que tuvieran todo el poder legislativo, en las que predominaran los representantes del pueblo, en las que se disminuyeran al mínimo los privilegios de los nobles y del clero, y con una constitución que además atribuyera el poder ejecutivo al rey. Es, en el fondo, lo mismo que va a defender en 1809, cuando tenga en sus manos la posibilidad de arreglar algunos de los desaguisados que achaca a las leyes fundamentales imperantes, momento en el cual va a actuar de acuerdo con lo que ya pensaba 30 años antes y se atrevía a exponer ante toda una Real Academia de la Historia, con la presencia de miembros del Consejo de Castilla, que eran los que entonces legislaban, y bajo la presidencia de Campomanes, prepotente fiscal del mismo Consejo y director de la Academia" (Caso 1993: 163-164).

temporales, los recursos difíciles y siempre pendiente del arbitrio de las Cortes; ¿qué era pues el Príncipe en esta constitucion, sino un jefe subordinado al capricho de sus vasallos? (Jovellanos 1951: 295)

Se definen así las distintas causas de riesgo que existen en el intento de edificar una obra que implique a toda la sociedad:

Yo bien sé que otros muchos puntos la dependencia era recíproca, y que los nobles debian seguir al Monarca, ó porque podia separadamente oprimirlos, ó porque de él solo podian esperar grandes recompensas; pero esto mismo dividió la nacion muchas veces en partidos, y aquel era mas fuerte donde cargaba la mayor parte de los grandes propietarios. El Príncipe no tenia por la constitucion medios para reprimir estos excesos; era preciso que los buscase en el arte y la política. (...)

Pero sobre todo, en esta constitucion yo busco un pueblo libre, y no le encuentro. Entre unos príncipes subordinados y unos señores independientes, ¿qué otra cosa era el pueblo que un rebaño de esclavos, destinado á saciar la ambicion de sus señores? (...)

El único resorte que podia mover la constitucion para evitar los inconvenientes que producia ella misma, eran las Cortes. Pero en las Cortes preponderaba tambien el poder de las primeras clases: la nobleza y los eclesiásticos eran igualmente interesados en su independencia y en la opresion del pueblo; los concejos que le representaban eran representados tambien por personas tocadas del mismo interés y á quienes dolia muy poco la suerte de la plebe inferior; en una palabra, una constitucion que permitia que el Estado se compusiese de muchos miembros poderosos y fuertes, en que los vinculos de union eran pocos y débiles, y los principios de division muchos y muy activos; una constitucion, en fin, en que los señores lo podian todo, el Príncipe poco y el pueblo nada, era sin duda una constitucion débil é imperfecta, peligrosa y vacilante. (Jovellanos 1951: 295ab)

El resultado de todos estos vicios y de condiciones inadecuadas es la falta de un código general. Elogia a los dos grandes reyes del siglo XIII por ensayar la elaboración de un código general que consiguiera la superación de la falta de uniformidad. Y el defecto esencial, para Jovellanos, es que en las *Partidas* se introdujeran el gusto de las leyes romanas y las opiniones de los jurisconsultos boloñeses[15]. La conclusión es:

---

[15] "In the 1780's his «Reflexiones sobre la constitución, las leyes, usos y costumbres de Castilla" (...) protest against the excessive importance given to Roman law in Spanish legal studies and explain that humanistic and scientific training, and specially historical learning, are the keys to understanding the development of the Spanish legal system. In a letter dated 1795, Jovellanos stresses the urgency of studying the Spanish constitution, that is, the distribution of governmental powers and the rights and duties of both governors and governed» (Polt 1971: 130).

> Pero aun es mas digno de notar que las Partidas fueron tambien el conducto por donde se introdujo el derecho canónico, con todas las máximas y principios de los canonistas italianos. La simple lectura de la primera partida es una prueba concluyente de esta verdad. Y ved aquí cómo una nacion que con las decisiones de sus propios concilios podia formar un código eclesiástico el mas puro y completo, fue abrazando sin discrecion el decreto de Graciano y las decretales gregorianas, con todo cuanto habia introducido en ellos de apócrifo y supuesto la malicia del impostor Isidoro, la buena fe de los compiladores y la adulacion de los jurisconsultos boloñeses. Este derecho se vió desde entonces formar como una parte de la legislacion nacional, en la que se abrazaron todas las máximas ultramontanas, para que fuesen repentinamente erigidas en leyes. Y de aquí provino que autorizadas despues con el tiempo, dominaron, no solo generalmente en nuestras escuelas, sino tambien en nuestros tribunales, sin que la ilustracion de los mas sábios jurisconsultos ni el celo de los mas sábios magistrados hayan logrado desterrarlas todavía al otro lado de los Alpes, donde nacieron. (Jovellanos 1951: 296a)

Sin embargo, hay razones también para hallar en ese elemento algo positivo:

> Pero, por otra parte, veo que las Partidas, al mismo tiempo que iban alterando nuestra legislacion, causaban un bien efectivo á la nacion entera. A pesar de la diferencia que se halla entre ellas y la constitucion coetánea, debemos confesar que introdujeron en España los mejores principios de la equidad y justicia natural, y ayudaron á templar, no solo la rudeza de la antigua legislacion, sino tambien de las antiguas ideas y costumbres (Jovellanos 1951: 296b)

Este desarrollo histórico llega a una solución general, cuando,

> arrojados los moros de toda España, reunidas á la de Castilla la corona de Aragon y Navarra, agregados á la dignidad real los maestrazgos de las órdenes militares, descubierto y conquistado á la otra parte del mar un dilatado y riquísimo imperio, crecieron el poder y la autoridad real á un grado de vigor que jamás habia tenido. (Jovellanos 1951: 297a),

de tal modo que esa nueva situación permite que se llegue a una compilación:

> La multitud de estas nuevas leyes, la diferencia que se notaba entre ellas y los códigos antiguos, hizo por fin conocer la necesidad de una nueva compilacion. Proyectóla la inmortal Isabel, princesa que habia nacido para elevar á España á su mayor esplendor; pero prevenida por la muerte, no pudo completar este designio, y se contentó con dejarle muy recomendado en su testamento. Provióle con calor don Cárlos I, instado por las cortes, y de su órden trabajaron en él los doctores Alcocer y Escudero, que tampoco pudieron acabarle. Pero por fin don Felipe II, á quiene estaba reservada esta gloria, encargó la continuacion de estos trabajos á los licenciados Arrieta y Atienza, y logró publicar la *Nueva Recopilacion*, que hoy conocemos, por

su pragmática de 14 de marzo de 1567, que dio al nuevo código la sancion y autoridad necesarias. (Jovellanos 1951: 297b)

A continuación, Jovellanos caracteriza a la inversa el estado de cosas en que se puede encontrar un historiador del derecho que busca a fines del siglo XVIII, y lo define en los últimos párrafos de su discurso volviendo a su tesis inicial:

Pero, señores, permitid que os pregunte quién será el hombre á quien el cielo haya dado las luces y talentos necesarios para hacer el análisis de este código, donde están confusamente ordenadas las leyes hechas en todas las épocas de la constitucion española. Yo confieso que esta es una empresa superior á mis fuerzas. Si hubiese un hombre que reuniera en sí todos los conocimientos históricos y toda la doctrina legal, esto es, que fuese un perfecto historiador y un consumado jurisconsulto, este solo seria capaz de acometer y acabar tamaña empresa. (...)

Confesemos pues de buena fe que sin la historia no se puede tener un cabal conocimiento de nuestra constitucion y nuestras leyes, y confesemos tambien que son este conocimiento no debe lisonjearse el magistrado de que sabe el derecho nacional. (Jovellanos 1951: 297b)

Esos principios básicos se aplican también a una historia muy particular, la del idioma, en su discurso de ingreso en la RAE, titulado *Sobre la necesidad del estudio de la lengua para comprender el espíritu de la legislación*, pronunciado el 25 de septiembre de 1781, ya que, como ya había dicho en el *Discurso* ante la RAH, el conocimiento de la lengua sirve para analizar más detenidamente los textos de otras épocas, incluidos los jurídicos[16]:

Yo no hablaré aquí de aquellas venerables leyes promulgadas en tiempo de los godos, que son como el cimiento de toda nuestra legislacion, no tampoco de las que

---

[16] "En realidad nuestro autor retomaba una idea que brevemente había expuesto en su discurso de ingreso en la Academia de la Historia: el de la necesidad que tiene el magistrado de conocer a fondo no sólo la lengua contemporánea, sino también la de los siglos anteriores, en la cual estaba escrita una buena parte de la legislación entonces vigente. Da la impresión de que esta opinión se la habían discutido, porque Jovellanos comienza refiriéndose a aquellos que creen que basta con el simple conocimiento de la lengua recibido en los primeros años y cultivado después con la lectura y con el uso para poder interpretar y aplicar las leyes. Ya me he referido antes a la importancia que a lo largo de toda su vida concedió Jovellanos al estudio de conocimiento profundo del lenguaje, no sólo como instrumento de comunicación, sino como medio de perfeccionamiento de la inteligencia, porque en la misma medida en que se domine ese instrumento mejor se expresarán las ideas y los sentimientos. A esto hay que añadir, como había sostenido en 1780 y repite ahora, poco más de un año después, ante los académicos de la Lengua, que el conocimiento histórico del español es la única posibilidad de interpretar rectamente las leyes antiguas" (Caso 1993: 175).

fueron publicadas desde el principio de la restauracion hasta el siglo XIII. Estas leyes, escritas en lengua latina, no entran en el objeto de mis reflexiones. Sin embargo, ¡cuánto conduciria el estudio de la lengua castellana para entenderlas bien! La buena latinidad, cuando ellas se escribieron, estaba ya desfigurada con nuevos idiotismos, alteradas notablemente las terminaciones de sus palabras, las declinaciones de sus nombres, las conjugaciones de sus verbos y la forma y tenor de su sintáxis. Esta alteracion llegó a tal punto, que el lenguaje de algunos fueros y privilegios de los siglos XI y XII ni bien puede llamarse latino, ni merece todavía el nombre de castellano, sino que forma un perfecto medio entre las dos lenguas. ¿Cómo podrá entender estos monumentos quien no haya estudiado á fondo una y otra?

Pero hablemos solamente de aquellas leyes que se escribieron originalmente en castellano, ó que fueron traducidas á esta lengua despues que el Rey Sábio la introdujo en la real cancillería. Algunas de estas leyes nacieron con la misma lenguas, otras se formaron en su puericia y juventud, y las mas en su edad robusta; esto es, desde los Reyes Católicos hasta el dia. Pero ¡qué diferencia tan notable entre el lenguaje de las primeras y las últimas!

Esta diferencia no consiste solo en las palabras, sino tambien, y aun mas principalmente, en la construccion ó sintáxis. Sin hablar de las leyes de Partida, cuyo estilo tiene una pureza y elegancia muy superior á los tiempos en que fueron escritas, ¡qué oscuridad no se encuentra en algunos códigos del mismo siglo, y aun de los posteriores, cuyo lenguaje, no solo dista mucho del que hablamos hoy, sino tambien del mismo lenguaje de las Partidas!

Buen ejemplo se puede hallar en el *Fuero Juzgo* castellano, cuya traduccion es del tiempo de San Fernando, ó acaso de su hijo don Alfonso; en los fueros de Toledo, Córdoba, Sevilla y Carmona, que dados en latin por el mismo santo rey, fueron traducidos en tiempo del Rey Sábio; y finalmente, en el *Ordenamiento de Alcalá* y el *Fuero Viejo* de Castilla, cual le tenemos en el dia, que pertenecen á los reinados de don Alfonso XI y don Pedro el Justiciero; esto es, al siglo XIV. (Jovellanos 1951: 299-300)[17]

Todo ello es válido, en términos generales, si bien el examen posterior de las *Partidas*, como no puede ser de otra manera en aquel tiempo, ofrece bastantes inexactitudes, al lado de aciertos muy atractivos (*vid.* Jovellanos 1951: 300ab).

---

[17] Apunta Caso: "También merece subrayarse otro aspecto interesante del discurso, aquel en que se trata de la necesidad de conocer científicamente la lengua en que los viejos códigos están escritos, con el fin de interpretar rectamente el sentido de las leyes. Creo que es una auténtica novedad. Jovellanos se preocupó siempre mucho de los problemas lingüísticos, tanto cuando consideraba el lenguaje como inseparable de la facultad de pensar, y por tanto como obligado objeto de enseñanza, a fin de perfeccionar la persona humana al mejorar el instrumento de expresión; como cuando buscaba en el lenguaje la explicación de hechos históricos y andaba a vueltas con las etimologías. La ciencia filológica tardará aún unos años en fundarse, pero Jovellanos tuvo, aunque empíricamente, abundantes conocimientos filológicos" (Caso 1993: 162).

Finalmente, la importancia del conocimiento lingüístico se traslada de la historia del derecho a las funciones de los magistrados:

> Parece que el sábio legislador habia pronosticado la dificultad que costaria algun dia á sus súbditos entender estas leyes, y por eso les decia en una de ellas: *Onde conviene que el que quisiere leer las leyes de este nuestro libro, que pare en ellas bien mientes, é que las escodriñe de guisa que las entienda.* Pero si esta es una obligacion del súbdito, obligado á vivir según ellas, ¿cuál será la del magistrado, que debe interpretarlas y hacerlas observar?
>
> Y si el magistrado necesita de un profundo conocimiento de nuestra lengua para entender las leyes, ¿cuánto mas le habrá menester para corregirlas ó formarlas de nuevo; esto es, para ejercer la mas noble y augusta de sus funciones? Cómo responderá al Príncipe cuando, honrándole con su confianza, le llama para asistirle en la formacion de las leyes? Cuando le diga: «Y voy á hablar con mi pueblo y á darle documentos de paz y de justicia para que viva segun ellos, ejercite las virtudes públicas y domésticas, y sea conducido á la abundancia y la felicidad. Tú, que debe ser el depositario y el órgano de ellos, sé tambien quien los forme y publique. Habla el sagrado idioma de la justicia, y explica sus preceptos en unas sentencias que no desdigan de su majestad y su importancia. Haz tú las leyes, y yo les inspiraré con mi sancion la fuerza de ligar á tu voluntad los habitadores de dos mundos.» (Jovellanos 1951: 300-301)

No hay ningún trabajo doctrinal, histórico o jurídico, hasta el decenio de los años ochenta del siglo XVIII, equivalente en el secretario de la RAE desde 1777, es decir, Manuel de Lardizábal[18]: me refiero, claro es, a cuestiones de historia política o derecho constitucional, con excepción del *Discurso preliminar* del *Fuero Juzgo*, que saldrá mucho más tarde y con una orientación que, me parece, no es exactamente la que hubiera querido Jovellanos[19]. La

[18] Hay un trabajo de Lardizábal que requiere el conocimiento de la legislación antigua, pero no hay un estudio, manual o tratado sobre esa base. Aludo al trabajo de Lardizábal que parte de la *Nueva Recopilación*: "Aparece una consulta de 30 de Noviembre de 1776, en la que se hace referencia al trabajo que está realizando Lardizábal, consistente en la actualización de la Nueva Recopilación, con la adición de todas las resoluciones posteriores a 1745. En la Real Cédula sobre la formación y autoridad de esta Novísima Recopilación de Leyes de España que se encuentra al principio de esta Novísima Recopilación, se refiere expresamente a este encargo" (Casabó 1989: 105). No solo eso, pues Casabó tabula los autores citados en sus obras y, curiosamente, por ejemplo, aparece Lindembrog cuatro veces en ellas, pero no Pithou, el primer editor del *Liber Iudicum*.

[19] Se pueden dar unos datos sobre Lardizábal hasta 1808, basados en Zamora Vicente: "Supernumerario desde 1770, pasó a ser de número a la muerte de Francisco Antonio de Angulo (1775), al que, además, tras el intervalo de Juan Trigueros, sucedió en la Secretaria académica (1777). Años después, renunció al cargo, debido a sus frecuentes y largas ausencias (1814). Hombre de significación realista, aparece muchas veces confundido con su

tesis que voy a defender en el resto de este estudio es que el jurista asturiano fue, en realidad, el mentor, si se quiere el guía, de una labor colectiva[20],

---

hermano Miguel, destacado partidario del absolutismo. Manuel, nuestro académico, intervino en tareas de justicia, reforma del Código penal, oidor, fiscal, Consejero de Castilla, etc. Su *Discurso sobre las penas contrahidas a las leyes criminales de España para facilitar su reforma* (Madrid, Ibarra, 1782) le dio gran fama. Figuró (1808) en la comisión que discutió la Constitución de y poco después le vemos en Sevilla, entre los que preparan la Constitución de Cádiz" (Zamora 1999: 117). Precisa más García de la Concha sobre la estancia en Bayona: "En el grupo de notables españoles que, por generosa condescendencia de Napoleón, retocaban el borrador de la nueva Constitución figuraban los miembros de la Española Ranz Romanillos, Manuel de Lardizábal, secretario desde 1777, y Antonio Alcalá Galiano, que sería académico más tarde, en 1847. El 6 de julio nombró Napoleón a su hermano «rey de España y de las Indias», y, tras jurar la Constitución, José I nombró a los ministros, entre ellos a Jovellanos, y a los consejeros de Estado, en cuya lista figuraban de nuevo Ranz Romanillos y Lardizábal. Jovellanos dijo no. Al académico Manuel de Lardizábal –que, nacido en México, refleja la inclinación de la Academia por lo novohispano- lo encontraremos en Cádiz desde 1810 como miembro del restablecido Consejo de Castilla; allí convivió con los antiguos integrantes de la Junta Central, con el Consejo de Regencia –del que formaba parte su hermano Miguel- y con los futuros diputados de las Cortes de Cádiz" (García de la Concha 2014: 147). Sobre todos estos asuntos, fundamentalmente políticos, es muy completo el artículo de Orella, quien se fija en un detalle importante: "La Academia siguió acompañando con sus emolumentos a Manuel de Lardizábal durante sus años de destierro" (Orella 2003: 120, n. 12). E insiste en que Lardizábal "ejerció de nuevo como secretario" de la RAE hasta que renunció (*vid.* Orella 2003: 120, n. 12, y también en las páginas 123 y 131). Además, Zamora anota que "[e]l mismo García de Enterría ha llamado la atención sobre los extraordinarios administrativistas del siglo XIX (Lardizábal, Jovellanos, Martínez Marina, Ranz Romanillos, Javier de Burgos, Alcalá Galiano, Oliván y Joaquín F. Pacheco), quienes, además, fueron académicos de la Española («La lengua de los Derechos: la formación del Derecho Público europeo tras la Revolución francesa», discurso de entrada en la Real Academia Española, 1994)" (Zamora 1999: 305). Eso no se encuentra habitualmente en la bibliografía que he manejado, pero sí que sea "el mejor penalista de España" en el siglo XVIII (*vid.* Orella 2003: 119). José Luis de la Cuesta inicia su apunte biográfico por ese mismo sendero: "Manuel de Lardizábal, «penalista ilustrado» (Rivacoba), amigo de Jovellanos, es considerado por Saldaña el «Beccaria español», por haber sido el introductor en España de las nuevas ideas ilustradas en relación con la reforma penal." (Cuesta 2004: 700) Pero el final de ese esbozo nos encamina hacia otro aspecto de la vida profesional de Lardizábal: "La obra de Lardizábal fue ciertamente muy leída en su época e influyó en algunos autores posteriores como el práctico José Marcos Gutiérrez. Ahora bien, ha de reconocerse con Jiménez de Asúa que fue poco conocida en Europa y no tuvo en España la influencia práctica que hubiera merecido. En cuanto a América se dice que el *Discurso sobre las penas* se encontraba entre las lecturas de San Martín, cuya visión del castigo fue profundamente jurídica, al tiempo que filosófica y humanística" (Cuesta 2004: 702). *Vid.* nn. 18 y 46.

20 Gibert, partiendo del plan que se puede ver en el documento 80, afirma: "Jovellanos propuso un trabajo colectivo, distribuidas las diferentes secciones entre los individuos que componían la Junta. Al jurista y académico Lardizábal iba a corresponderle dar forma a los

mientras que, durante la época inicial, el secretario académico actuó como el organizador de este proyecto de investigación y publicación extenuante, término que indica indiscutiblemente su función directiva de coordinación con respecto a otras personas. Lo importante es que estos discursos previos de Jovellanos, así como el plan de trabajo, también suyo, muestran que la base del proyecto viene de él, de alguien que ya era "individuo de número" de la RAE en 1783, la cual se había adelantado a la RAH, donde no lo será hasta 1787, a pesar de que, como académico supernumerario, fue al revés (¿quizá por eso el proyecto recaló en la RAE y no en la RAH o fue por la presencia de Lardizábal en la primera?). Ahora bien, de estos discursos surge una idea esencial que converge con el *Fuero Juzgo*, a saber, que se debe diseñar una constitución plenamente española, que hunde sus raíces en la edad media; se podría calificar de tradicional. Pero ¿cuál es su pensamiento, no ya jurídico sin más, sino político-constitucional?

1.3. El análisis de estas ideas de Jovellanos por algunos historiadores de la segunda mitad del siglo XX y la actualidad

El estudio preliminar de Miguel Artola a las *Obras publicadas e inéditas de Don Gaspar Melchor de Jovellanos*, obra publicada en 1956, sigue siendo de absoluta actualidad (*cfr.* Gibert 1986: 301 y Álvarez-Valdés y Valdés 2002: 137-154, sobre todo 146-150, y 2012: 124-127). Artola parte de una idea de Ángel del Río en la introducción a las *Obras escogidas* de Jovellanos:

> Angel del Río formuló en su Introducción a las Obras de Jovellanos la interpretación más equilibrada y exacta del sentido íntimo de la vida y obra de este polígrafo.

---

trabajos de esa Junta, y poner en ellos el sello de su perfección. Según el digno editor de Jovellanos, Cándido Nocedal, el estudio preliminar de Lardizábal que precede a la edición de 1814 no ha respondido a este plan. Sería interesante compararlos, pero esto excede de nuestro propósito" (Gibert 1986: 313). Y también aquí, pero en una crónica completa se debería entrar más ampliamente en esa cuestión. Ulteriormente, Jovellanos intentó poner en marcha otro proceso de publicación, el de las *Siete Partidas*. En sus *Diarios* se puede leer lo siguiente: después de detenerse en cambios jurisdiccionales ("Llegó el correo; Lerena cede a sus males; sucédele Gardoqui con nombre de sustituto; obra de Floridablanca para hacer sucesor a su criatura. Elizondo, el fiscal, pide jubilación, diciendo, en continuación de su demencia, que la Inquisición iba a echársele encima y se veía precisado a dejar el reino; se le jubila; se nombra sucesor a Lardizábal, hombre docto, ilustrado y virtuoso; Villamil es trasladado a la plaza de Granada, y Vargas, a Valladolid.", 21.10.1791, *Diarios*, I: 64), Juan Pérez Villamil vuelve a estas líneas de modo llamativo: "Carta a Villamil, aconsejándole que emprenda y proponga una nueva edición de las *Partidas*" (20.02.1797, *Diarios*, I: 413). Pero el amigo de Jovellanos adoptará otra senda, como veremos.

"Es un producto –dice- el más representativo quizá de la España de su siglo, cruzada de problemas. No nos engañe ni su aire circunspecto, muy dieciochesco, ni la serenidad con que soportó persecuciones y fracasos: Jovellanos fue víctima de haber encarnado en mayor grado que ninguno de sus contemporáneos una contradicción, que era, sobre todo, histórica.

Y fue igualmente el primero en sacar el problema de un estancamiento polémico que esterilizaba toda posible y más amplia comprensión. Denunció el mayor interés de los críticos por encasillarle dentro de un partido, que por estudiar imparcialmente su obra. "Se perdió de vista –concluye- el rasgo más saliente: el eclecticismo de su obra, el esfuerzo verdaderamente ejemplar por armonizar todas las corrientes contradictorias que influyeron en su pensamiento y formaron su sensibilidad" [Patricio Peñalver, *Modernidad tradicional de Jovellanos*, pág. IX] (Artola 1956: VII).

Sobre el apoyo lógico en el concepto de la contradicción histórica, y su enfrentamiento con el eclecticismo como elemento explicativo, Artola generaliza lo que se ha dicho de Jovellanos[21]:

[21] Para Sánchez-Blanco, el dilema político de la Ilustración española en cuanto a la representación la lleva a apoyar el absolutismo. Lo encuentra, precisamente, en el *Discurso* de Jovellanos ante la RAH, que, en su opinión, es de una mentalidad empirista, al margen del planteamiento rousseauniano, para "establecer un régimen de libertad, de independencia económica y de representatividad en la vida política de la nación", pero no desde presupuestos racionales, sino mediante "la contemplación de la historia de España con el convencimiento de que el pacto social propio de los españoles tiene que haberse manifestado concretamente en las leyes antiguas del país". Como consecuencia de ello, "[e]l magistrado, según él, no se debe contentar con el conocimiento de las leyes actuales, sino que debe investigar las situaciones históricas que las produjeron y los hombres para las que fueron dictadas". Según Sánchez-Blanco, autores que recogieron estas ideas de Jovellanos, sobre todo Martínez Marina, facilitaron que los tradicionalistas argumentaran, "con razón, que la constitución antigua española reside en la desigualdad y en los privilegios de los estamentos. Cualquier innovación, por supuesto, violaría la constitución fáctica del país y la esencia del espíritu nacional." (Sánchez-Blanco 1991: 362-363) Pero este autor indica que, ante la práctica habitual del rey y su gobierno en sus decisiones, hasta tal punto "[s]e comprende que los ilustrados, incluido el mesurado Jovellanos, se quejen amargamente de que no exista ninguna "constitución" ni ningún Derecho patrio practicable. En nombre del absolutismo quedaba la puerta abierta a la arbitrariedad de las decisiones del supremo tribunal y de las disposiciones ministeriales" (Sánchez-Blanco 2002: 331; *cfr*. pp. 269-272 y 279). En cualquier caso, para este historiador hay una fractura generacional en el siglo XVIII sobre este asunto: "El factor generacional juega un papel importante. A los ilustrados del entorno de Carlos III les asustan los desórdenes, mientras que la generación más joven contempla las convulsiones sociales con menos desasosiego y, además, las afrontan desde una plataforma intelectual distinta a la de un Campomanes o un Jovellanos, los cuales apenas si se habían sacudido el polvo del pasado. Los que nacen ya a mediados del Siglo de las Luces, han conectado en algún mo-

La contradicción histórica a que hace referencia Angel del Río es la que se encuentra en la misma base de la forma política del Despotismo Ilustrado. El esfuerzo regenerador realizado por los hombres de la época terminará, de una parte, por levantar contra ellos al elemento tradicional, que los acusará de innovadores, jansenistas y revolucionarios. De otra, se les enfrentará la nueva generación, en gran parte, sus epígonos, que, aspirando a fines semejantes, prefiere como medio la revolución.

En la evolución histórica de los partidos ocupan el término medio entre los absolutistas reaccionarios y los liberales revolucionarios. Su posición en ciertos problemas –políticos, religiosos- se encuentra equidistante de ambos. En otros –económicos, sociales- concuerdan totalmente con los últimos en los fines, al tiempo que rechazan los medios.

(...) El error fundamental cometido por todos estos autores consiste en ignorar voluntariamente la existencia de una tercera posición o partido intermedio. Precisamente es ese carácter de término medio lo que constituye la tragedia de aquellos ilustrados que, como Jovellanos, vivieron lo suficiente para llegar a los años borrascosos que comienzan en 1808, momento en que, tras el vacío del reinado de Carlos IV, no son capaces de reemprender su destino original, perdiéndose con ellos la mejor oportunidad española de los tiempos modernos. (Artola 1956: VII-VIII)[22]

---

mento de su juventud con los planteamientos políticos de los filósofos. Muestran bastante desapego al absolutismo, porque no han gozado de sus favores... Progreso significaba soltar amarras y arrojar lastres, sobre todo en lo referente a la legislación. Meléndez Valdés tiene una concepción secular del derecho y se imagina ya una sociedad igualitaria, algo con lo que no congeniaban hombres de la generación anterior como Campomanes, Floridablanca o Jovellanos" (Sánchez Blanco 2007: 148). Bartolomé Clavero aprecia la "discontinuidad e incoherencia" de Jovellanos, con quien coincide Gibert (*vid.* Gibert 1986: 295, n. 16). Sin llegar a ello, Álvarez Junco define a Jovellanos como "un conservador de la línea burkeana" e identifica su discurso de 1780 como "un importante hito en la idealización de la historia de España, entendida en términos de una libertad extinguida que debía ser recuperada" (Álvarez Junco 2011: 23). El último término de este planteamiento se puede sorprender en el Cádiz constitucional: "Al calor de los debates políticos gaditanos, esta interpretación simplificada y maniquea del pasado nacional se hizo moneda común. Todos los conflictos por los fueros de los reinos en los siglos XVI y XVII se presentaron entonces como justas rebeliones del «pueblo español» contra la tiranía de una dinastía «extranjera», e incluso se remontaron sus antecedentes a épocas tan remotas como la del rey Suintila. Pero el papel estelar correspondía sin duda a la sublevación de las ciudades castellanas contra el joven Carlos I, interpretada ahora como defensa de las libertades nacionales contra la tiranía" (Álvarez Junco 2011: 26).

22 Hay críticos que llegan a defender cuatro posibles actitudes, dos extremistas o radicales (absolutistas o reaccionarios y liberales) y dos moderadas (ilustrados y afrancesados). Es la interpretación que defiende Emilio Palacios en la primera parte de Palacios/González Troyano 2004: 276-308. Ahora bien, Artola sugiere que no haya esa distinción entre ilustrados y afrancesados: "El reinado de Carlos IV, exteriormente tranquilo, oculta en su interior los brotes de las luchas de partidos que ensangrentarían España durante el siglo siguiente. (...) En 1789, privado del uso del poder, el Despotismo Ilustrado se refugia en el alma de sus adeptos, donde permanecerá sin evolucionar durante más de veinte años, hasta la invasión es-

Más adelante, además de la *Memoria en defensa de la Junta Central* y sus apéndices, Artola considera especialmente como textos políticos importantes el ya visto discurso de ingreso en la RAH (1780) y el *Plan de una disertación sobre las leyes visigodas*, "presentado en 1785 a la Academia de la Historia, momento en que ésta preparaba la edición del Fuero Juzgo", a los que añade otros textos por razones no exclusivamente doctrinales, como la *Sátira contra la mala educación de la nobleza* y el *Discurso sobre el establecimiento de un Montepío para los nobles de la Corte* (Artola 1956: XXI y LXXXII). En el *Plan* citado, Artola apunta sobre todo a que Jovellanos les concede especial significación a "unas leyes anticuadas y muertas, unas leyes que ya nadie obedece, pero cuyo conocimiento es esencialísimo, ora se consideren como depósito de la Constitución y el Derecho que gobernó a nuestros abuelos, ora como fuentes de la Constitución y las leyes en que vivimos nosotros" (*vid.* B. A. E., t. XLVI, pág. 455). Lo que no menciona Artola, porque en aquella época no se sabía, es que tal *Plan* también existe en la RAE, y por triplicado (*vid.* doc. 81 como ejemplo), aunque los diversos ejemplares no son exactamente iguales en la ortografía y, aislada y mínimamente, en la construcción, acompañado por un *Plan de una Dissertacion*, que es un resumen anticipado (*vid.* doc. 80).

A partir del discurso de 1780, ya mencionado, el concepto central en todos los trabajos de esta naturaleza es la constitución o ley fundamental; su relación con la legislación visigoda es la que se define hacia el final del prólogo:

> Tras manifestar la necesidad que el buen jurisconsulto tiene de "revolver continuamente nuestros Códigos antiguos y modernos y estudiar en el inmenso cúmulo de sus leyes el sistema civil que siguió la nación por espacio de tres siglos", expone concisamente los –a su juicio- elementos formativos de la Constitución española. "Subamos, pues, a la fuente de nuestro Derecho y descubrámos el antiguo manantial de las leyes que nos gobiernan y que, habiendo tenido su origen bajo la dominación de los godos, desde el siglo V hasta el VIII, se obedecen todavía por los españoles del siglo XVIII".

Y tras la enumeración de las fuentes (*cfr.* p. 9), sigue Artola:

---

pañola por Napoleón, conmoción política de tal trascendencia que hará brotar a la superficie todas las doctrinas y posturas hasta entonces soterradas. Con rara unanimidad –los casos de Jovellanos y Floridablanca tienen su explicación: el primero en su indeterminación política, claramente expuesta en sus obras doctrinales, que le tuvo varios días a la puerta de Madrid dudando acerca del partido más conveniente, y el segundo, en razón de su edad y de la violenta reacción que le produjo el espectáculo de la Revolución-, los ilustrados del tiempo de Carlos III se enrolaron bajo las banderas de José I, constituyendo el núcleo del partido que se llamaría afrancesado" (Artola 2008: 45).

> La Constitución goda pervivió en España, a pesar de la invasión de los árabes, para alterarse más adelante con la aparición de Castilla como condado y más tarde como reino independiente. "Por eso vemos después consolidarse poco a poco otra Constitución notablemente diversa de la antigua", que culminará en la formación del *Fuero Viejo* de Castilla, más alejado de la Constitución visigoda de lo que lo estaba la de León, y "cuyo continuo estudio debieta ocupar a todo hombre amante de su patria, para que nadie ignorase el primer origen de una Constitución o forma de gobierno que todavía existe, aunque alterada por la vicisitud de los tiempos y la diversidad de costumbres y circunstancias". (Artola 1956: LXXIX-LXXX)

Algo más abajo, Artola explica cómo debe ser la Constitución para Jovellanos (*vid.* Artola 1956: LXXXII-LXXXIV): una vez que se ha estudiado la Constitución histórica, hay que reformarla[23]. Podemos sintetizar esa explicación de esta manera:

> En uno de los años posteriores a 1800 –se ignora la fecha exacta- escribirá unas brevísimas, pero muy jugosas *Reflexiones sobre la democracia*, en que enuncia los principios fundamentales para una reforma constitucional. Afirma implícitamente que el gobierno mixto es el mejor, y dice: "Suponiendo que un gobierno mixto es donde estos tres poderes están separados, la Constitución de España, aunque imperfecta, era en la Edad Media de las mejores de Europa." Repitiendo casi las mismas palabras que en 1780 halla que esta perfección no era sino formal, teórica, puesto que "los tres poderes, aunque virtualmente separados, realmente no eran indepen-

[23] Dice Friera Álvarez: "Para la concreción y estudio de la Constitución española –identificada con la castellana–, cuyo contenido aparecería disperso en las normas históricas, Jovellanos, a falta de estudios doctrinales satisfactorios, acude directamente a las fuentes. De cada época, en la que cambian las circunstancias políticas y socio-económicas y, con ellas, las fuentes del derecho, destaca los principales cuerpos normativos en los que se regulan los principios y normas básicas sobre el poder público y sus límites: *Liber Iudiciorum*, concilios de Toledo, fueros locales, Fuero Viejo de Castilla, ordenamientos de Cortes, Partidas, Nueva Recopilación… Son muy claras sus conocidas palabras al catedrático Fernández Prado:

> Pero me preguntará usted dónde se podrá estudiar el derecho público español y responderé abiertamente que no lo sé […]. Si usted me pregunta adónde busqué yo las que creo necesarias, le diré que en nuestros vicios códigos, en nuestras antiguas crónicas, en nuestros despreciados manuscritos y en nuestros archivos polvorosos. Tales son los depósitos donde debe acudir el que pueda.

Jovellanos siempre, desde su discurso en la Real Academia de la Historia, identificó Constitución con normas o leyes fundamentales concretas –escritas o consuetudianrias-, contenidas en las compilaciones más relevantes de la historia jurídica, aunque a veces de difícil concreción, por lo que él insistentemente reclamaba su sistematización" (Friera Álvarez 2011: 371). En nota, esta autora platea los distintos enfoques de Fernández Sarasola, Coronas González y Fernández Sebastián acerca del significado de la Constitución en Jovellanos.

dientes. Los reyes eran superiores a las Cortes y a los tribunales, y por eso los tres poderes venían a recibiese virtualmente de ellos".

La separación absoluta de los tres poderes –"que se los hiciese del todo independientes y libres"- causaría mayores inconvenientes. En consecuencia, una Constitución armónica debe "poner un límite a la independencia de estos poderes, y este límite no puede hallarse sino en una balanza que mantenga entre ellos el equilibrio", equilibrio que "*debe consistir en que gobierne siempre la Ley, nunca el Hombre* (...)

Topamos aquí con la esencia misma de toda su filosofía política, el concepto fundamental en que se basan y del que derivarán las proposiciones concretas que formulará en 1808. Sustancialmente se trata de la más contundente negación del sistema de relaciones personales característico del derecho germánico, al que enfrenta el igualmente remoto concepto de la *lex* romana, concepción abstracta, obra sublimada del pensamiento humano, destinada a regir desde inmarcesible altura los destinos de los hombres y las generaciones.

Finalmente, Artola infiere de lo oculto los problemas de la contradicción jovellanista:

El problema entero de la reforma constitucional se centraría en una sola palabra: *soberanía*, símbolo de la lucha por el poder que tuvo lugar en la primera mitad del siglo. En la inmensa bibliografía de la época de la guerra el concepto de soberanía será la piedra de toque que sirve para determinar las posiciones enfrentadas.

Cuando las Cortes definan en su primera sesión que "la soberanía reside esencialmente en la nación", los liberales han cortado el nudo gordiano que la Ilustración no sabía cómo deshacer. Jovellanos, uno de los pocos representatantes supervivientes en 1810, se considerará obligado a rebatir la definición, sin renunciar por ello a sus ideas. El resultado es una ininteligible distinción entre *soberanía*, que reside en el monarca, y *supremacía*, que reside en el pueblo y es "superior a todo poder constitucional", el siglo que comienza la distinción es incomprensible y tiene todo el aire de un bizantinismo trasnochado, pues si, como añade Jovellanos, "la *supremacía* nacional es, en su caso, más alta y superior a todo cuanto en política se quiera apellidar *soberano* o *supremo*", el resultado es igual al enunciado en Cádiz, y la diferencia, inútil.

1.4. El recuerdo de Burriel en Jovellanos

Ahora bien, Jovellanos establece una conexión del mayor aliciente. Como se puede ver en la carta de Jovellanos al decano de la facultad de Derecho de Oviedo, Antonio Fernández de Prado, el estudio del Derecho en España debe comenzar por la Historia del Derecho español, con obras tales como 1°, *Sacrae Themidis Hispaniae Arcana*; 2°, los prólogos del *Fuero Viejo,* del *Ordenamiento de Alcalá* y de las *Instituciones de Castilla*; 3°, una carta de don Gregorio Mayans al doctor Berny; y 4º, Carta del padre Andrés Burriel al licenciado don Juan de Amaya. Especialmente interesante a este efecto es la cuarta de esas obras, sobre la que hay una *Censura* del propio Jovellanos, redactada de este tenor:

> Ilustrísimo señor:
>
> He visto la carta del p[adre] Andrés Burriel al licenciado don Juan de Amaya, que don Antonio Valladares y Sotomayor, autor del *Semanario erudito*, desea imprimir, y la creo muy digna de la luz pública.
>
> El editor ha publicado ya en el tomo II de su semanario una buena porción de esta carta, conocida y tan justamente apreciada de los eruditos; pero se valió de un manuscrito o copia tan enormemente depravada y procedió con tanto descuido en la corrección de la imprenta, que sólo produjo un monstruo indigno de existir en la República de las Letras. Juzgo, por consiguiente, que la carta se deberá imprimir íntegramente, aplicando a esta nueva edición la mayor diligencia, tanto para vengar la reputación de su célebre autor, cuanto para ofrecer al público un texto íntegro y correcto de obra tan apreciable.
>
> A este fin, y en obsequio del mismo público, estoy pronto a franquear un original que poseo, firmado de mano del mismo p[adre] Andrés Burriel, corregido y anotado de su propia letra, y lo estoy también a encargarme de la corrección de las pruebas, como he ofrecido al editor.
>
> Si éste se halla o no en obligación de recompensar al público del perjuicio causado en la viciosa edición que le dio de esta obra; y si el modo de hacerlo con más justicia es o no el dar gratuitamente a sus suscriptores igual número de cuadernos a los que han indebidamente pagado, me parecen dudas de que podemos prescindir, dejando su decisión a la buena fe del mismo editor, que es el principal interesado en persuadir a los literatos que no desea otra utilidad que la que pueda producirle la venta de buenas mercancías.
>
> V. S. I. resolverá lo que fuere de su mayor agrado.
>
> Madrid, 9 de noviembre de 1787
>
> D. Gaspar Melchor de Jovellanos, "Censura de la *Carta de Andrés Burriel al licenciado Juan Amaya*" (9.11.1787), Madrid, RAH, leg. 11-1-4/8020 (73). Ediciones: *Boletín de la RAH,* 1911: 214-215; *Biblioteca de Autores Españoles*, V: 49; *Obras Completas*, XII, *Escritos sobre literatura*, edición crítica, prólogo y notas de. Elena de Lorenzo Álvarez, Oviedo: Instituto de Estudios Feijoo del siglo XVIII, 2009: 145-146 (tomo el texto de la *Biblioteca digital* del Instituto en www.jovellanos2011.es/web/biblioteca-virtual-ficha/?cod=6204 , consulta: octubre 2016).

En el decimosexto tomo del *Semanario Erudito*, de 1789, su editor, Antonio Valladares de Sotomayor, publica la carta del P. Andrés Marcos Burriel a D. Juan [Ortiz de] Amaya en una versión más exacta, que presenta de esta manera:

> *NOTA DEL EDITOR*. El ansia con que el público deseaba poseer las obras ineditas del sábio Jesuita Andres Burriel, nos obligó á publicar, desde los principios de nuestro Semanario las que pudimos haber á la mano. Entre ellas dimos á luz un trozo

de la carta que escribió al Licenciado Don Juan de Amaya, generalmente reputada por el mas erudito de sus escritos; pero por desgracia el único MSS. que poseíamos de ella, sobre muy incompleto, estaba enormemente viciado. Las quejas del Público acerca de esta corrupcion pusieron en movimiento nuestro zelo, y nos hicieron redoblar nuestra diligencia, para reparar quanto en nosotros estuviese uan falta tan considerable. La generosidad del señor D. Gaspar Melchor de Jobe Llanos ha premiado nuestra solicitud franqueándonos un MSS. que posee, y es el mejor que exîste de esta Carta; pues no solo se halla correcto y completo, sino que es original, firmado, y anotado de mano del mismo Autor. Debemos además á este digno Magistrado que se encargase de cuidar por sí mismo de la nueva Edicion: persuadido del gran mérito de esta obra, y creyéndola muy importante para ilustrar la historia y cronología de nuestro Derecho nacional. Por este medio esperamos asegurar la indulgencia del Público, ante quien no puede ser mas represensible nuestra descuido, que laudables la buena fé con que le confesamos, y el zelo con que tratamos de repararle. (Valladares 1789a: 3-4)

Es decir, fue Jovellanos el que facilitó a Valladares la versión más correcta de la carta que este había publicado. De hecho, la primera versión de esta carta, publicada en el segundo tomo del *Semanario Erudito* (1787), termina con esta nota del editor:

NOTA. Por mas diligencia que se han practicado, no se ha podido descubrir otra copia de la Carta antecedente que estuviese completa; cuya circunstancia falta á la que nos ha servido de norte para su publicacion, la que nos franqueó la generosidad de un señor, que contribuye con la suya á la ilustracion de la Nacion. Sin embargo de este defecto, no dexará por él de ser grata á los que conozcan su alto mérito; y por algunas cláusulas que falten para su conclusion, no sería justo privar al Público de la profunda erudicion, y preciosas noticias que ofrece." (Valladares 1787: 128)

De una carta que comprende desde la página 74 hasta la página 128 en el número de 1787, la escrita por Burriel a don Juan [Ortiz] de Amaya va desde la página 3 hasta la 222 en el número de 1789 que se ha citado. En esta última hay referencias al *Fuero Juzgo* en las páginas 8, 17, 59, 64, 71, 79, 97, 104, 105, 118 y 205, aparte de lo que se dice en el sumario, que copio en la parte correspondiente:

Desde el num. 24. al 56. se trata del Fuero viejo de Burgos, y de Castilla. Se muestra que el Fuero de Leon, y Fuero de Castilla son las leyes fundamentales de la corona, confirmándose en ambas el Fuero Juzgo, de cuyo uso, traduccion y autoridad se trata, y siendo apéndice y suplemento de ambos Fueros de Castilla y Leon el Concilio de Coyanza. Pruebase que Don Sancho Conde de Castilla es autor del Fuero de Burgos y Castilla, el qual por consiguiente es mas antiguo que el Fuero de Leon; pues murió su autor Don Sancho año de 1017. tres años antes del Concilio de Leon.

El Fuero viejo de Castilla es propio de la nobleza, sobre lo que se traen memorias notables. Dicho Fuero de Castilla acaso es lo mismo, que el celebre Fuero de Sepulveda, llamado Fuero viejo, y dado por los Reyes de Aragon á Teruel. Descubrense algunas equivocaciones, y se trata del Fuero Real. Dicho Fuero viejo de Castilla acaso es lo mismo, que el Fuero de las Fazañas y Costumbre antigua de España, y Fuero de Alvedrio, del qual se da noticia. Puede ser dicho Fuero, ó es lo mismo que el Fuero de Hijos-dalgo de Castilla. Dase larga noticia del Fuero de Hijos-dalgo. Descubre la grande equivocacion con que se atribuye á Don Alonso VIII.º Pruebase que este Rey no le formó con los testimonios mismos que se alegan, para probar, que él le compuso ó autorizó, y se dan noticias del estado de Castilla en aquel tiempo. Conjeturase que el Rey Don Pedro hizo traducir y poner en nuevo método el Fuero viejo de Castilla, hecho por el Conde Don Sancho, y que entonces tomó el nombre de Fuero de Hijos-dalgo. Dicense varias cosas en abono del Rey Don Pedro, y se muestran equivocaciones sobre Don Gil de Albornoz. Vuelvese á tratar del Fuero de las Fazañas y Costumbre antigua de España, y Fuero de Alvedrio, y se dan las razones, que pudo haber para dar estos nombres al Fuero de Hijos-dalgo. Con esta ocasión se trata de los Códices del Derecho Canonico, y del Fuero de Toledo, leyes del Estilo &c. Incluso, se establece una jerarquía de las diversas fuentes jurídicas.

Conjeturase que Garibay se equivocó, atribuyendo á los Jueces de Castilla el libro de los Jueces, citado en los Privilegios. Creese que este es el Fuero juzgo ó *Liber Judicum*. Por el contrario, Garibay da mas noticia que otro alguno, de un Fuero Castellano, que se prueba ser el de hijos dalgo antes de la reforma hecha por Don Pedro el Cruel." (Valladares 1789: 219-220)

Naturalmente, hay referencias a las leyes godas (*vid.* 1789: 96) y otras muy abundantes a las *Partidas*. Se puede consultar a este respecto Gibert 1986: 302-305 y 310. Este texto nos confirma que Jovellanos se encuentra en una situación especialmente bien situada para conocer hasta dónde se llegó en el conocimiento del *Fuero Juzgo* en la España del siglo XVIII antes de la empresa académica. ¿Conoció Jovellanos a alguien que había tenido algún contacto con el fuero? En principio, parece evidente que Jovellanos sabe que en el pasado, a mediados del mismo siglo, hubo una relación, incluso estrecha, con el *Fuero Juzgo* en el caso del P. Burriel. Podríamos preguntarnos qué se dice en esa carta, pero antes de ello habría que comprender o, al menos, intuir dónde y cuándo pudo haber un nexo entre Burriel, por un lado, y Jovellanos y Valladares, por otro. Lo dejo para otra ocasión. En otro sitio, en los *Diarios*, Jovellanos notifica que está leyendo, en julio de 1794, la *Carta del P. Burriel a Juan de Amaya* (recuérdese que firmó la censura de esa *Carta* en 1787) y, a continuación, la *Carta de Burriel. a D. Pedro de Castro sobre las obras de San Isidoro*; de la primera dice el miércoles 16: "en mi cuarto sigue la *Carta de Burriel*, que al fin es aburridísima"; en cambio, sobre la segunda, el sábado 19, comenta "que es muy sabia" (*Diarios*, I: 184b, 190b). Hay una cita de Lardizábal sobre la carta de Burriel a Amaya en el *Discurso preliminar*: "El padre Andrés Burriel, aunque en su erudita carta á Don Juan de Amaya parece inclinarse á la opinión común, en la misma atribuye el error de creer formada la colección en el concilio á que san Isidoro, que presidiío el concilio IV, acaso publicó en él su coleccion de cánones que habia hecho por el modelo de la de Dionisio Exîguo, aunque mas extensa y mejor distribuida, "de donde pudo nacer la noticia, dice Burriel, de haberse formado y publicado en dicho concilio el Fuero Juzgo, equivocando las cosas." Pero tampoco hay indicio ni señal ninguna en el concilio de que en él se hubiese publicado la coleccion de cánones de san Isidoro." (Lardizábal 1817: XX) ¿Se puede imaginar que el conocimiento de Lardizábal sobre algún texto de Burriel proceda de la biblioteca de Jovellanos o de algún comentario de este o de alguna conversación con él? (*vid.* la nota 10).

Sobre la base de este plan de Jovellanos y su aplicación en los años ochenta, se desarrolló la evolución de su pensamiento constitucional y sus diversos destinos (*vid.* Coronas González 2000b: 125-171; en Coronas González 2004 solo hay un mención de pasada en la página 732).

2. Primera fase

2.1. Análisis de la comisión nombrada para la edición del *Fuero Juzgo*

Volvamos a la comisión nombrada en enero de 1785. ¿De qué naturaleza era aquella comisión? ¿En virtud de qué capacidades y ocupaciones fueron elegidos sus miembros para aquel trabajo? En principio, es conveniente anotar algunos datos. A finales de 1784 y principios de 1785, todos los miembros de la comisión para la edición del *Fuero Juzgo*, además de ser académicos numerarios de la RAE, son, además, en tres casos, miembros de la RAH (Flores, Jovellanos y Mateos Murillo). Solo mucho más tarde, en 1796, Tavira, siendo obispo de Burgo de Osma, en contacto con los medios intelectuales y artísticos de Madrid desde hace mucho tiempo, es elegido académico honorario de la RAH el 1 de julio de dicho año, y dos días después es entonces la Real Academia de San Fernando de Nobles Artes la que lo transforma en académico "de honor" (*vid.* Saugnieux 1970: 172)[24]. En el caso de Manuel Lardizábal, será siempre exclu-

---

[24] Sobre las relaciones entre Jovellanos y Tavira, *vid.* Saugnieux 1970: 74-77 y Arencibia 2012: 311-312 y 367-370. Ambos se apoyan en Muriel, primero con el encuentro al volver Jovellanos a Madrid (1778): "[Jovellanos] venía a buscar el conocimiento y amistad de una persona a quien todos celebraban por sus luces y gusto exquisito. Acogió Tavira al joven abate con la mayor bondad, y lleno de encanto al ver su deseo de adelantar en instrucción de

sivamente miembro de la Española y secretario, por lo menos en activo desde 1777 pero solo *de iure* a partir de 1794; como veremos, solo en alguna ocasión posterior, aparecerá Lardizábal en la Academia antes de la dimisión efectiva de su cargo en 1814.

Hay, además, un hecho fundamentalmente caracterizador en el vínculo entre algunos de los académicos reunidos en ese proyecto común. Me refiero a que algunos de ellos también se han visto asociados en un asunto grave, el relativo al *Juicio sobre las reprobaciones y relaciones hechas por el P. Fray Diego de Cádiz, contra las cuatro proposiciones que en conclusión pública de economía civil defendió en Zaragoza el Dr. Normante*. El fanatismo de un reaccionario vehemente como el capuchino Fray Diego José de Cádiz obliga a que el profesor Normante pida el apoyo de Campomanes:

> (...) le Conseil de Castille nomme une *Junta* composée de Jovellanos, Lardizábal et Tavira, et charge celle-ci d'examiner les accusatipons de Fray Diego de Cádiz. La controverse portait essentiellement sur la défense du luxe, problème fort débattu alors dans toute l'Europe. Les premiers témoins entendus sont des chanoines de San Isidoro de Madrid, ce qui peut laisser des doutes sur l'objectivité de l'enquête. On ne sera pas étonné d'apprendre que les chanoines se prononcèrent en faveur de Normante et que la *Junta* abonda dans le même sens. Mais on auraient aimé retrouber le manuscrit où furent consignées les conclusions. (...) Nul n'était moins ami du fanatisme que Tavira et Jovellanos, et, même si les idées de Normante ont pu leur paraître ici ou là sujettes à caution, ils durent être surtour révolté par l'étroitesse d'esprit et par l'intolérance dont le capucin semble avoir fait preuve tout au long de l'affaire. Ils durant ëtre sensibles par contre à tout ce qu'il y avait de neuf et de moderne dans la pensée de Normante. Le texte mentionné dans le catalogue de Tavira est précisément celui que les historiens regrettent de n'avoir pu retrouver. (Saugnieux 1970: 247-248)[25]

---

la excelencia de la lengua griega y de lo muy favorable que era su estudio para la cultura del entendimiento. El coloquio con el sabio helenista produjo en Jovellanos tal afición al griego, que desde entonces se dedicó con empeño a aprenderlo. Jovellanos recordaba después con frecuencia a Tavira lo mucho que debió a este primer día de su conocimiento y amistad" (Muriel 1959: II, 57b). Unos años después, en la época del ingreso en las Academias, ambos frecuentaban el salón de la condesa de Montijo: "Tavira se granjeó muy pronto el aprecio de toda la Corte. Cuantas personas había en ella amantes del saber, buscaban su trato. En esta época tuvo principio la sincera y recíproca estimación que hubo siempre después entre él y los condes de Montijo y su distinguida familia, apreciadores del mérito, cuya casa fue centro de reunión para lo más escogido entre los literatos de España" (Muriel 1959: II, 57a). A diferencia de los *Diarios* de Jovellanos, el *Diario* del obispo canario (Tavira 1998), limitado a su labor pastoral, no nos suministra ningún dato importante. *Vid.* Cuenca Toribio 2013: 661-664.

[25] También aparece este suceso en Orella, que cita además a Martínez Marina como consultado por Campomanes (*vid.* Orella 2003: 121, n. 13). En la misma nota, su autor

Es un suceso de 1786, en el que estos tres académicos están muy unidos, hecho que, por lo que parece, era algo conocido suficientemente por el Consejo de Castilla. Lo que nos demuestra esta historia es que Jovellanos y Tavira se encuentran en el ámbito religioso del jansenismo español (*vid.* Saugnieux 1970: 27-46 y 175-250, sobre todo, y García de la Concha 2014: 99-108); no

incluye otros asuntos en los que se consultó a Lardizábal: la decadencia de los Amigos del País, "la reforma y perfección de un abecedario para la enseñanza de los niños" (con Capmany y Palomares) y la pacificación de los Tres Imperios. Sobre la edición del *Fuero Juzgo*, otro trabajo común de estos autores de los que habla Saugnieux, este concluye: "La collaboration dut être fructueuse entre les divers membres de la commission. Tavira était excellent latiniste, historien de goût et archiviste de talent. Quant à D. Manuel de Lardizábal y Uribe, c'était sans doute le plus grand juriste de son temps. Conseiller du roi au Conseil de Castille, *Alcalde del crimen y de hijosdalgo* de la chancellerie royale de Grenade, il fut le principal animateur de la réforme de la législation criminelle effectuée sous Charles III. C'est lui qui préfaça l'édition de 1815 du *Fuero Juzgo*, mais il est surtout célèbre pour son *Discurso sobre las penas* rédigé à la demande du Conseil de Castille et qui contient en particulier un long plaidoyer contre la torture. C'était un esprit éclairé, généreux et libéral, bien fait pour s'entendre avec des hommes comme Tavira et Jovellanos" (1970: 81). Mucho después de esa colaboración, Jovellanos muestra su amistad con los hermanos Lardizábal, pues, tras la transcripción de la carta enviada a Tavira sobre su nombramiento como obispo de Salamanca (20 de mayo de 1798, *Diarios*, II: 14v-15v), muestra su preocupación por aquellos hermanos: "Exonerado del Ministerio de Gracia y Justicia por papel del 15, y despedido el 16 de agosto, volví el 17 a mi casa de Madrid. Estuve en ella el 18 y 19, y el 20, a las cuatro y media de la tarde, salí para Trillo, y llegué después de las nueve a Alcalá. Visitáronme luego los pobres Lardizábales, muy consolados con mi visita, muy abatidos con la prolongación de su mala suerte y restitución a su honor y algún destino. Piensan a retirarse a su país de Guipúzcoa, en busca de más baratura, más sociedad, y un país más agradable. Luego, el rector del Mayor, de manto, y dos compañeros de hábitos, con mil ofertas de casa y cuanto había en ella" (*Diarios*, II: 16a). En otro ámbito, Molas da una visión sintética y precisa sobre la actividad jurídica de Lardizábal, en parte basada en Silva Sánchez/Baldó 1989: "En 1782 Lardizábal publicó un *Discurso sobre las penas contraído a las leyes criminales de España para facilitar su reforma*. El autor demuestra su conocimiento del Derecho natural (Pufendorf, Grocio) y de los *philosophes* (Montesquieu, Rousseau). Por supuesto la influencia más importante es la de Beccaria, aun cuando no siempre lo cita explícitamente. La obra gozó de popularidad. El diplomático francés Bourgoing la consideró útil, incluso después de la publicación del marqués italiano. Desde una perspectiva de ilustrado español, Sempere elogiaba su moderación: en la obra «brilla la más sólida filosofía, aunque sin aquel aparato y tono de crítica libre y atrevida con que algunos criminalistas extranjeros han querido ridiculizar». Pedro de Castro intentó responder, pero su carta no fue publicada. Por supuesto, Lardizábal quería leyes claras y fijas, en sustitución de las oscuras y anticuadas. Refuta ampliamente a Castro, pero defiende la pena de muerte, a la que considera necesaria en ocasiones" (Molas 1996: 954-955). En lo referente a la edición del *Fuero Juzgo*, Sánchez González, a partir de Cobo, ofrece otro punto de vista: "La obra [de Burriel] como tal no llegó a imprimirse, pero los pasos dados

se dice nada semejante de Lardizábal, pero el caso es que los tres pertenecen a esa junta nombrada por Campomanes… y, no menos importante, también a la comisión extraordinaria de la RAE. Nos encontramos entonces con una comisión académica constituida por cinco personas, tres de las cuales, como hemos visto, forman parte de la RAH y, paralelamente, tres juristas (Flores, Jovellanos y Lardizábal) e, incluso, dos hombres que tienen un punto de vista próximo o, incluso, igual al del jansenismo moral. En estos tres subgrupos que he formado, solo hay una persona que aparece en todos ellos, a saber, Jovellanos. Desde mi punto de vista, esa selección tiene que ver con una particular composición de la RAE en términos generales, en la que están bien representados tanto los juristas (Lardizábal, Jovellanos) como los historiadores o personas relacionados con

---

por Burriel abonaron el terreno para la definitiva publicación. En 1815 la Real Academia Española publicaba el *Fuero Juzgo en la latín y castellano, cotejado con los más antiguos y preciosos códices*, incorporando el prólogo de la obra de Burriel. Larardizábal [sic], encargado de esta edición, utilizó para la misma el material y opiniones sobre el Fuero Juzgo de Burriel. Del Fuero latino, cuyos cotejos menciona el propio Burriel, no hemos hallado ningún ejemplar" (Sánchez González 2000: 620). Cobo Ávila estima que "Así lo reconoce, por ejemplo, Manuel de Lardizábal y Uribe en el discurso preliminar a la edición académica del *Fuero Juzgo*: «El padre Andrés Burriel, laboriosísimo investigador de nuestras antigüedades, y determinante de las pertenecientes a la legislación tanto civil como eclesiástica» (Real Academia Española, *Fuero Juzgo* (…), Madrid, 1815, p. XXXVII)" (Cobo 1991: 27, n. 87), pero que "muchas [sic] de sus observaciones y comentarios fueron más tarde utilizados por Lardizábal, citándolos unas veces, otras no, en su edición académica" (Cobo 1991: 28).

En la época ilustrada, Sempere da un juicio muy positivo sobre esta obra: "El Discurso del Señor Lardizabal, y la grande aceptacion que ha tenido entre los Españoles, manifiestan no ser infundadas estas esperanzas.

Habiendo desempeñado el Señor Lardizabal á satisfaccion del Consejo el extrâcto que le encargó, con las concordancias de nuestras leyes criminales, trabajó esta obra, en que brilla la mas sólida filosofia, aunque sin aquel aparato, y tono de crítica libre y atrevida con que algunos criminalistas extrangeros han procurado criminalizar, y combatir ciertas leyes, que aun quando no sean justas y convenientes, al fin tienen á su favor el gran peso de la mas respetable autoridad, y de la costumbre; y por lo mismo, si se han de impugnar, debe hacerse esto con el mayor pulso y juicio, si es el amor á la humanidad el que inspira las razones, y no la vanidad, el despecho, ú otros fines perversos, de los que deben estar agenos los jurisconsultos, y los buenos Ciudadanos.

En el Discurso, despues de dar el Señor Lardizabal una idea general de la historia de la legislacion criminal, trata en cinco capítulos de la naturaleza de las penas, de sus origen, y de la facultad de establecerlas, y regularlas que reside en las supremas potestades; de las qualidades, y circunstancias que deben concurrir en ellas para ser útiles y convenientes; de su objeto y fines; de su verdadera medida, y de la de los delitos; y ultimamente de los diversos géneros que hay de penas, y de quales puede usarse, ó no, con utilidad de la República" (Sempere 1786: III, 177-178).

ese ámbito (Almodóvar, sucesor de Campomanes en la dirección de la RAH[26]; Roca, quien posteriormente llegó a ser director de la RAH y de la, entonces llamada, de Nobles Artes; Murillo Mateos, censor, y Flores, secretario). El punto de intersección entre esos dos grupos que coincidieron en esta corporación y, como es lógico, en aquella sesión fue Gaspar Melchor de Jovellanos.

¿Por qué se puede afirmar con tanta seguridad que la función planificadora de Jovellanos fue primordial en la labor editorial de la que estoy hablando? Volvamos a lo que dice Coronas González, pero ahora en el "Estudio preliminar" a la reimpresión del trabajo de Reguera Valdelomar en 1798:

> El plan de trabajo propuesto por Jovellanos a la comisión académica a partir de la «completa, exacta y auténtica» relación de códices y el esmerado cotejo de su contenido, dejaba claro que el interés por las leyes del Fuero Juzgo era meramente histórico ("ora como depósito de la Constitución y del derecho de nuestros abuelos, ora como fuente de la Constitución y las leyes vigentes") y no jurídico ("leyes anticuadas y muertas; leyes que ya nadie obedece"). Y a esta labor de publicar, a la que estaba llamada la Academia como primer cuerpo literario de la nación, se debía sumar la ilustración de las leyes visigodas, entendiendo por ella no la *herejía literaria* de crear mejorada la ley con glosas y comentarios (que convirtió a la jurisprudencia en una «ciencia arbitraria y venal») sino la perfecta inteligencia de la ley, su origen, espíritu o *esencia*, uso y autoridad. Así el plan tenía dos partes principales: la colección de leyes visigodas en la primera y en la segunda, su examen analítico. Por ser designio de la Academia publicar al tiempo el código latino y el castellano, la primera parte se dividió naturalmente en dos secciones correspondientes al código latino y al castellano, y en ambos las cuestiones pertinentes (compiladores, títulos, orden interno, estilo, editores, traducción, título, estilo y lenguaje, códices, edición de Villadiego…). La parte segunda, dedicada al examen analítico de las leyes visigodas, se dividió en cuatro secciones: origen y fuentes de esas leyes, con especial atención a las costumbres septentrionales y españolas bajo dominio romano y godo; espíritu de las leyes (públicas y privadas, civiles y penales); autoridad de las leyes (real, conciliar), y uso, observancia y destino del código visigodo. Jovellanos dejó escritas varias notas sobre algunos de los artículos en que dividió su plan para responder a esas «disertaciones particulares» de los componentes de la junta académica con el fin de unir luces y conocimientos necesarios para la obra, contando con la *sabiduría* de Lardizábal encargado de dar forma al trabajo colectivo. Los treinta años que media[n] entre el plan de Jovellanos y la publicación del Fuero Juzgo, con Prólogo académico, Discurso preliminar de Manuel de Lardizábal y Glossarium//Glosario de voces anticuadas y raras, dejó varios puntos sin tocar y, sobre todo, la concepción jovellanista profundamente histórico-jurídica de considerar la ley visigoda depósito y fuente de la tradición constitucional y legal española. (Coronas González 2015a: XIV-XV)

[26] Fue un cambio de dirección muy tenso, como lo narra Eva Velasco, que supuso modificar el planteamiento de la Academia seguido por Campomanes, que había ocupado ese puesto desde 1764 (*vid.* Velasco Moreno 2000: 102-105).

De esta conclusión se deducen los hechos posteriores, que se encadenan a partir de ahí.

2.2. La actuación de la comisión

El acta de la sesión del 15 de febrero de 1785 nos transmite una nueva noticia muy importante. No solo intervino el ministro de Estado Floridablanca, sino que, además, a través de él, el rey, a quien le escribió su ministro el día 3 de ese mes, aclara cómo se debe llevar a la práctica la decisión académica ("publicar una edicion correcta del Fuero Juzgo"), que, de antemano, le "ha parecido bien" al monarca. Da la impresión de que la mediación de Floridablanca ante el rey no se debió a una intervención privativa por su parte. Lo que llama la atención es que la epístola del ministro al monarca debió de copiar la forma que le suministra Lardizábal en su carta del mismo día 3 de febrero, que voy a resumir lo más brevemente posible (*vid.* doc. 82). Lardizábal se va cargando de argumentos en el desarrollo del objetivo fundamental, una "edicion bien correcta del Fuero Juzgo". En primer lugar, la RAE no deja de la mano la corrección del *Diccionario*, pero la institución quiere ocuparse de "otras obras, que no siendo agenas de su instituto, sean al mismo tiempo utiles y provechosas á la Nacion". Los motivos que reúne Lardizábal son, no solo de naturaleza lingüística (este fuero es "uno de los principales y mas antiguos textos de la lengua española"), sino también de índole histórico-jurídica ("la primera de nuestras leyes patrias"). Por ello, el secretario de la RAE, en representación de la Academia, cree que se debe "restituir à su verdadero y primitivo estado un libro que reputa por texto de la lengua castellana", de tal modo que se pueda conseguir "la mayor exâctitud y correccion que le sea posible", lo que exige "tener á la mano y cotejar con la mayor exâctitud y prolixidad los muchos Codices antiguos". Tras enumerar los distintos manuscritos que se deben manejar, punto que es la base del prólogo definitivo de la edición, se añade la imposibilidad de trabajar el cotejo "si se ha de executar en los parages donde se hallan" e, inmediatamente, se entra en la parte de la petición: que el rey mande "los expresados Codices y papeles se saquen de los parages en donde se hallan", con el compromiso de que la RAE cumplirá todas sus obligaciones para salvaguardar el patrimonio documental y archivístico.

Como ya se sabe, el rey aprueba esa petición, pero, en principio, esa aceptación encubre una excepción, la de los códices y papeles que están en la Biblioteca Real, la futura Biblioteca Nacional, donde las consultas harán de hacerse *in situ* con un horario fijado previamente. Por lo demás, se acepta que los manuscritos precisos "se saquen de los parages donde existen", con la condición de que la RAE debe satisfacer todos los requisitos necesarios tanto para la seguridad de los materiales, examinados "succesivamente pidiendo un Codice tras de otro", como para la financiación de las operaciones exigidas, al tiempo que no producir "confusión" en sus acciones (*vid.* docs. 6, *Libro de actas 15*: 216r, y 83). Hay por medio una representación de la RAE, de fecha del 18 de agosto próximo pasado (*vid.* doc. 132), en la que Lardizábal plantea los problemas de horario y calendario para los comisionados, quienes "por razon de sus empleos no pueden concurrir à este trabajo por las mañanas, sino en los dias de fiesta y feriados, en los quales puntualmente está cerrada la Biblioteca, y así solo quedan utiles siete quartos de hora precisos por la tarde". Además, utiliza la ubicación de la RAE, "que está contigua á la Biblioteca en la propia Casa del Rey, y por consiguiente estarán allí con igual custodia y seguridad que en la misma Biblioteca". Por ello, como se puede confirmar en el acta del 22 de septiembre de este año, el rey da marcha atrás y permite el desplazamiento de los manuscritos conservados en la Biblioteca Real, naturalmente con el correspondiente resguardo, pero tal cláusula se debía cumplir también con los responsables de los otros lugares que proporcionaban los códices demandados por la institución, que ha conseguido este favor del monarca con el argumento ante él de que es un "Cuerpo Literario tan benemèrito", en una comunicación del 20 de septiembre de 1785 (*vid.* docs. 9, *Libro de actas 15*: 249r, y 133). Ese mismo día 22 de septiembre Tomás Antonio Sánchez avisa a Lardizábal de que, una vez tomada esa decisión real, Floridablanca ha dado la orden correspondiente al director de la Biblioteca Real, es decir, Francisco Pérez Bayer[27], por lo que puede recoger

[27] Es muy interesante lo que dijo Simón Díaz hace mucho tiempo, pues relacionó las suertes de Burriel y Pérez Bayer, a favor de este, como se puede establecer algo más abajo: "Adiestrado en trabajos de archivo desde su primera época estudiantil, aunque momentáneamente los abandonase al ganar las cátedras de Lenguas Sagradas de las Universidades de Valencia y Salamanca en 1745 y 46, respectivamente, el Dr. Pérez Bayer volvió el camino de su mejor vocación al marchar a Toledo –gracias, seguramente, a la amistad que le unió con el P. Rávago- con aquel jesuíta ocho años menor que él, pero no menos sabio.

Dícese que su misión concreta era la de recoger los documentos hebreos que se pudiesen hallar, y en la correspondencia de Burriel hay algunas referencias a sus ocupaciones particulares.

El P. Andrés deploró su pronta ausencia, debida al nombramiento de canónigo de Barcelona hecho a favor de su compañero en vez de premiarle, como él había propuesto, con una canonjía en Salamanca, compatible con su cátedra, que le permitiese vivir con desahogo y dedicarse a publicar las obras del Abulense y otros, cuyos manuscritos se conservaban en aquella ciudad. «El era nacido para una tal diligencia, y siendo tan laborioso y aplicado se podría esperar mucho fruto».

La desviación fue, sin embargo, relativa porque poco después emprendió su viaje a Italia, donde tuvo ocasión de aprovechar la experiencia adquirida en las jornadas del archivo toledano. Más afortunado que el P. Andrés, prosiguió cosechando laureles, hasta llegar a conseguir los códices "quando gustare", contra el recibo para resguardo de la biblioteca (*vid.* doc. 134). Así que lo fundamental que se señala en esa acta es que los códices de la Biblioteca Real se van a conservar en la Real Casa del Tesoro "con los demas que se han traido de otras partes" (*vid.* doc. 9, cit.). Todo ello supone que la comparación entre los materiales cotejados se podrá hacer con mayor facilidad, certeza y diligencia. Y realmente la ejecución del traslado de los manuscritos reales se hizo rápidamente: en el acta de una semana posterior, 29 de septiembre, se dice que el secretario, Lardizábal, y Sánchez se ocuparon de sacarlos y llevarlos a la casa de la Academia (*vid.* doc. 10, *Libro de actas 15*: 250r). Y, en efecto, Lardizábal aprueba la entrega del certificado correspondiente, de fecha 27 de septiembre (*vid.* doc. 135). En el archivo de la RAE se guardan dos documentos en el que se enumeran los manuscritos y las copias de Burriel y Palomares[28] que se usaron en la comisión originaria (*vid.* docs. 136 y

---

los honores de Ministro del Consejo de Castilla" (Simón Díaz 1950: 146-147). Pues bien, en Italia Pérez Bayer tuvo una serie de encuentros, que luego hicieron brotar amistades, como los que tuvo con el futuro ministro de Justicia Manuel de Roda y, más tarde, con el venidero Carlos III, entonces rey de Nápoles. De vuelta en España, fue nombrado canónigo tesorero de la catedral de Toledo (1759), donde conoció a Ramírez de Arellano (*vid.* n. 31). Nombrado Roda como ministro (1765), Pérez Bayer adquirió "los instrumentos adecuados para influir de manera decisiva en la política cultural española", lo que, en 1769, "se convirtió en un feroz ataque contra los colegios mayores", manifestado en la dirección de los estudios tanto en los Reales Estudios de San Isidro como en la Universidad de Valencia (*vid.* Mestre Sanchis 2012: 798). "Por lo demás, a la muerte de Juan de Santander [1783], Carlos III lo nombró bibliotecario mayor de la Real Biblioteca" (Mestre Sanchis 2012: 799). Su influencia llegó hasta su muerte en 1794

[28] No se dice lo suficiente sobre Burriel en el cuerpo del escrito, pero requiere una exposición tan extensa, que debo dejarla para otra oportunidad. Palomares es una persona del que se sabe mucho menos, y, sin embargo, ayudó enormemente a la comisión original en sus trabajos. Ya empieza su colaboración en el *Fuero Juzgo* a mediados del XVIII: "Es interesante la aportación gráfica del calígrafo Palomares a esta obra de Burriel. Las muestras *al vivo* del códice Vigilano que se conservan en la Biblioteca Nacional en tres tomos, suntuosamente encuaderandos por el artista Menard, son prueba admirable de la prodigiosa habilidad del insigne calígrafo para reproducir letras antiguas; contienen además cartas de Palomares y datos pintorescos no utilizados, según según creo, por sus biógrafos" (Sáinz Rodríguez 1926: 38-39). La contribución de Simón Díaz completa el conocimiento de las actividades de Palomares: "Comenzaron revisando los privilegios reales y copiaron algunos de los interesantes, porque Infantas no permitió la reproducción de otros. Les auxiliaban como copistas dos hijos del erudito Santiago y Palomares, el mayor de los cuales, que contaba 22 años de edad, era ya magnífico calígrafo. El P. Burriel, al mismo tiempo que recopilaba datos para los cortesanos, tenía buen cuidado en hacer que sus auxiliares imitasen las letras, sellos, ruedas, etc., de los documentos examinados, con el propósito de «dar reglas para distinguir y leer los papeles antiguos, y suplir las faltas de la Polygraphia de D. Christoval Rodríguez»" (Simón Díaz 1949: 10). Simón Díaz remata todo ello en otro artículo: "Miembro de una familia docta

137). El certificado de septiembre de 1785 aparece nuevamente con las firmas de Sánchez en el acto de recepción de dichos códices por parte de la Biblioteca Real (*vid.* doc. 138).

¿Cómo se trasladaron hasta Madrid otros códices y papeles? El día 22 de febrero de 1785 se presenta en la junta de la RAE la llegada de un manuscrito, el del convento de San Juan de los Reyes, de Toledo, que el ministro Floridablanca ha enviado a la corporación (*vid.* doc. 7, *Libro de actas 15*: 217v). Se ha llegado a ese desenlace porque previamente el conde de Floridablanca le ha pedido al Guardián de San Juan de los Reyes de Toledo (el remitente no sabe quién es el destinatario o se considera detalle irrelevante) que entregue a disposición de la RAE el códice latino del *Fuero Juzgo* que alberga el convento (*vid.* doc. 84), con fecha 8 de febrero de 1785. Diez días después, Floridablanca vuelve a escribir, pero ahora a una persona con nombre y apellidos, el padre Sebastián Díaz Bernardo[29], para darle las gracias por "la prontitud y buena voluntad" con que le ha contestado (esa carta es de 13 de febrero, según precisa el ministro) y le notifica que ese manuscrito queda en su poder para que se haga el cotejo que la RAE debe llevar a cabo, con el compromiso de devolverlo en cuanto se cumpla el objetivo (*vid.* doc. 85). Ese mismo día, Floridablanca notifica a Lardizábal el resultado de la gestión, con las condiciones ya sabidas (*vid.* doc. 86). Tres fechas posteriores, Lardizábal ha recibido el códice y asegura que hará todo lo que responda al acuerdo a que se ha llegado (*vid.* doc. 87).

Todas las demás peticiones, u órdenes de envío, de los códices las remite el secretario de la RAE, Lardizábal. No se halla la copia, si existe, de la

y hábil, el joven Francisco Javier pasó a servir como amanuense en plena juventud al gran amigo de su padre el P. Andrés, que en varias ocasiones hizo elogios de su laboriosidad y su discreción, que en un principio le hizo concebir algún cuidado. En la Colección de la Biblioteca Nacional consérvanse, además de numerosos volúmenes escritos íntegramente por él, numerosas y perfectas imitaciones de las letras, signos y dibujos de distintos códices. Entre sus primeros trabajos impresos han de contarse lo que le fueron por mediación de Burriel, tanto en la *Paleografía* como en la *Noticia de la California*. Para el estudio de su personalidad es fundamental la consulta de unas noticias biográficas que conserva la Academia de la Historia" (Simón Díaz 1950: 147).

29 El R. P. M. Fr. Sebastián Díaz Bernardo va seguido de la indicación "Observante" en la sección "SS. Examinadores" del capítulo "Señores Exâminadores Sinodales. Por el Emo. y Excmo. Sr. Cardenal Arzobispo de Toledo del Sín. establ. en esta Villa en casa del mismo Sr. Arzobispo para exámen de Ordenes may. y men., celebrar, confesar y predicar; el qual se abre todos los Lun., Mart., Viern. y Sab., que no sean de precepto de oir Misa, ó de las Vacantes de Navidad y Semana Santa.", que pertenece a la *Guía / del estado eclesiastico / seglar y regula, / de España / en particular, / y de toda la Iglesia Catolica, / en general, / para el año de 1802*, Madrid: Imprenta Real, 1802: 37. Lo mismo ocurre en la *Guía de 1797*: Díaz Bernardo aparece en la p. 34.

carta mediante la cual el académico solicita el códice latino "llamado de Cardona", pero sí la amable respuesta de fray Antonio Olivares[30] desde San Lorenzo de El Escorial, con fecha 10 de marzo de 1785. Lardizábal acusa recibo el 19 de marzo: "no pude responder, por no habermelo permitido mi indisposición" (*vid.* docs. 89 y 90). Muchos años más tarde, en 1798, el secretario "en ausencias del propietario", esto es, Ramírez Alamanzón, expide un certificado por el que se reconoce que la RAE ha recibido cinco códices provenientes del monasterio de El Escorial para la edición latina y castellana (*vid.* doc. 110).

Hacia finales del mes de abril, se cartean Floridablanca y Santa Cruz. El primero le escribe al director de la RAE para indicarle que, a pesar de que el arzobispo de Toledo le había respondido el 17 de febrero de 1785 que estaban a disposición de la Academia los seis códices del *Fuero Juzgo* que se encontraban en la Biblioteca de la Catedral, a la vista de la orden del rey del día 8, va a insistir, pues, como lo habían informado, las autoridades toledanas están poniendo excusas para impedir la entrega de los códices. Con respecto a otras cartas anteriores, el ministro ha repetido también la orden de que san Isidoro de León dé su manuscrito a la RAE (*vid.* doc. 122). Al día siguiente, el director

[30] Existe una biografía de Antonio Olivares, de la que extraigo las siguientes partes: "En el Patio del Refectorio del Monasterio del Escorial está enterrado Antonio Olivares, nacido en Ajalvir, según recogen las «*Memorias sepulcrales de los Monjes del Escorial*», donde escribían sucintas biografías de los monjes jerónimos enterrados en el convento del monasterio.

Sepultura 26, 12º.

7 de Marzo de 1791.

En esta Sepultura esta enterrado el P' Mró Fr. Antonio Olivares. Fue natural de la Villa de Ajalvir en la Campiña de Alcala, Obispado de Toledo, e hijo de PP' de exclarecido linage; como tales le dieron la educacion christiana, y procuraron instruirle en las letras humanas; estando en la Universidad de Alcalá le llamo Dios al estado religioso, y practicadas las diligencias regulares para conseguir el havito en esta Real Casa se le vistieron en trece de Abril de 1751. Desde Noviembre dio pruevas de su religiosidad, y de un singular talento, e ingenio, como assi mismo de una dulzura, y agrado natural con que captibava a todos, viendo esto los Superiores le embiaron al Colegio al tiempo de la Provision y aprobecho en el de tal manera que le hicieron Pasante siendo Theologo, (...)

Profesó el 23 de abril de 1752 ante el Prior Fr. Blas de Arganda.

Fueron sus padres Francisco Olivares y Teresa Benito, ambos naturales y vecinos de Ajalvir. Sus abuelos paternos fueron Don Roque de Olivares y Doña María López; los maternos Don Francisco Benito y Doña María Teresa Pérez.

Un hermano suyo, nacido en 1727, Francisco Gabriel de Olivares y Benito, también estudió en la Universidad de Alcalá y fue Obispo de Chiapas en 1788, y de Durango en 1796, y parece ser que fue nombrado Arzobispo de Toledo, pero el nombramiento le llegó poco despues de su fallecimiento en 1812" (http://axalbir.blogspot.com.es/2013/05/antonio-olivares.html, consulta: 25.11.2016).

de la RAE informa a Lardizábal de la situación existente con respecto a Toledo y León (*vid.* doc. 121). Encontramos a continuación la correspondencia entre el canónigo doctoral de la catedral de Toledo, futuro obispo de Gerona, Juan Agapito Ramírez de Arellano[31], firmante como Agapito Ramírez, que siempre es el remitente, y el secretario de la RAE, el destinatario. En la primera carta, del 5 de junio, Ramírez pregunta a Lardizábal sobre las condiciones de seguridad para la conducción de los códices que le parecerían más adecuadas a la RAE, aunque "bien sabe Vm. lo que sòn las Communidades", refiriéndose al cabildo (*vid.* doc. 123). En su carta del día 19 de junio, en respuesta a la de Lardizábal del 17, Ramírez apunta que no tiene ningún inconveniente en recoger los manuscritos para remitirlos a la Academia, de acuerdo con la idea del secretario académico, si bien es mejor presentarlos antes delante del cabildo (*vid.* doc. 124). Unos días más tarde, el 26 de junio, Ramírez le dice a Lardizábal que se satisfarán las condiciones indicadas en las dos misivas precedentes (*vid.* doc. 125). Las exigencias contenidas en las cartas de Ramírez fueron aceptadas por Lardizábal como delegado de la RAE y, en ese sentido, este escribe al deán y al cabildo con fecha 15 de julio para que la "Iglesia Primada" de Toledo, a través de Agapito Ramírez, le envíe a la Academia los códices del *Fuero Juzgo* por pares de manuscritos, uno latino y otro castellano, "para que concluido el cotejo de estos, se devuelvan, y puedan venir succesivamente los demas." (doc. 126). Los canónigos Matías Robles, Antonio Ceinos Rojo y Antonio Gómez Gamero[32], por "mandado" del deán y en representación del cabildo, manifiestan

[31] Encontramos una breve biografía en un diccionario eclesiástico catalán: "Ramírez de Arellano, Juan Agapito (Puente la Reina, Navarra, 1738 – Girona 1810) Bisbe. De família noble, estudiá humanitats a Roma i es graduà en drets a Bolonya. Fou vicari de cor de Toledo i canonge de Coria. Nomenat bisbe de Girona el 1798, la seva actuació durant l'ocupació napoleónica –col·laboricionista amb les noves autoritats- ha servit perquè els uns el qualifiquessin com un afrancesat i d'altres el considerin simplement un defensor dels drets de l'Església, la qual ha de predicar l'obediéncia en tot moment. (J[osep] C[lara i] R[esplandis])" (2001: III, 202) Se puede ampliar en Noguer 1959.

[32] En De Dios y Torijano Pérez se cita a Matías Robles como canónigo doctoral de Toledo, tras haber sido en su juventud colegial "acomodado" en el colegio de Cuenca (2012 : 191 y n. 154). Lo mismo se encuentra en Barreda Fontes/Carretero Zamora (1981: 49): Matías Robles era arcediano y canónigo doctoral de la catedral de Toledo cuando, simultáneamente, era miembro de la Sociedad Económica de Yepes, inscrito como el primero de la lista de socios. Alba González precisa que, aparte de la Sociedad Económica de Toledo, fundada en 1776, hubo otras: "En nuestra provincia se crearían en Talavera, la de más larga duración, Los Yébenes con actividad casi inexistente, Yepes, prácticamente nominal y Ocaña que no llegaría a instituirse" (1990: 14). Se habla de Gómez Gamero en la *Historia del Santuario y célebre imagen de Nuestra Señora de Texeda...*, escrita por Antonio Gaspar Vermejo, y en los siguientes términos:

su acuerdo con el procedimiento, que responde a la orden del conde de Floridablanca, por lo que ponen a disposición de Agapito Ramírez los códices de la catedral de Toledo el 28 de julio (*vid.* doc. 127). Finalmente, Lardizábal envía al cabildo de la "Santa Yglesia Primada de Toledo", con fecha 8 de agosto de 1785, el certificado de haber recibido dos códices, uno latino y otro castellano, y que, cuando se devuelvan a la catedral, esta mandará otro par de manuscritos para el cotejo (*vid.* doc. 128), lo cual motiva el agradecimiento del canónigo Ramírez, con fecha 10 (*vid.* doc. 129). También emitió Lardizábal el certificado correspondiente a la recepción del códice albergado en San Isidoro de León (*vid.* doc. 101), como también el que envió el Colegio Mayor de San Bartolomé, de Salamanca (*vid.* doc. 91). Nueve años más tarde, el 4 de abril de 1794, el ministro de Estado, el duque de Alcudia (Godoy), le pregunta al secretario de la RAE, aún Lardizábal, cómo va la edición del *Fuero Juzgo* porque la catedral de Toledo ha reclamado los códices que están en la Academia y, si es necesario, pueden ir los académicos al archivo catedralicio para hacer los cotejos (*vid.*

"*N O T A*

Como se citan muchas veces en el discurso de esta Historia las donaciones hechas por las Santas Iglesias de Toledo, y Burgos á favor de los Trinitarios en los principios sde su establecimiento en España, ha parecido conveniente poner á la letra los testimonios que las califican.

DONACIÓN DE LA SANTA IGLESIA DE TOLEDO

D. Antonio Gomez Gamero, Presbítero, Capellan del Coro de la Santa Iglesia de Toledo, Primada de las Españas, y Pro-Secretario de los Ilustrísimos Sñores Dean, y Cabildo de ella, certifico: que estando hoy dia de la fecha en el Archivo de la misma, en presencia de los Señores D. Santos de Rábago, Canónigo, y Archivero, D. Juan Agapito Ramirez de Arellano, Canónigo Doctoral, y del Racionero D. Andres Alonso Flores, Sacristan mayor del Sarario, que hace oficio de Archivero por ausencia, y encargo particular del Ilustrísimo Señor D. Francisco Acedo y Torres, Tesorero, y Canónigo, que lo es por su Dignidad, saqué de la alacena O, arqueta 4, legajo 3, el instrumento primero, que es un pergamino de letra antigua, como de tercia de largo, y poco mas de ancho, con un agujero, en que parece tuvo pendiente sello, cuyo tenor es el siguiente: (...)

Y por mandado de dichos Señores Ilustrísimos, y á peticion del R. P. Fr. Juan Diego de Ortega, Ministro del Convento de Trinitarios Calzados de esta Ciudad de Toledo, doy la presente, que firmo en ella á diez y nueve de Marzo de mil setecientos setenta y ocho.

Antonio Gomez Gamero. P. S." (552-554)

En la *Gazeta de Madrid*, número 15, del martes 15 de febrero de 1805, se localiza nuevamente a Antonio Gómez Gamero:

"ESPAÑA. *Madrid 19 de Febrero*. [sic]

El REY se ha servido nombrar para la Dignidad de Capellan mayor de la Iglesia Primada de Toledo, vacante por promocion de D. Alfonso Aguado y Jaraba á la de Arcediano de Calatrava en la propia Iglesia, á D. Pedro Nieto Herrero, Capellan Penitenciario de su Real Monesterio de la Visitacion: para una Racion de la misma Iglesia, vacante por fallecimiento de D. Antonio Gomez Gamero, á D. Vicente Perez de Santa Maria: (...)" (p. 156). En cambio, no he hallado ninguna pista de Antonio Ceinos Rojo.

doc. 130). Lardizábal recibe una misiva de Alamanzón: este cree que en 15 o 20 días puede haber terminado las operaciones necesarias, lo que supondría llegar a estar en condiciones de devolver los manuscritos en esa fecha. Basándose en ello, Lardizábal le escribe a Godoy que, como mucho, en un mes estaría todo resuelto (*vid.* doc. 131).

También a fines de abril de 1785, el 26 de este mes, es Murillo Mateos, un importante cargo de la RAH, el que facilita el acceso de un códice de Ignacio de Béjar[33] (*vid.* doc. 8, *Libro de actas 15*: 226r).

Igual que en el caso anterior, no aparece la carta de Lardizábal que origina el desplazamiento de dos manuscritos del *Fuero Juzgo* de Valladolid. Recibe dos cartas de fray Luis López Lago, una del 18 de mayo de 1785, la otra de 6 de julio, fechada en "Fromesta". En la primera (*vid.* doc. 93) se habla de dos grupos de dos manuscritos. Los que se han encontrado los ha mandado López Lago a través de fray Pedro Fernández, con el mismo procedimiento que en otros casos ya vistos. Tiene que haberlos enviado desde Valladolid, pues fue prior del monasterio de la Santa Misericordia de Frómista entre 1786 y 1789[34].

---

[33] Los únicos datos sobre Ignacio de Béjar que he encontrado son los que proporciona Carmen Cascón Matas, en un trabajo titulado "Don Ignacio de Béjar y Guedeja, Secretario de Carlos III". Su primera parte, del 2.02.2009 (ccasconm.blogspot.com.es/2009/02/ignacio-de-bejar-guedeja-secretario-de.html), contiene una carta, fechada en Madrid el 3 de mayo de 1788, "encuadernada, en el Libro de Inventarios de la parroquia de El Salvador [Béjar]", en la que le escribe a un hermano suyo, ambos "de familia importante, pues entre su hermano y él costean el retablo y la imagen de la Virgen de la Paz a quien tienen gran devoción". En otro documento de la misma parroquia, encuentra Cascón Matas "la partida de difuntos de Doña Josepha de Béjar Centeno", en la que "se hacía mención a *Don Ignacio de Béjar y Guedeja, secretario de Su Majestad el Rey*". En la segunda parte, del 9.02.2009, sobre todo se concentra en noticias familiares (ccasconm.blogspot.com.es/2009/02/don-ignacio-de-bejar-y-guedeja.html): "Don Ignacio casaría consu prima hermana María Josepha de Béjar y Cornejo (nacida en Talavera de la Reina en 1732) en la iglesia de El Salvador en 1752, teniendo tres hijos: Manuel, nacido en 1754, Mª Josepha (…), en 1755, y Leonardo, en 1756, los tres naturales de Béjar. Desempeñó el cargo tradicional de la familia, Contador Mayor del Duque de Béjar, antes de ser Secretario de Carlos III y Carlos IV y trasladarse a Madrid. De él no he encontrado más datos (…), pero imagino que su ascenso probablemente puede ligarse a la fusión del título ducal bejarano al de la Casa de Osuna". Sus padres eran Diego de Béjar y Castro (Béjar, 1677-1751) y Ana Maldonado Guedeja (Béjar, 1684-1741). Esos dos trabajos aparecieron en la página web www.cebejaranos.com/miembros/ma-carmen-cascon-matas en los días indicados (consulta de estas páginas: 1.12.2016). Puede ser que este documento 8 nos dé una nueva noticia.

[34] "92. LUIS LÓPEZ LAGO 1786-1789. Era natural de Donde (Lugo) y profeso[r] de Valladolid, donde había tomado el hábito el 9 de setiembre de 1748. Siguió la carrera de predicador. El Capítulo general de 1789 le nombró maestro de ceremonias. Era predicador del rey. Murió en 1809" (Zaragoza Pascual 2000: 156). Las referencias aparecen en la nota 93 de dicha página: "AHN, Clero, Lib. 9700; ZARAGOZA, Gradas de Valladolid, p. 119."

Ahora bien, parece que estos dos primeros manuscritos no son de ningún convento ni monasterio. López Lago precisa que los ha conseguido "a fuerza de diligencias". Habla de un "Administrador", que no vive "aquí" (debe de ser Valladolid ese lugar) y que, con respecto a los códices, "no tubo orden de su amo". No se dice mucho más de este "amo", pero, al tratar de los otros dos códices, asegura López Lago que "si fuera necesario se puede repetir la suplica a su E." Lo curioso es que el certificado de Lardizábal se extiende por dos códices antiguos del duque de Medina de Rioseco, pero con fecha 16 de abril de 1785[35]. No parece que tal certificación fuera previa a la recepción de los manuscritos (*vid.* doc. 92).

En cuanto a la segunda carta de López Lago (*vid.* doc. 95), ya desde Frómista, donde ya ha tomado posesión, le ha encargado a otro padre, Mauro Mazón[36], la remisión de otros dos ejemplares del *Fuero Juzgo*, que han aparecido. Ello coincide con la misiva que le envía el duque de Medina de Rioseco al director de la RAE, el marqués de San Cruz (*vid.* doc. 94), en la que también se habla de dos grupos de dos códices del *Fuero Juzgo* y le asiente a Santa Cruz que ya le ha comunicado la llegada de esos manuscritos a la RAE, pero, de la misma manera que López Lago, reconoce que hay otro grupo de dos originales cuya ubicación ignora y le escribirá para que deje a otra persona que los busque en su biblioteca. Hay tan pocos días de distancia entre lo que dicen el duque y el prior, cada uno por su lado, que es un poco extraño que el primero anuncie a fines de junio lo mismo que decía el segundo en mayo. El caso es que el sustituto de López Lago, Mazón, que está en Valladolid, comunica a Lardizábal el 26 de octubre algo un tanto singular habiendo llegado hasta este punto (doc. 96):

> Muy S.^or mio: antes de ahier recibi la de V.S. y ahier mañana me fui a ver con el Adm^or. del Exc.^mo Sor Marques deMalpica; y halle la novedad de estar esperandoel nuevo Admin.^or. al d.^n Fran.^co Luzuriaga p.^a q.^e le hiciere entrega de todos los efectos; y haviendole enseñado la carta de S. E. me respondio q^e. mientras su Amo no le escribiesse a el derecham.^te no podia passar a entregar los dos Codices q.^e se le piden. No tuve la advert.^a depreguntarle su nombre p.^a q.^e V. S. le ponga en el recibo: debuelvo el anterior con la carta del Sor Marques, (…)

[35] El decimocuarto duque de Medina de Rioseco, Serafín Agustín José de Pimentel de Zúñiga y Sarmiento (1733-1799), es además en esa época el marqués de Malpica, de cuyo título viene el de los manuscritos conocidos.

[36] Fray Mauro Mazón es identificado como archivero: al final de uno de los documentos, se dice que Mazón se ocupa de un "archivo de este monasterio de San Benito el Real de Valladolid, donde lo certifico y firmo, como su archivero á 22 de Noviembre de 1802" (Bosarte 1804: 375). Otro religioso, fray Liciniano Sáez, se queja de que Mazón no le ha remitido la información que había pedido sobre las partidas de los libros de San Benito de Valladolid y, por esa razón, "no las damos literales" (Sáez 1805: 171).

Por fin, el 7 de noviembre de 1785, Mazón transmite a Lardizábal la noticia de que ha llegado a Valladolid "el Codice" para entregárselo a la persona que se ocupa de este asunto (*vid.* doc. 97): ahora se habla de un códice, no de dos. En el prólogo de la edición académica, se mencionan dos manuscritos del marqués de Malpica, así que sería más lógico que, cada vez que se mencionen grupos de dos códices, se estén diferenciando dos códices, compuesto cada uno de dos cuadernos. Pero hasta el 28 de diciembre Mazón no remite los dos códices (*vid.* doc. 99), dado que el 12 de noviembre había recogido los ejemplares con algunas características peculiares y avisa de que los enviará lo más pronto que pueda o a través del ordinario Pedro Barba (*vid.* doc. 98). En consecuencia, el certificado correspondiente se retrasa hasta el 17 de enero de 1786 (*vid.* doc. 100).

El acta del 18 de octubre de 1785 revela que ha aparecido el códice de Murcia, que estaba en el archivo de la ciudad, después de haber sido sacado en época de Carvajal, primero ministro de Estado y luego, simultáneamente, director de la Academia a mediados del XVIII: nuevamente el conde de Floridablanca avisa de que, a pesar de que "[e]l paradero de este Codice se ignoraba por mas diligencias", se ha encontrado y se lo ha enviado a la corporación (*vid.* doc. 12, *Libro de actas 15*: 254v), lo que corresponde a la carta que el ministro le envía a Lardizábal con fecha de 17 de octubre, el día anterior (*vid.* doc. 116). Después de la junta ordinaria, Lardizábal contesta a Floridablanca con precisiones en cuanto a la noticia relativa a Burriel: la copia del Archivo municipal de Murcia redactada por el jesuita había pasado de la Biblioteca Real a la RAE entre los papeles del *Fuero Juzgo*, y apostilla: "Por el cotejo que he hecho de dicha copia con el Codice que ha remitido V.E. no queda duda de que es el mismo de la Ciudad de Murcia cuyo paradero se ignoraba, y por consiguiente ha sido un hallazgo muy apreciable para la Academia" (doc. 117).

Algunos meses más tarde, el 2 de marzo de 1786, la sesión de la RAE recibe otra carta de Floridablanca, que es muy particular: se dice que la Academia va a recibir el códice del archivo de Burgos, pero se ha agregado que la institución académica ha garantizado "el resguardo y obligacion que ofrece la Academia Española en el oficio de 4 de Febrero" y, sobre esa base, el rey ha mandado una orden al corregidor de Burgos (*vid.* doc. 13, *Libro de actas 15*: 277r). Hay causas para ello. Nuevamente, no hay una copia de la carta enviada por Lardizábal y el primer testimonio del problema que afecta a este códice es su propia existencia: Pedro Soto Vela[37], canónigo de la catedral de Burgos, comunica al secretario de la

[37] Es muy posible que este canónigo corresponda a la persona que aparece unos cuantos años en el decenio de los sesenta: "El 10 de noviembre de 1766, después de presentar los años de prácticas como abogado, mediante la asistencia a un estudio profesional desde 1762 hasta 1765, conforme a la certificación que expide el 2 de septiembre antecedente, D. Pedro Domingo Soto Vela, entonces fiscal eclesiástico del Obispado de Oviedo y abogado de los Reales Conse-

RAE que no dejan ver el *Codigo original del Fuero Juzgo que el Santo Rey Don Fernando la dio* porque "dicen esta atado con otros por una Cadena de yerro", a no ser que se presente una "especial orden" (*vid.* doc. 102). Si bien el documento va sin firma, es indudable que es Lardizábal quien le escribe a Floridablanca el 24 de febrero de 1786, con la súplica de que el monarca facilite a la Academia el códice "original", con el argumento fundamental de que la RAE busca la "perfeccion posible" en la edición, en lo que espera la inclinación del rey (*vid.* doc. 103). La respuesta del ministro del día 1 de marzo es tajante: ese mismo día se envía la orden del rey al corregidor de Burgos (*vid.* doc. 104). Esta decisión es la que le llega a la RAE en la junta ordinaria del día siguiente, a la que ya me he referido. Además, con fecha 2 de marzo, Lardizábal le escribe al corregidor de Burgos (también el intendente general de la provincia), Fernando González de Menchaca[38], para que se ponga en marcha el procedimiento ordenado por el rey, con objeto de que Soto Vela actúe como internediario entre la máxima autoridad civil del municipio y la Academia; además, el secretario de la RAE añade la certificación en la que el destinatario puede comprobar que la RAE ha obtenido otros códices en otras comunidades por intercesión del rey (*vid.* docs. 105 y 106). Ante este asedio documental, González de Menchaca responde a Lardizábal de tal manera, que incluye en su carta la que le ha mandado a Floridablanca, en la cual se detallan las obras existentes en el Archivo municipal (*Fuero Real, Las Siete Partidas*, Bulas de los Pontífices, Pragmáticas reales), pero sin que en esa dependencia aparezca el *Fuero Juzgo* (*vid.* doc. 107)[39].

---

jos, consigue que los miembros del Consejo de Castilla: León, Caballero y Tasó, le otorguen la correspondiente licencia para recibirse como tal Abogado en dicho tribunal de la Villa y Corte" (García Sánchez 199: 53). Para tal información, da la referencia AHN, sección Consejos, leg. 12.126, expediente nº 104.

[38] Fernando González de Menchaca fue, entre otras funciones, "Comisario Ordenador de los Exercitos de S. M. è Intendente General Interino de este Exercito, y Principado de Cataluña" (1771), como se puede deducir de un documento del Archivo Histórico de Gerona, proveniente del Hospicio de Gerona (*vid.* mdc.cbuc.cat/cdm/ref/collection/impresoahg/id/2245, consulta: 25.11.2016). En los días 2 y 5 de noviembre de 1776, envió sendas cartas al marqués de Grimaldi desde Palencia (*vid.* Calatayud 1987: docs. 344 y 346).

[39] En el doc. 88, Cristóbal de Medina Conde informa a Vicente García de la Huerta de la inexistencia de una versión del *Fuero Juzgo* con la que se ha especulado en torno a su aparición en la época del deán Alonso de Torres y el obispo Haro. Incluso parece que Aldrete, malagueño, habló alguna vez de ese posible códice del *Fuero Juzgo*. Medina, acobardado, se apresura a desmentirle esa hipótesis a Huerta, dado el mal genio del dramaturgo, famoso por ello sobre todo desde 1766 a raíz de un malhadado asunto matrimonial (*vid.* Ríos Carratalá 1987: 52-59). Pues bien, el autor de una crítica ilustrada contra Huerta, como dice Ríos Carratalá, fue Pérez Villamil, amigo de Jovellanos (*vid.* Álvarez-Valdés y Valdés 2006: 628): "El 11 de septiembre de 1786, en plena coincidencia cronológica con los folletos surgidos tras el *Theatro Hespañol*, apareció una *Carta de un profesor*

Hay una serie de preguntas que no se pueden responder completamente con la documentación utilizada: por ejemplo, habiendo sido Floridablanca el remitente en algunos casos, mientras que en otros ha sido Lardizábal, ¿hay mayor dificultad en los destinatarios a los que se dirige el ministro? ¿Por qué? ¿Es este último hecho el que sirve para explicar la correspondencia que se da directamente entre Floridablanca, Lardizábal y el director de la RAE (Santa Cruz), por un lado, con destinatarios de diferentes niveles (Floridablanca, Lardizábal, duque de Medina de Rioseco, responsables de archivos, Palomares…)? De ahí saldrán los certificados de Lardizábal, el único que certifica, como es lógico en un secretario de la institución, que ha asumido esas funciones para esa comisión particular. Sin embargo, hay un certificado que no aparece hasta la época de Alamanzón, en un momento en que se ha dado la correspondencia de Lardazábal con Alamanzón e, incluso, el duque de Alcudia, como un síntoma de que hay un cambio en el planteamiento de la empresa. Además, ¿por qué se ha retrasado la certificación de esos códices escurialenses? ¿Porque es otra colección de manuscritos, de acuerdo con el procedimiento indicado por Agapito Ramírez en el caso de Toledo? Lo que también, en 1787, proviene de la administración de la RAE es el pago a Francisco Palomares por sus "copias (…) para la edicion del Fuero Juzgo" (doc. 14, *Libro de actas 16*: 26r). Este calígrafo magistral ya en algunas ocasiones había pedido materiales a la RAE (en concreto, Lardizábal), como se ve en el doc. 147. Lo que se refleja igualmente, mediante un catálogo o inventario, son todos los códices recibidos por la RAE desde puntos muy distintos de España (*vid.* docs. 108, 109, 141, 142, 143 y, sobre todo, 148, que es el escrito más extenso y más detallado sobre esta materia).

---

de Alcalá a un amigo suyo en Madrid sobre los Sumarios de los cuatro primeros reyes de Asturias, firmada por Juan Paredes. Según nos indican las anotaciones manuscritas de Bartolomé José Gallardo, el verdadero autor es Juan Pérez Villamil. Pero mucho más interesante que la identidad del autor es que éste se manifiesta con una mentalidad típicamente ilustrada, indicando la necesidad del conocimiento histórico como instrumento vital para el progreso y las reformas, como una auténtica enseñanza para el futuro" (Ríos Carratalá 1987: 259). En cuanto a Cristóbal de Medina Conde (1726-1793), Juan Manuel Abascal y Rosario Cebrián indican lo siguiente: "Francisco Javier Espinosa en el encabezamiento de sus *Cartas Eruditas* (Espinosa Aguilera 1770, 3) le llama Canónigo de la *Santa Iglesia Catedral de Málaga, y Calificador del Consejo Supremo de la General Inquisición.* Sempere Guarinos (1785, 200) le considera uno de los principales responsables de la propagación de los falsos plomos granadinos, para lo que en 1765 estuvo en Toledo tratando de convencer de su autenticidad a Pérez Bayer. Fue autor, entre otras, de *Antigüedades y edificios suntuosos de la Ciudad y Obispado de Málaga* (Medina Conde 1782) y *Conversaciones históricas malagueñas* (Medina Conde 1789-1793)" (Abascal/Cebrián 2005: 350). ¿Era un intento de Huerta para devolver el guante a Jovellanos con un manuscrito desconocido para los comisionados? Caso sugiere que, escritos entre 1785 y 1786, los *Romances de Antioro*, contra Huerta, habían sido dirigidos por Jovellanos contra el censor más amargo en el suceso que desembocó en la ausencia casi absoluta de Jovellanos en las juntas ordinarias de la RAE (*vid.* 1998: 91-91).

2.3 Las Juntas extraordinarias

Además de la correspondencia con los diversos centros culturales en los que se guardaban, y guardan, los apreciados códices con objeto de reunirlos en el local de la institución que ha determinado a llevar a cabo esta compleja iniciativa, hay un punto que nos muestra cómo se está ejecutando, que es la manera en que se reúnen los académicos encargados de llegar a feliz término. Como ocurre en otras operaciones similares, el procedimiento usado se apoya en las juntas extraordinarias. Lo que se puede comprobar, con respecto a estas juntas de la comisión que estudia el *Fuero Juzgo*, es que hay dos recorridos temporales distintos en dos documentos, el primero delimita cada reunión mediante la meta conseguida en cada fecha (*cfr.* doc. 144), el segundo son las actas de las juntas extraordinarias, caracterizadas por la fecha, los asistentes y, en términos generales, un elemento adicional, que son los códices objeto de discusión en dichas sesiones, si bien se incluyen algunos hitos en el avance del texto foral, pero solamente hasta el 3 de mayo de 1786: como se puede ver, desde el 10 de mayo de ese año en adelante solo hay información reducida (*cfr*. doc. 146). Desde luego, las actas serán redactadas por uno de los miembros de la comisión, el secretario de la RAE, es decir, Manuel de Lardizábal.

De esas actas se desprenden las siguientes asistencias de cada uno de los miembros de aquella comisión originaria (con las siguientes abreviaciones: L, Lardizábal; T, Tavira; M, Mateos Murillo; J, Jovellanos; F, Flores):

28 septiembre 1785	L T M J F	3 enero 1786	L T M J F
17 octubre	L T M J F	15 febrero	L M
24	L T M J F	19 abril	L M J F
29	L M	21	L M J F
5 noviembre	L T M	22	L M J F
10	L T M	24	L M J F
12	L T M	26	L M J F
14	L T M J	1 mayo	L M J F
19	L T M	3	L M F
20	L T M J F	10	L M J F
24	L T M	17	L M J F
27	L T M	22	L M J F
29	L T M	29	L M J F
13 diciembre	L T M	31	L M J F
17	L T M	12 junio	L M J F
19	L T M	14	L M J F
21	L T M	19	L M J F
30	L T M J F	21	L M F

26	L		M	J	
28	L		M	J	F
4 julio	L		M	J	F
6	L		M	J	F
10	L		M	J	F
17	L		M	J	F
19	L		M	J	
24	L		M	J	
26	L		M	J	
31	L	T	M	J	
2 agosto	L	T	M	J	
7	L	T	M	J	
16	L	T	M		
21	L	T	M		
22	L	T	M	J	
28	L	T	M		
31	L	T	M	J	
4 septiembre	L	T	M	J	
6	L	T	M	J	
11	L	T	M		
13	L	T	M	J	
18	L	T	M	J	
20	L	T	M	J	F
25	L	T	M	J	F
27	L	T	M	J	
2 octubre	L	T	M	J	F
4	L	T	M		F
9	L	T	M	J	F
11	L	T	M	J	F
16	L	T	M		F
18	L	T	M	J	F
23	L	T	M		F
25	L	T	M	J	F
30	L		M		F
6 noviembre	L	T	M	J	
8	L	T	M		F
13	L	T	M	J	F
15		T	M		
20	L	T	M	J	F
22	L	T	M	J	F
24	L	T	M	J	
29	L	T	M		F
4 diciembre	L	T	M	J	F
6	L	T	M	J	F
11	L	T	M	J	F
13	L	T	M	J	F
18	L	T	M		F
20	L	T	M		F
27	L	T	M	J	F
3 enero 1787	L		M		
8	L	T	M		F
10	L		M	J	F
15	L		M		F
17	L		M	J	F
22	L		M	J	
24	L		M	J	F
27	L		M	J	F
29	L		M	J	F
31	L		M		
5 febrero	L		M		
7	L		M	J	
12	L		M	J	F
14	L		M	J	
21	L		M		F
26	L		M	J	F
28	L		M	J	F
5 marzo	L		M	J	F
7	L		M	J	F
12	L		M		
14	L		M	J	
19	L		M		
21	L		M	J	
26	L		M		
28	L		M	J	F
2 abril	L		M		
16	L	T	M	J	
18	L	T	M	J	
23	L	T	M	J	
25	L	T	M	J	
30	L	T	M	J	
2 mayo	L	T	M	J	
7	L	T	M	J	
9	L	T	M		
14	L	T	M	J	
16	L	T	M	J	
4 junio		T	M	J	
11		T	M		F
18	L	T	M	J	

20	L T M J F	21	L T M J F
25	L T M	26	L T M F
27	L T M F	28	L T M J F
2 julio	L T M J F	3 diciembre	L T M F //
4	L T M F	(11v)	
9 julio	L T M J	5	L T M J
11	L T M F J //	10	L T M
(9v)		12	L T M F
16	L T M J F	17	L T M J
18	L T M J F	19	L T M J F
23	L T M J F	2 enero	1788 L T
30	L T M J F	M	
1 agosto	L T M J F	7	L T M J
6	T M J	9	LM J
8	L T M	14	L M J
13	L T M	16	L M J // (12r)
20	L T M J	21	L M J
22	L T M // (10r)	23	M J
27	L T M	28	L M J F
29	L T M	30	M F
3 septiembre	L T M	4 febrero	L M
5	L T M J F	6	L M J
10	L T M J	11	L M F
12	L T M J	13	L M J F
17	L T M J	18	L M J F
19	L T M	20	L M J
24	L T M J	25	L M J F //
26	L T M J // (10v)	(12v)	
1 octubre	L T M J	27	L M J F
3	L T M J F	3 marzo	L M J
8	L T M J	5	T M J
10	L T M F	10	L M
15	L T M J F	17	L T M
17	L T M J	26	L T M J F
22	L T M J F	31	L T M J F
24	L T M J F	2 abril	L T M J F
29	L T M J F	7	L T M J
31	L M F //	9	L T M J F //
(11r)		(13r)	
5 noviembre	L T M J	14	L T M J F
7	L T M J F	16	L T M J
12	L T M J F	21	L T M
14	L T M J F	23	L T M J F
19	L T M J	28	L T M J F

30 L M J
14 mayo
M F
19 L M J F
21 L M J F
26 L M J F
28 L M J F //
(13v)
2 junio L M J
4 L M J
9 L M J
11 M F
16 L M J F
18 L M J
23 L M J F
25 L M J F
1 julio L M J F
4 L M F // (14r)
7 L M J F
9 L M J F
14 L M J F
16 L M F
21 L M J F
23 L M J F
28 L M
30 L M F
4 agosto L M F
6 L M F
13 L M F //
(14v)
18 L M F
20 L M F
25 L M F
27 L M J F
1 septiembre L M J
3 L M J
10 L M J
15 L M F
17 L M F
22 L M J F
24 L M F //
(15r)
29 L M J F
1 octubre L M J
6 L M F
8 L M J
13 L M J
15 L M J F
20 L M J F
22 L M
27 L M F
29 L M J
3 noviembre L M J
5 L M F //
(15v)
10 L M J F
12 L M F
17 L M
19 L M
24 L M J
26 L M F
1 diciembre L M
3 L M F
10 L M F
15 L M F
17 L M F
22 L M F
24 L M F //
(16r)
7 enero 1789 L
M
10 L M F
21 L M J F
26 L M
28 L M F
1 febrero 1789 L
M J F
9 L M F
11 L M
16 L M J F
18 L M J F
25 L M J F //
(16v)
2 marzo L M F
4 L M J
9 L M F
11 L M F
16 L M

18	L M F
23	L M J
30	L M J F
6 abril	L M
17	L M J
22	L M F
27	L M J
29	L M J F // (17r)
4 mayo	L M J
6	L M J F
11	L M J
14	L M J F
18	L M F
25	L M
27	L M J F
3 junio	M J
8	M F
15	L M J
17	L M J F
22	L M J // (17v)
1 julio	L M
6	L M J
8	L M J F
13	L M F
15	L M J F
20	L M J F
22	L M F
27	L M
29	L M F
3 agosto	L M
9	L M // (18r)
10	L M J
12	L M F
17	L M J F
24	M J
26	M J
31	L M J
2 septiembre	L M J
7	L M J
9	L M J
14	L M
16	M J F
21	L M // (18v)
23	L M
28	L M
30	L M
5 octubre	L M
7	L M
12	L M
14	L M
19	L M F
21	L M J
26	M J
2 noviembre	L M J
4	L M
9	L M
11	L M // (19r)
16	L M J
18	L M
23	L M
25	L M
2 diciembre	L M
7	L M
9	L M
14	L M
16	L M
21	L M
23	L M
12 enero	1790 L
M	
14	L M // (19v)
18	L M
25	L M
1 febrero	L M
3	L M
8	L M
22	L M
24	L M
1 marzo	L M
3	L M
8	L M
10	L M
15	L M
17	L M
21	L M // (20r)
24	L M
29	L M
7 abril	L M

12	L M	4 julio	M C A
14	L M	6	L M C A
5 mayo	L M	11	L M C A
10	L M	18	L M C A
12	L M	25	M C A
17	L M	27	L M C A
19	L M	1 agosto	L M C A
26	L M	3	L M A
7 junio	L M	8	L M C A
9	L M	10	M C A //
14	L M	(21v)	
16	L M // (20v)	15	M C A
9 abril 1791	L M C A[40]	17	L M C A
11	M C A	22	L M C A
13	L M C A	24	L M C A
18	L M C A	29	L M C A
27	L M C A	31	L M C A
2 mayo	L M C A	5 septiembre	M C A
4	L M C A	7	M C A
9	L M C A	12	L M C A
11	L M C A	21	L M A
16	M C A //	26	L M A
(21r)		28	L M C A //
18	L M C A	(21r)	
23	L M C A	3 octubre	L M C A
25	L M C A		

Lo más interesante son los resultados mensuales y anuales que se deducen de las tablas previas, porque demuestran, no solo la contribución nominal de cada uno de los miembros, sino también las épocas de mayor dedicación a esta labor y, al contrario, las de menor entrega, por la razón que sea. Pues bien, la reducción a los rendimientos mensuales es la siguiente:

Mes	**Año**	**L**	**T**	**M**	**J**	**F**
Septiembre	1785	1	1	1	1	1
Octubre	1785	3	2	3	2	2
Noviembre	1785	10	10	10	2	1
Enero	1786	1	1	1	1	1
Febrero	1786	1	0	1	0	0
Abril	1786	5	0	5	5	5

[40] C = Cabrera, A = Alamanzón.

Mayo	1786	7	0	7	6	7
Junio	1786	6	0	6	5	5
Julio	1786	8	1	8	6	2
Agosto	1786	7	7	7	3	0
Septiembre	1786	8	8	8	7	2
Octubre	1786	9	8	9	5	9
Noviembre	1786	7	8	8	5	5
Diciembre	1786	7	7	7	5	7
Enero	1787	10	1	10	6	7
Febrero	1787	7	0	7	5	4
Marzo	1787	8	0	8	5	3
Abril	1787	6	5	6	5	0
Mayo	1787	5	5	5	4	0
Junio	1787	4	6	6	3	3
Julio	1787	8	8	8	7	7
Agosto	1787	7	8	8	1	0
Septiembre	1787	8	8	8	6	1
Octubre	1787	10	9	10	8	7
Noviembre	1787	8	8	8	7	6
Diciembre	1787	6	6	6	3	3
Enero	1788	7	2	9	7	2
Febrero	1788	8	0	8	6	5
Marzo	1788	5	4	6	4	2
Abril	1788	9	8	9	8	5
Mayo	1788	4	0	5	4	5
Junio	1788	7	0	8	7	4
Julio	1788	10	0	10	6	9
Agosto	1788	7	0	7	1	7
Septiembre	1788	8	0	8	5	5
Octubre	1788	9	0	9	6	4
Noviembre	1788	8	0	8	3	4
Diciembre	1788	7	0	7	0	6
Enero	1789	5	0	5	1	3
Febrero	1789	6	0	6	4	5
Marzo	1789	8	0	8	3	5
Abril	1789	5	0	5	3	2
Mayo	1789	7	0	7	5	4
Junio	1789	3	0	5	4	2
Julio	1789	9	0	9	4	6
Mes	**Año**	**L**	**T**	**M**	**J**	**F**
Agosto	1789	6	0	8	5	2
Septiembre	1789	8	0	9	4	1
Octubre	1789	6	0	7	1	1
Noviembre	1789	8	0	8	2	0

Diciembre	1789	7	0	7	0	0
Enero	1790	4	0	4	0	0
Febrero	1790	5	0	5	0	0
Marzo	1790	10	0	10	0	0
Abril	1790	3	0	3	0	0
Mayo	1790	6	0	6	0	0
Junio	1790	4	0	4	0	0
Abril	1791	4	0	5	5[41]	5
Mayo	1791	7	0	8	8	8
Julio	1791	4	0	6	6	6
Agosto	1791	8	0	10	9	10
Septiembre	1791	4	0	6	4	6
Octubre	1791	1	0	1	1	1

La recapitulación anual de esta tabla es tan significativa como los resúmenes mensuales:

Año	**Lardizábal**	**Tavira**	**Mateos**	**Jovellanos**	**Flores**
1785	19	18	19	6	6
1786	66	40	67	48	43
1787	87	64	90	60	41
1788	89	14	94	57	58
1789	78	0	84	36	31
1790	32	0	32	0	0
				Cabrera	**Alamanzón**
1791	28	0	36	33	36

De estos cuadros se pueden obtener algunas conclusiones interesantes. La primera es que más de la mitad de la comisión no funciona como tal desde el año 1790: Tavira, en Madrid desde 1772, no interviene del año 1789 en adelante, ya obispo de Canarias, mientras que Jovellanos y Flores, por razones distintas, no actúan ya como miembros de esa comisión. Sin embargo, la recopilación de los datos mensuales acentúa lo que se sabe de Tavira, pues su ausencia no es de 1789, sino que empieza en el mes de mayo de 1788, con desapariciones previas, como en los períodos febrero-junio de 1786 y febrero-marzo de 1787, además de febrero de 1788. Lo mismo ocurre con Flores, que era el secretario de la

[41] A partir de este mes, los comisionados primitivos, Jovellanos y Flores, son reemplazados por Ramón Cabrera y Rubio y Juan Crisóstomo Alamanzón Ramírez. El primero fue supernumerario desde 1791; el segundo, también, pero llegó a la Academia como honorario el año anterior. En 1791, Floridablanca dispensó a Ramírez Alamanzón de ejercer su puesto como beneficiado en Requena (*vid.* doc. 149).

RAH y que en muchos meses no comparecía: febrero y agosto de 1786; abril, mayo y agosto de 1787; y, de manera absoluta, desde noviembre de 1789. En el caso de Jovellanos, este fenómeno solo se da en febrero de 1786 y diciembre de 1788. Es decir, que, frente a lo que se ha indicado en las por otros conceptos magníficas biografías de José Miguel Caso[42], la participación de Jovellanos en los trabajos iniciales de la edición es evidente en la documentación a la que me refiero. Las presencias de los comisionados originarios fueron las que preciso ahora: Lardizábal, 399; Tavira, 136; Murillo, 422; Jovellanos, 207; Flores, 179. Creo que estos datos cuantitativos finales son muy reveladores, sobre todo si se tiene en cuenta que Jovellanos no iba prácticamente a las juntas ordinarias por las razones que ilustrará Caso a continuación.

[42] En la publicada por el periódico *El Comercio de Gijón*, dice: "Por lo demás no parece que éste hubiera trabajado en el cotejo de los códices y en la preparación del texto que iba a editarse. Así lo hace pensar el hecho de que en 1785 no haya asistido a ninguna sesión de la Academia, en 1786 sólo a una y en 1787 únicamente a dos, siendo la última la del 19 de junio, a partir de cuya fecha ya no vuelve a aparecer por la Real Casa del Tesoro, en la calle del Tesoro, que era donde tenía su sede la Academia" (Caso 1993: 177). De ahí proviene este otro texto: "En 1785 participa de nuevo en una comisión para preparar una edición del *Fuero Juzgo*, pero ya no asiste a ninguna sesión más en ese año, y sólo va a una de 1786 y a dos en 1787. Después de ese año no vuelve más" (Caso González 2010: 92, téngase en cuenta que los textos son del profesor Caso, adaptados por Teresa Caso Machicado; *cfr.* Caso González 1993: 177). Desde luego, la asistencia a las juntas ordinarias, en efecto, fue disminuyendo radicalmente desde los hechos de 1783: hay cinco apariciones de Jovellanos en las sesiones académicas en el primer trimestre de 1784, hasta el 1 de abril (también 17 y 26 de febrero y 2 y 9 de marzo) y hay que esperar hasta la última semana del año para que el político y jurista asturiano asista a la recepción de la académica de honor María Isidra de Guzmán y la Cerda, el día 28 de diciembre (*vid. infra*), e, inmediatamente después, se aprueba el proyecto de edición del *Fuero Juzgo*. Quizá influyó también en esto que Jovellanos fuera subdirector de la Sociedad Económica Matritense en 1783 y director en 1784. Solo quedan las presencias aisladísimas de Jovellanos en los años 1786 y 1787. Pero sí participa en sus quehaceres sobre el *Fuero Juzgo* con gran dedicación hasta su destierro disimulado, lo cual quizá no desmiente lo que afirma Caso con respecto a la Sociedad Económica: "Ésta fue la institución madrileña a la que Jovellanos dedicó más tiempo, y en la que trabajó más intensamente, fuera de los cargos oficiales" (Caso 1998: 92). Pero Jovellanos no olvidó este tipo de cometidos. Es más, Caso señala que "[s]i el discurso 65 [de *El Censor*] es suyo, no sólo critica un problema de aplicación de la ley en los tribunales nacionales, sino, lo que es más importante, hace nada menos que un nuevo planteamiento político: indirectamente propone que exista un órgano legislativo, que tenga auténtica representación nacional, y que se oponga a la prevalencia del *despotismo ilustrado* entonces reinante, y del que eran defensores su amigo Campomanes y el primer ministro Floridablanca. Este planteamiento no sólo está en la línea de su discurso de ingreso en la Academia de la Historia, sino que además enlaza directamente con los proyectos de Cortes representativas que propugna en 1809. Si a esto unimos otros detalles que desarrollaré más tarde, nos encontramos con un Jovellanos que en 1784 está proponiendo la reforma de un fundamental problema de política nacional" (Caso 1998: 93).

Había hasta ahora carencia de los datos necesarios cuando escribía Caso, que aparecen ahora en el archivo de la RAE. Caso explicó antes perfectamente un hecho decisivo para justificar la ausencia de Jovellanos en las reuniones ordinarias de la Academia. Una vez comprobadas las presencias del polígrafo asturiano en las juntas extraordinarias, sus comparecencias realzan, por un lado, a Jovellanos, que, además, habla por sí mismo en sus discursos, mas, por otro lado, a la materia de la que se trataba en ese tipo de juntas, es decir, el *Fuero Juzgo*:

> Jovellanos fue relativamente asiduo a las reuniones de los académicos. Según Ceán, iba recogiendo notas de vocabulario en un cuaderno, y redactando cédulas para la corrección y el aumento del diccionario.
>
> Justo un mes después lee Jovellanos en la Junta la oración encargada sobre el nacimiento de los infantes Carlos y Felipe.
>
> Desgraciadamente, no he conseguido encontrar ni el escrito original de don Gaspar; ni las dos copias leídas el 21 de octubre. Pero es indudable que a Jovellanos le parecieron muy mal las correcciones de los censores. Este episodio desagradable tendrá sus consecuencias. Fuera cual fuera el motivo, el autor no estaba dispuesto a aceptar las modificaciones.
>
> Dos días después (la Academia se reunía los martes y los jueves) se dice en el acta: «Se prosiguió y acabó de leer la oración del señor Jovellanos, y habiendo parecido que era muy larga, y no conformándose por otra parte el señor Jovellanos con todas las correcciones hechas por los señores revisores, se acordó que la Academia por sí misma la redujese en los términos que tuviese por conveniente, y se encargó el señor director de manifestar al señor Jovellanos esta determinación, exponiéndole las razones que se tuvieron presentes para ella. Y para en lo de adelante se acordó siempre que la Academia hubiese de cumplimentar al Rey y demás personas reales con motivo de enhorabuena, pésame o alguno otro, no se haga oración, sino una arenga corta y sencilla, y que así en estas arengas como en cualquiera otra obra, sea de la naturaleza que fuere, habiéndose de publicar en nombre de la Academia, tenga ésta arbitrio para corregir, suprimir, enmendar y hacer todas las alteraciones que tuviere por convenientes, aunque sea refundiendo de nuevo la obra en todo o en parte, sin que por esto pueda reclamar el académico que la hubiere hecho, ni tener más facultad que la de exponer su dictamen sobre el asunto y dar su voto como otro cualquiera de los individuos de la Academia, a la manera que se ejecuta con las cédulas que se forman para la corrección y aumento del Diccionario, cuando las revé la Academia para ponerlas en estado de imprimirse».
>
> Así pues, la *Felicitación de la Real Academia Española al señor don Carlos III con motivo del nacimiento de sus nietos los dos infantes don Carlos y don Felipe*, que se ha publicado como obra de Jovellanos, no es otra cosa que el resultado de la profunda corrección de los señores académicos. Habrá que preguntarse si los cáusticos *Romances de Antioro*, contra Huerta, escritos entre 1785 y 1786, no serán en el fondo una dura venganza de don Gaspar por este episodio.

> El caso es que a partir de finales de 1783 Jovellanos apareció muy esporádicamente por las juntas de la Academia. Está presente el 28 de diciembre de 1784, porque toma posesión como académica honoraria doña María Isidra de Guzmán y la Cerda, hija del conde de Oñate. La presenció el enfadado Jovellanos en este acto es un detalle más que avala el feminismo que defiende por esos mismos años respecto de la presencia de mujeres en la Sociedad Económica Matritense. (Caso 1998: 91-92; hay una versión más amplia en Caso 1993: 175-177; *cfr*. Álvarez-Valdés 2012: 136)

2.4. La desaparición de la comisión inicial

Sabiendo lo que acabamos de ver, los sucesos que vienen acto seguido se confabularon en contra de aquella comisión inicial. Se puede asegurar que hay un cambio muy importante: el redactor del informe que se discutirá en 1796 (con puntos que ya se tratan en 1794) no es ninguno de los miembros de la comisión original. Ha habido una serie de eclipses en ella, que se conviene precisar. Por un lado, hay dos muertes: José Miguel de Flores y La Barrera fallece el 22 de febrero de 1790 y Antonio Mateos Murillo, el 19 de noviembre de 1791. A Tavira, después de haber sido predicador real (1772-1778) y prior trienal del convento real de Uclés (1788-1791), le llega el instante de ser nombrado obispo, que podía haber sido antes y de otra diócesis, que es la de Canarias (*vid.* Saugnieux 1970: 83-149)[43]. En definitiva, como ya hemos visto, desde mayo de 1788 pierde su contacto con los trabajos de la RAE. Pero el hecho decisivo es el que provoca la ausencia de Jovellanos en Madrid entre 1790 y 1797. Caso González narra su primer destierro de esta manera:

> Cuando Jovellanos estaba en Salamanca, le comunica el marqués de Casajara, en carta de 23 de junio de 1790, que su amigo Francisco de Cabarrús, director nato del Banco de San Carlos, ha sido encarcelado. (…)

[43] Lo explica muy bien Arencibia Suárez: "En el Archivo de la Catedral de Canarias se encuentra un testimonio de que Canarias no fue el primer destino en el que se había pensado para Antonio Tavira. Los obispados de Málaga, Zamora, Valladolid y Teruel ya habían sido propuestos a nuestro biografiado. Pero Muriel afirma que él "rogó constantemente a sus favorecedores que le libertasen de la pesadumbre del nombramiento".] Cuando en noviembre de 1790 se le ofreció el obispado de Canarias parece haber puesto trabas también, aunque finalmente aceptó" (Arencibia 2012: 322). Muriel creía que esa elección por parte de Floridablanca y Porlier, el marqués de Bajamar, se debía a la idea de fundar una universidad en las islas (*vid.* Muriel 1959: 59 y ss.; *cfr*. Arencibia 2012: 347-352) Según Saugnieux, Tavira rechazó tres veces esa propuesta, además de las otras razones expuestas por este autor para que Tavira fuera a Canarias, no demostradas, como indica Arencibia (*vid.* Saugnieux 1970: 101-102 y Arencibia 2012: 322, n. 151).

> Jovellanos cree que su amigo es totalmente inocente, y por ello decide acudir en su ayuda. Pero está cumpliendo con una comisión del Consejo de Órdenes, tiene además encomendada otra comisión por parte del ministerio de Marina respecto de las minas de carbón de Asturias, y había dicho por escrito a Valdés el 24 de marzo que, terminada la comisión de Salamanca, lo que esperaba que ocurriera en dos o tres meses, se dirigiría al Principado de Asturias. (Caso 1998: 117)

El desarrollo de los hechos madrileños es un tanto sorprendente, en principio, que acabará en el alejamiento de Jovellanos respecto de Campomanes (1790), antes de lo que hemos divisado en los cambios en la dirección de la RAH (1792); no puedo ir más allá en cuanto al alcance del contacto entre ambos hechos. Estando ya Jovellanos en Madrid,

> Antes de llegar a su casa se apea en la de la condesa del Montijo, a la que no encuentra. Sigue a casa de la viuda de Bernardo de Gálvez, que había sido gobernador de Luisiana, y después va a la de Cabarrús, donde se encuentra a las dos, y se confirma «en el origen del mal, antes ignorado», como dice en el *Diario*. Como el asunto de Cabarrús lo llevaba directamente Campomanes, Jovellanos intenta ponerse en contacto con él, a través de su yerno, el conde de Isla. Don Gaspar se mueve a toda velocidad de uno en otro de los personajes importantes de la corte. Dirige el día 24 una carta a Campomanes, en la que dice:
>
>> A mi arribo aquí he sabido que usted, repugnando como otros mi venida, había dicho que si se verificase no me admitiría en su casa. Fácil es de comprender si esta noticia me sorprendería; la dudé, indagué su origen y acabo de averiguar su certeza. Escribo, pues, ésta para saber si usted persiste en su modo de pensar. Si es así, estoy desde luego libre de todos los vínculos y respetos que nos han unido hasta aquí; pero si usted revocase una resolución que nos hace tan poco favor a entrambos, mi corazón y mi amistad serán eternamente los mismos.
>>
>> Sin embargo, como me precio de ingenuo, no debo ocultar a usted que en caso de vernos será tan imposible que yo deje de hablar por un amigo, cuya suerte está en manos de otro, como que exija de éste cosa que sea contraria a su honor y a la justicia. La inocencia del uno, expuesta a la prueba más ruda, y la reputación del otro, que el público decidirá tal vez por la conducta de un negocio sobre que tiene abiertos los ojos, han sido, son y serán mis únicos impulsos. A esto sólo he venido aquí; por esto sólo he oído la voz de mi corazón antes que la de muchos respetables dictámenes. Valgo poco, pero nada dejaré de hacer por salvar de la ruina a un amigo inocente y demancilla al más sabio magistrado de la nación, de quien soy el primer amigo.

Esta carta la entregó Ceán Bermúdez a Campomanes, y al copiarla para enviársela a Francisco de Paula Jovellanos, puso una posdata en la que dice:

> Volvió Ceán al día siguiente, y le respondió de palabra que nada tenía que sabía qué responder; que el Sr. Jovellanos era su amigo, que aquella casa era suya, y que si viniese y le hablase sobre el asunto de su amigo, nada podría contestarle, porque nada sabía, y aunque lo supiese no tenía obligación de decirlo; que el Sr. Jovellanos quería ser heroico y que S. E. no podía serlo; en fin, concluyó con que era su amigo y con otras expresiones vagas e indeterminadas por lo que S. S. no pasó a verle.

Y en el *Diario* escribe don Gaspar:

> Da respuesta sólo en palabra: que no tenía qué responder; que era amigo; que haría por mi persona e intereses como tal; no se trata de otra cosa; se niega; indica reparos en recibirme; inspiro temor; que seré observado; que estaré en la lista de los proscritos; que quiero ser heroico; que él no puede serlo; que me pierdo, pero se niega.(Caso 1998: 118-119)[44]

El día 25 el ministro de Gracia y Justicia, Antonio Porlier, en aquel momento miembro supernumerario de la RAE, le ordena que, después de dar cuenta de su comisión en Salamanca, salga de Madrid inmediatamente para dedicarse a su comisión en Asturias. El día siguiente, Jovellanos sale de Madrid, adonde no volverá en siete años.[45]

---

[44] Caso se pregunta de toda esta narración qué es lo que ocurrió realmente: "Pero ¿qué era lo que realmente estaba ocurriendo? En primer lugar, si había razones suficientes para detener y procesar a Cabarrús, la presencia de Jovellanos no tenía en sí misma que molestar ni preocupar absolutamente a nadie, y menos al gobierno. Es más, la actitud de Campomanes resulta totalmente inexplicable, porque tratándose de dos viejos amigos, no parece que pudiera ser mal visto por nadie el hecho de que recibiera a Jovellanos en su casa y le explicara lo que pudiera, aunque se callara lo que por su propio cargo debía callar. A esto hay que añadir algunos datos previos: el marqués de Casajara, que el 23 de junio le comunica el arresto de Cabarrús, el 19 de julio le aconseja que no vuelva a Madrid, el 21 le anuncia que se niega a dar curso a una solicitud, cuyo contenido ignoramos, y el 4 de agosto le cuenta las intrigas que se urdían para dificultar la salida de Jovellanos de Salamanca. Si a esto unimos el hecho de que Ceán Bermúdez saliera a recibirle y le pidiera que no entrara en la corte, nos encontramos con una serie de datos que resultan en su conjunto muy extraños. Es indudable que en los posibles delitos de Cabarrús no tenía don Gaspar absolutamente nada que ver, puesto que nadie le implicó en ellos, nadie le procesó, nadie se preocupó siquiera de citarle a declarar como testigo, y menos aún como presunto implicado. Es más, cuando Campomanes pronuncia la palabra «heroico», aplicándosela a Jovellanos, resulta totalmente incomprensible que pueda deberse al simple hecho de que nuestro personaje volviera a Madrid dispuesto a conocer lo que le había ocurrido a su amigo Cabarrús y decidido a actuar en su defensa, si es que era necesario" (Caso 1998: 120).

[45] Es trascendental el comentario final de Caso, que obliga a investigar sobre este punto: "Don Gaspar tenía que estar de una o de otra forma en el punto de mira del gobierno. Es comprensible que, además, los envidiosos de turno actuaran contra él por medio de calumnias. Jo-

En cuanto a Lardizábal, había sido elegido académico supernumerario de la RAE en 1770, a propuesta del duque de Alba, y se convirtió en numerario en 1775. Ya en 1776 estaba realizando la actualización de la Nueva Recopilación, a la que más tarde se añadirá el extracto y colección de las leyes penales. Ya hemos visto que era Secretario de la RAE desde 1777; luego Fiscal de Sala en 1788, miembro de la Fiscalía del Consejo en 1791 y ministro del Consejo Real en 1792 (*vid.* Casabó Ruiz 1989: 105-106). La carrera de Lardizábal era incluso meteórica en aquel momento; sin embargo, poco después hubo un hecho que apuntilló la comisión que había trabajado mucho sobre el *Fuero Juzgo*:

> El 4 junio 1794, [Lardizábal] es cesado en el Consejo siendo ordenado su destierro de Madrid en 24 horas. Con él son desterrados José Colón, José Zuazo y Marqués de Valdefuentes. En un escrito de 12 de Abril de 1798, manifiesta no conocer los

---

vellanos era por añadidura un convencido *arandista* y esto no podía gustarle a Floridablanca. Todo esto quiere decir que su presencia en Madrid no molestaba exactamente por la presión que pudiera ejercer a favor de Cabarrús, sino porque en aquel momento se veían una serie de nubarrones en el cielo por parte del gobierno, y uno de ellos, indudablemente, era don Gaspar. Convenía, pues, apartarle de la corte, aunque nadie pudiera acusarle de ningún delito.

El problema, por tanto, no era Cabarrús; su prisión constituía, respecto al alejamiento de Jovellanos de Madrid, sólo un mero pretexto. Si Jovellanos tuvo la ingenuidad de reaccionar ante Campomanes como hemos visto en la carta antes transcrita, era porque sabía muy bien que detrás de este problema había otros más graves, que implicarían de una o de otra forma a la Gálvez y a la Montijo.

En definitiva, se trataba en aquel momento de alejar de la corte a los personajes que resultaran peligrosos para la política internacional de España, en relación precisamente con la todavía incipiente Revolución Francesa" (Caso 1998: 122-123). Estos hechos se narran, de manera algo más detallada, en Caso 1993: 292-301.

También se puede consultar lo narrado por otros varios historiadores: Manuel Fernández Álvarez (1998: 75-82 y 2009: 120-128), quien añade que Lerena (Hacienda) y Porlier (Gracia y Justicia) eran enemigos de los ilustrados como punto de partida para entender el alejamiento entre Jovellanos y Campomanes (*vid.* 1998: 80 y 2009: 125); Gaspar Gómez de la Serna, que recoge el testimonio de Ceán, recogido de los labios de Jovellanos, quien confesó que había intentado la gestión en pro de Cabarrús, "sin que Campomanes le recibiera, «por miedo, imbecilidad o demasiada adhesión a todo lo que dependía de palacio»" (1975: 254; todo el desarrollo del asunto en las páginas 252-256); Manuel Álvarez-Valdés 2012: 178-182; y Javier Varela, quien concluye que "[e]ntre Jovellanos y Campomanes ya no existirán sino relaciones distantes, como síntoma de la fractura que comenzaba a producirse entre los miembros del grupo ilustrado" (1988: 75), si bien no se refiere expresamente a un desgarro generacional. En cualquier caso, es la anulación de Jovellanos en la sede del poder; "He considered himself cast into an "honorable exile"; and he was in fact removed from the seat of power and allowed to remain in a limbo, neither condemned nor restored to grace, for seven years" (Polt 1971: 24). *Vid.*, además, entre la enorme bibliografía existente, Ricard 1955, Demerson 1974 y Llombart 2011.

motivos por los que se les destierra [AHN Estado Leg. 3.29-12.]. No obstante, allí mismo figura un expediente por haberse negado a D. Antonio Chaserost, por la Sala de Provincia del Consejo, la súplica que interpuso contra un Auto por el que se revocó otro en su favor, dictado por el Alcalde D. José Rico. A continuación aparece una propuesta del gobernador del Consejo, proponiendo separar a los cuatro ministros. El 6 de Octubre de 1794, aparece desterrado en Caravaca de la Cruz. Al año escribe una representación, para poder volver a su puesto, a lo que no se hace caso alguno. En 1798 se ve a Manuel y Miguel [Lardizábal] en Alcalá, manifestando que quiere ir a Guipúzcoa.

El destierro se levanta por Fernando VII, en el momento en que sube al trono en Marzo de 1808, siendo restablecido en su cargo y honores. Sin embargo en ese mismo año es elegido por antigüedad en sustitución de otro, para ir a Bayona. Allí asistió a todas las juntas menos la séptima. Allí se intentó entorpecer la labor que se venía desarrollando, así los representantes del Consejo de Castilla presentaron un informe acerca del proyecto de Constitución en el que, entre cosas dicen: "Que en el Código civil y penal, que debían de hacerse para evitar la confusión legal reinante, se tuviese en cuenta el derecho tradicional". (...) El artículo se aprueba definitivamente, con la firma de Lardizábal, con el siguiente texto: "Art. 96. Las Españas y Las Indias se gobernarán por un solo código de leyes civiles y criminales."

Al año siguiente, y hasta 1810, es nombrado vocal de la Junta de Legislación. (Casabó Ruiz 1989: 106)[46]

De todo lo expuesto, es evidente que la RAE tenía que afrontar el trabajo sobre el *Fuero Juzgo* con un nuevo equipo y, como se podía suponer, de ese grupo de investigadores derivaría un nuevo planteamiento o, al menos, parcialmente distinto, quizá no teórico, pero sí práctico.

---

[46] El 8 de julio de 1794, el marqués de Santa Cruz, director de la RAE, comunica al resto de la RAE que Lardizábal está ya en Segura, que le ha escrito con esa noticia (*vid.* doc. 16, *Libro de actas 16*: 375r), después de haber firmado la última acta (doc. 15, *Libro de actas 16*: 371r). Pero el destierro no elimina las ganas de seguir trabajando en la edición académica (*vid.* doc. 23, *Libro de actas 17*: 53r). Añade Casabó Ruiz: "A partir de entonces se conocen pocos datos, salvo que en 1820 fue nombrado para la primera Junta de Gobierno, falleciendo el 25 de Diciembre del mismo año, como Consejero honorario de Estado, según nos indican las actas de la real Academia de la Lengua [sic]" (1989: 106). Se conocen más datos e importantes. Basta consultar la historia de Zamora: "En sus últimos años, desempeñó puestos de clara significación política fernandina (superintendente de Correos, miembro del Consejo Real, presidente de la Junta de Represalias, 1817-1819). No obstante, le encontramos también en la Junta Provisional de 1820. Murió el día de Navidad del mismo año, ya creciendo el período constitucional estrenado por la sublevación de Riego" (Zamora 1999: 117). García de la Concha ofrece un cargo adicional (presidente del Honrado Concejo de la Mesta) y manifiesta un lógico asombro, ya que, después de todos los que preside Lardizábal en la década absolutista, se puede exclamar: "(...) Pero es que en 1820 entra también a formar parte de la Junta Provisional Consultiva en la revolución de Riego (¡!)" (García de la Concha 2014: 148). *Vid.* nn. 18 y 19.

3. Segunda fase

3.1. Período de Carlos IV, Godoy y la guerra (1794-1814)

Se siguen buscando nuevos manuscritos. El 25 de marzo de 1804, Lardizábal informa a Alamanzón de que ha recibido el códice de la biblioteca de la Universidad de Alcalá de Henares, antes del Colegio mayor de San Ildefonso, con la indicación de que se debe enviar el recibo correspondiente (*vid.* doc. 114).

Se debe esperar hasta el 31 de julio de 1794 para que los académicos discutan sobre lo que se está haciendo y lo que se puede hacer con el *Fuero Juzgo* en el futuro inmediato (doc. 17, *Libro de actas 16:* 378v). En el informe de la sesión del 7 de agosto siguiente, confeccionado por Juan Crisóstomo Ramírez Alamanzón, hay dos expresiones fundamentales, *estado del cotejo*, el mecanismo básico para llegar a la edición, y *trabajo ordinario*, que no es lo característico de aquella, por lo que el correspondiente al *Fuero Juzgo* se tiene que desviar a una sala separada (*vid.* doc. 18, *Libro de actas 16:* 379v). Dado que la impresión del *Diccionario* es urgente, y es muy posible que este sea la fuente de financiación de la Academia más provechosa, de manera quizá sorprendente se decide la restitución de los códices a sus dueños en algunos casos (se supone que ya acabados), que desemboca en la detención, el frenado o, incluso, el estancamiento de la actividad, de acuerdo con el acta de 30 de enero de 1795, a pesar de que, junto a la comisión lexicográfica formada por los señores Silva, Cabrera, Alamanzón y Valbuena, se nombra lo que hacía falta desde hace tiempo, una nueva comisión, constituida por Alamanzón, Canseco, Villanueva, Carpio y Peñalosa, un académico supernumerario que nunca llegó a ser de número. Como se ve, el único miembro de la RAE que está en las dos comisiones es Alamanzón, que, además, es secretario *de facto y* bibliotecario, lo cual carga sobre sus espaldas una gran cantidad de trabajo (*vid.* doc. 19, *Libro de actas 16*: 406v-407r)[47]. La

[47] Como señala Armando Cotarelo Valledor (1947: 20), "[f]ué Ramírez Alamanzón, ejemplar académico, el primer Bibliotecario, en 1794, pero la organización de la naciente librería la realizó Fernández Navarrete, veintisiete años en el puesto, y el que inauguró la habitación de la casa, en donde rindió la vida". Zamora fue más contundente en esta breve biografía: "Presbítero cisterciense de la Comunidad aragonesa, profesor de la Universidad de Huesca, miembro de la Academia de la Historia, fue el primer bibliotecario como tal de la Española, ya en la calle de Valverde (1794) cargo al que renunció (10 de noviembre de 1808), al ser ocupado Madrid por el ejército francés, aunque su cuidado y diligencia no cesaron un solo día de ejercerse sobre los bienes de la Corporación semiabandonada. Había ingresado como honorario en 1790; pasó a supernumerario al año siguiente y a numerario días después de la muerte de Almodóvar (1794). Ramírez Alamanzón se distinguió por su laboriosidad y entrega a las tareas de la Academia. Su obra principal fue el traslado de los libros (habían

decisión fue refrendada de manera definitiva pero oscura en el acta del 29 de septiembre de 1795: habría "una junta extraordinaria cada semana en los terminos propuestos, y por el tiempo que se creyese necesario para los fines que se han expresado." (doc. 20, *Libro de actas 16*, 445r-445v). La situación poco clara de la empresa destinada a la publicación del *Fuero Juzgo* se analiza a partir del informe a la RAE elaborado por Ramírez Alamanzón, que tiene fecha del 15 de septiembre de 1796 (*vid.* doc. 150). En primer lugar, resume las medidas tomadas por la RAE desde el 30 de diciembre de 1784 y las obligaciones a las que se ha comprometido. Alamanzón parte de ahí para "resolver con acierto, y consecuencia". Ajustó tanto con el rey como con el ministro de Estado que aceptaran las solicitudes académicas, en favor de una "Junta compuesta" por una serie de académicos, con el fin "de que tratasen sobre el mejor modo dehacer la proyectada edicion", sobre la base de un plan formado por Jovellanos en 17 de octubre de 1785 (*vid.* doc. 81). La ausencia de Jovellanos y Tavira, que no se explica en aquel escrito, "y con la muerte del S.r Florez [sic] se suspendieron estas tareas hasta que en Marzo de 1791 se volvio á tratar la continuacion de este asunto nombrandonos para ella á el S.r Cabrera, y á mi." Después, murió pronto el señor Murillo y, a partir de entonces, se suspendieron estos trabajos por segunda vez, con

> alguna tibieza, y aun desafecto dela Academia hacia este proyecto, ó porque faltaron sus proveedores principales, o porque se creyo que no era asequible la execucion deste proyecto con la extension con que se habia concebido, ó tal vez porque las mudanzas politicas se alcanzan tambien á los cuerpos literarios, y sus proyectos.

Aun así, "por cierto incidente se emprendio nuevamente este trabajo en el a.o pasado de 95" y lo primero es resolver si los códices son suficientes para "que se sirva resolver si se ha de imprimir, ó no", inmediata o posteriormente, con la fijación de los elementos que se han de tener en cuenta, como, por ejemplo, las variantes, las adiciones y las observaciones.

---

permanecido a carga de los secretarios, en sus propios domicilios) y su organización. En los años duros de la guerra y las discordias, Alamanzón, calladamente, salvó de la ruina la casa, los libros, el espíritu mismo de la Academia. Su dimisión como bibliotecario se produce días después de la muerte de Pedro de Silva. Manuel de Lardizábal, secretario entonces, andaba de un sitio para otro, según venían los azares políticos o militares. Alamanzón fue *todo* en esos días oscuros y trágicos. Murió en Griñón, el 8 de mayo de 1814" (Zamora 1999: 80). Solo se va a dar un apunte biográfico de académicos que se encuentren en una posición central en este proceso de edición, aunque haya muchos de los miembros de la RAE desde 1794 hasta 1817 que tuvieron algo que ver con la publicación de este fuero. En todo caso, tanto Zamora 1999 como García de la Concha 2014 y Anes 2009-2013 ofrecen información necesaria para los académicos concernidos, si alguien lo considera oportuno.

Ese estado de cosas se resuelve mediante las decisiones tomadas el 15 de septiembre de 1796 (científicas y editoriales) y 27 del mismo mes (económicas e, igualmente, científicas): se conoce en el acta el conocimiento y decisión sobre la muestra impresa, que se analizará en otro estudio sobre el método y procedimiento de elaboración de la edición en sus diversas fases. En el acta del primero de esos días de 1796 se decide, para afrontar la impresión del *Fuero Juzgo*, no cotejar más códices ("serían muy cortas las utilidades que resultarían del cotejo de uno u otro que faltaban, cotejadas con las dificultades que se tuvieron presentes"), se defiende que la edición sea "correcta, y exâcta, pero no muy costosa", se fijan la naturaleza de las notas, las adiciones y el prólogo y el método de la edición y reflejan críticas, a veces mal enfocadas, al plan de Jovellanos:

> (...) aunq.[e] ála Acad.[a] le pareció que seria muy honorico [sic], y decoroso si se llegaba á berificar el proyecto que proponia creyó sin embargo que no tenia una conexîon inmediata ni con su instituto, ni con los fines que habia manifestado, y en conformidad de esto resolvió, que no era necesario elque se publicase con la extension que deseaba aquel zeloso Academico, pero que este no obstante escribiere yo á este individuo, y al Sr Lardizabal, remitiendoles el referido plan, por si gustaban trabajar algunas disertaciones relativas á este fin, como que eran unos literatos versados en este genero de erudicion, pero conla circunstancia de que qualquier trabajo que hiciesen enestas materias si se llegaba ápublicar habia deser con sus respectivos nombres, y como obras particulares suyas, y deque no se hubiese de retardar, ni suspender la impresión, ó porque nolas compusiesen, ó porque las difiniesen [sic]. (doc. 21, *Libro de actas 17*: 44v-45r)

La perspectiva adoptada por Alamanzón demuestra con claridad que, no solo Lardizábal, sino también, y quizá sobre todo, Jovellanos constituyen los que llevan las riendas de este propósito inicialmente académico en 1784, pero posiblemente ya desviado de los objetivos originarios de la RAE. De hecho, no hay en el archivo, por ahora, ninguna correspondencia adicional dirigida por Jovellanos a sus colegas sobre su plan originario y escasa de Lardizábal con Alamanzón. Naturalmente, se debe tener en cuenta que los dos juristas de la comisión inicial están desterrados en el año crucial de 1796.

Sin embargo, como se puede comprobar en el documento 139, de 1800, la RAE está recibiendo más manuscritos, en este caso de la Biblioteca Real, dirigida entonces por Antonio de Vargas y Zúñiga[48].

---

[48] "Vargas y Laguna (Excmo. Sr. D. Antonio), primer marqués de la Constancia, diplomático y político contemporáneo, nacido en Badajoz á mediados del siglo XVIII.

Estudió en el Seminario de San Athon la filosofía, y en la Universidad de Salamanca siguió la carrera de derecho, que terminó bien jóven, pasando á prestar sus servicios á la Secretaría de Estado.

En el acta del 27, se designan dos nuevas comisiones, reducidas, encargadas, por un lado, de la corrección y la formación del glosario latino (cuyos miembros estuvieron ya en la del 30 de enero de 1795) y, por otro lado, de la confección del glosario castellano, absolutamente nueva (Sánchez y Cabrera, el último de los cuales dejó inédito un diccionario del castellano antiguo: *vid.* Lodares 1991).

A ello se puede añadir la gentil respuesta de Lardizábal al oficio que la RAE le había enviado el 24 de octubre de 1796, notificada a la junta el 8 de noviembre de 1796. La contestación del secretario ausente es el documento 151, de 2 de noviembre de 1796, desde Ocaña (no hay otros datos sobre esta ubicación), en la que él demuestra siempre su deseo de participar en las labores académicas, y sobre todo en el *Fuero Juzgo*, aunque "[p]or mi actual situacion y circunstancias carezco en el dia de muchos libros y de otros auxîlios conducentes, y aun necesarios para desempeñar debidamente y según mis deseos el encargo que se me hace." Como Alamanzón le dice que la publicación no se va a publicar en tres años, además de que no se compromete la Academia, pero que no se suspenderá la publicación, Lardizábal insiste en que intentará ponerse "en estado de poder corresponder" sus deseos a la confianza que le da la Academia.

A finales (salvo 1797 y 1801, que lo recogen a mediados) de los años 1797-1802, con excepción de 1800, se indica cuál ha sido el número de Juntas extraordinarias, que no se dedican únicamente al *Fuero Juzgo* (se puede comprobar que en los dos primeros años no se separan las sesiones consagradas al *Diccionario* y las asignadas al *Fuero*, como se pueden ver en las fechas de los *Libros de Actas 17* y *18*):

A su amistad con el príncipe de la Paz, don Manuel de Godoy, debió él ser nombrado en 1806 embajador de España cerca de S. S. el papa Pío VII.

Cuando este pontífice huyó de Roma, al invadir las tropas de Napoleon I los Estados de la Iglesia en 1808, él, con el embajador que Austria tenía en Roma, acompañó á Pío VII á Gaeta y le siguió despues en el destierro.

Por su constante adhesion, más tarde, á don Fernando VII, fue favorecido con el título de marqués de la Constancia y obtuvo la gran cruz de Carlos III.

Falleció en Plasencia en el año de 1818, sin sucesion. (…)" (Díaz y Pérez 1888: 445). Su último dato parece errado, vivió entre 1763 y 1824.

En la época de esta carta era director de la Biblioteca Real, puesto ejercido por el Bibliotecario Mayor; lo fue en el período 1799-1800 (*vid.* www.bne.es/webdocs/LaBNE/docs/DirectoresBNE2015.pdf, consulta: 19.11.2016). Ese cargo fue ocupado, entre otros, por los siguientes académicos relacionados con los trabajos sobre el *Fuero Juzgo*: Pedro Silva (1800-1808), Juan Crisóstomo Ramírez Alamanzón (1808-1811 y 1813-1814), Francisco Antonio González (1820-1833) y Diego Clemencín (1833-1834). Estos dos últimos lo fueron ya después de la publicación.

Año	**Número total**	***Diccionario***	***Gramática***	***Fuero***	**Acta**	**Doc.**
1796	43	43	0	43	29.12.1796	24
1797	45	45	0	45	29.06.1797	26
1798	55	29	0	26	20.12.1798	27
1799	51	18	0	33	27.06.1799	28
1799	31	28	0	3	24.12.1799	29
1801	33	23	10	0	30.06.1801	30
1802	23	23	0	0	29.06.1802	31
1802	25	25	0	0	30.12.1802	32

Se insistirá en la composición de las comisiones dedicadas a los glosarios en la sesión del 22 de noviembre de 1803, pero hay otros muchos asuntos básicamente relativos al método y procedimiento de la edición: estado de la impresión de los fueros latino y castellano, más adelantado el primero; recepción tardía de algunos códices, que no se utilizarán "porque no había los caudales suficientes para costearlas ambas" (doc. 33, *Libro de actas 18*: 205v; se refiere a las dos versiones del fuero); se vuelve a discutir si hay que publicar las notas y adiciones o no; y se amplía la comisión, si bien la que sirve de punto de partida no era la última, porque ya incluía a Joaquín Juan Flores y La Barrera, hermano del anterior secretario de la RAH, y Francisco Martínez Marina, a la que se agregan Antonio Ranz Romanillos, José Antonio Conde y Vicente González Arnao.

Parece que de modo individual Alamanzón coteja tres códices latinos este mismo año de 1803 "y las variantes con el impreso por la Academia", lo que refleja en el acta de 20 de diciembre de 1803: "esta mandó colocarle en su biblioteca, y que pasase a la junta de esta Comisión, dándome las más expresivas por este corto obsequio." (doc. 34, *Libro actas 18*: 212r) A lo mismo se dedica Lardizábal durante nueve meses más tarde, en un texto del 27 de septiembre de 1804, donde hace un análisis muy detenido en lo que él llama *Observaciones sobre la impresión del texto latino de las leyes del Fuero Juzgo hecha por la Real Academia Española*. Como consecuencia del examen de diversos pasajes y las variantes en competencia en tales lugares, se centra sobre todo en cuestiones penales, relacionadas con la injuria y el vilipendio.

En el acta de la junta del 19 de febrero de 1805 (doc. 35, *Libro actas 18*: 276v), aparte de Romanillos y Conde, citados para que se concluya cuanto antes "el cotejo de los códices que faltan en las Juntas ordinarias", se menciona igualmente a Abella y González: ¿ha habido previamente una nueva ampliación o se hace ahora sobre la marcha? El caso es que no demasiado después, el 11 de junio de 1806, estos dos académicos son nombrados como miembros únicos de la comisión encargada del glosario castellano por la muerte o la ausencia de quienes se ocupaban de ello anteriormente (*vid.* doc. 36, *Libro actas 18*: 342r).

El asunto es que la RAE se plantea la necesidad de acelerar el proceso de edición en la junta del 7 de julio de 1807, hasta tal punto que antes de dos meses, el 1 de septiembre del mismo año, se presenta en la Academia la segunda parte del prólogo redactado por Lardizábal, aunque no lo lee él personalmente ante sus compañeros (*vid.* docs. 37 y 38, *Libro actas 18*: 399r y 408r).

Hay que aguardar hasta el 18 de septiembre de 1810 para que se vuelva a hablar del prólogo que ha estado "en poder del" señor Romanillos, y no se ha tratado de un borrador a mano, sino de una impresión, todo lo provisional que se quiera pero una versión que se debe considerar como próxima al texto definitivo (*vid.* doc. 39, *Libro actas 19*: 44). Es evidente que la guerra de la Independencia ha influido negativamente en el curso del proceso de edición, pues ese prólogo se ha perdido, transitoriamente, en el "secuestro" de los libros y papeles de Romanillos. Navarrete y González, que todavía no eran el director *de facto* y el secretario *de iure* de la Academia, son comisionados para encontrar esos "papeles" que deben reclamar "ante quien conviniere." (*vid.* García de la Concha 2014: 152)[49] ¿En qué consisten? Se habla de "pró-

[49] En cambio, la noticia del antiguo secretario Armando Cotarelo Valledor es incorrecta precisamente en cuanto a la fecha del acta, además de un enfoque que corresponde a la época en la que ocupó ese puesto: "Y llegaron los días azarosos de la francesada, en que la Academia Española corrió riesgo de perecer. Con visibles perturbaciones continúa harto lánguida la vida corporativa durante todo el año 1808. Encárgase a Navarrete y a D. Francisco Antonio González procurasen rescatar el prólogo para la edición académica del *Fuero Juzgo* de entre los papeles secuestrados a D. Antonio Ranz Romanillos que al fin no pudieron conseguir, por lo cual hubo de componerlo, años después, Lardizábal, no sin ímprobo trabajo por los destierros y persecuciones políticas que largo tiempo le afligieron. A 6 de noviembre fallece en Aranjuez el ilustre Director D. Pedro de Silva, Patriarca de las Indias y Presidente de la Junta Central gubernativa contra la invasión extranjera, y la Academia cesa en sus funciones muy cerca de dos años, siendo destinado el edificio a otros menesteres" (Cotarelo 1945: 9). Lo que parece desprenderse de la información de Cotarelo es que, en la junta directiva correspondiente a los inicios de la guerra de la Independencia, se pensaba reemplazar el prólogo de Lardizábal por el que estaría entre los "papeles secuestrados" de Romanillos. Y si fuera el prólogo original de Lardizábal, ¿por qué estaba en manos de Romanillos? Recuérdese que Zamora pensaba que Lardizábal llevaba sus papeles a todas partes. Pero es que, además, Romanillos pudo llegar a ser más importante en este asunto de lo que se puede decir por ahora: "Jovellanos no fue el único ilustrado que en este tiempo defendió el carácter histórico del derecho vigente. Uno año después de su discurso en la Real Academia de la Historia, en 1781, pronunció el propio Miguel de Manuel Rodríguez «sobre la necesidad de saber historia el jurisconsulto». (...) Por su parte, en 1792, Antonio Ranz Romanillos dedicó su discurso a «la historia como fuente del derecho público». Este hombre, primero ilustrado; luego, afrancesado, y, finalmente, liberal- fue el encargado de extractar las Leyes Fundamentales de los distintos cuerpos normativos histó-

logo del Fuero Juzgo" tanto en este caso como en la obra de Lardizábal leída el 1 de septiembre de 1807 (*vid.* doc. 38, *Libro actas 18*: 408r). Desde luego, en la edición publicada, existe, por un lado, un *Prólogo* así llamado, pero no es el de Lardizábal, pues el de este recibe el título de *Discurso preliminar*. La única fórmula para aclarar el valor de la palabra *prólogo* es fijarse en que se habla de "segunda parte del prólogo" en el caso de Lardizábal. Así que es muy posible que las labores de Romanillos y Lardizábal fueran muy distintas, las de dos comisiones muy diferentes en su composición y, posiblemente, en sus objetivos, pero el primero de ellos no acudió a su cita, y ello por lo que nos cuenta Pérez-Rioja, que completa lo que se dice en la nota inmediatamente anterior:

> Es bien sabido que, por aquel Decreto de 4 de mayo [1814], Eguía y sus ejecutores (...) efectuaron numerosas detenciones durante la noche del 10 al 11 de mayo, sumiendo en presiones y lóbregos calabozos a personalidades (...)
>
> En este punto –uno de los más difíciles de precisar con exactitud en la vida de Ranz Romanillos, ya que en ella existe una laguna de noticias en los años 1815 y 1816- hallamos, no obstante, referencias que parecen confirmar su reclusión o su destierro pero dentro de España. (...)
>
> Es difícil precisar este punto. Sin embargo, el no hallarse en todos los archivos consultados alusión a este destierro en tierras de Francia o a la reclusión en presidio de Ranz Romanillos; el hecho de que él mismo –siempre tan minucioso y exacto- no aluda a tal extremo en su testamento, de tan acusado carácter autobiográfico; el hecho también, por otra parte, de que, como consecuencia inmediata de su segundo memorial a Fernando VII, se le reintegrase, en octubre del año 1814, al Consejo de Hacienda, con sueldo *aunque sin asistencia al mismo*; y, en fin, el propio carácter de Romanillos –bastante hábil-, todo ello hace pensar que antes que destierro en Francia o prisión en algún calabozo de España, sufriera una más llevada reclusión en su propio domicilio, en Madrid primero –hasta 1817- y, luego, quizá para extremar la prudencia, en Córdoba, donde ya sabemos que residía en enero de 1817. Ranz sufrió, en mi opinión, un *bien llevado* ostracismo político. (Pérez-Rioja 1962: 118-119)

---

ricos, en el seno de la Junta de Legislación creada por Jovellanos en la Comisión de Cortes, justo en el comienzo de la revolución liberal española. La teoría se llevaba entonces a la práctica. Pero, poco después, la idea jovellanista de Constitución histórica, desarrollada también por Cadalso, León de Arroyal, Ibáñez de la Rentería y Cabarrús, entre otros, se abandonó por la minoría liberal –encabezada por Argüelles- que acogió la alternativa de la Constitución racional normativa para declarar la soberanía nacional y el poder constituyente, y dar paso a una nueva época. Jovellanos, que rechazaba manifiestamente estos principios liberales acogidos en la Constitución de Cádiz, no vivió para verla" (Friera Álvarez 2011: 372).

La hipótesis de Pérez-Rioja sobre Romanillos puede explicar la desaparición de quien se iba a encargar, todo lo parece, de ese prólogo citado en varias ocasiones.

3.2. Período fernandino (1814-1818)

3.2.1. Fin del trabajo

En la primavera del año 1815[50] hay un fenómeno de reunión y transferencia de materiales para la edición del *Fuero Juzgo*, los llamados "apuntamientos" por los académicos que intervienen en aquella. De las tres sesiones más importantes, solamente en una de ellas aparece Lardizábal tras mucho tiempo. La primera de ellas es la del 22 de mayo de ese año. Lardizábal apunta que conserva algunos apuntamientos sobre el prólogo, según los conocimientos del

[50] Antes de esta circunstancia, la RAE se encuentra en un trance ajeno al *Fuero Juzgo*, pero absolutamente penoso para ella que podría afectar a las labores de esta edición; se puede revisar en las historias de Zamora Vicente (1999: 452-455) y García de la Concha (2014: 162-165). Solo voy a señalar varios hechos importantes. El decreto del 30 de mayo de 1814, que, por ir directamente contra los afrancesados y liberales, obliga a la RAE a prescindir de varios académicos: Vicente González Arnao, Juan Meléndez Valdés y José Antonio Conde. Igual suerte corrieron los supernumerarios Gómez Hermosilla y Juan Antonio Llorente. El 18 de octubre de 1814, cae Ramón Cabrera como director de la RAE, eliminado de la lista académica, sin que Fernando VII dé razones para ello. El hasta ese momento director es reemplazado por José Carvajal y Vargas Zúñiga, duque de San Carlos, ministro de Estado en ese lapso de tiempo entre mayo y noviembre de 1814, que había firmado el oficio de destitución y eliminación de Cabrera. El 10 de este último mes San Carlos fue hecho académico de número y director; para mayor ejemplaridad, ocupó la plaza vacía por la destitución de Cabrera. "Las vacantes producidas por la expulsión de Arnao, Conde y Meléndez se proveyeron el mismo día 10 de noviembre de 1814 (el 8 había llegado el oficio de expulsión de los afrancesados): Juan Pérez Villamil (oficial del ministerio de Estado, redactor quizá de los oficios denigratorios), José Gabriel de Silva Bazán, marqués de Santa Cruz (sería director en 1828, a la muerte de San Carlos) y Agustín de Silva, duque de Híjar. (Estos dos últimos eran antiguos condenados a muerte por el gobierno bonapartista, lo que no impidió que Santa Cruz fuese encarcelado en la reacción absolutista de 1823; Híjar murió en 1817)" (Zamora 1999: 454). García de la Concha añade algunos detalles interesantes, sobre todo este: "No imaginaba el duque de San Carlos que su subordinado Villamil le movería pronto la silla indisponiéndole con el rey. No era difícil conociendo lo desconfiado y voluble que era Fernando VII" (García de la Concha 2014: 163). En fin, como había indicado el mismo autor, "En la junta de día 8 de noviembre [de 1814] se leyó otro oficio del flamente supernumerario, el duque de San Carlos, redactado por don Juan Pérez Villamil -¡sí, el mismo redactor del bando del 2 de mayo que firmaron los alcaldes de Móstoles llamando a los españoles a las armas!- (...)" (García de la Concha 2014: 162).

secretario, Francisco Antonio González[51], y Diego Clemencín[52], quienes ofrecen ocuparse de organizar esos materiales, dado que Lardizábal tiene muchas ocupaciones. Además, se indica que el secretario se va a ocupar de otras funciones: redactar el glosario latino, junto con González Carvajal, y negociar con el impresor Ibarra (*vid.* doc. 50, *Libro de actas 19*: 218). A continuación, el 6 de junio de 1815, Lardizábal declara ante la Academia que sus materiales podían conformar "algun apuntamiento para el prólogo." (*vid.* doc. 51, *Libro de actas 19*: 221). Por fin, ya a principios del verano, el 6 de julio de 1815, el secretario de la RAE, sin que esté Lardizábal, comunica a sus compañeros académicos que ha recibido los borradores confeccionados por quien ocupó este mismo cargo hasta el año anterior, que serán aprovechados, como ya se decía en la junta del 22 de mayo, para redactar completamente el prólogo del *Fuero* (*vid.* doc. 52, *Libro de actas 19*: 228). Ya a principios del otoño surgió una magnífica noticia: Lardizábal, que está en la sesión, comunica que ha encontrado "una copia completa del prologo" (*vid.* doc. 54: *Libro de actas 19*: 246), pero es curioso que no la lleva inmediatamente a la Academia, para lo que hay que esperar hasta la reunión del 12 de octubre de ese año (*vid.* doc. 55, *Libro de actas 19*: 251). Lo que se puede colegir de estas cinco actas es que difícilmente se publicaría el *Fuero Juzgo* en 1815.

---

[51] Tras la muerte de Pedro de Silva y Sarmiento, fallecido en noviembre de 1808, "en la silla [Z] le sucedió inmediatamente Francisco Antonio González, quien ya estaba en la Corporación, como honorario, desde 1803. Fue supernumerario al año siguiente, 1804. Francisco Antonio González eras sacerdote, bibliotecario de Palacio (1815-1820) y confesor del rey (1826-1832). Estudió en Alcalá de Henares y fue en aquella Universidad catedrático de árabe y de hebreo. Entre 1821 y 1833, es Bibliotecario Mayor de la Nacional. Fue autor de diversos discursos ocasionales (*Oración fúnebre por la muerte de doña María Isabel de Braganza y Borbón*, Madrid, 1819). La Academia le hizo secretario perpetuo en 9 de julio de 1814. Murió Francisco Antonio González, en El Casar de Cáceres, el 23 de octubre de 1833. Conoció en su vida los grandes vaivenes de la política fernandina. Fue realista exaltado, pero de naturales bondad y tolerancia" (Zamora 1999: 224).

[52] Diego Clemencín y Viñas, "[d]e formación dirigida la vida sacerdotal, renunció a los hábitos para ser realmente un intelectual, pero con serias concesiones o desvíos a la actividad política. Clemencín nació en Murcia (1765), y allí adquirió conocimientos de la lengua latina, jurisprudencia y teología. En 1788 le vemos como ayo-preceptor de los hijos del duque de Osuna y de su mujer, la condesa-duquesa de Benavente, a los que acompañó en París (...). En 1780 abandonó los hábitos. Publicó, ayudado por Mor de Fuentes, traducciones de textos latinos (Germania, Agrícola, trozos de Salustio, etc.). La Academia de la Historia le recibió en sus filas en 1800. La invasión le sorprendió cuando estaba encargado de la redacción de la *Gaceta*. Y ya le vemos embarcado en el torbellino de la situación bélica del país: trabaja en las Cortes de Cádiz (no como diputado). Dirigió la *Gaceta de la Regencia* (1811-1814); es secretario de Decretos del Rey en 1813 y secretario perpetuo de la Academia de la Historia en 1814, en la que, en su ingreso, leyó su estudio de la «Geografía de España del Moro Rasis».

El 21 de octubre de 1815, en esa sesión los miembros de la RAE llegan a la conclusión de que se devuelva el texto de Lardizábal, "ó sea discurso sobre las leyes de los Wisigodos y origen del Fuero Juzgo"; Clemencín y Gonzalez se encargan, a partir de ese instante, de otro prólogo, "reducido al objeto, giro y metodo observado en la edicion y á dar razon de los codices que para ella se han tenido á la mano" (*vid.* doc. 56, *Libro de actas 19*: 256). González, como secretario, le traslada la resolución de la junta extraordinaria, en sábado 21, a Lardizábal: se le restituye el documento para cualquier modificación que quiera introducir, eso sí, con devolución a la mayor brevedad posible, la "que le permitan sus muchas y graves ocupaciones." (*vid.* doc. 152). Así, Lardizábal debe darse prisa en su trabajo para que su ya llamado discurso, y no prólogo, se pueda entregar raudamente. En el acta de la sesión del 18 de noviembre de 1815 (doc. 57, *Libro de actas 19*: 266), escribe el secretario lo siguiente: "Di cuenta del estado que tienen las copias necesarias para concluir la edicion delFuero-Juzgo". ¿Qué se indica con las "copias"? A continuación, se resuelve que se impulse a Lardizábal para que

---

Depuesto de todos sus cargos en 1814, los recuperó en 1820. Ministro de Ultramar en 1822, y también de Gobernación –por muy poco tiempo-, tuvo que andar huído a raíz de los sucesos del 7 de julio de 1822 en Madrid. En 1823, con el nuevo clima absolutista, se marchó de Madrid, desterrado a Murcia: no regresó hasta 1827. Togado de Hacienda, Bibliotecario Mayor (1834), secretario del Estamento de Próceres, vio reeditarse su *Elogio de la Reina Católica, Doña Isabel*, aparecido por primera vez en 1820, y en el que se acusaba una idea política de moderantismo. En este cargo le alcanzó la muerte, uno más del terrible cólera de 1834 (10 de junio). Clemencín perteneció también a la Academia de Bellas Artes de San Fernando, a la de Buenas Letras de Barcelona y a varias sociedades económicas. Después de su muerte, aparecieron su *Ortografía castellana* y sus *Lecciones de Gramática* (1842). Pero la obra por la que aún se le recuerda y cita en su *Quijote* comentado (1833), tarea (6 volúmenes) que sus hijos terminaron de editar en 1839. Las notas llenas de sana erudición sobre los libros de caballerías y costumbres de los caballeros, son todavía útiles. Su biblioteca de libros de caballerías se ha editado en 1942, en Barcelona. Clemencín es ejemplo claro de la situación conflictiva en la que vivió los años del primer tercio del siglo XIX toda persona con vocación intelectual. Se queda atrás la Iglesia, se insinúa la política, con sus alzas, bajas, se va polarizando el trabajo hacia una nueva erudición.

En la Real Academia Española, Clemencín entró como honorario en 1804; pasó a supernumerario en 1805, y fue de número en 1814 (22 de marzo), en la sesión en que entraron Lorenzo Carvajal, González Carvajal, Vargas Ponce y Quintana" (Zamora 1999: 156).

López Ruiz y Aranda Muñoz, biógrafos de Clemencín, especificaron una serie de obras que, en su opinión, fue "lo más importante de su actuación" en la RAE: "un discurso en que fijó reglas seguras para el uso de los acentos y puntuación, y varias observaciones acerca de las bases o puntos fundamentales que debían tenerse en cuenta al reimprimirse la Gramática de la Academia. (…) el prólogo para la esmerada edición del *Fuero Juzgo* en 1815, el prólogo para la edición académica del *Quijote* de 1820, que redactó por encargo de la corporación" (López/Aranda 1994: 56).

acabe su discurso lo más pronto que pueda. La disertación de Lardizábal llega a la Academia y se anuncia su terminación en la junta del 9 de enero de 1816 (*vid.* doc. 58, *Libro de actas 19*: 270). El secretario, González, el 14 de mayo de 1816, informa de que se han concluido los trabajos de la edición, que, de acuerdo con los académicos, seguirán a su cargo (*vid.* doc. 59, *Libro de actas 19*: 317), mas eso no implica el final: hay que corregir las pruebas y el director, *de facto*, Navarrete, adjudica esa tarea a un nuevo miembro de la RAE, Duaso, para que ayude a González en estas funciones (*vid.* doc. 60, *Libro de actas 19*: 323). El secretario da noticia en la sesión del 31 de diciembre de 1816 de que en cuatro meses se podrá terminar la edición (*vid.* doc. 61, *Libro de actas 19*: 401). Se debe aguardar hasta el 15 de abril de 1817 para que uno de los autores del prólogo, Clemencín, lo lea ante la asamblea, que entonces es cuando aprueba todas las partes: es un estudio de González y Clemencín, pues ha desaparecido Romanillos de esa parte del libro (*vid.* doc. 63, *Libro de actas 19*: 446).

3.2.2. Presentación del texto y otras intervenciones de la Real Academia Española

Por fin, se entra en el período de presentación ante la sociedad, empezando en el Palacio Real: en la junta del 16 de octubre se elige a los académicos que entregarán los ejemplares del *Fuero Juzgo* a "las Personas Reales": el duque de Híjar, Duaso, Bucareli y González, el secretario que ha hecho todo lo posible y lo imposible para que se acelerara la publicación que se aprobó a fines de 1784 (*vid.* doc. 64, *Libro de actas 19*: 516). El siguiente día de reunión, el 21, se comunica que el rey Fernando (S. M.) y, seguramente, el heredero en aquel momento (S. A.), su hermano Carlos María Isidro, "manifestaron su complacencia al ver el zelo y lavoriosidad con que este sabio cuerpo desempeña las tareas propias de su instituto." (doc. 65, *Libro de actas 19*: 517). Quizá, incluso, algún otro infante, pues, en 1815, una institución como el consejo de Estado "estuvo integrado, además de por el rey y los dos infantes, por los siguientes consejeros, citados por orden de antigüedad", entre otros, Juan de Escoiquiz (director de la Biblioteca Real, 1814-1820), el duque de San Carlos, Miguel Lardizábal y Juan Pérez Villamil, ministro de Hacienda durante tres meses en el año 1815, además de miembro de la RAE desde el año anterior (*vid.* Fontana 2002: 104-105 y n. 35). Pero en una sola semana se llega a la conclusión de que falta el "indice de libros y titulos asi del castellano como del latin." (doc. 66, *Libro de actas 19*: 519), si bien en un par de días se soluciona el problema, como lo indica Clemencín (*vid.* doc. 67, *Libro de actas 19*: 521).

El secretario se multiplica para hacer a las personas más importantes en la sociedad española (casi siempre, madrileña o cortesana) la edición que a la

RAE le ha costado tanto tiempo. Después de haber entregado la nueva publicación a las "personas reales", se reparten los ejemplares correspondientes a los individuos o las instituciones que, para la Academia, son de especial consideración. Los casos reflejados en la documentación académica son los que aparecen en las cartas que se envían al secretario de la RAE: en primer lugar, la de la RAH, donde Diego Clemencín, miembro de la RAE, con la particularidad de que es ya secretario perpetuo de la RAH, da cuenta de haber entregado el ejemplar del *Fuero Juzgo* el 22 de octubre de 1817 (*vid.* doc. 155); la Real Academia de San Fernando, a la que se lo entrega Martín Fernández de Navarrete, también distinguido como secretario de esta academia, pero, al mismo tiempo, bibliotecario de la RAE, que le da las gracias al secretario de la Academia (*vid.* doc. 156); los Estudios Reales, en nombre de los que se encarga Ignacio Muñoz[53] el 24 de noviembre de 1817 (*vid.* doc. 157); el obispo *in partibus infidelium* de Palmira, Félix Amat, que ya había recibido las 182 primeras páginas, si bien parece que este quiere "poder comprar" el resto (*vid.* doc. 158); y el monasterio de San Lorenzo de El Escorial, como lo indica fray Patricio de la Torre[54], consejero del prior, el 10 de diciembre

[53] En la página 125 del *Calendario manual y guía de forasteros en Madrid para el año de 1819*, se enumeran los distintos cargos de los Reales Estudios, "Fundados por el Sr. Rey D Felipe IV el año 1625 en el Colegio Imperial de la Compañía de Jesus, y devueltos á la misma Compañía en 29 de Marzo del año 1816 por el Rey Ntro. Sr. D. Fernando VII." Entre los catedráticos figura el "P. Ignacio Muñoz, *Prefecto de la Real Biblioteca pública*".

[54] El 28 de febrero de 1823, fray Francisco Cifuentes lee la noticia biográfica de fray Patricio de la Torre que había escrito ante la Real Academia de la Historia. Utilizo parte de esa noticia para situar al bibliotecario y consejero del prior de San Lorenzo de El Escorial: "Escorial, 19 de Febrero de 1823. Señor Don Martín Fernández de Navarrete. Muy Sr. mío y mi dueño. Las noticias biográficas y literarias que V. me pide de nuestro difunto P. Fr. Patricio, fueran sin duda mucho más satisfactorias si la crueldad de los tiempos en que nos ha tocado vivir, por una parte, y la modestia y moderación del difunto, por otra, no nos hubieran privado de los más copiosos y útiles frutos de sus trabajos literarios; mas, con todo, los que voy a comunicar a V. creo no le desmerecerán el título de un Académico benemérito de la matritense.

El P. Fr. Patricio de la Torre fue natural de la villa de Orgaz, en el arzobispado de Toledo; nació el 16 de marzo de 1760 (…)

Estudió las primeras letras, gramática y latinidad en Consuegra, y en ellas manifestó un talento singular para la carrera literaria, y más particularmente para la erudición y lenguas; ésta se descubrió ,ás siendo ya religioso profeso de este Real Monasterio de San Lorenzo, donde tomó el santo hábito en Enero de 1776 y profesó el 5 del mismo mes de 1777. Desde los primeros estudios de Filosofía y Teología mostró su inclinación dominante por aprender aquellas lenguas, que más le pudiesen instruir, bien fuesen de las vivas o bien de las muertas. Conocida por los prelados esta inclinación, le enviaron a Madrid en 1785 para que asistiese a las aulas de San Isidro bajo la enseñanza de Don Mariano Pizi [sic], Catedrático de Árabe, y acreditó bien su aprovechamiento en los exercicios públicos que hizo en compañía de su

de 1817 (*vid.* doc. 159). No hay una misiva particular del juez de imprentas, Francisco Marín[55], pero se sabe, sin error, que la RAE le manda la nueva edición (*vid.* doc. 160).

---

condiscípulo Don Miguel García Asensio, natural de Albadalejo, en el obispado de Cuenca, quien sustituyó a Pizi [sic] en la Cátedra de Árabe.

Estubo en Berbería desde 1798 hasta 1802, y sus principales residencias fueron Tánger y Larache, en casa del Cónsul Don Antonio Salmón, (…). Ya bien impuesto en todo esto, hizo de intérprete para la correspondencia con el Rey de Marruecos; catequizó a un alfaquí y dispuso traérselo para copiante de los manuscritos árabes, pero no lo pudo conseguir por haberse opuesto a ello el Rey; instruyó en el árabe erudito a dos religiosos de San Francisco que habían pasado, de orden de nuestro Gobierno, a Berbería. Y quando ya le pareció que podría emprender la obra del Vocabulario del P. Alcalá, se restituyó a España.

Puesto en su celda, emprendió la obra, y no levantó la mano hasta que la acabó; (…) fue agregado a la Secretaría de Estado con el encargo de la correspondencia arábiga; en este empleo permaneció hasta que vino neustro Rey el Señor Don Fernando VII y nos restituyó los monasterios con todas sus rentas y pertenencias. Entonces se restituye a el monasterio, donde continuó con el empleo de bibliotecario mayor hasta el 2 de Junio de 1819 en que falleció a las 10 de la noche a los 59 de edad i 43 de religioso, después de revividos todos los Santos Sacramentos, de resultas de un accidente de apoplegía que le repitió después de haberle atormentado por tres años, dejándonos mui desconsolados. Requiescat in pace. Amén.

(…) Fue nombrado Historiador de mi Orden, nombramiento que no admitió por aliarse tan quebrantado de salud. No lo está menos el P. Soto, que también lo renunció por la misma causa, y tan falto de fuerzas que, a pesar de ser tan delgado como un espárrago, apenas puede subir una escalera sin arrimarse a sus costados. Reciva V. sus afectos, y con éstos el mío, que es el de un verdadero amigo que es de V. [Firmado y rubricado:] Fr. Francisco Valerio Cifuentes". Esta carta de un fraile de la misma orden se ha tomado de www.villadeorgaz.es/orgaz-personajes-patricio-noticia.htm; consulta: 19.11.2016).

Cfr. Justel Calabozo 1991 y Torrecilla 2016.

[55] Son absolutamente suficientes los datos que da Gómez Rivero: "MARÍN Y SÁNCHEZ, FRANCISCO. Enguera, 3 de julio de 1764. Fiscal de la Audiencia de Mallorca. Título: 17 de julio de 1797. Regente de la Audiencia de Mallorca. 1808. Ministro togado del Tribunal Especial de Guerra y Marina. Nombrado por la regencia del reino a consulta del Consejo de Estado de 20 de julio de 1812.– Consejero de Castilla. Resolución a consulta del Consejo de la Cámara de 8 de agosto de 1814. Plaza vacante por fallecimiento de Juan Antonio Inguanzo y renuncia de José María Ric. Título de nombramiento: Palacio, 22 de agosto de 1814. Juramento: Madrid, 27 de agosto de 1814. Consejero de la Cámara. Decreto, 7 de septiembre de 1815. Título de nombramiento: Palacio: 13 de septiembre de 1815. Toma de posesión: Madrid, 20 de septiembre de 1815. Juez de imprentas, Real cédula, 25 de julio de 1817. Plaza vacante por fallecimiento de Nicolás María de Sierra. Juez protector del colegio de niños desamparados. Cruz de número de la orden de Carlos III, 24 de octubre de 1819. Consejero de Castilla cesante (1820-1823). Repuesto en el Consejo de Castilla, 1823. Jubilado, decreto, Palacio, 20 de febrero de 1824. Repuesto como consejero de Castilla y de la Cámara, decreto, Palacio, 16 de febrero de 1825. Miembro de la Junta de arreglo de sueldos y de reforma de gastos, 1825. Miembro de la Real Junta Consultiva de Gobierno, 1825. Presidente de la Junta de Montepío del Ministerio, 1829" (Gómez Rivero 2005: 313-314).

A partir de ese momento, hay varios anuncios de la edición del *Fuero Juzgo* en el extranjero. El ya citado documento 66 nos permite verificar que la RAE se basa en la idea de que el *Fuero Juzgo*, "siendo lafuente de todos los cuerpos de legislacion podrá excitar la curiosidad de muchos estudios y proporcionar su mejor despacho." (*Libro de actas 19*: 519). El 25 de noviembre de 1817, el acta refleja que la RAE les escribe a dos personas de absoluta confianza, una en París, Charles Pougens, y otra en Londres, el duque de San Carlos, embajador de España, para que anuncien "esta obra en la mayor forma que pueda llamar la atencion delos extranjeros" (doc. 68, *Libro de actas 19*: 531). En la sesión del 30 de diciembre se decide una operación de intercambio como una manifestación de buenas relaciones entre la RAE y la Academia Francesa: el secretario de esta, Raynouard, ha recibido la quinta edición del *Diccionario*, por lo cual ha mandado a Madrid su gramática sobre la lengua de los trovadores; la Academia duplica su obsequio, esta vez con dos ejemplares del *Fuero Juzgo* (*vid.* doc. 70, *Libro de actas 19*: 544). Por ese mismo sendero, se notifican actividades de publicidad en las actas: algunos periódicos parisienses dan noticia de la aparición de la edición "por diligencia y cuidado de nuestro Academico Carlos Pougens", por lo que la RAE le envía un ejemplar (doc. 73, 16.06.1818, *Libro de actas 20*: 37); nuevamente el secretario de la Academia Francesa, en reciprocidad a la edición del *Fuero Juzgo* que habían recibido, devuelve el regalo con una obra propia, fragmento de un poema del siglo XI (*vid.* doc. 75, 10.11.1818, *Libro de actas 20*: 79-80); y Pougens persiste en su actitud de querer buscar la publicación de esta noticia en diversos diarios franceses y, además, alemanes (*vid.* doc. 76, 26.11.1818, *Libro de actas 20*: 83).

De la misma manera, la junta del 2 de abril de 1818 recibe un "oficio" del director destacado en el extranjero, el duque de San Carlos: el embajador en Londres, tras agradecer el envío de la nueva edición por parte de la Academia, además de informar que se han facilitado las noticias referidas a la reciente publicación de *Fuero Juzgo* en el *Morning Post*, del 2 de enero de 1818, indica que al mismo tiempo ha enviado cartas a las cortes de París y Viena (*vid.* doc. 72, *Libro de actas 20*: 12-13). En París está Pougens, pero San Carlos añade Viena, que nadie había incluido antes en las gestiones de difusión del *Fuero Juzgo* (*vid.* doc. 165, Legajo 17 – Exp. 10 - 4), lo que provoca gran alegría en los académicos (*vid.* doc. 154). Del mismo tenor es la presentación del *Fuero Juzgo* en la prensa británica, "uno de los mejores periodicos de Londres", en el que se dice, entre otras cosas: "This work is intended to establish the fountain and origin of the Laws of Europe, and will contain Latin text, free from faults and imperfections, it having been compiled from the Archives of the Kingdom, and carefully compared with nine Tracts in the Royal, and several Public and Private Libraries" (doc. 165, *vid. supra*).

Además, hay que atender las reclamaciones de responsables de diversos archivos y bibliotecas. Ya en una fecha indeterminada, pero naturalmente anterior al 12 de marzo de 1802, Tomás Antonio Sánchez recibe un documento, sin firma pero escrito por Alamanzón, en el que se fijan las condiciones de devolución de los códices ya cotejados (*vid.* doc. 140). En todo caso, es seguro que las pruebas de imprenta de Murcia se corrigieron después de esa fecha (*vid.* doc. 145). El 18 de julio de 1817, González, una vez haber indicado al ayuntamiento de Murcia que su códice había sido elegido por la RAE para la base de la edición del *Fuero Juzgo* y darle las gracias por ello, le pide que se encargue a una persona (o varias) de su confianza que deposite el manuscrito en el archivo de su ciudad (*vid.* doc. 118). Tras varios intentos fracasados[56], se cumple ese deseo en 1916 (*vid.* doc. 120). Detrás de la carta hay una nota autógrafa del senador Isidoro de la Cierva:

> "He recibido del Sr. Secretario de la Real Academia Española el Códice del Fuero Juzgo a que se refiere la presente autorización.
> Madrid 26 de mayo de 1916.
> Isidoro de la Cierva"

En el acta del 25 de noviembre de 1817 (*vid.* doc. 68, *Libro de actas 20*: 528-529), se hace constar que el bibliotecario de los Reales Estudios reivindica un ejemplar del *Fuero Juzgo*, cuya existencia se justifica mediante el recibo que está en sus manos. La Academia decide devolver ese manuscrito lo más pronto posible. El 28 del mismo mes, el bibliotecario, Ignacio Muñoz, envía el resguardo de haberle llegado un códice del *Fuero Juzgo* (*vid.* doc. 115).

González recibe varias cartas, primero del procurador general del monasterio de San Lorenzo de El Escorial, acompañada en su caso de un recibo firmado por Antonio Manzanares[57], que escribe el 9 de abril de 1829 (*vid.* docs. 112 y 113); después, el prior del monasterio le pregunta si el recibo debe ser "formal", en su misiva del 12 de ese mes (*vid.* doc. 111)[58].

---

[56] No están copiados los documentos que se guardan bajo la signatura del ARAE 302/3/3, cuyo enunciado es: "Correspondencia del Ayuntamiento de Murcia relativa al Códice del Fuero Juzgo que de un Archivo existe en el de la Academia (años 1833 y 1877)" (doc. 119).

[57] En el *Diario de Avisos de* Madrid, en su número 340, del domingo 6 de marzo de 1836, se menciona "El P. Fr. Antonio Manzanares, como procurador del convento del Escorial y á nombre de la comunidad" dentro de una "NOTA de los individuos que se han suscrito para hacer el vestuario y equipo del cupo de 2,652 hombres que correspondieron á esta Provincia, con espresion de las cantidades con que cada uno han contribuido, y distribucion de estas cantidades, tanto de lo invertido en el vestuario como en otros gastos menores" [3000 reales en el caso de Manzanares] (p. 4 de este suplemento).

[58] El prior, como vamos a documentar, es fray José de la Cruz. En Marín Pérez 1907: 241, en la "Relación de los Priores que ha habido en El Escorial hasta el año 1854", se inclu-

Otra cuestión que se debe abordar tras la impresión del libro es el pago de la edición[59]. Resumo seguidamente lo que se aceptó en las sesiones ordinarias

ye a "Fray José de la Cruz. = Confirmado en 10 de Enero de 1827", con el número de orden 58. En un artículo con otra finalidad, se dice que el 28 de septiembre de 1930 "Pío concede al prior fray José de la Cruz Jiménez el uso de pontifical como los abades mitrados de la Orden Cisterciense del reino de Portugal, posteriormente ampliada a los futuros priores de San Lorenzo" (Campos 2010: 490). Sirve este fragmento para identificar al firmante de esa carta dirigida al secretario de la RAE. En cuanto al monasterio, son muy útiles las notas 1 de la página 485 y la 14 de la página 489. Esta última proviene de este texto: "En plena era ilustrada no es extraño que la Librería Real fuese uno de los destinos más buscados por muchas de las personas que residían en San Lorenzo durante los días de las *jornadas*. Los bibliotecarios fueron religiosos doctos y atentos para atender siempre a los visitantes –cortesanos y embajadores, españoles y extranjeros, eruditos y curiosos-, que recalaban en sus dependencias para consultar o distraerse, como fray A. de San José, fray J. de Villegas, fray J. Núñez, Fray J. de Cuenca, etc. Hay constancia de cómo catalogaron e inventariaron los ricos fondos allí conservados, siendo admirados por sus contemporáneos y colegas" (Campos 2010: 479).

[59] Mucho antes, la RAE había llegado a un acuerdo interno, que se refleja en el acta del día 25.09.1792, que había tratado sobre el procedimiento de venta de libros. El acta precisa los siguientes asistentes: "[D, Santa Cruz; S, Lardizábal]; S. E., Montoya, Roca, Vela, Silva, Cabrera, Alamanzon, Navarrete, Canseco, Valbuena, Sanchez ("que hice de Secret.º")". Y, con respecto al contenido, reza así: "Se leyó el informe hecho por los Señores Silva y Alamanzon sobre el arreglo de la venta de libros propios de la Academia, y sobre el modo y forma con que se debe imprimir elDiccionario dela lengua Castellana y otros particulares, y habiendose conferenciado sobre todo acordó la Academia.

Que alque vende los libros de la Academia, sele prevenga, que siempre tenga cierta porcion de ella en pasta, en pergamino y en papel respectivamente en cada clase según el consumo y despacho que en ella suele haber.

Que mande hacer las encuadernaciones á encuadernadores de conocida habilidad para q.e estas salgan limpias y à comodadas à los diferentes gustos que suelen Reynar, procurando al mismo tiempo que su precio sea con la equidad posible, yq.enunca exceda à los de otros libros dela misma clase.

Que con ningun pretexto se excuse àdar àqualquiera que buscare un libro enla forma que lo pidiere, previniendole, que enel caso de saverse la menor contravencion eneste punto, se tomarán las correspondientes providencias.

Que en quanto à recibir los pliegos quedevuelven los encuadernadores contitulo de defectos, y darles otros en su lugar, se guarde la costumbre establecida sobre este punto enel [sic] comercio delibros.

Que àfin deque [sic ambos] puedan venderse los libros de la Academia sin valerse, como se hace ahora, de personas q.e lo hagan porsu interes particular, los S.res Silva y Alamanzon vean sise encuentra alguna casa que alquilar, en laqual pueda haber almacen, y habitacion para el Portero dela Academia, y aun para alguno desus individuos, como la tienen las demas Academias.

Que el Diccionario seimprima [sic] en marquilla regular con letra glosilla; pero con division para que se pueda en cuadernar [sic] enuno ò en dos tomos.

Que para arreglar y uniformar la Ortografia del Diccionario con las reglas hechas por la Academia y con sus demas obras, y corregir varios defectos que hay enel Diccionario en la

de la RAE a comienzos de lo que he denominado "segunda fase o etapa". El 15 de septiembre de 1796, se mantenía el objetivo inicial, pero con una corrección esencial: se debe buscar una edición "correcta, y exacta, pero no muy costosa"; para calcular el coste de esa edición, se plantea que "seformasen unas muestras" y calcular en función de esas muestras, para llegar a un acuerdo con Ibarra (*vid.* doc. 21, *Libro de actas* 17: 43r). Dos semanas después, hechas las muestras, el secretario de la RAE había hablado con el regente de Ybarra: este lo informa de que cada hoja de original asciende a 100 ó 120 y que, si se tiran tres mil ejemplares, supondrá cincuenta mil reales (*vid.* doc. 22, *Libro de actas* 17: 46v). Medio año más tarde, el 20 de abril de 1797, a pesar de lo indicado el 15.09.1796, se prevé que se debe "tirar algún número de ejemplares en un papel más exquisito, y se acordó que imprimiesen doscientos para los regalos que ocurriesen." (doc. 25, *Libro de actas* 17: 80v). El 7 de julio de 1807, la RAE considera que el coste del papel es algo que puede ser algo más barato si se puede negociar con alguno de sus fabricantes (*vid.* doc. 37, *Libro de actas* 18: 399r).

Vistos los hechos precedentes, el 22 de mayo de 1815, el secretario empieza las conversaciones para llegar a un acuerdo con el impresor Ibarra (*vid.* doc. 50, *Libro de actas 19*: 218). Unos meses después, el 21 de septiembre, se considera que es necesario contratar a un escribiente para preparar las copias (*vid.* doc. 53, *Libro de actas 19*: 244). El 21 de octubre, se plantea la necesidad de ahorrar algo del coste, en concreto del glosario (*vid.* doc. 56, *Libro de actas 19*: 256). Las referencias de las actas de 1815, como se puede ver, afectan a los prólogos y a los glosarios como única rebaja del precio (*vid. supra*). Se confirma que el coste será menor, aunque no está claro que no haya una reducción de la tirada (*vid.* doc. 62, *Libro de actas 19*: 434). Hay que esperar a las últimas semanas del año 1817 para que se vuelva a examinar el balance presentado por Ibarra, lo cual se manifiesta en el acta del 25 de noviembre, de una manera un tanto embrollada:

> Leí [el secretario] la cuenta del importe que han tenido las ediciones del Fuero-Juzgo y de la Gramatica hechas en la imprenta de Ibarra. Se ofrecieron varios reparos y dificultades especial.[te] la de que no habiendo estado á cargo del Sr Alamanzon las pruebas del texto latino, y habiendose remitido correcto y exacto el original no parecia justo que recargarse en cada pliego la misma cantidad que en el texto castellano, donde se empleó un travajo muy extraordinario y particular, por que las variantes se arreglaron en las mismas pruebas que causó en las cajas un trastorno

---

colocacion dearticulos [sic], frases y sus censuras, los S.[res] Silva, Uriarte, Cabrera y Alamanzon formen el plan que se propone en eL informe y lo presenten à la Academia para exáminarle.

Que asi mismo formen y presenten àlaAcademia el plan del Diccionario ortografico que igualmente proponen en su informe" (*Libro de actas* 16: 284v-285r).

muy considerable, y para manifestar estas dudas al Regente de la imprenta y orillar estepunto, se dio comision á los S.[res] Valbuena, Navarrete y el infrascrito Secretario, quienes en compañia con el Sr Tesorero tratarán el modo y forma conque se hayan de abonar á la imprensa los mrs. que se la deben. (doc. 68, *Libro de actas 19*: 529-530)

Es muy posible que, como consecuencia de lo ocurrido en esta junta, González le enviaría un oficio de fecha 26 de noviembre, sin copia en el archivo de la RAE, al que contesta el 4 de diciembre Agustín Ramón García, quien, a la petición del secretario, precisa que, dado el sistema del trabajo de la edición y su pago, no es posible cobrar menos de 360 sueldos en el caso del texto latino y 630 en el castellano, con lo que se rebaja a la Academia la cantidad de 3800 sueldos, que es lo más que se puede hacer (*vid.* doc. 153). A pesar de la dificultad de la situación, parece que se soluciona con aceptar la factura de la imprenta, pero mediante un pago a plazos, idea que se debe al ponente de la materia, Valbuena, como se ve en el acta del 4 de diciembre (*vid.* doc. 69, *Libro de actas 19*: 534-535).

Por último, la RAE pide en el acta del 29 de enero de 1818 que tanto la edición del *Fuero Juzgo* como la de *Las Partidas* de la RAH sean reconocidas públicamente por "el concepto y estimacion que tan justamente merecen" (doc. 71, *Libro de actas 19:* 558)[60].

---

[60] Voy a dar dos ejemplos en este sentido. El primero es de Juan Sempere y Guarinos, importante jurista e historiador, publicó en 1822 el primer tomo de esta obra, seguida en 1823 por el segundo. En ella se exclama indignado por la tardía edición nacional de un texto del siglo XIII, que es su reacción tras la publicación académica, que es, evidentemente, una protesta ante la negligencia de las elites españolas : "¿Cómo es que habiendo sido el Fuero Juzgo latino el código fundamental de la monarquía española, y que por su escelencia habia merecido imprimirse cinco veces en Francia, Italia y Alemania; en la Península, en donde necesariamente debian existir sus copias mas correctas, no se habia impreso ni una siquiera?

La opinion puede siempre mas que las leyes. Hasta San Fernando el Fuero Juzgo habia sido el código general de la Península. San Fernando procuró restablecer su observancia entorpecida por la conquista de los moros y otros varios acontecimientos, para lo cual mandó traducirlo al castellano; pero su hijo D. Alonso el Sabio, sin abolirlo expresamente, introdujo en sus estados doctrinas y máximas incompatibles con la lejislacion goda. Para hacer florecer mas las ciencias en su reino, llamó y protejió a muchos sabios estranjeros; fomentó en la universidad de Salamanca el estudio de la jurisprudencia boloñesa; llenó su nuevo código de las Partidas de leyes y máximas ultramontanas, de donde dimanó que los jurisconsultos, educados con ellas, las prefirieran á las antiguas y mas nacionales. Así, aunque las leyes godas no fueran revocadas expresamente, y aunque en la graduacion que se hizo de ellas en el ordenamiento de Alcalá, y en otros códigos posteriores se dio el último lugar a las Partidas, siendo éstas mas conformes á las opiniones de los jueces y consejeros, fueron prevalenciendo por todas partes, sino que hayan bastado los esfuerzos mas vigorosos del gobierno español para contener sus progresos y sus abusos. Mas adelante tendré ocasión de extenderme mas sobre esta materia interesantísima de la historia literaria y política de España.

4. Conclusiones

Nos encontramos, pues, en primer lugar, confirmando una nueva fecha para la edición académica del *Fuero Juzgo*, que ya había sido señalada por Carlos Petit, como había indicado en la "Introducción". No es un caso extraño.

Por fin la real academia de la lengua española se resolvió en 1783 [sic] á imprimir por la primera vez el Fuero Juzgo latino en España juntamente con la reimpresion del castellano, empresa que ha durado treinta años, hasta que acabó de realizarse en Madrid en 1815. Las prolijas diligencias que tuvo que practicar la academia para recoger los mas apreciables códices antiguos; el penoso trabajo de cotejarlos entre sí y con la edicion de Lindembrog, y de notar sus variantes; el de formar dos glosarios de palabras bárbaras y anticuadas; los sucesos extraordinarios y calamitosos de estos últimos tiempos, que necesariamente han debido interrumpir sus tareas, deben excusar la moriosidad de la ejecucion de su proyecto; mas la historia de este, referida en su prólogo, puede dar motivo á algunas reflecsiones bien lastimosas sobre la *incuria de los españoles y la fatalidad que en muchas materias ha perseguido á su literatura*, bien notadas por la misma academia, y de las cuales ha resultado que los estranjeros se hayan aprovechado, negociando y vendiéndonos muchos de nuestros productos literarios, como negocian con nuestras lanas y otros muchos productos de nuestro suelo y nuestro trabajo." (Sempere 1847: 84-85) Pero ello no quiere decir que elogiase ni el contenido ni a Lardizábal. En cuanto a lo primero, dice: "Se han formado muy diversos juicios sobre el Fuero Juzgo. Montesquieu encontraba sus leyes pueriles, absurdas, frívolas é inconducentes para el gobierno. Al contrario Cujacio no solamente lo juzgaba muy superior á todos los demás códigos de los bárbaros, sino deducia de él la mayor civilizacion de los godos españoles sobre los demás europeos de aquel tiempo. Le Grand d' Aussy, aunque le parecia su estilo hinchado, declamatorio y no tan claro como el de la ley de los borgoñones, por lo demás lo encontraba muy filosófico y preferible á esta y á la ley Sálica, en cuanto al método, la extension y coordinacion de las materias; atribuyendo tales ventajas á la mayor comunicación que habian tenido los godos con los italianos, antes de establecerse en Francia, y á la mayor instrucción que pudieron adquirir de la jurisprudencia romana en la escuela de Tolosa. El juicio de Gibbon no es menos ventajoso al Fuero Juzgo. Todavía ha sido mas elogiado aquel código por Mr. Ferrand, quien, prefería los dos capitulos de su libro primero, en donde se trata del lejislador y de las leyes, á cuanto se lee sobre este mismo asunto en el *Contrato social.*

Si grandes sabios estrangeros han hecho tales elogios del Fuero Juzgo, ¿cómo pensarán los españoles, por lo general nimiamente preocupados á favor de sus antiguas leyes y costumbres? El Sr. Marina dice «que el libro de los jueces forma una completa apolojía de los reyes godos de España, y desmiente cuanto acerca de su ignorancia y ferocidad escribieron algunos talentos superficiales, porque lo leyeron en autores estrangeros (Montesquieu, Mably y Robertson), varones seguramente eruditos y elocuentes, pero ignorantes de la historia política y civil de la nacion española; que *desatinaron* en todo lo que dijeron de sus antiguas leyes y costumbres; y que es *un sueño* la descripcion que hacen de su antigua constitucion civil, criminal y política [sic].

Yo conozco que los autores citados por el Sr. Marina no han sido muy exactos en sus juicios sobre el gobierno antiguo de España; mas no por eso creo el ponderado optimismo de las

Sempere da otra noticia interesante, a saber, otra edición de manuscritos, con la primicia de que la fecha de ese libro está equivocada, como parece que es algo hasta habitual en obras que incluso pueden tener repercusión política y constitucional (además, el prólogo es nuevamente del secretario de la RAE)[61]:

> Con todas estas noticias, la adquisicion de los códices mas apreciables y conocida mas la importancia de dicha colección, se pensó en hacer una impresión magnífica, tanto de la original como de la traduccion arábiga, adornada con las primorosas viñetas y figuras que se encuentran en el códice vigilano. Dio el proyecto de aquella edicion en el año de 1798 D. Pedro Luis Blanco, bibliotecario mayor, con el título de *Noticia de las antiguas y genuinas colecciones canónicas ineditas de la iglesia española, que de órden del Rey nuestro señor se publicaron por su real Biblioteca de Madrid.*
>
> En la introduccion á aquella *Noticia* decia el Sr. Blanco, que la anticipaba hasta que saliera toda la obra impresa, para darse á conocer por sí misma como el monumento mas precioso de nuestra antigüedad [sic] sagrada, y el mas oportuno para restablecer la disciplina eclesiástica, y el estudio canónico sobre unos planes que

---

costumbres góticas. Yo he impugnado varias veces la falsa suposicion de tal optimismo, no porque me haya deslumbrado la fama de los sabios extranjeros, sino porque no lo encuentro en los monumentos mas verídicos de aquella época, y porque las falsas ideas sobre las costumbres é instituciones antiguas, lejos de conducir para mejorar las actuales, pueden inducir á grandes errores y desaciertos.

Es verdad que comparado el Fuero Juzgo con los demás códigos de los bárbaros, se encontrarán en el mas considerados y protejidos los derechos del hombre, y algunas bases fundamentales de la sociedad. Por regla general de la lejislacion goda la medida de las penas era la cantidad del daño producido por los delincuentes: el ofensor debia sufrir otro tanto mal cuanto habia causado al ofendido, que es lo que llamaban el talion; por palos ó azotes; por lesion ó mutilacion de algun miembro, otras tales lesiones ó mutilaciones; por los demás insultos ó violencias otras violencias semejantes. Nadie estaba libre del talion, á no ser que el agresor transijiera con el agraviado, conviniéndose à pagarle el precio en que este tasara su ofensa (…)" (Sempere 1847: 80-81).

Otro ejemplo de mediados del XIX que se puede esgrimir es el del historiador Fernando Corradi, un fragmento que aparece en el prólogo: "El objeto que me he propuesto en esta obra es esplicar [sic] la organizacion civil, política y social de la Monarquía Visigoda, cuyos primeros cimientos echaron en nuestra patria el Rey Ataulfo y sus inmediatos sucesores, por medio de las importantes leyes, recopiladas en el *Fuero Juzgo*, considerando este precioso y venerable Código, bajo los varios conceptos que le hacen interesante á los ojos del publicista, del jurisconsulto y del legislador" (Corradi 1860: III; en la segunda edición, este texto es de 1865: V).

[61] Lo que nos puede llamar la atención es que esa fecha es también la del intento inicial de una *recensio* mecánica realizado por Karl Lachmann, en julio de 1817, en el *Jenaische allgemeine Literatur-Zeitung*, donde él publicó una reseña de *Der Nibelungen Lied* y *Der Edel Stein* de Bonerius en ese sentido, como indica Sebastiano Timpanaro (*vid.* Timpanaro 1985: 105; *vid.* también la página 41). Esta curiosa coincidencia nos empuja a comparar los métodos de creación de dos ediciones de textos medievales, pero dejo eso para otro estudio.

formó nuestra antigua iglesia, escrupulosamente arreglados al espíritu del evangelio y doctrina de Jesucristo, y á las tradiciones apostólicas en los tiempos más inmediatos á su nacimiento.

A D. Pedro de Silva, sucesor de Blanco en el empleo de Bibliotecario mayor, le pareció mas conveniente simplificar la edicion de esta obra omitiendo la traduccion arábiga, las viñetas y demas adornos, para darla mas pronto, y á menos coste. Sin embargo de eso, habiendo principiado su impresión en el año de 1806 no se ha visto concluida hasta el de 1822 aunque en su fachada se lee el de 1808.

Le precede un prólogo del Sr. D. Francisco Antonio Gonzalez, bibliotecario mayor en 1822, en el cual, admirándose de que aunque Ambrosio de Morales, Juan Perez, Vazquez del Mármol, y Loasa [sic] tuvieron ya conocimiento de este *tesoro de la verdad*, nadie hasta fines del siglo pasado hubiera intentado darlo á luz pública; y atribuye á este descuido, no solamente la fea nota de haber sido los españoles los autores de las falsas decretales de Isidoro Mercator, sino tambien los innumerables abusos introducidos en la disciplina eclesiástica (…)

En ningun tiempo ha podido ser mas interesante la publicacion de esta obra, que en el actual; porque las variaciones en la constitucion española pueden dar grandes motivos de controversias muy delicadas en la potestad civil y la eclesiástica; y el saber como se condujo el clero en los tiempos en que se cree que la religion y las costumbres fueron mas puras debe servir mucho al gobierno de norte para sus juicios y sus determinaciones.” (Sempere 1847: 112-113).

En segundo lugar, parece evidente que la decisión académica de editar el *Fuero Juzgo* tiene una relación política con el contenido del texto que se iba a publicar[62]. La importancia del *Fuero Juzgo*, no ya desde 1784, sino antes, por lo menos desde el 4 de febrero de 1780, con la disertación de Jovellanos *Discurso sobre la necesidad de unir al estudio de la legislación el nuestra*

---

[62] Tengo la idea de que, como sugiere Armando Cotarelo Valledor, hubo relativamente pronto un proyecto relacionado con el establecimiento de un nuevo canon en la selección de obras editadas por la Real Academia: “Tan a pecho tomó la Academia su obligación de publicar textos literarios, que, realizando un *vetusto proyecto*, estableció en 1866 una sección fija para ello, con el título de *Biblioteca selecta de clásicos españoles*” (Cotarelo Valledor 1947: 36-37; la cursiva es mía). Junto con quehaceres tales como las obras de de Cervantes y Lope de Vega y la citada *Biblioteca selecta*, Cotarelo habla de obras varias y entre ellas el *Fuero Juzgo*, de la siguiente manera:

A la par de estos grandes cometidos, empleóse la Academia en la edición de varias obras de mérito, entre quienes resaltan la del *Fuero Juzgo*, en latín y castellano, preparada desde 1764 [sic] e impresa, al final, en 1815 tras complicadas vicisitudes e ímprobo trabajo de exégesis y cotejo de códices y gracias a la ejemplar constancia de Lardizabal [sic], autor del erudito *Discurso preliminar*, cuyos borradores le acompañaron en los destierros y persecuciones que hubo de sufrir por cerca de dos lustros (Cotarelo Valledor 1947: 38-39).

Si esta hipótesis es correcta, ¿con qué objeto se planteó? Da la sensación de un movimiento nacionalista, pero habría que analizarlo con detenimiento.

historia y antigüedades en la RAH, rematado por el mismo jurista en el discurso *Sobre la necesidad del estudio de la lengua para comprender el espíritu de la legislación*, pronunciado en la RAE el 25 de septiembre de 1781. El polígrafo asturiano aporta, entre ambas alocuciones, los puntos de apoyo para comprender el *Fuero Juzgo*, inicialmente con un enfoque textual, conocer su verdadero significado histórico y desarrollar su valor constitucional. Se necesita una explicación política global, una vez dicho lo que Artola había puesto encima de la mesa, aunque hay algunos datos que pueden desbrozar el proceso de la edición de esta obra.

En ese sentido, se puede aprovechar la diferencia de título entre el *Prólogo,* redactado por González y Clemencín, y el *Discurso preliminar*, concebido desde mucho antes de la fecha de publicación, por lo que parece, y compuesto y completado por Lardizábal en enero de 1816. El prólogo responde estrictamente a lo que la RAE dice desde la segunda página: se afirma que, "[p]ara que la presente [edición] sea mas útil á los estudiosos de nuestro Derecho, publica tambien la Academia el discurso preliminar sobre el Fuero Juzgo", pero, en el párrafo siguiente, se aclara lo que quiere hacer la RAE, pues, "[m]as á pesar del celo con que la Academia ha tratado de satisfacer de esra suerte los deseos de los aficionados á nuestras antigüedades legales, no ha debido perder de vista que el objeto primario, el asunto esencial de sus tareas en la actual edicion es ilustrar los orígenes y progresos del romance castellano." El escrito de Lardizábal, así, tiene una finalidad jurídica, además de su naturaleza histórica[63], pero la visión académica tiene una pretensión que va más allá

[63] Pero Sempere no aceptaba totalmente la visión histórica de Lardizábal, que se refiere a los siglos altomedievales, no a la Castilla del siglo XIII: "Constando expresamente por el citado cánon del concilio Toledano tercero que Recaredo le encargó el trabajo de una nueva constitucion para la reforma de las costumbres, no sé por qué el Sr. Lardizábal se ha empeñado en negarle la gloria de haber sido uno de los autores del Fuero Juzgo, diciendo que no hay documento alguno que lo compruebe.

¿Puede dudarse que aquel rey fue el autor de algunas leyes muy fundamentales? ¿No lo era la superintendencia cometida á los obispos sobre los jueces y administradores de las contribuciones públicas? ¿No lo era el permiso á los siervos fiscales de construir iglesias y dotarlas? ¿No lo era la inquisicion contra la idolatrìa, encargada á los curas, asociados de los jueces civiles? ¿No lo era la extension de la misma inquisicion para el castigo de los infanticidios, entonces muy frecuentes?...

Tampoco quiere el Sr. Lardizabal reconocer por uno de los autores del Fuero Juzgo á Sisenando, aunque esta opinion es muy comun. Yo no me empeñaré en sostenerla; pero sin embargo no dejaré de advertir que en el concilio Toledano cuarto, convocado y confirmado por aquel rey, se encuentran grandes innovaciones en la constitucion anterior. Tales son los cánones tercero y cuarto, en que se arregló el ceremonial de los concilios. ¿Qué otra ley podia haber interesante, ni mas constitucional que la que arreglaba la policía de aquellas

(¿o más acá?). Si Jovellanos estaba pensando en la elaboración de una constitución, por más o menos alejada del pensamiento de los futuros liberales, lo que se puede dar en la edición de 1817 es que la RAE evite cualquier sospecha de que el texto que sale a la luz tenga algo que ver con el deseo de poner en pie otra vez una constitución, la misma de 1812 u otra. Por eso se afirma con diáfana claridad cuál es el *objeto primario* de la obra, aunque no haría falta avisar de ello en una academia de esta sustancia y condición. No se cumple el plan de Jovellanos, pero, al menos, en parte se da satisfacción a las ideas que llevaron a la adopción del planteamiento por la RAE.

Y además, para que no hubiera ninguna duda por parte del gobierno y, sobre todo, del monarca, precisamente el *Discurso preliminar* desemboca en la idea y la estructura de un país que se define, ante todo, como una nación unitaria regida por un rey (absoluto). Si no me he equivocado, estos han sido la concepción y el arquetipo jurídico-políticos en que la RAE tuvo que desviarse de lo que Jovellanos imaginó, aunque no totalmente, gracias a Lardizábal. Fue un tándem que, sobre todo en la etapa inicial, consiguió lo que pudo, y, aunque no logró todo lo que pretendía, fue mucho; en la segunda fase, debió de existir muchos misterios, que, acaso, se podrán desvelar gracias a la documentación encontrada en otros archivos[64]. Sea como fuere, es necesario un

---

grandes juntas, bien se consideren como córtes, ó bien solamente como sínodos clericales [sic]" (Sempere 1847: 79).

[64] En la sesión del 28 de diciembre de 1820, el secretario González da "cuenta del fallecimiento de nuestro apreciable compañero dignisimo Academico el Sor Dn Manuel de Lardizabal, secretario que fue del cuerpo por muchos años y consejero honorario deEstado, quien murió en el dia 25 del corriente á los ochenta y un años y dos dias de su edad. La Academia oyó esta infausta noticia con el sentimiento que era propio en la falta de un individuo tan benemerito y que trabajó incesantem.[te] en las tareas propias del instituto: y se determinó que se celebrasen por su alma las misas que son de costumbre y acuerdo" (doc. 79, *Libro de actas 20*: 236-237). Por lo menos, hay un elogio del académico fenecido, bien que un tanto mesurado en comparación con otros, siendo consejero de Estado. En el caso de Jovellanos, en una junta ordinaria a punto de terminarse la guerra de la Independencia, ni siquiera hay algo semejante: "Se dió cuenta del fallecim.[to] de los S.[res] Roca, Baxamar, Jovellanos, Berguizas, Cienfuegos, Calderon y Gilman, (…)" (doc. 42, *Libro de actas 19*: 87). No hay mucha diferencia en lo fundamental entre Lardizábal y un académico casi desconocido, Ramón Chimioni (*vid.* doc. 74, *Libro de actas 20*: 77). Se recuerda a alguien mucho más prestigioso que Chimioni por sus labores científicas, José Antonio Conde, con un discurso que se debe a una mayor elocuencia, quizá también a una emoción más sincera (*vid.* doc. 77, *Libro de actas 20*: 196-197). Pero un elogio que desborda los límites contenidos que he recogido hasta ahora es uno anterior a la guerra, que se refiere al otro miembro de aquel trío de la comisión constituida en 1785, al que ya he señalado, esto es, Antonio Tavira. Dice Saugnieux lo siguiente basándose en el *Libro de Actas 18*: "La *Real Academia Española*, où il n'etait pourtant allé qu'une fois durant les seize dernières années de sa vie, fit son éloge dès le 14 janvier [1807].

estudio global, que reúna los enfoques político, jurídico, histórico, lingüístico y filológico, si se quiere llegar a presentar una serie de resultados completamente sólidos.

APÉNDICE DOCUMENTAL

Antes de presentar los distintos apartados de este apéndice, creo necesario adelantar su estructura y algunos de sus rasgos más importantes. Al menos, me parecen importantes los siguientes puntos:

1) El primero de ellos es general en todo la documentación, que es el respeto al uso gráfico de los autores de aquella: por *uso gráfico* incluyo, no solo las grafías propiamente tales, sino también, como es normal, la acentuación y la puntuación. El objetivo de este hecho es que la transcripción de todos estos textos facilite materiales útiles a la confección de una historia de la ortografía, estudio del que se han desatendido muchos investigadores, ante todo los editores que no son filólogos.

2) En algunas ocasiones, en las abreviaturas se utilizarán diversos signos que, en la realidad, abarcan dos o más letras, pero que en la reproducción se situarán en una sola letra, normalmente en la que ocupa la posición central, por lo menos, lo más aproximado posible.

3) De manera igualmente posible, se han mantenido las distancias entre las diversas partes de los escritos.

4) Cuando se ha tachado algo, se indica en nota. Si a causa de que se escribe algo entre dos líneas en reemplazo de una tachadura o de una mancha, o por olvido, se transcribe en la parte superior de la línea o, raramente, inferior, en tamaño inferior al normal.

5) En las actas de las juntas académicas ordinarias, siempre se dirá quiénes son el director (D) y el secretario (S); después de un punto y coma, se mencionarán los asistentes reales.

Elle célébra, elle aussi, ses grandes qualités de coeur et d'esprit: «La memoria de su trato dulce y ameno, de su infatigable aplicación al trabajo, de su lenguaje puro y castizo y de su elocuencia nerviosa durará entre nosotros... El lleno de sus virtudes episcopales le hacía digno de otro siglo; su ciencia profunda y su erudición universal era el honor de nuestra patria, y la envidia de los extranjeros; sus palabras siempre dulces, sólidas e instructivas, eran el encanto y embeleso de sus amigos, no habiendo quien no se admirase si le oía, ni quien dejase de amarle tiernamente, sino quien tenía la dicha de tratarle»" (Saugnieux 1970: 288-289; *cfr*. García de la Concha 2014: 107-108). Ni Jovellanos ni Lardizábal fueron alabados de tal manera (en el caso de Jovellanos, ni siquiera hubo *laudatio*, según el acta).

6) Entre corchetes, se reflejan muchas veces los títulos de los diferentes asuntos tratados en el orden del día, cuyos textos se

ACTAS DE LA REAL ACADEMIA ESPAÑOLA SOBRE EL *FUERO JUZGO*[65]

L15_libro_actas_1781_1787 (= *Libro 15 de Acuerdos dela R.*[l] *Academia Española*, 10.05.1781-16.01.1787)

Doc. 1 21.03.1782
(52v) [Asistentes en la Real Casa del Tesoro: D, Santa Cruz; S, Lardizábal; de la Huerta, Montoya, Almodóvar, Samaniego, Sánchez, Aravaca, Vela, Bails, Murillo, Villahermosa, Uriarte]

La Academia acordó que yo [Secretario] escribiese al Sor Arzobispo de Toledo, dandole las gracias por el tomo primero dela colecciòn delos santos Padres Toledanos que la regaló S.E.
(53r) [Firma y rúbrica.]

Doc. 2 31.07.1783
(128v) [Asistentes en la Real Casa del Tesoro: D, Santa Cruz; S, Lardizábal; de la Huerta, Montoya, Samaniego, Sánchez, Aravaca, Vela, Bails, Silva, Murillo, Guevara, Uriarte]
(129r) La vna censura que me encargó la Academia dela obra intitulada : intitulada del Diccionario Historico Forense del Derecho Real de España, reducida aque no hay inconveniente para que se publique, con lo que se conformó la Academia, y acordó que se respondiese asi al Consejo.
[Firma y rúbrica.]

Doc. 3 23.10.1783
(143r) [Asistentes en la Real Casa del Tesoro: D, Santa Cruz; S, Lardizábal; de la Huerta, Montoya, Samaniego, Aravaca, Vela, Bails, Silva, Tavira, Murillo, Guevara, Uriarte]
(143v) [Sobre Oraciones con motivo de enhorabuena ó pésame á las Personas Reales] (...) // (...) (144v) Y para que ninguno pueda alegar ignorancia, ni tener justo motivo de quexa, siempre que la Academia encargue alguna obra p[a] publicarla ensu nombre, sera obligación del Secretario leer este acuerdo enla misma Junta en que el Señor Director nombrare el Academico ò Academicos que hubiere dehacer latal obra.
[Firma y rúbrica.]

[65] Algunos de estos documentos se incluyen, total o parcialmente, no porque se refieran al proceso de la edición, sino porque mencionan hechos que sirven para entender el entorno en el que se desenvuelve esa tarea. Son los documentos 11, 40, 41, 42, 43, 44, 45, 46, 47, 48, 49, 78, 162, 163 y 166.

Doc. 4 30.12.1784
(208r) [Asistentes en la Real Casa del Tesoro: D, Santa Cruz; S, Lardizábal; de la Huerta, Montoya, Almodóvar, Samaniego, Roca, Sánchez, Aravaca, Vela, Bails, Tavira, Murillo, Guevara, Jove Llanos, Flores]
(208v) El Sor Dn Diego Rejon de Silva tomó posesion de la Plaza de Academico Honorario, habiendo leido una Oracion, en que dio gracias á la Academia por su admisión en ella.

Despues se conferenció largamente sobre hacer una edición correcta del Fuero Juzgo con el texto latino y la traduccion Castellana, y respecto a que para esto es necesario hacer el Cotejo de muchos Codices que se hallan en el Escorial, Toledo y otras partes, y esos no pueden traerse sin licencia de S.M. acordó la Academia que el S.$^{or.}$ Director hablase primero sobre el asunto con el Sr Conde de Floridablanca para saber si habra alguna dificultad en traer // (209r) dichos Codices, de lo que se encargó S.E.
[Firma y rúbrica.]

Doc. 5 18.01.1785
(211r) [Asistentes en la Real Casa del Tesoro: D, Santa Cruz; S, Lardizábal; S. Exc.^{a}, de la Huerta, Montoya, Samaniego, Roca, Sánchez, Aravaca, Vela, Murillo, Guevara, Florez, Rejon hono.^{rio}]
(211v) [Sobre el Fuero Juzgo, y nombram^{to} de S^{res} para esta comisión.] El Sr Director hizo presente, que en conformidad del encargo que le hizo la Academia, había hablado sobre la edi[c]cion[66] del Fuero Juzgo con el Sr Conde de Floridablanca, quien respondió à S. Exc^{a}. que se darian todas las ordenes convenientes p.^{ra} hacer venir los Codices q.^{e} fuesen necesarios para el cotejo, en cuya virtud el Sor Director nombró para hacer dicha edicion y cotejo à los Señores Dn Antonio Tavira, Dn Antonio Murillo, Dn Gaspar de Jove Llanos, Dn Joseph de Flores, y à mí, y la Academia acordó, que nos juntemos para tratar sobre el mejor modo de hacer la edicion, y determinar los Codices que se han de pedir, dando cuenta de todos à la Academia, cuyos estatutos leí despues en cumplim.^{to} de los acuerdos que previenen que se lean al principio de cada año.
(212r) [Firma y rúbrica.]

Doc. 6 15.02.1785
(215v) [Asistentes en la Real Casa del Tesoro: D, Santa Cruz; S, Lardizábal; S. Exc.^{a}, de la Huerta, Montoya, Samaniego, Roca, Sánchez, Aravaca, Vela, Silva, Murillo, Guevara, Flores, Rejon]
(216r) Leí un papel del Exc.^{mo} Sor Conde Floridablanca del tenor siguiente.

"[67]Al Rey ha parecido bien / que la Academia Española se dedique à / publicar una edicion correcta del Fuero / Juzgo, en latin y Castellano, por las razo-/nes que ha tenido presentes, y V.S. me /manifiesta en su papel de 3. del corriente; / y en su consecuencia ha venido enque los / Codices que V.S. cita, y demas Papeles con= /cernientes al asunto, se saquen de los / parages donde existen, y se pongan adispo=/sicion dela Aca-

---

[66] Tachada la primera *c*.

[67] Se utilizan comillas alemanas, es decir, que al principio de la carta y al comienzo de cada una de las líneas siguientes hay comillas bajas; no se acaba con comillas altas.

demia con el metodo, y pre=/cauciones correspondientes para su seguridad, / y evitar confusion, quedando responsable / la misma Academia de su entrega, y con / obligación de satisfacer todos los gastos que / ocasionare su conduccion en su traída, y / buelta. Con esta limitacion, que por lo tocan=/te à los Codices, y Papeles que se hallan / en la R.[l] Biblioteca de esa Corte, deverán // (216v) concurrir los Academicos encargados del / cotejo, à la misma Biblioteca, donde se seña=/larán los dias, y horas oportunas para ello, / por no haver condescendido S.M. en que se saquen de ella por no juzgarlo necesario. / Lo participo àV.S. para que lo noticie á la / Academia, y dispongo la egecucion succesi=/vamente pidiendo un Codice tras de otro, en / la inteligencia, de que con esta fecha doy[68], / las ordenes convenientes à las Personas / aquienes corresponde. Dios gue àV.S. / m[s]. a[s]. El Prado à 8 de Febrero de / 1785= El Conde de Floridablanca =/ Sor D.[n] Manuel de Lardizábal."
[Firma y rúbrica.]

Doc. 7 22.02.1785
(217v) [Asistentes en la Real Casa del Tesoro: D, Santa Cruz; S, Lardizábal; S. E.[c], de la Huerta, Samaniego, Roca, Sánchez, Aravaca, Vela, Silva, Murillo, Flores, Rejon]

Presenté un Codice latino del Fuero Juzgo de la librería del Convento de Religiosos Franciscos de S.[n] Juan de los Reyes de la Ciudad de Toledo, remitido por el Exc.[mo] S.[r] Conde de Floridablanca, para que se coteje conlos demas Codices que han de servir para la edicion del Fuero Juzgo.
(218r) [Firma y rúbrica.]

Doc. 8 26.04.1785
(226r) [Asistentes en la Real Casa del Tesoro: D, Santa Cruz; S, Lardizábal; S. E.[c], de la Huerta, Montoya, Samaniego, Roca, Sánchez, Aravaca, Vela, Murillo, Guevara, Florez, Rejon hono.[rio]]

El S.[r] Murillo presentó un Codice antiguo del Fuero Juzgo en Castellano propio de D.[n] Ygnacio de Bejar Contador del Serenisimo Sor Ynfante D.[n] Gabriel, quien le ha franqueado à la Academia, para cotejarle con los demas Codices.
(226v) [Firma y rúbrica.]

Doc. 9 22.09.1785
(248v) [Asistentes en la Real Casa del Tesoro: D, Santa Cruz; S, Lardizábal; S. Exc.[a], de la Huerta, Samaniego, Roca, Sánchez, Aravaca, Hermosilla, Vela, Silva, Tavira, Murillo, Uriarte, Flores]
(249r) Leí un papel del Exc.[mo] Sor Conde de Floridablanca del tenor siguiente.

Hecho cargo delos motivos que me expone la Academia Española en su representacion de 18 de Agosto en la que solicita el R.[l] permiso para la extraccion de los Codices del Fuero Juzgo que se hallan en la R.[l] Biblioteca, con el correspond.[te] resguardo; se lo he hecho presente al Rey, el qual accede benignam.[te] à la súplica de un Cuerpo Literario tan benemérito. Pongo en noticia de V.S. la resolucion de S. M. para que lo

[68] El rasgo final es como la parte inferior de una *L* mayúscula.

prevenga así á la Academia, en la inteligencia de que con esta misma fecha envio la correspondiente orden a Dn Fran.^{co} Perez Vayer p.^{ra} que inmediatam.^{te} entregue àV.J. dichos Codices.

Dios gue[69] à V.S. m^{s}. a$^{s.}$ Sn Yldefonso. 20 deSept.^{re} de 1785 = El Conde de // (249v) Floridablanca = Sr Dn Manuel de Lardizabal.

En vista de esta resolucion de S.M. acordó la Academia que se trajesen los expresados Codices de la R.^{l} Biblioteca, los quales se conserven aquí con los demas que se han traido de otras partes p.^{ra} el mismo fin: que las Juntas para hacer los cotejos se tengan en la misma Academia en los dias que no hubiere Junta ordinaria, y que a los nombrados p.^{ra} dichas Juntas extraordinarias se les abonen las asistencias en laforma regular.
[Firma y rúbrica.]

Doc. 10 27.09.1785
(250r) [Asistentes en la Real Casa del Tesoro: D, Santa Cruz; S, Lardizábal; S. Exc.^{a}, de la Huerta, Samaniego, Roca, Sánchez, Aravaca, Hermosilla, Vela, Silva, Tavira, Murillo, Uriarte, Flores]

La Academia se entregó delos Codices y papeles pertenecientes al Fuero Juzgo, que en virtud de orden de S.M. se han sacado de la R.^{l} Biblioteca, y los // (250v) traximos el Sr Sanchez y yo.
[Firma y rúbrica.]

Doc. 11 29.09.1785
(250v) [Asistentes en la Real Casa del Tesoro: D, Santa Cruz; S, Lardizábal; S. **E.**^{c}, de la Huerta, Samaniego, Roca, Sánchez, Aravaca, Hermosilla, Vela, Silva, Tavira, Murillo, Villahermosa, Uriarte, Flores]
(251r) El S.^{or}. Murillo en cumplimiento del encargo que le tenia hecho la Academia, presentó el índice dela libreria puesto en cedulas, con cuyo motivo acordó laJunta, que los S. S. Academicos que tengan libros dela Academia en su poder los traigan para incluirlos enel índice, el qual se copie enlaforma regular, para que pueda hacerse uso de èl; y que en adelante el cuidado dela librería corra à cargo del Sor Murillo, sin cuya intervencion nose pueda sacar libro ninguno, quedando responsable deellos, à cuyo fin cuidará de que se hagan los asientos correspondientes en el libro destinado para esto // (251v) y que se firmen por el elque sacare el libro, cuidando también deque se borre el asiento, quando se devolviere el libro.
[Firma y rúbrica.]

Doc. 12 18.10.1785
(254r) [Asistentes en la Real Casa del Tesoro: D, Santa Cruz; S, Lardizábal; S. Exc.^{a}, de la Huerta, Montoya, Samaniego, Roca, Sánchez, Aravaca, Hermosilla, Vela, Villahermosa, Uriarte, Flores]

---

[69] En realidad, la raya colocada encima de la abreviatura acaba en una diminuta semicircunferencia hacia arriba y hacia atrás.

(254v) Leí un papel del Exc.^mo^ Sr Conde deFloridablanca del tenor siguiente.

En tiempo del Sr Carbajal sesacó el Archivo de Murcia un Codice del Fuero Juzgo, que regaló à aquella Ciudad d.^n^ Alonso el Sabio. El paradero de este Codice se ignoraba por mas diligencias q. se han practicado, hasta que ultim.^te^ me acaban de presentar el que remito àV.S. diciendome q.^e^ es elCodice q.^e^ se buscaba, bien que no hay mas prueba de ello que una enunciativa q.^e^ está á lo ultimo. Lo paso á manos deV.S. p.^ra^ q.^e^ la Academia Española haga el uso q.^e^ tenga por conveniente de este apreciable manuscrito, teniendo cuidado de devolvermele luego que se finalice el Cotejo, para restituirle al Archivo de Murcia.

Dios gue áV.S. a^s^. Sn Lorenzo 17 de Oct.^re^ de 1785 = El Conde deFloridablanca. = Sr Dn Man.^l^ de Lardizabal.

(255r) [Firma y rúbrica.]

Doc. 13 2.03.1786

(276v) [Asistentes en la Real Casa del Tesoro: S, Lardizábal; de la Huerta (presidió), Montoya, Samaniego, Sánchez, Hermosilla, Vela, Murillo, Guevara, Vriarte, Flores]

(277r) Leí un papel del Exc.^mo^ S,^r^ Conde deFloridablanca del tenor siguiente.

Con esta misma fecha envio una orden delRey alCorregidor deBurgos, para que baxo el resguardo y obligacion que ofrece la Academia Española en el oficio de 4 de Febrero proxîmo queV.S. me pasa; remita sin perdida detiempo el Codice del Fuero Juzgo que pára enaquel Archivo, y sirva con todos los demas p.^ra^ la edicion que proyecta hacer ese Cuerpo Literario.

Lo aviso aV.S. de Orden delRey para que lo haga presente ála Academia.

Dios gue[70] áV.S. m.^s^ a.^s^ El Pardo à 1.º de Marzo de 1786 = El Conde de Floridablanca. = Sor Dn Manuel de Lardizábal.

(277v) [Firma y rúbrica.]

ARAE_L16_Libro_actas_1787_1795 (= *Libro 16 de Acuerdos dela R.^l^ Academia Española*, 20.01.1787-31.12.1795)[71]

---

[70] Lo mismo que pasa en el documento 9.

[71] Lardizábal no asiste a dos sesiones, en que es sustituido por Sánchez, de acuerdo con esta secuencia:

22.05.1787 Lardizábal firma el acta. [Asistentes: S. Exc.^a^, Samaniego, Sanchez, Hermosilla, Vela, Bails, Silva, Tavira, Murillo, Guevara, Uriarte, Lardizabal. (18r)]

24.05.1787 Sánchez firma el acta. [Asistentes: S. Exc.^a^, Samaniego, Hermosilla, Vela, Bails, Silva, Tavira, Murillo, Guevara, Uriarte, Sanchez ("que hize de Secretario"). (19r)] Lo mismo el 31 de mayo y el 5 de junio.

12.06.1787 Sánchez firma el acta. [Asistentes: Montoya ("que presidió la junta"), Samaniego, Hermosilla, Vela, Bails, Tavira, Murillo, Guevara, Sanchez ("q.^e^ hice de Secretario"). (20v)]

14.06.1787 Lardizábal firma el acta. [Asistentes: Montoya ("que presidió laJunta"), Samaniego, Sanchez, Hermosilla, Vela, Bails, Tavira, Murillo, Uriarte, Lardizabal. (21r)]

Doc. 14 12.07.1787
(25v) [Asistentes en la Real Casa del Tesoro: D, Santa Cruz; S, Lardizábal; S. Exc.ª, Montoya, Samaniego, Sánchez, Hermosilla, Vela, Silva, Tavira, Murillo, Uriarte, Rejon, Porcel, Núñez, Lardizabal]
(26r) La Academia en virtud deloq.ᵉ yo le hice presente, acordó que se diesen tres mil reales á D.ⁿ Fran.ᶜᵒ Palomares por las copias que ha hecho para la edicion del Fuero Juzgo, y un Quixote grande a D.ⁿ
Fran.ᶜᵒ Asensio porel trabajo y primor conq.y primor conq.ᵉ ha suplido imitando el original impreso una hoja que faltaba al Diccionario de Palencia.
[Firma y rúbrica.]

Doc. 15 3.06.1794[72]
(371r) [Asistentes en la Real Casa del Tesoro: D, Santa Cruz; S, Lardizabal; Sanchez ("que Presidió laJunta"), Vela, Silva, Uriarte, Alamanzon, Canseco, Valbuena, Villanueva, Lardizabal.]

Doc. 16 8.07.1794
(374v) [Asistentes en la Real Casa del Tesoro: D, Santa Cruz; S, Lardizabal; S. E., Silva, Guevara, Cabrera, Canseco, Valbuena, Villanueva, Sanchez ("que hice de Secretario de la Academia"]
(375r) El S.ʳ Director manifestó una carta del S.ʳ Lardizabal que avisa hallarse en Segura, manifestando sugratitud àla Academia, y sus deseos de complacer àlos individuos.
[Firma y rúbrica.]

Doc. 17 31.07.1794
(378v) [Asistentes en la Real Casa del Tesoro: Montoya ("Presidió la Junta"), Vela, Silva, Guevara, Alamanzon, Canseco, Valbuena, Villanueva, Sánchez ("que hice de Secret.º dela Academia")]

El S.ᵒʳ Alamanzon quedó encargado de traer para el jueves proxîmo una razon del estado del cotejo del Fuero Juzgo.
[Firma y rúbrica.]

Doc. 18 7.08.1794
(379v) [Asistentes en la Real Casa del Tesoro: Montoya ("Presidió la Junta"), Vela, Silva, Guevara, Alamanzon, Canseco, Valbuena, Villanueva, Sánchez ("que hice de Secret.º de la Academia")]

[Sobre el cotejo del Fuero Juzgo] En vista delo que informó el S.ᵒʳ Alamanzon encargado para esto enla Junta del 31 deJulio sobre el estado del cotejo delFuero Juzgo, despues de una larga conferencia se acordó se continuase dicho cotejo enla misma Academia en Sala separada sin suspender por eso el trabajo ordinario de su instituto prefiriendo el cotejo.
(380r) [Firma y rúbrica.]

[72] Lardizábal firma su última acta en este período, la cual termina de esta forma: "sedisolvió estaJunta que firmé"; no hay firma ni rúbrica. Sánchez había actuado como secretario los días 15 y 20 de mayo de 1794.

Doc. 19 30.01.1795[73]
(406r) [Asistentes en su casa de la calle Valverde: D, Santa Cruz; S, Lardizábal; S. Exc.ª, Montoya, Roca, Sánchez, Vela, Silva, Guevara, Cabrera, Canseco, Valbuena, Peñalosa hon.º, Alamanzon, "que hice de Secret.º de la Academia"]
(406v) [Que los Códices del Fuero Juzgo q.e están ya cotejados se restituyan à sus respectivos dueños.] Ygualmente se determinó que todos los Codices delFuero Juzgo, que exîsten en la Academia, y están ya cotejados se restituyan à sus respectivos dueños, pasandose por Secret.ª los oficios convenientes, y recogiéndose los recibos que se hubieren dado à nombre del Cuerpo.

Enterada la Academia del número de Diccionarios pequeños que hay exîstentes, del tiempo que podrá pasar para concluirse su impresion, y del que es necesario para hacer otra, resolvió que desde luego se continue en las Juntas ordinarias adelantando quanto se pudiere el trabajo à que se habia dado principio para el mejor orden para el mejor orden, economia y correccion de la nueva impresion que se ha de // (407r) hacer con arreglo al plan aprobado enJunta de 25 de Sept.re de 92, nombrando para encargo à los S.res Silva, Cabrera, Alamanzon y Valbuena, dandoles al mismo tiempo comision para que se empiece à imprimir quando les pareciere conveniente, y los terminos que estimaren mas oportunos. Y respecto deque con esta ocupacion cesaria la del cotejo de los códices delFuero Juzgo, y deque esta no urgia ya tanto, determinó que para esta se formase una Junta extraordinaria cada semana compuesta de los S.res Alamanzon, Canseco, Villanueva, Carpio, y Peñalosa.
[Firma y rúbrica.]

Doc. 20 29.09.1795
(444v) [Asistentes: D, Santa Cruz; S, Lardizabal; Montoya ("que presidió laJunta"), Roca, Sanchez, Silva, Cabrera, Canseco, Valbuena, Villanueva, Flores, Alamanzon (445r) ("que hice de Secret.º de la Academia")].

[Otra Junta Extraordinaria cada semana.] El S.or Silva hizo presente que los individuos que entendian enlas juntas ordinarias enla nueva revision del Diccionario, no podian adelantar enella tanto como deseaban, y pedian las circunstancias por el encargo que se les habia hecho posteriorm.te de exâminar las Cedulas de aumento, que se habian presentado, yque para cumplir con ambas comisiones creia muy oportuno; que los quatro individuos que entienden en ella tuviesen unajunta extraordinaria en cada semana. La Academia conformandose conel parecer dedicho S.or acordó que huviese unajunta extraordinaria cada semana en los terminos propuestos, y por el tiempo // (445v) que se creyese necesario para los fines que se han expresado.
[Sin firma ni rúbrica.]

ARAE_L17_Libro_actas_1796_1800 (= *Libro 17 de Acuerdos de la Real Academia Española*, 5.01.1796-19.06.1800)

Doc. 21 15.09.1796
(42v) [Asistentes en su casa de la calle Valverde: Montoya, Roca ("que presidió laJunta, por haber llegado el S.or Montoya despues de formada la Academia"), Sánchez, Vela,

[73] Se pone *Febrero*.

Silva, Canseco, Villanueva, Flores, Alamanzon, “que hice de Secret.^{o} de la Academia”]

[Sobre la impresión del Fuero Juzgo.] Leí un informe del estado enque se hallaba el cotejo de los códices del Fuero Juzgo, y los trabajos que se habian hecho para esta // (43r) edicion, haciendo presente todos los antecedentes que habia sobre la materia, y habiendo conferenciado sobre ella, acordó la Academia oido el dictámen delos individuos que están comisionados de este encargo, que nose cotejasen mas códices, atendiendo áque ya lo estaban los principales, y demas nota y autoridad, y aque serian muy cortas las utilidades que resultarian del cotejo de uno úotro que faltaban, cotejadas con las dificultades que se tuvieron presentes. Y que así desde luego setratase de imprimir esta obra, procurando que su edicion fuese correcta, y exâcta, pero no muy costosa, con cuyo objeto desde luego .τ determinó que no se gravasen especimines [sic] de los códices que se habian cotejado: se me encargó por el Sor Presidente, que tratando el asunto conel Regentede la Ympresa de Ybarra seformasen unas muestras, y un cálculo de lo que con arreglos a ella podría costar y que uno y otro lo presentase á la Academia.

Se pasó despues á determinar, quales habian de ser las adiciones y notas, que se habian de poner en // (43v) esta edicion, y teniendo presente el papel de tres deFebrero de1785, enque la Academia pidió licencia á S. M. para esta impresión, manifestando con él las menciones, y fines que seproponia en su publicacion, se resolvió que se haga un prólogo enque se manifieste los codices que se han cotejado, dando razon desu caracter antigüedad, y obras que contienen, como se acostumbra hacer en semejantes ediciones; las que anteriorm.^{te} se han hecho, las mejoras que esta tiene, y loqdemas que se contemplase conducir para dar una idea cabal dela edicion que se vá apublicar: que se impriman separadam.^{te} el texto latino, y traduccion castellana poniendo alpie de cada plana las variantes de ambos textos, é insertando en los lugares correspondientes las leyes que suele haber en unos codices mas que en otros: que despues de cada uno de los dos textos se ponga un glosario alfabetico enque se definan las palabras obscuras y antiquadas de las dos lenguas latina y castellana, dexando para el tiempo de la impresion el nombrar los indivi-//(44r)duos que los hayan de formar por haberse convenido enque seria ^{el} mejor modo de hacerlos elirlos sacando por las capillas que se fuesen tirando. Y por lo tocante álos documentos que hay enlos códices que se han tenido presentes, como por exemplo las flores de las leyes del Mr^o Jacobo, q.^{e} están enel del Sor Nava, el fuero de Leon, ydePalencia que se hallan enel de S.^{n}Juan delos Reyes. E se determinó que laJunta informase delos que le parecian deque sepublicaren porvia de apéndices, ó por la conexîon que tuviesen con la obra principal, ó por algunos de los otros fines que habia habido para esta edicion. Yáfin dever si podrian aprovecharse algunos delos trabajos hechos sobre este mismo asunto porel P. Burriel, se encargó alS.^{or} Sanchez, que agenciase las obras de este Padre que sedevolveron por la Academia para sacar una copia en virtud del permiso y licencia que sedió p.^{r} S. M.

Exâminóse por último elplan que deorden de la Junta de este encargo habia compuesto el S.^{or} // (44v) JoveLlanos en17 deOct.^{re} de1785, para la impresion deque se trata, y aunq.^{e} ála Acad.^{a} le pareció que seria muy honorico [sic], y decoroso si se llegaba á berificar el proyecto que proponia creyó sin embargo que no tenia una conexîon inmediata ni con su instituto, ni con los fines que habia manifestado, y en conformidad de esto resolvió, que no era necesario elque se publicase con la extension que deseaba aquel

Nota. Enel primer medio año de 99, ha habido 51 Juntas extraordinarias, las 33 del Fuero Juzgo, y las 18 restantes, de la Revision del Diccionario.

Doc. 29 24.12.1799
(222r) [Asistentes en su casa de la calle Valverde: D, Santa Cruz; S, Lardizábal; S. E., Montoya, Sánchez, Silva, Canseco, Navarrete, Flores, Berguizas, Alamanzon, "que hice de Secret.º dela Academia"]
(222v) [Firma y rúbrica.]
Nota Enel último medio año de1799 hubo 31 Juntas extraordinarias, las 3 del Fuero Juzgo, y las 28 de la correccion del Diccionario. [Rúbrica.]

ARAE_L18_Libro_actas_1800_1808 (= *Libro 18 de Acuerdos de la Real Academia Española*, 24.06.1800-12.04.1808)

Doc. 30 30.06.1801
(60v) [Asistentes en su casa de la calle Valverde: Roca ("que presidió laJunta"), Sánchez, Silva, Cabrera, Navarrete, Villanueva, Flores, Marina, Alamanzon, "q.[e] hice deSecret.º dela Acad.[a]"]
(61r) [Firma y rúbrica.]
Nota: En este medio año primero de1801, ha habido 33 Juntas extraordinarias: las 23 de la revision del Diccionº, y los 10 restantes de la Gramática. [Rúbrica.]

Doc. 31 29.06.1802
(128v) [Asistentes en su casa de la calle Valverde: Alamanzon ("que presidió laJunta"), Marina, Berguizas, Abella, Conde, Arnao, Navarrete "que hice deSecret.º de la Acad.[a]"]
(129r) [Firma y rúbrica.]
Nota. En este año, ó seis meses primeros, ha habido veinte y tres Juntas extraordinarias para la revision del Diccionario.

Doc. 32 30.12.1802
(155r) [Asistentes en su casa de la calle Valverde: D, Silva; S, Lardizábal; Director, Canseco, Navarrete, Flores, Berguizas, Abella, Conde, Alamanzom ("que hice de Secret.º de la Acad.[a]"]
(155v) [Firma y rúbrica.]
Nota. En este medio año último de1802, ha habido 25 Juntas extraordinarias para la revision del Diccionario.

Doc. 33 22.11.1803
(204v) [Asistentes en su casa de la calle Valverde: D, Silva; S, Lardizábal; Director, Canseco, Valbuena, Flores, Berguizas, Romanillos, Conde, Arnao, Carvajal, Alamanzom ("que hice de Secretario de la Academia"]
[Sobre el Fuero Juzgo.] En cumplim.[to] delo acordado por la Academia paraq.[e] informase yo sobre el estado que tenia la impresion del fuero juzgo, le hice presente

que el fuero juzgo latino estaba impreso ente-//(205r)ramente, à excepción de las leyes preliminares q.e tratan dela eleccion del principe, las quales faltan en todos los códices goticos, y en la mayor parte de los demas; por cuya consideracion se resolvió primeram.te no imprimirlas, y posteriorm.te se acordó lo contrario, tanto porq.e se hallan casi en todos los códices castellanos, como porq.e en una hoja suelta de un códice gótico antigua se hace mencion de ellas: que la impresion latina se habia hecho por los S.res Canseco y Villanueva, conel esmero y exâctitud que son bien notorias ála Acad.a: que el fuero castellano no estaba impreso hasta el titulo 3.o del libro 6.o las leyes preliminares por el Códice del Exmo. S.or Conde de Campománes, que se presume ser el muy celebrado de la biblioteca del Duque de Alcalá, y lodemas por el códice del archivo de Murcia, que remitió á la Acad.a el Exmo. S.or Conde de Floridablanca, el qual pareció el mas fidedigno, y el mas auténtico, y que se habia adotado [sic] para dar una idea del lenguage delos códices legionenses, con la ocasion de faltar en el códice de Murcia las expresadas leyes preliminares; que // (205v) eltal qual trabajo que enla edicion se habia tenido constaba por las pruebas que hice presentes, y de cuyo exámen resulta que altiempo de imprimir es necesario reveer y certificarse por vista de ojos de las variantes apuntadas en las margenes, por las razones que se dejan entender facilmente; que con el motivo de haber venido ála Acad.a algunos códices quando ya se habia dado principio a la edicion nose habían acabado de cotejar, y que esto hacia falta p.a continuar la impresion, bien que principalmente se habia suspendido ésta, por la priesa que daba la del Diccionario, y porq.e no habia los caudales suficientes p.a costearlas ambas: que los S.res Canseco y Villanueva, estaban encargados de formar el glosario latino, y los S.res Sanchez y Cabrera el glosario castellano; que la Junta de fuero juzgo debia resolver si se habian de publicar ónó algunos apéndices, y en el caso de hacerlo señalar quales debian ser, loqual nose habia hecho aún, y urgia tanto para sacar las copias, como porque por esta razon estaban sin devolverse á ser dueños todos los códices latinos. La Academia envista de lo expuesto acordó por uniformidad de // (206r) votos que se volviesen a celebrar las Juntas para la continuacion del cotejo de los códices, y que ella entiendese en el repartim.to de los trabajos del modo que fuesen mas llevaderos, y proporcionasen la mayor brevedad, y pronta conclusion de esta empresa; y nombró á mas delos S.res Alamanzón, Canseco, Villanueva, Flores, y Marina, que componian la Junta anterior, á los S.res Romanillos, Conde y Arnao, para que asistiesen á ella.
[Firma y rúbrica.]

Doc. 34 20.12.1803
(211r) [Asistentes en su casa de la calle Valverde: D, Silva; S, Lardizábal; Director, Cabrera, Canseco, Valbuena, Flores, Berguizas, Cienfuegos, Romanillos, Conde, Arnao, Ortiz, Carvajal, Alamanzon ("que hice de Secret.o dela Acad.a")]
(212r) Presenté á la Academia el cotejo q.e habia hecho de tres codices latinos del Fuero Juzgo, y las variantes conel impreso por la Acad.a, y esta mandó colocarle en su biblioteca, y que pasase ála junta de esta Comision, dandome las mas expresivas gras por este corto obsequio.
[Firma y rúbrica]

Doc. 35 19.02.1805
(276r) [Asistentes en su casa de la calle Valverde: D, Silva; S, Lardizábal; Alamanzon ("que presidió laJunta"), Canseco, Valbuena, Villanueva, Abella, Romanillos, Conde, Arnao, Ortiz, dela Peña, González, Clemencín, Flores ("que hice deSecret.º dela Academia"]
(276v) [Para el cotejo del Fuero Juzgo álos S.res Abella, Romanillos, Conde y Gonzalez.] Habiendose tratado de la impresion del Fuero Juzgo se acordó que p.a concluirla quanto antes, se haga el cotejo de los codices q.e faltan enlas Juntas ordinarias por los S.res Romanillos, Abella, Conde y Gonzalez.
[Firma y rúbrica.]

Doc. 36 11.06.1806
(341v) [Asistentes en su casa de la calle Valverde: D, Silva; S, Lardizábal; Director, Canseco, Flores, Marina, Abella, Romanillos, Conde, Ortiz, de la Peña, González, Villamil, Clemencín, Alamanzón ("que hice de Secret.º dela Academia")
(342r) [Nombram.to p.a la formacion del glosario á los S.res Abella y Gonzalez.] El S.or Director nombró álos S.res Abella y Gonzalez, para el glosario castellano del Fuero Juzgo, en atencion al fallecim.to del S.or Sanchez y ausencia del S.r Cabrera.
[Firma y rúbrica.]

Doc. 37 7.07.1807
(398v) [Asistentes en su casa de la calle Valverde: D, Silva; S, Lardizábal; Director, Canseco, Cabrera, Villanueva, Navarrete, Flores, Marina, Berguizas, Romanillos, Conde, Arnao, Ortiz, González, Clemencín, Alamanzon ("que hice de Secret.º dela Acad.a"]
(399r) [Sobre el Quixote y Fuero-juzgo.] Con este motivo se trató dela impresion del Quixote, y se acordó que se abreviase lo mas que se pudiese la publicacion del Fuero-Juzgo, y que luego se tratase dela del Quixote. Yatendiendo aque la mayor dificultad podria ser la del papel se dio comision al S.or Tesorero y ámí p.ra que pudiesemos tratar con algun fabricante depapel, y viesemos el mejor partido que podria sacarse.
[Firma y rúbrica.]

Doc. 38 1.09.1807
(408r) [Presenté la 2.a parte del prologo del fuero juzgo, que me habia remitido el S.or Lardiz.l y se acordó que pasase ála Junta encargada de esta Comision.][76]
[Firma y rúbrica.]

ARAE_L19_Libro_actas_1808_1818 (= *Libro 19 de Acuerdos de la Real Academia Española*, 19.04.1808-26.02.1818)

Doc. 39 18.09.1810
(44) [Asistentes en su casa de la calle Valverde: D, Silva; S, Lardizábal; Cabrera ("que presidió laJunta"), Navarrete, Flores, Conde, Arnao, Peña, Gonzalez, Melendez hon.º, Alamanzon ("que hice de Secret.º dela Academia"]

---

[76] No aparece ningún texto referente al *Fuero Juzgo* en el cuerpo del acta. Se informa brevemente sobre lo que aparece en el margen izquierdo.

[Sobre recoger el prólogo del Fuero Juzgo.] El Sor Gonzalez expresó que el prologo del Fuero Juzgo, cuya impresion habia hecho la Academia, paraba en poder del Sor Romanillos, y de consiguiente que se habria comprehendido enel secuestro desus libros y papeles, y se dió comision á los S.^{res} Navarrete y Gonzalez paraque sabiendo el paradero desta obra dela Academia la reclamasen ante quien conviniere.
(45) [Sin firma ni rúbrica.]

Doc. 40 27.03.1813
(68) [Asistentes: Cabrera, Arnao, Peña, Melendez, Gomez, Conde.]

El Sabado 27 de Marzo de 1813 sejuntaron los S.^{res} de la Academia citados por el Sor Dn Ramon Cabrera para comunicarles un oficio del Sor Ministro delo Ynterior, que es del tenor siguiente:

[77]Estoi informado que la Academia Española está sin Director desde el fallecimiento de Dn Pedro de Silva, y sin secretario desde el destierro de Dn Manuel de Lardizabal; que sin embargo de las // (69) presentes alteraciones esta academia solia congregarse aunque con notables interrupciones, que desde la salide [sic] de S. M. para Salamanca se han suspendido enteram.^{te} sus Juntas, y no hay quien la reuna, represente, ni defienda en caso necesario: conviene pues que un establecimiento que ha merecido siempre la estimacion nacional continue por sus utiles trabajos, á cuyo fin V. S. como individuo mas antiguo, dispondrá que la academia se reuna álo menos semanalmente citando álos académicos que se hallen en Madrid, y si hubiese el competente numero de individuos se proveherán los oficios vacantes de la academia conforme ásus estatutos.

Dios gûe aV.S. m.^{s} a.^{s} Madrid 24 de Marzo de 1813, = El Ministro del Ynterior. = El Marques de Almenara. = Señor Dn Ramon de Cabrera."

En vista de los buenos deseos que manifiesta el Sor Ministro deque continue la Academia sus sesiones semanalmente, se acordó que el Jueves proxîmo se tenga Junta, y que se cite para ella á los S.^{res} // (70) Canseco, Marina y Gonzalez; que no han asistido á esta.

El mismo Sor Cabrera hizo presente que se estaba acabando la impresion del Diccionario, y que convendria reservar la Academia los treinta ytres exemplares que habia exîstentes, y se mandó así,[78] con lo qué se feneció la Junta que firmé.
[Sin firma ni rúbrica.]

Doc. 41 1.04.1813
(70) [Asistentes en su casa de la calle Valverde: S, Lardizábal; Cabrera ("que presidió laJunta"), Canseco, Arnao, Gonzalez, Peña, Gonzalez, Melendez, Conde ("que hice de Secret.^{o} de la Academia"]
(71) [Que elS.^{r} Peña haga deSecret.^{o}] Se acordó que elS.^{r} Dn Eugenio de la Peña haga deSecretario enlas Juntas dela Academia para el mejor arreglo y uniformidad de papeles.
[Sin firma ni rúbrica.]

---

[77] *Vid.* la nota del documento 6.

[78] Hay punto y coma, pero se refuerza la última como una coma.

Doc. 42 17.03.1814
(87) [Asistentes en su casa de la calle Valverde: S, Lardizábal; Cabrera ("que presidió laJunta"), Villanueva, Carvajal, Clemencin, Gonzalez-Carvajal, Vargas, Quintana, Rosa, Gonzalez ("que hice de Secretario de la Acad.^{a}")]
[Fallecimien.^{to} de 7. Señores Academicos.] Se dió cuenta del fallecim.^{to} de los S.^{res} Roca, Baxamar, Jovellanos, Berguizas, Cienfuegos, Calderon y Gilman, (...)
[Firma y rúbrica.]

Doc. 43 24.03.1814
(89) [Asistentes en su casa de la calle Valverde: S, Lardizábal; Cabrera ("que presidió laJunta"), Villanueva, Carvajal, Clemencin, Gonzalez-Carvajal, Vargas, Quintana, Gonzalez ("que hice de Secretario dela Academia")]
(90) [Señalam.^{to} p.^{a} eleccion de Sr Director, y demas comisiones vacantes.]
[Firma y rúbrica.]

Doc. 44 29.03.1814
(91) [Asistentes en su casa de la calle Valverde: S, Lardizábal; Cabrera ("que presidió laJunta"), Romanillos, Carvajal, Clemencin, Gonzalez-Carvajal, Vargas, Quintana, Rosa, Gonzalez ("que hice de Secretario de la Acad.^{a}")]
(92) [Salió electo Director dela Acad.^{a} elS.^{or} Cabrera.] (...) el Sor Dn Ramon de Cabrera sacó siete votos, y el Sor Lardizabal uno: por loqué [sic] se publicó quedar elegido por Director elSeñor Cabrera, con cuyo motivo le cumplimentó la Academia dandole la mas afectuosa enhorabuena; contestando el Sor Cabrera con un breve razonam.^{to} de gracias, manifestandose muy agradecido ála distincuion honorifica de la Academia, y ofreciendo que // (93) procuraria servirla con todo el zelo y eficacia que le fuese posible. Respondio el Sr Romanillos enlosterminos mas energicos declarando la completa satisfaccion que cabia á la Acad.^{a} en mirar ásu cabeza un sugeto de tan recomendables prendas y acreditada literatura. (...) //
(94) [Firma y rúbrica.]

Doc. 45 21.05.1814
(110) [Asistentes en su casa de la calle Valverde: D, Cabrera; S, Lardizábal; Director, Navarrete, Abella, Carvajal, Clemencin, Gonzalez-Carvajal, Gonzalez ("que hice de Secret.^{o} de la Acad.^{a}")]
[Acad.^{co} Supern.^{rio} el Sr Duquede San Carlos.] Propuso el Sor Director para Academico Supernumerario al Exo Sor Duque deS.^{n} Carlos Ministro de estado, y habiendo oido la academia con agrado esta propuesta, se pasó ala votacion secre-//(111)ta deque resultó electo dicho S.^{or} por uniformidad devotos. [79]
[Firma y rúbrica.]

Doc. 46 11.06.1814
(118) [Asistentes: D, Cabrera; S, Lardizábal; Director, Valbuena, Navarr.^{te}, Abella, Carvajal, Tapia, Gonzalez ("que hice de Secret.^{o} de la Academia")]

[79] La respuesta del duque se lee en el acta del 7 de junio de 1814.

[Fallecim.^{to} del Sor Alamanzón.] Dí cuenta de haber fallecido eldia 8 del corr.^{te} nuestro buen compañero el Sor Dn Juan Ramirez Alamanzon, y se acordó que se manden decir porsualma las misas acostumbradas que previene el estatuto. Asu consecuencia propuso elS.^{or} Director quan conveniente sería nombrar un Sr Academico que ocupando elquarto dela casa vacante, atiende álos asuntos urgentes y perentorios, arregle el índice de los libros y ponga en orden las cedulas: todo en la clase de Bibliotecario interino, con opcion ala propiedad siempre que quede imposibilitado elque actualm.^{te} obtiene dicho empleo academico, y cediendo al contrario enel caso de restituirse ásus derechos el actual poseedor; y habiendose procedido ala votacion secreta, se hallaron en el escrutinio el // (119)[80] Sor Abella con cinco votos, el Sor Valbuena con uno, y con otro el Sor Navarrete, deque resultó quedar electo bajo las anteriores prevenciones elS.^{or} Abella.
(119) [Firma y rúbrica.]

Doc. 47 30.06.1814
(128) [Asistentes: D, Cabrera; S, Lardizábal; Director, Navarrete, Abella, Gonzalez, Clemencin, Duaso, Lardizabal]
(129) [El Sr Lardizabal hizo dimision dela Secretaría.] Habiendo dado ála Academia las debidas gracias por haberme mantenido la Secretaría durante el largo tiempo de mi ausencia de esta corte, le hice presente que no podia asistir á las Juntas con la frecuencia que deseaba por impedimento las obligaciones de mi empleo, pot lo que le pedia se sirviera admitirme la dimision que hacía dela Secretaría, sin perjuicio de asistir como mero academico siempre que mis ocupaciones me lo permitan, y la Academia tuvo ábien condescender con mi solicitud.
[Firma y rúbrica.]

Doc. 48 9.07.1814
(132) [Asistentes: D, Cabrera; S, Gonzalez; Director, Lardizabal, Valbuena, Navarrete, Abella, Romanillos, Carvajal, Clemencin, // (133) Tapia, Sta Cruz, Duaso, Gonzalez ("que hice de Secret.^{o} de la Acad.^{a}")]
[Eleccion de Secretario en elS.^{or} Dn Francisco Gonzalez.] Siendo este dia el señalado para proveerse la plaza de Secretario dela Academia, vacante por dimision que ha hecho elS.^{or} Lardizabal, se pasó ála votacion secreta según previene el estatuto, y se halló que de los once que eran los Señores vocales, tuvo un voto el Sor Valbuena, dos elS.^{or} Navarrete, y yo los ocho restantes, por loqué quedé electo Secretario; manifestando con este motivo mi gratitud á la Academia por tan señalado honor, y reconociendo mi insuficiencia la supliqué tuvieses la bondad de disimular mis defectos en el exercicio de tan decoroso empleo.
(134) [Firma y rúbrica.]

Doc. 49 10.11.1814
(172) [Asistentes: D, vacante; S, Gonzalez; Castañeda ("que presidió laJunta"),, Navarrete, Abella, Carvajal, Gonzalez-Carvajal, Villamil, Tapia, Munarriz, Duaso, Gonzalez.]

---

[80] Al margen, "Bibliotecario interino el Sor Abella."

[Tomo posesión el E$\bar{x}$mo Sor Duque de San Carlos.]
(173) [Academicos de Núm.^{o} S.^{res} Duque de Sn Carlos, Dn Juan Perez Villamil, Marq.s ^{de} Sta Cruz, yel Duque de Hijar.] [Salió el electo Director dela Academia el Exc.^{mo} Sor Duque de Sn Carlos.]
[Firma y rúbrica.]

Doc. 50 22.05.1815
(216) [Asistentes: D, San Carlos; S, Gonzalez; Director, Navarrete, Abella, Carvajal, Clemencin, Gonzalez-Carvajal, Hijar, Chimioni, Bucareli, Gonzalez.]
(218) Habiendo tenido noticias ciertas deque el Illmo. Señor D. Manuel de Lardizabal conserva aún algunos apuntamientos sobre el prologo del Fuero-Juzgo y determinada la continuacion de esta obra se decidió pasar un atento oficio á dicho Señor para que los ordene en la forma posible y siendo tales sus ocupaciones quele impidan el executarlo, se digne entregar dichas memorias decuya redaccion quedamos encargados el Sor Clemencin, y yo: se cometió asi mismo á nuestro cuidado elarreglar todo lo conveniente á la publicacion de esta obra, exceptuando el glosario latino deque yo tambien quedé encargado en compañía del Sor Gonzalez Carvajal: para convenir sobre todos los puntos con la casa del impresor Ybarra tubé [sic] asi mismo al honor de que la Academia me comisionare, (...)
[Firma y rúbrica.]

Doc. 51 6.06.1815
(221) [Asistentes: D, San Carlos; S, Gonzalez; S.E., Lardizabal, Carvajal, Gonzalez-Carvajal, Munarriz, Duaso, Chimioni, Bucareli, Gardíe hon.^{o}, Gonzalez.]

[Sobre edicion del Fuero Juzgo.] En cumplimiento del encargo que me hizo la Academia para tratar sobre continuar la edicion del Fuero Juzgo manifesté quela casa de Ybarra está pronta á llevarla al cabo, y concluirla. Con este motivo insinuó el Señor Lardizabal que reconocería sus papeles por si pudiera hallarse algun apuntamiento para el prologo.

El Sr Gonzalez Carvajal manifestó convendría que solo se tirasen mil y quinientos ejemplares atendiendo al corto despacho que ofrece dicha obra, y se aprobó uniform.^{se} este dictamen.
(222) [Firma y rúbrica.]

Doc. 52 6.07.1815
(228) [Asistentes: D, San Carlos; S, Gonzalez; Abella ("que presidió la junta"), Carvajal, Gonzalez-Carvajal, Chimioni, Arriaza, Gonzalez.]
[Borradores del Fuero Juzgo.[Presentó los borradores y apuntamientos que ha tenido la bondad de remitir á la Academia nuestro academico el Sr D. Manuel de Lardizabal, y son pertenecientes al prologo del Fuero Juzgo, y acordó que pasen al Sr Clemencin y á mí para que se aprovechen las noticias que contienen.
[Firma y rúbrica.]

Doc. 53 21.09.1815
(243) [Asistentes: D, San Carlos; S, Gonzalez; Abella ("que presidió la junta"), Carvajal, Gonzalez-Carvajal, Duado, Chimioni, Arriaza, Arrieta hon.^{o}, Gonzalez.]

(244) Se determinó despues que para concluir los trabajos correspondientes á la edicion del Fuero-Juzgo se tome un escribiente que prepare las copias para que result[e][81] corriente todo lo que falta á concluirla.
(245) [Firma y rúbrica.]

Doc. 54 26.09.1815
(245) [Asistentes: D, San Carlos; S, Gonzalez; S.E., Lardizabal, Abella, Carvajal, Gonzalez-Carvajal, Chimioni, Arriaza, Gonzalez.]

[Se perpetúa alS.^{r} Duquede Sn Carlos en la Direccion dela Acad.$^{a.}$] Leí un oficio del Excmo. S.^{or} d.^{n} Pedro Cevallos, en q.^{e} manifestaba haber accedido S. M. á la consulta de la Academia, en solicitud deque se perpetuase en direccion al Exc.^{mo} Sor Duque de Sn Carlos, y hallandose presente dicho Señor manifestó su reconocimiento y deseos de procurar // (246) todos medios el esplendor de este cuerpo, á cuyas insinuaciones correspondieron todos los S.^{res} dando al Sr Director la mas completa y expresiva enorabuena [sic].

[Sobre prologo del fuero-juzgo.] El Sor Lardizabal hizo presente haber hallado felizmente una copia completa del prologo que S. Illma tenia trabajado para la edicion del Fuero Juzgo, el cual remitiría á la Academia.
[Firma y rúbrica.]

Doc. 55 12.10.1815
(251) [Asistentes: D, San Carlos; S, Gonzalez; Lardizabal ("que presidió la junta"), Gonzalez-Carvajal, Duaso, Chimioni, Arrieta hon.^{o}, Gonzalez.]

El Sr D. Manuel de Lardizabal presentó á la Academia la copia completa del prologo que tenia trabajado p.^{a} la edicion del Fuero-Juzgo, por loque se dieron á dicho S.^{or} // (252) las correspondientes gracias.
[Ficha y rúbrica.]

Doc. 56 21.10.1815
(254) [Asistentes: D, San Carlos; S, Gonzalez; Clemencin ("que presidió la junta"), Gonzalez-Carvajal, Tapia, Duaso, Munarriz, Arriaza, Chimioni, Arrieta, Gonzalez.]
(256) [Discurso del Sr Lardizabal sobre las leyes de los Wisigodos.] [Prologo para el Fuero-Juzgo.] Habiendose propuesto se convendría publicar el prologo ó sea discurso sobre las leyes de los Wisigodos y origen del Fuero Juzgo, presentado por el Sr Dn Manuel deLardizabal, se acordó que se devuelva á dicho S.^{r} para que reconociendole corrija, emiende, añada ó quite segun le parezca convenir y mediante á que su publicacion habrá de ser con el nombre de tal Discurso ó Disertacion preliminar entendió la Academia no deberse excusar el prologo reducido al objeto, giro y metodo observado en la edicion y á dar razon de los codices que para ella se han tenido á la mano, de lo que quedamos encargados el Sr Clemencin y yo. Con este motivo se trató de rehacer una hoja del texto latino en que se nota cierta equivocacion muy considerable y así quedó resuelto. Y para que pueda ahorrarse algun coste en la publicación del glosario quedé

[81] No se puede ver porque lo escrito entra en la divisoria entre dos páginas.

encargado de presentar en la primera junta extraordinaria un plan ó advertencias que deberán precederle.
(257) [Firma y rúbrica.]

Doc. 57 18.11.1815
(266) [Asistentes: D, San Carlos; S, Gonzalez; Gonzalez-Carvajal ("que presidió la-junta"), Munarriz, Mestre, Chimioni, Arrieta, Gonzalez.]

Di cuenta del estado que tienen las copias necesarias para concluir la edicion delFuero-Juzgo de que quedó enterada la Academia, y mandó que adelantados todos estos trabajos, y luego que elS.r Lardizabal debuelva su disertacion sobre dicho codigo deleyes se disponga inmediatamente la conclusión de esta obra.
(268) [Firma y rúbrica.]

Doc. 58 9.01.1816
(270) [Asistentes: D, San Carlos; S, Gonzalez; Navarrete ("que presidió lajunta"), Duaso, Chimioni, Arrieta, Gonzalez.]

[Discurso del S.r Lardizabal.] Dí cuenta de haber recibido el discurso del S.r Lardizabal sobre la edicion delFuero Juzgo.
[Firma y rúbrica.]

Doc. 59 14.05.1816
(316) [Asistentes: D, San Carlos; S, Gonzalez; Navarrete ("q.e presidió la junta"), Carvajal, Clemencin, Hijar, Duaso, Munarriz, Chimioni, Bucareli, Caicedo, Ortega, Noroña hon.o, Gonzalez.]
(317) Dí cuenta de tener yá concluidos todos los trabajos que deben preceder á la conclusión delFuero Juzgo y la Academia deseando dar fin á ésta obra determinó honrarme con que continúen á mi cargo las diligencias todas de esta edicion deque me encargué gustosísimo.
[Firma y rúbrica.]

Doc. 60 30.05.1816
(322) [Asistentes: D, San Carlos; S, Gonzalez; Navarrete ("que presidió lajunta"), Clemencin, Duaso, Chimioni, Bucareli, Arrieta, Caicedo, Ortega, Andres hon.o, Noroña hon.o, Gonzalez.]
(323) [Se nombró alS.r Duaso para la correc.on de pruebas del Fuero Juzgo.] Hice presente están ya entregados en la imprenta de Ybarra los trabajos todos que se me habian encargado para concluir la edicion del Fuero-Juzgo, y supliqué se dignase la academia nombrar un S.r Academico que me ayude en la corrección de pruebas, y el S.r Presidente nombró p.a desempeñarla al S.r Duaso.
[Firma y rúbrica.]

Doc. 61 31.12.1816
(400) [Asistentes: D, San Carlos; S, Gonzalez; Navarrete ("que presidió lajunta"), Carvajal, Clemencin, Chimioni, Bucareli, Caicedo, Ortega, Gonzalez.]

(401) Manifesté que habiendo tratado en dicha casa de Ibarra sobre la edicion del Fuero-Juzgo me habian dado palabra de continuarla desde la semana proxima, con lo que me prometía que á buelta de cuatro meses quedaría concluida.
(402) [Firma y rúbrica.]

Doc. 62 6.03.1816 [82]
(433) [Asistentes: D, San Carlos; S, Gonzalez; Valbuena ("que presidió la junta"), Navarrete, Tapia, Duaso, Chimioni, Arriaza, Bucareli, Arrieta, Caicedo, Ortega, Gonzalez.]
(434) En consideración al menor coste que podrá tener el tirado de toda la edicion del Fuero Juzgo segun que se principió y que contaba de 4060 egemplares regulares y de ciento y cinco en papel marquilla á que solo se tiren 1500 y posteriormente los restantes se acordó que se complete toda la edicion en la forma que se comenzó en el año de 1797.
(435) [Firma y rúbrica.]

Doc. 63 15.04.1817
(446) [Asistentes: D, San Carlos; S, Gonzalez; Valbuena ("que presidió la junta"), Navarrete, Carvajal, Clemencin, S.ta Cruz, Duaso, Chimioni, Bucareli, Arrieta, Caicedo, Ortega, Gonzalez.]

[Prologo del Fuero-Juzgo.] El S.r D.n Diego Clemencin leyó el proyecto del prologo que ha de servir para la edicion del Fuero-Juzgo que esta para publicar la Academia, y delque habiamos sido encargados S. S. y yo. Oido por este ilustre cuerpo se aprobó todas sus partes y se determinó que se proceda á su impresión. //
(447) [Firma y rúbrica.]

Doc. 64 16.10.1817
(515) [Asistentes: D, San Carlos; S, Gonzalez; Valbuena ("que presidió lajunta"), Navarrete, Carvajal, Duaso, Tapia, Chimioni, Bucareli, Arrieta, Caicedo, Ortega, Gonzalez.] //
(516) El S.or Tesorero dió cuenta de estár ya encuadernados los ejemplares deFuero-Juzgo destinados para las Personas Reales, y á su virtud el S.or Presidente nombró para para presentarlos al Exc.mo S.or Duque deHijar, D.n Josef Duaso, D.n Josef Bucareli, y á mí el infrascrito Secretario de lo que quedamos encargados.
[Firma y rúbrica.]

Doc. 65 21.10.1817
(516) [Asistentes: D, San Carlos; S, Gonzalez; Valbuena ("que presidió la junta"), Navarrete, S.ta Cruz, 2.º Tapia, 1. Duaso, Bucareli, Chimioni, Arrieta, Caicedo, Gonzalez.]
(517) Los encargados de entregar á S. M. y A. los ejemplares del Fuero-Juzgo que les estaban destinados dimos cuenta dehaber verificado en el sabado 18 del corriente su presentacion á las Personas Reales quienes manifestaron su complacencia al ver el zelo y lavoriosidad con que este sabio cuerpo desempeña las tareas propias de su instituto.

---

82 Se escribe *1817* [sic].

Se trató en seguida del precio a que ha de venderse esta obra y se acordó segun propuesta del S.or Tesorero que cada ejemplar se venda á 44 r.s en papel, á 48 en rustica, á 54 encuadernado á la olandesa y á 60 en pasta.

Pareció asimismo conveniente que en los papeles publicos se haga un anuncio de dicha obra y otras sueltas deque existen egemplares, añadiendo cuantas tiene venales la Academia.

(518) [Sin firma ni rúbrica.]

Doc. 66 28.10.1817

(519) [Asistentes: D, San Carlos; S, Gonzalez; Valbuena ("que presidió la junta"), Navarrete, 2.º Clemencin, 1.º Carvajal, S.ta Cruz, Duaso, Tapia, Chimioni, Bucareli, Arrieta, Caicedo, Gonzalez.]

Habiendo parecido á varios S.res hacer falta en la nueva edicion del Fuero-Juzgo un indice al menos de los libros y titulos que contiene este codigo y siendo de necesidad el determinar cuanto antes este punto, se nombró una comisión que le resolviese segun fuere mas decoroso á la Academia. Tratado por // (520) esta, se acordó poner una nota antes del fuero juzgo castellano que salve la inexactitud que aparecia en las advertencias de letra cursiva que se hallan al fin de las leyes del titulo preliminar: y se determinó finalmente que seforme el indice de libros y titulos asi del castellano como del latin.

[Firma y rúbrica.]

Doc. 67 30.10.1817

(520) [Asistentes: D, San Carlos; S, Gonzalez; Valbuena ("que presidió la junta"), Navarrete, Carvajal, Clemencin, S.ta Cruz, Tapia, Duaso, Munarriz, Chimioni, Bucareli, Arrieta, Caicedo, Gonzalez.]

(521) El S.r Clemencin leyó la nota que ha de ponerse al fin del indice castellano del Fuero Juzgo, la que no pudo menos // (522) de complacer á la Academia y quedó aprobada.

[Firma y rúbrica.]

Doc. 68 25.11.1817

(527) [Asistentes: D, San Carlos; S, Gonzalez; Valbuena ("que presidió la junta"), Navarrete, Clemencin, S.ta. Cruz, Duaso, Munarriz, // (528) Chimioni, Bucareli, Arrieta, Caicedo, Sales Andres, Ortega, Gonzalez.]

El S.r Navarrete presentó un recibo del P. Jesuita Bibliotecario de los R.s Estudios, por el que reclamaba un egemplar del Fuero-Juzgo y se acordó que se le remita debolviendo el codice propio de aquella biblioteca que // (529) ha servido para la edicion con un oficio de gracias y cuidando de recoger el recibo dado por la Academia altiempo de la entrega del mencionado codice, ó encaso de haberse extraviado uno nuevo que acredite haberse devuelto : diligencia que determinó la Academia sepractique con la biblioteca del Escorial, con el Ayuntamiento delaciudad de Murcia y con los demas cuerpos que franquearon codices para la edicion de la misma obra que está yá publicada. (...)

Leí la cuenta del importe que han tenido las ediciones del Fuero-Juzgo y de la Gramatica hechas en la imprenta de Ibarra. Se ofrecieron varios reparos y dificultades especial.^{te} la de que no habiendo estado á cargo del Sr Alamanzon las pruebas del texto latino, y habiendose remitido correcto y exacto el original no parecia justo que recargarse en cada pliego la misma cantidad que en el texto castellano, donde se empleó un travajo muy extraordinario y particular, por que las variantes se arreglaron en las mismas pruebas que causó en las cajas un trastorno muy considerable, y para manifestar // (530) estas dudas al Regente de la imprenta y orillar estepunto, se dio comision á los S.^{res} Valbuena, Navarrete y el infrascrito Secretario, quienes en compañia con el Sr Tesorero tratarán el modo y forma conque se hayan de abonar á la imprenta los mrs. que se la deben. (...) // (531)

Para el mejor despacho del Fuero Juzgo se determinó que se escriba á nuestro Academico el Sor Pougens residente en Paris y al Sor Director el Excmo. Duque de Sn Carlos en Londres á fin de que hagan anunciar esta obra en la mayor forma que pueda llamar la atencion delos extranjeros, pues siendo lafuente de todos los cuerpos de legislacion podrá excitar la curiosidad de muchos estudios y proporcionar su mejor despacho.
[Firma y rúbrica.]

Doc. 69 4.12.1817
(534) [Asistentes: D, San Carlos; S, Gonzalez; Valbuena ("que presidió lajunta"), Navarrete, Clemencin, Sta Cruz, Tapia, Chimioni, Arrieta, Caicedo, Gonzalez.]

El Sor Valbuena dio cuenta dela Comision conque se habia dignado honrar la Academia á S.S., al Sor Navarrete y á mí para que concluyesemos las cuentas con el Regente de la Ymprentade Ybarra, y manifestó que para mayor formalidad se le había pasado un oficio enque se exponian todas las dudas y dificultades que se habian ofrecido en la aprobacion de la cuenta del Fuero-Juzgo. En contestacion á él remitía otro por el que hacía presente el mucho coste de la edicion, las muchas interrupciones en el trabajo de caja, el sueldo de 15 reales diarios que por espacio de seis ó siete años sele habian dado á un cajista, y que nivelando los intereses de este cuerpo con el de la casa hacía la rebaja de 38800 r.^{s} La Academia deseando evitar disputas no pudo menos de conformarse con la propuesta del Regente.

Asímismo expuso el mismo Sor Valbuena haberse este // (535) conformado para el abono delo que sedebe á la imprenta conque se le entregue en cada mes la cantidad que comodam.^{te} permita el estado de sus caudales.
[Firma y rúbrica.]

Doc. 70 30.12.1817
(543) [Asistentes: D, San Carlos; S, Gonzalez; Navarrete ("que presidió la junta"), Carvajal, Clemencin, Sta Cruz, Duaso, Tapia, Chimioni, Bucareli, Arrieta, Caicedo, Sales Andres, Gonzalez.]

Leí un atento oficio de Mr. Raynouard, secretario de la real Academia ó del instituto real de Francia, por elque manifestaba haber llegado á poder de aquel ilustre cuerpo el ejemplar de la 5.ª edicion del Diccionario de la lengua castellana, y daba á su nombre las mas expresivas gracias. El mismo Mr. Raynouard remitía adjuntas las obras suyas siguientes: Gramatica ^{del} Romance ó gramatica sobre la lengua de los trobadores:

Elementos de la gramatica dela lengua romana antes del año 1000: y Extracto del diario delos Sabios Octubre 1816. Enterada la Academia acordó que estas obras se coloquen en su biblioteca, y que se remitan dos ejemplares del Fuero-Juzgo uno para la Academia Real y otro para el mismo secretario con un oficio de gracias.
(545) [Firma y rúbrica.]

Doc. 71 29.01.1818
(557) [Asistentes: D, San Carlos; S, Gonzalez; Navarrete ("que presidió la junta"), Carvajal, Clemencin, S.ta Cruz, Tapia, Duaso, Chimioni, Bucareli, Arrieta, Caicedo, Andres, Gonzalez.]

Se acordó que habiendose hecho por esta Academia una edicion la mas correcta que ha podido salir á la luz publica del Fuero-Juzgo, y siendo tambien tan exacta la de las Partidas publicada por la de laHistoria se citen por ellas y se pongan de aquí delante las autoridades que para comprobacion de alguna voz se tomen deestas dos obras, pues es // (558) muy digno que asi seles dé el concepto y estimacion que tan justamente merecen.
[Firma y rúbrica.]

ARAE_L20_Libro_actas_1818_1828 (= *Libro 20 que principia en 3 de Marzo / de 1818*[83], 3.03.1818-18.12.1828)

Doc. 72 2.04.1818
(12) [Asistentes: D, San Carlos; S, Gonzalez; Navarrete ("que presidió la junta"), Carvajal, Clemencin, S.ta Cruz, Tapia, Chimioni, Bucareli, Arrieta, Caicedo, Ortega, Gonzalez.]

Leí un atentisimo oficio del Exc.mo S.or Duque de S.n Carlos nuestro Director, en que despues de ofrecer a la Academia todos sus obsequios manifestaba haber influido á que se publique la edicion del Fuero-Juzgo // (13) hecha por este cuerpo en uno de los mejores periodicos de Londres, del que acompañaba un ejemplar. Anadia [sic] S.E. que habia escrito á las Cortes deParis y deViena á fin de que se anuncie igualmente al publico esta obra tan digna de este cuerpo, que determinó se tributen al S.or Director las correspondientes gracias por el interés con que mira por su honor y concepto.
[Firma y rúbrica.]

Doc. 73 16.06.1818
(37) [Asistentes: D, San Carlos; S, Gonzalez; Carvajal ("que presidió lajunta"), Munarriz, Chimioni, Bucareli, Arrieta, Caicedo, Gonzalez.]

Presenté el monitor deParís de 27 de Mayo proximo pasado enque sepublica el Fuero-Juzgo edicion de la Academia por diligencia y cuidado de nuestro Academico honorario D.n Carlos Pougens, quien acompañaba una carta manifestando la satisfaccion que habia tenido en contribuir por su parte al cumplimiento de nuestros deseos. Se acordó enviar á este S.r Academico un ejemplar dela misma obra, y un atento oficio de gracias.
(38) [Firma y rúbrica.]

---

[83] Esta última línea va subrayada.

Doc. 74 3.11.1818
(77) [Asistentes: Valbuena ("que presidió lajunta"), Navarr.te, Conde, Carvajal, S.ta Cruz, Munarriz, Tapia, Arrieta, Caicedo, Sales Andres, Clemencin ("que hice de Secretario de la Academia"]

El S.r Presidente dio cuenta del fallecimiento del S.or D.n Ramon Chimioni, nuestro academico de número que se verificó ayer mañana, y la Academia despues de haber manifestado sujusto sentimiento por la perdida de uno de sus benemeritos individuos; acordó que se le hagan los sufragios acostumbrados por su alma.
[Firma y rúbrica.]

Doc. 75 10.11.1818
(79) [Asistentes: D, San Carlos; S, Gonzalez; Valbuena ("que presidió laJunta"), Conde, Carvajal, Santa Cruz, Tapia, Bucareli, Arrieta, Caicedo, Sales Andres, Navarrete ("que hice de Secretario de la Academia".]

Leí una carta del Secretario de la Academia Francesa en la cual acusaba el recibo del ejemplar del Fuero-Juzgo que // (80) se le habia remitido, dando las mas expresivas gracias en nombre de aquel cuerpo, y correspondiendo á este con un opusculo del Secret.o Mr. Raynouard, en que publica y examina el fragmento de un poema sobre Boecio, escrito en el siglo XI, especialmente en la parte de la etimología de las palabras de la lengua francesa y española.
[Firma y rúbrica.]

Doc. 76 26.11.1818
(83) [Asistentes: D, San Carlos; S, Gonzalez; Valbuena ("que presidió laJunta"), Navarrete, Conde, Tapia, Duaso, Munarriz, Mestre, Bucareli, Arrieta, Caicedo, Sales, Clemencin ("que hice deSecretario de la Academia".]

[Nota al pie, con llamada tras la lista de asistentes.] Lei una carta de nro individuo honorario el Sr. D. Carlos Pougens, en que contestando á un oficio que sele habia remitido de acuerdo dela Acad.a, ofrecia desempeñar el encargo que se le ha hecho de anunciar[84] y dar á conocer nraedicion del Fuero Juzgo en los periódicos franceses y alemanes.
[Firma y rúbrica.]

Doc. 77 13.06.1820
(196) [Asistentes: D, San Carlos; S, Gonzalez; Navarrete ("que presidió la junta"), Carvajal, Clemencin, González Carvajal, Vargas, Duaso, Munarriz, Arrieta, Caicedo, Sales, Gonzalez.]

Dí cuenta del fallecimiento de nuestro benemerito y erudito compañero y academico de numero el S.or. D.n José Antonio Conde, // (197) que murió en el dia 12 delpresente mes. La Academia demostró con sus expresiones el sentimiento que le causaba la perdida deun individuo tan recomendable por sus prendas naturales y por sus conocimientos literarios, y mandó que se celebren por su alma las misas que previenen los acuerdos.
[Firma y rúbrica.]

---

[84] Tachado: *hacer.*

Doc. 78 3.08.1820
(206) [Asistentes: D, San Carlos; S, Gonzalez; Lardizábal ("que presidió la junta"), Carvajal, Clemencin, González-Carvajal, Vargas, Munarriz, Caicedo, Gonzalez.]

El Sor Dn Manuel deLardizabal ofreció á la Academia la satisfaccion que disfrutaba por haberlo condecorado S. M. con los honores del consejo deEstado, y no pudo menos de oirse esta oferta con particular agrado.
(207) [Firma y rúbrica.]

Doc. 79 28.12.1820[85]
(236) [Asistentes: D, San Carlos; S, Gonzalez; Navarrete ("que presidió la junta"), Carvajal, Clemencin, Vargas, Munarriz, Bucareli, Caicedo, Gonzalez.]

Dí cuenta del fallecimiento de nuestro apreciable // (237) [Fallecim.^{to} del E$\overline{x}$mo Sor D. Manuel de Lardizabal yUribe.] compañero dignisimo Academico el Sor Dn Manuel de Lardizabal, secretario que fue del cuerpo por muchos años y consejero honorario deEstado, quien murió en el dia 25 del corriente á los ochenta y un años y dos dias de su edad. La Academia oyó esta infausta noticia con el sentimiento que era propio en la falta de un individuo tan benemerito y que trabajó incesantem.^{te} en las tareas propias del instituto: y se determinó que se celebrasen por su alma las misas que son de costumbre y acuerdo.
[Firma y rúbrica.]

EXPEDIENTES I: *FUERO JUZGO*

Doc. 80 (ARAE 302/1/1 – 1)[86]

2 hojas [en cuarto][87]

Madrid __________ Octubre ________________________ 1785

Plan de una Dissertacion sobre

Las Leyes Wisigodas. // (1v)

1.ª Parte

[85] Después de su dimisión como secretario, Lardizábal actuó como presidente en varias ocasiones, tal como figura en el *Libro de actas 20:* 104 (11.02.1819), 119 (29.04.1819), 133 (15.07.1819), 150 (26.10.1819), 169 (25.01.1820), 206 (3.08.1820), 231 (7.12.1820).

[86] En el archivo de la RAE empieza con este documento la carpeta de signatura 302/1/1-3, denominada "Planes de Jovellanos, octubre 1785".

[87] Se indica el tipo de hoja que resulta de doblar el pliego de papel. Se indicará siempre debajo de la signatura que identifica a cada documento.

1º Del nombre de este codigo
2º DeLas ^{varias} compilaciones. [88]
3 Dela vltima compilac^{n}
4 Del orden ydivision delasmaterias.
5 Desu estilo[89]
6.Desus ediciones latinas.[90]
Delos codices latinos
7 Del estilo del texto castellano.
8 Delos difer.^{tes} codices
9 De sus diferentes ediciones
10 Dela correccion, y edic.^{n} presente. // (2r)

2.ª P.^{te}
origen, y fuentes de esta Legislac.^{n}
[a continuación tras una llave] costumbres goticas
derecho romano
costumbres hispanas[91]
derecho ecc.^{co}

Autores de estas Leyes...... Reyes
Concilios.

Caracter, y espiritu de estas leyes. Derecho publico
civil
Derecho privado
crimi^{l}

Autoridad de este codigo

Uso y observancia

^{Su} fin[92]

Vtilidad desu presente estudio.[93]

---

[88] Tachado: *Yl predieron* [sic] à la preg.^{ta}.

[89] Tachado: *latinidad.*

[90] En la línea intermedia entre esta y la siguiente, referidas al texto sobre las ediciones y los códices latinos, tachado: *De las traducciones al castellano* (no hay punto).

[91] Si es así, sobra una *o* final.

[92] Antes y después de *Su fin*, aparecen tachados, primero prácticamente ilegible ¿tolbidos?, después *ves.*

[93] El documento siguiente es el mismo, por lo que se transcribe, pero, probablemente, es la versión original, de letra de Jovellanos, con una ortografía más antigua que la de la versión transcrita. Habrá que comparar estas dos versiones.

Doc. 81 (ARAE 302/1/2 – 1)

8 hojas [folio]

Señores.

Para corresponder á la confianza de la Junta y cumplir con su encargo he formado el adjunto plan de una disertacion sr͡e el Fuero Juzgo. Él descubre por si mismo el objeto q.e me propuse en su formacion: pero como la Junta pudiera tener otras ideas á cerca de este trabajo, creo de mi obligacion enterarla de las razones q.e me moviéron á considerarle con la extension que manifiesta el Plan presentado.

Si contemplamos á la Academia solamente en calidad de editor del Fuero Juzgo, no hay duda en que llenará todas las obligaciones que le impone este encargo con presentar al público una edicion de aquel código la mas completa, exâcta y auténtica q.e sea posible: y en este sentido bastaria que en el prólogo de su nueva edicion enterase al público de los medios de que se habia // (1v) valido para la perfeccion de su empresa. Bastaria q.e diese una idea de los códices que habia reconocido y cotejado y de la diligencia con que habia deducido de ellos los[94] textos latino y castellano de su nueva edicion. Y cierta mente q.e no seria este un pequeño servicio hechoal público de nuestra Nacion, y aun al mundo literario, si se considera por una parte la importancia de las leyes que se van á publicar, y por otra la corrupcion con q.e se habian publicado ántes de ahora.

Pero entre muchas razones que me mueven á pensar q.e la Academia debe aspirar á mayor perfeccion: son para mi mas atendibles las q.e voy á exponer á la consideracion de la Junta.

La Academia como el primer cuerpo literario de la Nacion, está obligada, no solo á conservar, sinó tambien á aumentar su reputacion. Debe pues, buscar la gloria y nombre literario por todos los medios posibles y caminar á este objeto á costa de qualesquiera trabajos y fatigas. La ocasion que se la presen-//(2r)ta es oportuna. El aprecio de la obra que trata de publicar, no se circunscribirá en los límites de España: pasará á las Naciones extrañas y remotas, y llevará su nombre á todos los pueblos donde el estudio y el amor á las letras tengan alguna estima.

Pero sobre todo debe moverla el deseo de la comun utilidad. De poco servirá ofrecer al publico una nueva y exâcta edicion de este precioso código, sinó [sic] se le proporcionan los medios de leerle con fruto. Quando se publicã leyes nuevas, ó bien recientes, y contemporáneas, puede bastar aquel trabajo, por que si son buenas, serán tales q.e las pueda entender hasta el pueblo rudo, y no necesitarán ilustracion, y si son malas, mas merecerán ser combatidas que ilustradas. Pero la Academia trata de publicar unas leyes antiquadas y muertas: unas leyes que nadie obedece; pero cuyo conocimiento es esencialísimo, ora se consideren como depósito de la constitucion y el derecho que gobernó á nuestros Abuelos, ora como fuentes de la // (2v) constitucion y las leyes en que vivimos. Todo en ellas es obscuro, todo digno de esclarecimiento; orígen, Autores, tiempo, estilo,

[94] Añadido en la interlínea superior.

sancion, observancia, y quanto conduce á la esencia de un código gral, qual es el que trata de ofrecer la Academia á la instruccion y provecho del público. Debe pues, ilustrar las leyes q.e publica.

Pero quando tantas causas no nos moviesen á emprender este trabajo, la expectacion genenenal [sic] deberia bastar para resolvernos á abrazarle. De los esfuerzos de qualquiera particular aplicado espera siempre el público la mayor perfeccion. ¿qué no esperará, que no exîgirá de los de un cuerpo literario que reune en sí tantas luces y tantos auxîlios? Las personas nombradas por la Academia para desempeñarle baxo de su direccion no disminuirán ciertamente sus esperanzas, y por mas que yo rebaxe mi reputacion y mis talentos, siempre se afianzarán sobre otros que no las dexarán frustradas.

Estas razones me han hecho creer q.e // (3r) la Academia no solo debe publicar, sinó tambien ilustrar las leyes Wisigodas. No quiero decir en esto que hagamos sobre ellas un comentario. Líbrenos Dios de caer en el error de los que creen, que se mejoran las leyes con glosas é interpretaciones. Esta especie de heregía literaria ha hecho de la Jurisprudencia una ciencia arbitraria y usual, ha vuelto á su cáos original los principios de la justicia primitiva, y ha abierto un arsenal abundantísimo donde la injusticia y el fraude se proveen freqüentemente de armas para triunfar de la justicia y la inocencia.

No Señores la ilustracion de que hablo, debe dirigirse á otro objeto mas saludable: á la perfecta inteligencia de estas leyes, al conocimiento de su orígen, esencia, uso y autoridad.

Con esta idea he dividido mi plan en dos partes principales. En la primera, se deberá tratar de la coleccion de las leyes Wisigodas, y en la segunda de su exâmen analítico.

Como nuestro designio es[95] publicar á un // (3v) mismo tiempo el código latino y el castellano, la primera parte se dividirá naturalmente en dos secciones, y en cada una de ellas se tratará de uno de estos códigos.

Por lo tocante al código latino se tratará de sus primeros Compiladores, del título y varios nombres con que fué conocida la última compilacion, del órden y division de la material legal, del estilo, de los códices M. SS. que se han tenido presentes, de las anteriores ediciones latinas, y últimamente de la edicion que piensa dar al público la Academia. [adorno]

En la 2.ª seccion se debe tratar del código castellano, desu titulo, su version, su estilo, de los M. SS. reconocidos, de la edicion de Villadiego y su comentario.

La 2ª. parte se dividirá en quatro secciones: la primera tratará del orígen y fuentes del derecho Wisigodo, y en calidad de tales, ya de los usos y costumbres dedonde se pudo derivar, y ya de aquellos derechos que contemporáneamente se reconocian en España y de que se tomáron varias máxî[mas][96] // (4r) legales relativas á su gobierno civil y Eclesiastico.

La 2.ª seccion tratará del espíritu de las leyes Wisigodas, y se exâminarán separadamente en dos artículos en quanto dicen relacion, ya con el derecho público, y ya con el privado de aquellos tiempos.

---

95 Se había escrito *se*; se tacha y se escribe *es* encima. En la otra versión, *sea*.

96 La sílaba final se toma de la primera versión, ya que en la segunda no se acaba la palabra.

En el primero de estos articulos q.[e] se dividirá en paragrafos, se exâminarán estas leyes con respecto á la constitucion y como partes esenciales de ella: se tratará de las gerarquías civil, militar y Eclesiástica en tpo. de los godos, con lo qual se abrazarán los principales objetos que comprehende toda constitucion política, la cabeza y los miembros, el derecho de los que mandan, y el de los que obedecen.

En el artículo 2°. se exâminarán estas leyes con respecto al derecho privado y baxo de esta relacion se considerarán las leyes civiles y la [sic] criminales. Tambien // (4v) abrazará este artículo los tribunales y los jueces pues aunque se hablará de los primemeros [sic] como una parte de la gerarquía civil, aquí se deben considerar con relacion al modo y forma de desempeñar su ministerio en la decision de las causas: esto es á los juicios.

La seccion 3.ª se destinará á tratar de los autores de estas leyes, y con este respecto se exâminará el modo de formarlas, ya por los Monarcas, ya por la Nacion congregada en los Concilios. Tambien se tratará de la sancion real dada á estas leyes y de la autoridad del código en que fuéron recopiladas. La Junta conocerá que este es uno de los puntos mas necesitados de ilustracion, y mas dignos de ocupar su estudio y sus desvelos.

En la 4.ª y ultima seccion se tratará del uso y observancia de este código, no solo baxo el imperio de los Godos, sinó [sic] tambien baxo los Reyes de Asturias y Leon, q.[e] le restableciéron y aun baxolos de // (5r) Castilla que le diéron por fuero[97] municipal á muchos pueblos donde fué observado hasta q.[e] la publicacion de las Partidas, y los ordenamientos generales le desterráron del Foro.

Por corolario de toda la obra, se deberá tratar en artículo separado de las utilidades que puede producer el estudio de las leyes Wisigodas con lo qual quedará en mi dictámen complete la ilustracion en todos sus números. Bien conozco que la extension de este plan es grande: pero creo que exâminados y meditados separádamente los puntos que abraza, y tratados en disertaciones particulares por los que componemos esta Junta, podrán reunirse sin notable dificultad todas las luces y conocimientos necesarios para su desempeño. Sobre todo la Junta sabe quanto puede esperar de la sabiduria del Sor. Lardizábal, á cuyo cargo ha de correr el darforma á nuestros trabajos, y poner en ellos // (5v) aquel sello de perfeccion q.[e] caracteriza todos los [que] salen de su pluma. Madrid 17. de 8.re de 1785. Dn Gaspar Melchor de Jovellanos. //

[6v]
Madrid .... Octubre......... 1785
Plan de una disertacion / sobre las leyes / Wisigodas.[98] /

(7r) Disertacion sre. las leyes Wisigodas. / Parte 1.ª / De la coleccion de las leyes. / Wisigodas. /

---

[97] Dos letras finales tachadas.

[98] En la tercera versión, prácticamente igual que esta, antes de la fecha, con lápiz, "1102". Al final, también con lápiz, de otra mano y quizá posterior, "Impreso en su [ilegible]?".

Seccion 1.ª .... Del Código Latino. /
Artículo 1º. De los primeros compiladores del código Latino.
2º....De la última compilacion del código Latino.
3º....Del título del código latino.
4º....Del órden y division de las materias.
5º....Del estilo y lenguage.
6º....De los varios códigos latinos.
7º....De las varias ediciones latinas y sus autores.
8º....De la nueva edicion latina de la Academia.

Seccion 2.ª......... Del código castellano.
Artículo 1º. De la traduccion del codigo latino.
2º....Del título del código castellano.
3º....Del estilo y lenguage.
4º....De los codices castellanos.
5º....De la edicion de Villadiego.
6º....Del comentario de Villadiego.
7º....De la nueva edicion castellana de la Academia. // (7v)

Parte 2.ª / Exâmen analítico de las leyes Wisigodas. /

Seccion 1ª....Del orígen y fuentes de las leyes Wisigodas.
Artículo 1.º...Costumbres Septentrionales.
2.º......Costumbres de España baxo el Gobierno Romano.
3.º......Costumbres de España baxo la dominacion de los Godos.
4.º......Derecho Romano.
5.º......Derecho Eclesiástico.

Seccion 2ª....Espíritu de las leyes Wisigodas
Artº. 1º....... De las leyes que dicen Relacion del derecho Público.
.... §.1.º Constitucion.
§.2.º Gerarquía civil.
§.3.º Gerarquía militar.
§.4.º Gerarquía Eclesiástica

Artícº. 1.º........Leyes que dicen Relacion al derecho Privº.
§.1.º Leyes civiles.
§.2.º Leyes criminales. // (8r)
§.3.º Jueces y tribunales.
§.4.º Juicios.

Seccion 3ª....... Autoridad de las leyes Wisigodas hechas.
Artº. 1.º..............Por los Monarcas.
2.º................Concilios.

3.º..............Sancion Real de las leyes Conciliares.
4.º..............Autoridad del Códice Wisigodo.

Seccion 4ª........Uso, observancia y desinio del Códice Wisigodo
Corolario.
De la importancia y utilidades del estudio del código Wisigodo. [adorno] // (8v)
1101 Fuero Juzgo[99]

Doc. 82 (ARAE 302/2/1 – 1)

3 hojas [folio]

Exc.mo S.r

Muy s.r mio. La R.l Academia Española, deseosa siempre de ocuparse, sin perjuicio de la continuacion y correccion del Diccionario, que nunca dexa de la mano, en otras obras, que no siendo agenas de su instituto, sean al mismo tiempo utiles y provechosas á la Nacion, ha creido que haria á esta un servicio muy grande en publicar una edicion bien correcta del Fuero Juzgo.[100]

Esta coleccion, como sabe V.E. [tachado: *muy bien*], sobre ser la primera de nuestras leyes patrias, y como el fundamento de las demas, es tambien por la traduccion castellana que se hizo de ellas, uno de los principales y mas antiguos textos de la lengua española. Motivos entrambos, que parece pedian de justicia, que en España se hubieran hecho, quando no muchas ediciones; à lo menos alguna buena y correcta. Pero lejos de esta ninguna hay del texto latino que no se haya hecho fuera de España y por Estrangeros. Tales son las de Piteo, Scoto, Lindembrogio, y otros, los quales ciertamente no pudieron tener ni los Codices ni los auxîlios que hay con abundancia en España, y que son absolutamente necesarios para hacer una // (1v) edicion tan buena y tan correcta como corresponde al mérito a la utilidad e importancia de la obra.

De la traducción castellana ni dentro ni fuera de España se ha hecho otra que la que publicó Alonso de Villadiego en Madrid el año de 1600, la qual sobre ser muy mala en lo material, está llena de errores y defectos, como es notorio àun à la que no tienen mas que una mediana instruccion en la materia.

Todas estas consideraciones juntas con la de que el restituir à su verdadero y primitivo estado un libro que se reputa por texto de la lengua castellana, es muy propio y peculiar del instituto de la Academia, la han obligado à pensar en hacer una edicion

99 En el ángulo inferior derecho, en posición vertical. A continuación, aparece el documento 302/1/3: es la tercera versión a la que se refiere el documento 80.

100 En el margen izquierdo hay una nota adicional: "La respuesta á esta representación, y licencia del Rey para la edicion del Fuero Juzgo está en el legajo de las licencias para impresiones".

latina y castellana de dicho Fuero,[101] procurando executarla[102], no solo con[103] la mayor exâctitud y correccion que le sea posible; sino tambien con todas aquellas adiciones y observaciones que puedan contribuir à la mejor inteligencia è ilustraciòn de la obra.

Para conseguir debidam.te este fin es absolutamente necesario tener á la mano y cotejar con la mayor exâctitud y prolixidad los muchos Codices antiguos, así latinos como // (2r) castellanos que hay en varias partes de España, de las quales no se ha hecho hasta ahora el uso correspondiente.

En la R.l Biblioteca del Escorial se conservan once Codices entre latinos y castellanos[104] y uno de ellos llamado el de Cardona, por haberselo regalado al S.r D.n Felipe II D.n Juan Bautista Cardona Obispo de Sique [sic], es Gotico, y por consiguiente muy importante de su reconocimiento. En la librería de la Santa Yglesia de Toledo hay tres latinos y tres castellanos, y uno latino en el Convento de S.n Juan de los Reyes de la misma Ciudad, añadido al Fuero General de Leon. Tambien tiene noticia la Academia de que en la Ciudad de Murcia hay otro Codice castellano cuyo cotejo con estos serà conducente, como tambien el de otros dos que paran, uno en S.n Ysidro de Leon qe.[105] tambien es Gotico, y otro en el Colegio Mayor de S.n Bartolome de la Ciudad de Salamanca.

En la R.l Biblioteca de esta Corte hay dos Codices, y el uno de ellos es el famoso[106] Vigilano ó Albeldense Gotico sumam.te apreciable y necesario para el cotejo por su grande antigüedad. En la misma Biblioteca se conservan los papeles del P.e Andres Marcos Burriel, quien con orden expresa del S.r D.n Fernando VI, que esté en Gloria, reconoció el archivo y librería de la S.ta Iglesia de Toledo. Entre estos dos papeles hay varios apuntamientos y noticias // (2v) pertenecientes al Fuero Juzgo, los quales contribuirian mucho para la ilustracion y perfeccion de la Obra.

Es imposible à la Academia hacer el cotejo de los expresados Codices, si se ha de executar en los parages en donde se hallan, así porque los individuos que ha destinado para este trabajo, no pueden salir de Madrid por sus empleos y ocupaciones, como tambien porque seria necesario hacer unos gastos superiores à las facultades y fondos de la[107] Academia. No podrá esta por consiguiente lograr el fin qe. se ha propuesto en beneficio del público, si S.M. no se digna de mandar, que los expresados Codices y papeles se saquen de los parages en donde se hallan, y se pongan à la disposicion de la Academia, con todas las precauciones que parecieren convenientes y necesarios para su seguridad, quedando responsible la Academia, y obligandose à conducirlos aquí con toda seguridad, y à restituirlos luego que haya hecho de ellos el

---

[101] Se tacha lo que viene a continuación entre comas: *en dos columnas con el original latino en una y la* [ilegible] *version castellana en otra.*

[102] Se tacha *hacerla.*

[103] Después de *con*, tachado: *toda.*

[104] Lo que viene a continuación es un párrafo que hay en el margen izquierdo, "y (...) reconocimiento".

[105] Aunque no se puede representar fielmente el nivel de cada una de estas letras, la *e* está en la interlínea superior respecto de la *q*, que es lo que corresponde a la abreviatura.

[106] Se tacha totalmente una adición que figura en la interlínea superior.

[107] Se tacha la *s* final.

uso necesario, lo que executará fielmente y sin dilaciòn alguna, conforme se fueren concluyendo los cotejos.

Hago presente todo lo expuesto á V.E. de orden de la Academia, suplicandole en // (3r) su nombre que se sirva dar cuenta de elloal Rey N. S. à fin de que siendo de la aprobacion de S.M. el pensamiento de la Academia, se digne de mandar expedir las Ordenes convenientes para que se ^{le} franqueen[108] en la forma propuesta los expresados Codices y papeles, y qualesquiera otros documentos, q^{e}. se considerasen necesarios ó convenientes para el fin, y se hallasen en los expresados parages ú otras partes.

La Academia espera del favorable influxo que debe à V.E. y de la consideraciòn que le merecen siempre todas las cosas en que se interesa la utilidad y credito de la Nacion, que hará quanto esté de su parte, para inclinar el R.^{l} animo de S.M. à que se digne de condescender con sus deseos y con la suplica que le hace.

Yo me repito con el respeto que siempre à la disposicion de V.E. y pido à Dios gûe su vida m.^{s} a.^{s} Madrid á 3 de Febrero de 1785 = Exc^{mo}. S.^{r} = B.l m.^{o} de V.E. su mas atento seg^{o}. serv.^{r} = Man.^{l} de Lardizabal y Uribe.

Exc^{mo}. Sr Conde de Floridablanca.

Doc. 83 (ARAE 302/2/1 – 2)[109]

2 hojas [en cuarto]

[Cruz]

Al Rey ha parecido bien que la Academia Española se dedique à publicar una edicion correcta del Fuero Juzgo, en latin, y castellano, por las razones que ha tenido presentes, y V.S. me manifiesta en su Papel de 3. del corriente; y en su consecuencia ha venido en que los Codices que V.S. cita, y demas Papeles concernientes al asunto, se saquen delos parages donde existen, y se pongan àdisposicion dela Academia // (1v) con el metodo, y precauciones correspondientes para su seguridad, y evitar confusion, quedando responsible la misma Academia desu entrega, y con obligacion de satisfacer todos los gastos que ocasionare su conduccion en su traìda, y buelta. Con esta limitacion, que por lo tocante alos Codices, y Papeles que se hallan en la R.^{l} Biblioteca de esa Corte, deueran concurrir los Academicos encargados del cotejo, ala misma Biblioteca, donde se señalarán los dias, y horas oportunas para ello; // (2r) por no haver condescendido S. M. en que se saquen de ella por no juzgarlo necesario. Lo participo àV.S. para que lo noticie ala Academia, y disponga la egecucion succesivam.^{te}[110] pidiendo un Codice tras de otro, en la inteligencia de que con esta fecha doy las ordenes convenientes alas Personas aquienes corresponde.

[108] Tachado a continuación: *à la Academia*.

[109] Lleva el número 2665 con lápiz antes de la carta. Una parte de este documento está plasmada y otra resumida en Orella 2003: 120, n. 12.

[110] La última sílaba está en la interlínea superior.

Dios guē àV.S. m.s a.s El Pardo à 8 de Febrero de 1785.

El Conde deFloridablanca

S.r d.n Manuel de Lardizaual.

Doc. 84 (ARAE 302/2/2 – 1)

1 hoja [folio]

[Signo]

La Academia Española, ha acordado publicar con aprobacion del Rey vna edicion correcta del Fuero Juzgo, y ásu instancia ha venido enque para hacer los cotejos necesarios se entregue ásu disposicion elCodice Latino añadido al Fuero general deLeon que existe en la libreria de ese combento[111], con todas las precauciones quese contemplen necesarias, ó convenientes para su seguridad, quedando responsible la misma Academia dela entrega, y con obligacion de costear su trahida á esta Corte, y su restitucion á esa Libreria luego quese concluya el cotejo. Lo prevengo á V.R. para que disponga su cumplimiento, y ruego á Dios gûe su vida m.s a.s El Pardo á 8 de Febrero de1785.= El Conde deFloridablanca.=

R. P. Guardian deS.n Juan delos Reyes deToledo.

Doc. 85 (ARAE 302/2/2 – 2)

2 hojas [folio]

Quedaen mi poder el Codice del Fuero Juzgo que VR me remite consu carta de 13 del corriente encumplimiento dela R.l Orden que le comunique; y luego que la Academia haga el cotejo cuidarè de debolverlo a VR. para que lo restituia àlaLibrería de esa Comunidad. Entre tanto doy à VR. las gracias por la prontitud y buena voluntad conque desea contribuir à la utilidad Publica deque enteraré aS.M: Y ruego à Dios guarde á VR muchos años. El Pardo á 18 de febrero de1785.

El Conde de Floridablanca

R. P Fr. Sebastián Diaz Bernardo[112]

---

[111] Tanto en este caso como, poco más abajo, en *convenientes*, parece un trazo posterior a la *t* que podría ser una *i*, aunque es innecesario.

[112] En la página 2v, en sentido vertical, de arriba abajo, se indica: "le Recibió el Ex.mo S.r Conde de Florida Blanca".

Doc. 86 (ARAE 302/2/2 – 3)

2 hojas [en cuarto]

El P.^{e} Guardian del convento de Religiosos Franciscos de S^{n} Juan de los Reyes de Toledo ha pasado a mis manos eladjunto Codice del Fuero Juzgo que devia entregar à disposicion dela Academia Española segun le previne de R^{l} Orden. Por lo mismo lo remito à VS para que lo presente à la Academia, con prevencion deque luego conclurá [sic] el cotejo me lo debuel// (1v)va en el mejor modo posible para que nose maltrase [sic] y por mi medio se restituia [sic] à dicho Guardian. Dios guarde à VS muchos años. El Pardo à 18 defebrero de1785.
El Conde deFloridablanca

Señor d^{n} Manuel de Lardizával

Doc. 87 (ARAE 302/2/2 – 4)

1 hoja [en cuarto]

Exc.^{mo} S.^{r}

Muy S.^{r} mio. He recibido esta mañana el Codice del Fuero Juzgo del Convento de Religiosos Franciscos de Sn Juan de los Reyes de Toledo, que V.E. me ha remitido, para que la presente à la R.^{l} Academia Española, lo que executaré en la Junta que $^{ha\ de}$ celebrar mañana; y luego que se concluya el cotejo, devolveré dicho Codice[113] á manos de V.E. en cumplimiento de loq^{e}. se sirve prevenirme en su papel.

Entre tanto me ofrezco con el respeto que siempre á la disposicion de V.E. y pido á Dios gûe su vida m.^{s} a.^{s} Madrid á 21 de Febrero de 1785.

Exc.^{mo} s.^{r} Conde de Floridablanca

Doc. 88 (ARAE 302/2/3 – 1)

2 hojas [en cuarto]

[Signo]

M.^{a} y Febr.^{o} 11 de 85[114]

Mí mas estím^{do}. am^{o}: En seguída delo ofrecído he registrado la Cedula R.^{l}que díge, y hallo q^{e}. en 1575 à 10 de Abril mandò Su Mag.^{d} por esta su Cedula al Corregidor de esta

[113] Tachado: *de la misma suerte q*.

[114] A continuación, algo distante de la fecha, hay una especie de R mayúscula cortada a media altura por un segmento recto.

Cíudad pasase âeste Cauildo, y la híciése presente, y le entregasen p.ª remitirlos varios Libro y Papeles sueltos tocantes al Concilio de Basilea, y otra Bullas, y papeles que dejò en esta su Igl.ª D. Pedro de Toledo su 1r Obpo, hijo del D.r Fern.do Díaz de Toledo del Consejo que fue del Rey Dn Juan, y varios libros de S. Isidoro que estaban en la Librería de đho D.r[115] y otro libro viejo, tambien de mano en que están los primeros Fueros antiguos deEspaña. No consta mas q.e la presentacion de esta R.l Cedula q.e está orig.l y al pie la acceptacion deel Cavildo p.ª su cumplimiento.

Luego sigue en đho Legajo un Recivo de Hernando de Viviesca Guardafoías de S. Mag.d de dos Libros, que le entregò. D. Díego de Cordova primer Cavallerizo de S. M.d ál que selos havía re-//(1v)Remitido D. Fran.co Pacheco Obpo de Malaga, uno de S.n Isidoro de Astronomía, seu de natura rerum ad Siseloubum : otro de D.n Enríque de Villena, y las Sinonimas de Julio, conun tratado al fin de S.n Isidoro, de las Diferencías, los que recívió de orden de S. Mag.d p.ª la correccion de las Obras de đho S. Isidoro, con palabra de volverla; y đho Recivo está dado en Madrid á 29 deEnero de 1577.

Si con efecto en 1575, ò al año siguiente se mandasen los Libros dela R.l Cedula, en que se íncluían los primeros Fueros antiguos deEspaña, q.e parece son el Fuero Juzgo; no entíendo como pudo Aldrete decír lo tuvo en su mano, y que selo entregò el D. D. [sic] Alonso de Torres Dean de esta Igl.ª el que sacó un traslado, y el Aldrete otro deel q.e estaba en pergamino en este Archivo; pues D. Alonso de Torres solo pudo ser Dean deesta Igl.ª despues de D. Juan de Villalta [sic] que entró en 1597, y el D.r Alonso murió antes del 1603 en que comenzò à ser Dean D. Juan Arías de Moscoso: yen otro tiempo intermedío devio verlo y sacar copia Aldrete, que estaría escriviendo su Libro de el [ori] // (2r) Orígen dela Lengua Castellana, que ímprímío en Roma en 1606, en cuio Lib. 2 cap. 2 τ penultimo trae la especie. Yo no puedo ajustar estas fħas, ni creer que el Cavildo no le remitiese đho Libro, ni los demas Papeles, que segun el contexto eran p.ª el Archivo de Simancas, donde se podran buscar, óen la Lib.ª del Escorial, pues creo que semejante orden fue â otras Igl.s y es regular pusiesen encada uno de donde havian ído.

Lo fijo es que en este Archivo no està el del Libro del Fuero Juzgo, y que sí con efecto se remitío á Madrid, y por alguna instancia de esta Igl.ª se le devolvió (quees el modo de conciliar uno y otro) se desaparecio deel Archivo, pues no lo està.

Yo siento no tener materia p.ª servir á la R.l Academia, y á V. â quién tan de veras estimo; previniendo que en este Archivo aun perseveran algunas Obras de S. Isidoro, y otras Decretales antiguas, que tal vez serian aquellos delos devueltos, luego q.e creo fue la q.eel Juan[116] de Grial dio en 1599. // (2v) Yo tengo la edicion de estas Obras del año 1483 en Venecía por Pedro Lossein [sic]: y si[117] fuera de todas sus Obras, esanterior [sic][118] à la del Frances Bignaeo[119] que da por V. D. N. A. año 1529, õ 30. pero no lo es.

---

115 Parece más una *O* que una *D*.

116 Tachado: *hijo*.

117 Tachado: *es*.

118 Se ve muy difícilmente.

119 O *Bignceo*.

Lo que si devo exponer por amor âla verdades que D. Alonso de Torres[120], que antes fue Dign.^{d} de Tesorero deesta Igl.^{a} como fuera en 1568, y aun en 584, no murio, como escrive Dn N. Ant.^{o} en 1604, que era yá difunto en 1603, y aun antes, que en caso necesario se puede buscar el año fijo, pues segun apparece[121] que he leido hacía el 1600. Dª Margarita de Torres hermana del difunto Dean, entregó al Cavildo 136 cuerpos de libros pequeños deHumanidad, que havia dejado â la Igl.^{a}, los que no pareciendo de probecho â aquellos Canonigos (q^{e} en todo tiempo ha havido barbaríe) se vendieren con orden del S. Obpo, [sic] Haro[122]: por los que se và lo dado que fue â la Humanidad.

Sin saber como me he dilatado, y quebradole á V. la cabeza; pero como se su genio, no me ha dado cuidado, y el principal mió es que V. me conserve en su memoría, y mande q. ^{t}[ilegible] guste â su verd.^{d} am.^{o}

Q. S. M. B.

<Christ>oval de Medina Conde [Rúbrica.]

S.D. Vícente García dela Huerta

Doc. 89 (ARAE 302/2/4 – 1)

2 hojas [en cuarto]

[Cruz]

Muy S.^{r} mio demi mayor estimacion.

Remito a V.S. el Codice del Fuero Juzgo latino llamado de Cardona, y a el mismo tpô el recibo correspondiente, q.^{e} podrá V.S. firmar; quedando yo siempre con las mismas disposiciones conq.^{e}me ofrecí à V.S. para servirle en quanto me mande.

Mucho celebraré, q.^{e} se haya restablecido V.S. de su resfriado, y q.^{e} disfrute perfecta salud como se lo pido á dios en este de Sn Lor.^{zo} el R.^{l} a 10 de Marzo de 1785.

B L M deV.S. su mas atento Serv.^{or}

Fr. Antonio Olivares [Rúbrica.]

Sr Dn Man.^{l} de Lardizaval.

---

[120] Alonso de Torres fue sobrino del comerciante Fernando de Córdoba, que creó una estirpe dilatada, en la que hubo varios religiosos. Alonso fue tesorero y deán de la catedral y provisor del Obispado (*vid.* Camacho Martínez 2011: 19, n. 5, y la bibliografía allí citada).

[121] Lectura muy dudosa.

[122] Esto es, Luis García de Haro y Sotomayor (Córdoba 1527-El Carpio 1597), quien, cuando era deán de la catedral de Córdoba, fue nombrado obispo de Cádiz (1567-1577), de donde pasó a Málaga (1577-1597) (*vid.* diocesismalaga.es/ includes/talla-episcopologio-ficha.php?id= 56, consulta: 20.11.2016).

Doc. 90 (ARAE 302/2/4 – 2)

2 hojas [en cuarto]

R.mo P. M. y muy S.r mio. Llegó á su tiempo, y recibí el Codice de Cardona, como veria V.R.ma por el recibo que devolví firmado; pero no pude responder, por no habermelo permitido mi indisposicion, y asi lo hago ahora, que ya estoy libre de ella, dando à V.R.ma muchas gracias de parte de la Academia por su cuidado y puntualidad.

Yo se las doy tambien por mi parte, y ofreciendome con todas veras à su disposicion, para quanto guste mandarme, pido à Dios gûe su vida m.s a.s // (1v)

Madrid à 19 de Marzo de 1789.

R.mo P. M. Fr. Antonio Olivares.

Doc. 91 (ARAE 302/2/5 - 1)

1 hoja [folio]

D.n Man.l de Lardizabal y Uribe del Consejo de S.M. su Alcalde del Crimen y de Hijosdalgo de la R.l Chancillería de Granada, Academico del Numero y Secretario perpetuo de la R.l Academia Española,

Certifico haber recibido en nombre de la expresada Academia un Codice en quarto de vitela y letra antigua, que contiene las Leyes del Fuero Juzgo en Castellano, perteneciente al Colegio Mayor de S.n Bartolomé de la[123] Ciudad de Salamanca, quien[124] le ha remitido de orden de S. M. para cotejarle con otros Codices, que han de servir para la ediciòn del Fuero Juzgo, que va á hacer la citada Academia, la qual se obliga á restituir dicho Codice, luego que se concluya el cotejo, al expresado Colegio de S.n Bartolome, y para su[125] resguardo entretanto doy esta de orden de la misma Academia, y la firmo en Madrid á 17 de Marzo de 1785.

Doc. 92 (ARAE 302/2/6 – 1)

1 hoja [folio]

D.n Man.l de Lardizabal y Uribe del Consejo de S.M. su Alcalde del Crimen y de Hijosdalgo de la R.l Chancillería de Granada, Académico del Número y Secretario perpetuo de la R.l Academia Española,

Certifico haber recibido en nombre de la expresada R.l Academia de D.n Fran.co Luzuriaga Administrador del Exc.mo Sr. Duque de Medina de Rioseco, Marques de Malpica

---

[123] Tachado: *Univ.*

[124] Tachado en la línea: *al qual.*

[125] Tachado *para...*

dos Codices antiguos q.ᵉ contienen las leyes del Fuero Juzgo en Castellano pertenecientes à la librería que dicho S.ʳ Duque tiene en la Ciudad de Valladolid en su Casa llamada del Sol, los quales Codices se ha servido[126] franquear[127] S.E., para cotejarlos con otros[128] que han de servir para la edicion del Fuero Juzgo que va á hacer la citada Academia, la qual se obliga á restituir dichos Codices, luego que se concluya el Cotejo, y entre tanto doy esta de orden de la misma Academia, y la firmo en Madrid à 16 de Abril de 1785.[129]

Doc. 93 (ARAE 302/2/6 – 2)

2 hojas [en cuarto]

[Signo]

Sʳ Dⁿ Manuel Lardizabal, amigo y sʳ de toda mi estimacion: Por el Pᵉ Pʳ fr Pedro Fernandez remito a V. los dos Ms. del Fuero Juzgo que afuerza de diligencias pude conseguir. La dificultad consistio enq el Administrador no vive aqui, y pʳ otra p.ᵗᵉ no tubo orden de su amo. Mas al fin vino â esta ciudad y viendo la carta q V. meremitio hizo la entrega, quedandose con la carta y el recivo. Hay otros dos ms. del fuero Juzgo en la misma Biblioteca: es lastima no haber tenído noticia de ellos y haberlos pedido, pero si fuera necesario se puede repetir la suplica a su E.
Mande V. a su mas afecto qᵉ B l m de V
Mayo 18 de 85
Fr Luis Lopez Lago [Rúbrica.]

Doc. 94 (ARAE 302/2/6 – 3)

2 hojas [en cuarto]

[Cruz]

Ex.ᵐᵒ Señor

Mui S.ᵒʳ mio y Amigo. Rcziui la fauorezida y estimada tuia de 27. deelque acaua; en la que me comunicais hauer sen [sic] Reziuido en la Real Academía [sic] Española los dos Codizes del Fuero juzgo, que he franqueado de mi Casa del Sol deValladolid, por cuia notizia y cuidado te doy las mas expresiuas gracias; y en quanto alos otros dos Codices del mismo Fuero juzgo que me pides ignoro que // (1v) los aíga [sic] en otra Librería, pero entodo Caso Escriuire, á mi Administrador para que franquée al sujeto que fuese a reconocer otra Librería.

126 Tachado: *S.E. de.*

127 Tachado: á la Academia.

128 Tachado: *Codices.*

129 En el dorso, en sentido vertical, de arriba abajo, se dice: "Códices de la librería del Marques de Malpica en Valladolid".

Repito mi Verdadero deseo de complacerte y deque Nrô. Señor Gũe tuVida m.^{s} a.^{s} Cubas 30. de Junio de1785.

Exmo S^{r}
SBLMtuAmig^{o} yseg^{ro}Serb^{or}
MelDuquedeMed^{a}deRioseco [Rúbrica.]

Exmo.[130] Sr Marq^{s}. de Sta Cruz

Doc. 95 (ARAE 302/2/6 – 4)

2 hojas [en cuarto]

[Signo]

Fromesta Julio 6.

Muy S^{r} mio de mi mayor estimacion: recivi la de V. estando para ponerme en camino p^{a} esta, y antes de salir encargue al P^{e} fr Mauro Mazon que asi que V. le remita los papeles correspondientes haga las diligencias p^{a} recoger y remitir los otros dos exemplares del Fuero Juzgo, y no dudo lo hara todo con exactitud y puntualidad, como otra qualquiera cosa q^{e} V. le encargue.

Yo llegue sin desgracia a tomar posesion de esta Abadia y no estoy descontento porque la tierra es fresca, y hay trato racional con los Señores q^{e} [131] estan aqui de asiento p^{a} la obra del canal, y con los Forasteros q^{e} vienen averla: en la primera tarde tube al Señor Murcia y con su conversacion y afabilidad tube un buen // (1v) rato.

La historia del Pulpito del Rey es inapeable:[132] dicen que Su Mag.^{d}, al presentarle la consulta, dijo q^{e} no queria mas Frayles porq^{e} despues hay mil debates con sus comunidades, como sucedio con el P^{e} Caudete capuchino.

Si hubiere nouedad, no dexare de avisarsela a V. pero ya desconfio enteramente.

Me repito â los preceptos de V. y de la S.^{ra} Cruz, con q^{n} pido al cielo g^{e} su vida m^{s} a^{s}

B L m de V
su mas afecto amigo y servidor
Fr Luis Lopez Lago

Sr D^{n} Manuel Lardizabal y Vribe

Doc. 96 (ARAE 302/2/6 - 5)

2 hojas [en cuarto]

---

[130] Hay una tilde encima de la *m*.

[131] En estos casos, no hay punto y ni siquiera se completa la *e*.

[132] Esa *p* es como una *ro* griega.

[Cruz]

Señor

Muy S.^{or} mio: antes de ahier recibi la de V.S. y ahier mañana me fui a ver con el Adm^{or}. del Exc.^{mo} Sor Marques deMalpica; y halle la novedad de estar esperandoel nuevo Admin.^{or}. al d.^{n} Fran.^{co} Luzuriaga p.^{a} q.^{e} le hiciere entrega de todos los efectos; y haviendole enseñado la carta de S. E. me respondio q^{e}. mientras su Amo no le escribiesse a el derecham.^{te} no podia passar a entregar los dos Codices q.^{e} se le piden. No tuve la advert.^{a} depreguntarle su nombre p.^{a} q.^{e} V. S. le ponga en el recibo: debuelvo el anterior con la carta del Sor Marques, y me ofrezco detodas veras al servicio de V. S. y quedo rogando a N. S.^{or} gûe su vida m^{s}. a^{s}. Sn Benito el R.^{l} de Vāłłđ y Oct.^{e} 26. de 1785.

B. L. M. de V. S. Su mas at.^{to} Serv.^{or} y Capp^{n}.
Fr. Mauro Mazon [Rúbrica.]

S^{or}. Dn Man.^{l} de Lardizabal M. S. M.

Doc. 97 (ARAE 302/2/6 - 6)

2 hojas [en cuarto]

Muy S.^{r} mio. Ayer estuvo conmigo un Criado del Marq.^{s} de Malpica à decirme si iba hoy à Valladolid, y que llevaba orden desu Amo de hacer entregar el Codice del Fuero Juzgo àla Persona que tuviese el encargo de recogerles y asi se servirá Vs. de avisarselo á su conocido. anterior[133] me repito à la disposicion // (1v) deVs. cuya vida g.^{de} Dios m.^{s} a.^{s} Madrid 7. de Nov^{e}. del1785.

Blm. deVs. su mas afecto serv.^{or}
Mel Marq^{s}. deS.^{ta} Cruz [Rúbrica.]

Sr Dn Manuel de Lardizabal y Vrive.

Doc. 98 (ARAE 302/2/6 - 7)

2 hojas [en cuarto]

[Cruz]

Sor Dn Manuel de Lardizabal

Muy S.^{or} mio, recibi la mui favorezida de V. S. y hoy en el dia, fué a la casa del Sor Marques deMalpica, q̄ saque los dos exemplares del Fuero-Juzgo, en uno de los quales faltan ojas al principio, y por lo q.^{e} pueda suceder en adelante lo dexe anotado, poniendo

[133] Las dos primeras letras, sobre todo la primera, llevan una tilde.

el titulo y principio dela primera oja. En la primera occasion segura los remitire, o por el Ordin^{o}. de esta Ciudad Pedro Barba.

Con esto renuevo mis ofertas esperando ocasiones de complacer a V. S. cuia vida ruego a N. S.^{or} guê m^{s}. a^{s}. Vall.^{d} y Nov.^{bre} 12. de 85.

B. L. M. deV. S.
Su af.^{to} Serv.^{or} y Capp^{n}.
Fr. Mauro Mazon [Rúbrica.]

Sor Dn Man.^{l} de Lardizabal M. S. M.

Doc. 99 (ARAE 302/2/6 - 8)

2 hojas [en cuarto]

[Signo]

Vall.^{d} y Dic.^{bre} 28 de 85

Señor Dn Man.^{l}

Muy Señor mio: hace dias q.^{e} mehallo en camacon unas calenturas decabeza, y por esso he tardado en escribir, y ahora me valgo de agena mano. Por el Ordinario Pedro Barba q.^{e} valdra de aqui mañana Jueves remito aV. S. los dos codizes del fuero-y Judgo q.^{e} es regular vaian apagar amano de uno de los dos PP.^{s} Procuradores de S. Martin. Deseo aV. S. las mas felizes Pasq.^{s} y q.^{e} mande à este.

Su at.^{to} y Seg.^{o} Serv^{or}.
L. B. M. deV. S.
Fr. Mauro Mazon

[Firma y rúbrica]

[Debajo del texto de la carta, en el margen izquierdo, a la misma altura de la despedida, firma y rúbrica, se dice]:

De los dos Codices q^{e}. contiene esta carta el uno es del Fuero Real, y le remitieron como Fuero Juzgo equivocados por el rotulo q^{e}. tiene por la parte de afuera, y en la primera hoja de letra moderna, q^{e}. dice Fuero Juzgo [Rúbrica]

Sor Dn Man.^{l} de Lardizabal, A. S. M.

Doc. 100 (ARAE 302/2/6 - 9)

1 hoja [folio]

Dn Man.^{l} de Lardizabal y Uribe del Consejo de S.M. su Alcalde del Crimen y de Hijosdalgo de la R.^{l} Chancillería de Granada, Academico del numero y Secretario perpetuo de la R.^{l} Academia Española,

Certifico haber recibido en nombre de la expresada R.^{l} Academia del Administrador del Exc.^{mo} Sr Duque de Medina de Rioseco, Marques de Malpica dos Codices M. S. de los quales uno contiene las leyes del Fuero Juzgo en castellano, y es un tomo en folio regular encuadernado en badana negra de letra moderna: el otro contiene las leyes del Fuero Real, y es un tomo tambien en folio regular degado[134] de letra antigua, forrado en pergamino, al qual le falta el titulo primero del libro primero, y no contiene otra cosa q^{e}. las dichas leyes del Fuero Real. Entrambos Codices pertenecen á la librería q^{e}. dicho Sr Duque tiene en[135] la Ciudad de Valladolid en su Casa llamada del Sol, y S. E. se ha servido franquearlos, para cotejarlos con otros q^{e}. han de servir para la edicion del Fuero Juzgo q^{e}. está haciendo la citada Academia, la qual se obliga á cotejo, y entre tanto doy esta de orden de la misma Academia, y la firmo en Madrid á 17 de Enero de 1786.

Doc. 101 (ARAE 302/2/7 - 1)

2 hojas [folio]

Dn Man.^{l} de Lardizabal y Uribe, del Consejo de S.M. su Alcalde del Crimen y de Hijosdalgo de la R.^{l} Cancilleria de Granada, Académico de Numero y Secretario Perpetuo de la R.^{l} Academia Española,

Certifico haber recibido en nombre de la expresada Academia un Codice latino Gótico en folio de vitela, el qual tiene al principio un catàlogo[136] de varias Ciudades é Yglesias Episcopales, un lunario y un kalendario, todo en ocho hojas, despues los epìgrafes de los libros y tìtulos del Fuero Juzgo, puestos con separacion en tres hojas con varios dibujos iluminados. Siguense las leyes en ciento y treinta y siete hojas. Concluidas estas, hay un catálogo de los Vìsogodos [sic] desde la Era 400 con los años que reynaron, en una hoja. A continuacion de ella hay un Opùsculo intitulado: De rebus Ecclesiae por el Rey Cintila Flavio, en sierte hojas; despues un Tratado de Ortografía, en dos hojas. Ultimamente otro Opúsculo intitulado Liber glosomadas, que viene à ser un Glosario por el Orden alfabetico, $^{\text{el qual}}$ [137] no está completo, y tiene veinte y ocho hojas, con lo que se concluye el Codice, el qual tiene en todo ciento y ochenta y seis hojas. Las ultimas del Glosario estan bastante maltratadas, como tambien las cubiertas del Códice, que son de tablas claveteadas con clavos gruesos.

---

[134] Tachado: *forrado en pergamino*.

[135] Tachado: *Valladolid*.

[136] Hay varios acentos orientados de tal manera que son graves.

[137] Se tacha *que* en la línea.

Este Codice es del Cabildo de la Ygle-//(1v)sia de San Ysidro de Leon, quien le ha remitido de Orden de S.M. para cotejarle con otros Codices, que han de servir para la ediciòn del Fuero Juzgo que va á hacer la citada Academia, la qual se obliga á restituir dicho Codice, luego que se concluya el cotejo, al expresado Cabildo de Sn Ysidro, y entre tanto para su resguardo doy esta de orden de la misma Academia, y la firmo en Madrid á 22 de Junio de 1785.

Doc. 102 (ARAE 302/2/8 - 1)

2 hojas [en cuarto]

[Cruz]

Mi s.^{or} y Dueño mio. Llego el caso de averiguar ciertam.^{te} q.^{e} existe enel Archivo de esta Ciudad el Codigo original del Fuero Juzgo q.^{e} el S.^{to} Rey Dn Fernando la dio; pero sin especial orden no dejan verle, porq.^{e} dicen esta atado con otros por una Cadena de yerro, y deberlo saber antes el Regim.^{to} con q.^{n} debe entenderse; lo q.^{e} advierto p.^{a} el govierno de vm̄ aq.^{n} deseo complacer en q.^{to} ocurra, y en esta disposicion quedo rogando a Dios me le gûe m.^{s} a.^{s} Burgos, y Febrero 15. de 1786. Blm.^{o} [ilegible] oblig.^{do} y apas^{do}. Am^{o}. seru^{or}. y Cap^{n}.

Pedro Soto Vela
[Rúbrica]

S.^{or} d.^{n} Man.^{l} Lardizabal.

Doc. 103 (ARAE 302/2/9 - 1)

2 hojas [en cuarto]

Exc.^{mo} S.^{r}

Muy s.^{or} mio. La Real Academia Española deseosa de hacer con la perfeccion posible la edicion del Fuero Juzgo, en que está trabajando, no cesa de adquirir noticias de los parages en que pueda encontrarse algun Codice util para el fin propuesto: y habiendo sabido ultimamente, que en el archivo de la Ciudad de Burgos se conserva el Fuero Juzgo original, que el Santo Rey Dn Fernando dió a aquella Ciudad, me encarga lo ponga en noticia de V.E. suplicandole en su nombre se sirva hacerlo presente á S.M.[138] al Rey N. S. à fin de que, si fuere de su R.^{l} agrado, se digne $^{S.M.}$ de mandar, que se franquee dicho Codice à la Academia, obligandose esta á devolverle, y dando el // (1v) resguardo correspondiente, como lo ha executado con los demas Codices q^{e}. se han traido de otras partes para el mismo fin.

---

[138] Se tacha ese complemento indirecto.

La Academia espera del favor y proteccion q.e siempre ha[139] merecido á V.E. q.e inclinará el R.l animo de S.M. á que condescienda con su suplica, y yo ofreciendome con el debido respeto à V.E. pido à Dios gue[140] su vida m.s a.s Madrid á 24 de Febrero de 1786

Exc.mo S.r Conde de Floridablanca

Doc. 104 (ARAE 302/2/9 – 2)

2 hojas [en cuarto]

Con esta misma fha envió una orden del Rey al Corregidor de Burgos, para que baxo el resguardo y obligación que ofrece la Academia Española en el oficio de 6 de Febrero pròxîmo que V.S. me para, remita sin perdida de tpô el Códice del Fuero Juzgo que pàra en aquel Archivo, y sirva con todos los demàs para la edi-//(1v)ción que proyecta hacer ese Cuerpo Literario.

Lo avisó à V.S. de orden del Rey para que lo haga presente à la Academia.

Dios gûe à V.S. m.s a.s El Pardo à 1.º de Marzo de 1786.

El Conde Floridablanca [Rúbrica.]

S.r D.n Manuel de Lardizabal.

Doc. 105 (ARAE 302/2/10 – 1)

2 hojas [en cuarto]

Muy s.r mio. El Exc.mo s.r Conde de Floridablanca ha pasado por mi mano à la R.l Academia Española un oficio con fecha de 1 de el corr.te [141] diciendo, que con la mismahá remitido à V.S. una Orden de S.M. para que baxo del resguardo correspond.te franquee a dicha Academia un Codice antiguo de las leyes del Fuero Juzgo q.e se conserva en el Archivo de esa Ciudad.

La Academia en vista del expresado oficio me ha encargado escriba á V.S. pidiendole en su nombre, se sirva mandar poner en execucion la Orden de S.M. à cuyo fin incluyo á VS. la adjunta certificacion, que es el resguardo que la Academia ha dado à otras varias Comunidades, de donde con el propio objeto [142] se han // (1v) sacado tambien otros Codices de la misma naturaleza de orden de S.M.

Para que V.S. tenga menos molestia, si gusta[143], podrá mandar entregar, si gusta, el Codice al S.r D.n Pedro de Sotovela Canonigo de esa S.ta Yglesia, á quien por este mismo

[139] Tachado a continuación: *del*.

[140] Sin abreviatura.

[141] *Corriente*.

[142] Se tacha en la línea: *para el mismo* (…).

[143] Este inciso se tacha.

correo escribo pidiendole me haga el favor de recogerle y remitirmele con seguridad.

Celebro que se me haya proporcionado esta occasion de ofrecerme á la disposicion de V.S. cuya vida pido á Dios guê m.s a.s Madrid á 2 de Marzo de 1786

S.r D.n Fernando Gonzalez de Menchaca

Doc. 106 (ARAE 302/2/10 – 2)

1 hoja [folio]

D.n Man.l de Lardizabal y Uribe del Consejo de S.M. su Alcalde del Crimen y de Hijosdalgo de la R.l Chancillería de Granada, Academico del numero y Secretario perpetuo de la R.l Academia Española

Certifico haber recibido en nombre de la expresada Academia[144] del S.r D.n Fernando Gonzalez de Menchaca Corregidor é Yntendente de la Ciudad y Provincia de Burgos un Codice antiguo del Fuero Juzgo propio de dicha Ciudad, que para en su Archivo, y se ha mandado venir de orden del Rey N.S. que Dios guarde, para cotejarle con otros Codices de la misma clase, que han de servir para la nueva edicion del Fuero Juzgo en q.e está entendiendo la Academia, la qual se obliga á conservar dicho Codice con el cuidado correspondiente, y à devolverle luego que se concluya el cotejo, á la expresada Ciudad y Ayuntamiento de Burgos, y entre tanto doy para su resguardo esta certificacion de orden de la misma Academia en Madrid á 2 de Marzo de 1786.

Doc. 107 (ARAE 302/2/10 - 3)

2 hojas [folio]

[Cruz]

Mui s.r mio: Haviendo reciuido enel mismo Correo que llegó el oficio deV.S. dedos deeste mes la Real orden deS.M. del anterior primero comunicado por el Exmo Señor Conde de Floridablanca, mandando seremita à disposicion dela Real Academia Española el Codize [sic] del Fuero Juzgo orixinal que se dize regaló el santo Rey D.nFernando el terzero, sereconocieron los papeles existentes enel Archibo desta ciudad, y no se halló en el, el orixinal ni exemplar alguno del; por lo qual en este dia contexto á su Ex.a en los terminos siguientes.

"Exmo Señor: Mui señor mio: Consiguiente ala real orden que V.E. se dignò comunicarme con fecha deprimero deeste mes, hago presente à V. E. que hauiendola pasado para su puntual cumplim.to ael Ayuntamiento deesta Ciudad, se han reconocido los papeles desu Archibo, y no se encuentra entre ellos el Codize del Fuero Juzgo orixinal que se dizè regaló el santo Rey d.n Fernando terzero, ni exemplar alguno deel, solo se hallar tres

[144] Se tacha lo que aparece a continuación: *un Codice antiguo del Fuero Juzgo*.

tomos de impresion antigua. El vno con // (1v) el titulo de fuero realde España impreso enel año de1500. Elotro delas siete partidas del Rey Dn Alfonso el nono, con la glosa del Dn Alfonso deMontalbo. Yel otro impreso en 1503. Y autorizado por Juan Ramirez Escribano deCamaraen que están copiadas algunas Bulas delos Sumos Pontífizes, que tratan dela Jur.^{on} real. y varias Pragmaticas de buen gobierno delos Señores Reyes d.^{n} Fernando D.ª Ysabel. D^{n}Juan, y Dn Enrrique; Encuia inteligencia, y la deque sin duda ha sido equibocada la noticia que ha motibado la referida real orden, y que estos exemplares siendo nezesarios seentregarán puntualm.^{te} para el fin q.^{e} combenga ael encargado dela Academia Española, se seruirá V.E. resolber lo que fuere de su agrado."

Cuia noticia traslado à V.S. para su govierno deseando sus ordenes, y que Nuestro Señor dilate su vida m.^{s} a.^{s} Burgos y Marzo 21 de1786.

BLM. deV.S. sum.^{o} af.^{o} y seg.^{o} ser.^{or}
Fernando Gonzalez Menchaca [Rúbrica.]

Sor Dn Manuel de Lardizaual y Uribe.

Doc. 108 (ARAE 302/2/11 – 1)

1 hoja [9,2 x 10,6 cm.]

Vn codice M.S. en perg.^{o} en 4.º que concluye con una nota[145] de letra encarnada que dice. Aqui fina el libro iulgo de Leon que foy composto en toledo de LXXI obispos e outorgado de todos los rȳs que depois foron.

Nota: es de la biblioteca des.^{n} Ysidro de estaCorte, y sedió recibo enlos terminos dela copia adj.^{ta}.

Doc. 109 (ARAE 302/2/11 – 2)

1 hoja [en cuarto]

Vn Codice fol. en pergam.^{o} conocido con el nombre de Cardona forrado en cabritilla negra con esta señal ij.Z.2. = It. otro q.^{o} escrito en perg.^{o} y forrado en cabritilla encarnada de167. fojas con esta señal iij.M.2. – Otro[146] en 4.º[147] escrito en perg.^{o} y forrado en el que tiene 100 " fojas, y señalado al principio con esta cifra ij.K.10. =

Nota: sedió recibo de estos codices en los mismo terminos que la copiaadj.^{ta}

Doc. 110 (ARAE 302/2/11 - 3)

1 Folio cortado

---

145 Tachado a continuación: *que*.

146 Tachado a continuación: *forrado*.

147 Tachado a continuación: *forrado en pergamino*.

Copia [Cruz]

Dn Juan Crisostomo Ram.^{z} Alamanzon, Presb.^{o} Acad.^{co} del núm.^{o} de la R.^{l} Acad.^{a} Española, y su secret.^{o} en ausencias del propietario.

Certifico haber recibido en nombre dela misma Acad.^{a} del R.^{mo} P.^{e} Prior del R.^{l} Monast.^{o} del Escorial los Codices siguientes: El códice M.S. enpergamino, marcado conesta cifra: iij.d.18. tiene 137 fojas en 4.º = Otro codice M.S. enperg.^{o} conesta: iij.z.6 de 207 fojas enfolio menor = Yd. otro codice M.S. en perg.^{o} señalado con esta – ij.P.17 de 61 fojas enfolio menor = Otro Yd. M.S. enperg.^{o} con esta cifra: iij.M.5. con 177 fojas enfol. menor = Mas otro códice M.S. enperg.^{o} conesta señal ij.M.18.

Todos estos codices sehan sacado delaR.^{l} Biblioteca del Escorial de or̄n de S.M. p.^{a} hacer la edicion latina y castellana del Fuero Juzgo, deq.^{l} esta encargada laAcad.^{a} Española, laqual se obliga á restituirlos conforme los ha recibido, luego q.^{l} haga de ellos el uso corresp.^{te} Entre tanto p.^{a} resguardo del R.^{mo} P.^{e} Prior y dela R.^{l} Biblioteca, doy esta firmada de mi mano y refrendada conel sello dela Acad.^{a} en M.^{d} á20 de Agosto de1798.

Doc. 111 (ARAE 302/2/12 – 1)

2 hojas [en cuarto]

[Signo]

S^{n}. Lorenzo y Ab. 12/829.

Sõr. Dn Fran.^{co} Ant.^{o} Gonzalez

Muy Sr. mío y mi apreciabe [sic] Dueño: Reciví la grata de V. S. del presente, el recivo incluso en ella, que he entregado al P. Fr. Greg.^{o}, y los libros que V. remitió y son los siguientes. Los Codices Vigiliano; Emilianense; de los Concilios Toledanos Bracarense; Y excerpta Canonum Toletan. Goticus; y ademas los opusculos de Plutarco. Los mismos que quedan en esta Biblioteca, dando á V. las mas expresivas gracias por su fineza y eficacia.

Si p.^{a} la formalidad de esa R.^{l} Biblioteca fuese necesario vn recivo formal de dichos Codices, digamelo V. con franqueza para remitirle al instante.

Save V. soy su verdadero // (1v) amigo y que como à tal puede y deve mandar con franqueza cuanto guste à este S. S. S. y Capp^{n}. L. B. S. M.

F. Jose de la Cruz [Rúbrica]

Doc. 112 (ARAE 302/2/13 – 1)

1 hoja [en cuarto]

[Cruz][148]

Madrid y Abril 9 de 1829.

Amigo mío y Dueño de mi mas profundo respeto: Es en mi poder la spre grata y apreciable qe. se ha servido b. dirigirme remitiendome al mismo tiempo los Codices Vigilano y Emilianense; el Escurialense 1.º y 2.º y el Plutarco, p.a embiarlos al Escra.l como propiedad de aquella Biblioteca. Tambien pondre en manos del R. P. Prior la adjunta q.e acompaña por los dos codices q.e ha recivido con cuyo motivo da las mas exp.s gracias.

Acompaño el competente recivo // (1v) de los q.e b. se ha servido entregarme ya[149] e[ilegible]uiados: y espero q.e con franca confianza mande[ilegible]sam.te[150] q.to sea de su agrado à su afmô S. S. y Capp.n Q L M B

F. Antonio Manzan [Rúbrica]

Doc. 113 (ARAE 302/2/13 – 2)

1 hoja [en cuarto]

He recivido de D. Fran.co Antonio Gonzalez Bibliotecario Mayor de S. M. los Codices Vigilano, Emilianense: el Escurialense primero y segundo y un Plutarco impreso en Griego propiedad del R.l Monasterio de S. Lorenzo. Y p.a q.e conste lo firmo, Madrid y Abril 9 de 1829.

Como Procurador gral por el Monastº de S. Lorenzo
F. Antonio Manzanares [Rúbrica]

Doc. 114 (ARAE 302/2/14 - 1)

2 hojas [en cuarto]

Muy s.r mio. He recibido el Codice del Fuero Juzgo propio de la libreria de esta Universidad, que antes fue del Colegio mayor de S.n Ildefonso, de la qual se llevó à la Academia para el cotejo que está haciendo con varios Codices de las leyes del expresado fuero Juzgo, y queda entregado al Bibliotecario mayor de dicha Universidad, lo que aviso á V.S. para que sirva de resguardo á la Academia, à quien seser-//(1v)vira V.S. participarlo.

Dios guê la vida de V.S. m.s a.s Alcala de Henares 25 de Marzo de 1804.

Blm.s de V.S. su mas atento segº serv.r

Man.l de Lardizabal y Uribe [Rúbrica.]

S.r D.n Ju.n[151] Chrisostomo Ramirez Alamanzon

---

[148] En el ángulo superior derecho, con lápiz, se indica el número de orden 221.

[149] Escrito *y a*.

[150] Muy posible.

[151] No es segura esa consonante final, como en otros casos.

Doc. 115 (ARAE 302/2/15 - 1)

1 hoja [en cuarto]

He recibido el codice del Fuero Juzgo que de esta Biblioteca de los Estudios R.^{s} se habia llevado en la R.^{l} Academia Española para el cotejo de otros de su clase. Madrid 28 de Noviembre de 1817.

Ignacio Muñoz [Rúbrica.][152]

Doc. 116 (ARAE 302/3/1 - 1)

2 hojas [en cuarto]

En tpō del Sr Carbajal se sacò del Archibo de Murcia un Codice del Fuero Juzgo, q^{e} regalò à aq^{a}. Ciudad d^{n}. Alonso el Sabio. El paradero de este codice se ignoraba p^{r}. mas diligencias q^{e} se han practicado, hasta q^{e} ùltimamente me acaban de presentar el q^{e} remito à V.S. diciéndome q^{e} es el Codice q^{e} se buscaba, bien q^{e} no hay mas prueba de ello q^{e} una enunciativa q^{e} està à lo ultimo. // (1v) Lo paso à manos de V.S. p^{a}. q^{e} la Academia Española haga el uso q^{e}[153] tenga p.^{r} conveniente de este appreciable manuscrito, teniendo cuidado de devolvermele luego q^{e} se finalice el cotejo, p.^{a} restituirlo àl Archibo de Murcia.

Dios guê à V.S. m.^{s} a.^{s}

S. Lorenzo 17 de Oct.^{e} de 1785.

El Conde Floridablanca [Rúbrica.]

Sr Dn Manuel de Lardizàbal.

Doc. 117 (ARAE 302/3/1 - 2)

2 hojas [en cuarto]

Exc^{mo}. S.^{r}

Muy s.^{r} mio: por el Parte de esta mañana he recibido el Codice castellano del Fuero Juzgo, que V.E. se ha servido remitir por mi mano à la R^{l}. Academia Española, á quien se le he presentado en Junta de esta[154] tarde.

---

[152] A la altura de la firma, en el margen izquierdo, en sentido vertical, se escribe con lápiz el número de orden 2921.

[153] La abreviación de *que* en ocasiones es un adorno circular por encima de la consonante, que es muy habitual de Floridablanca..

[154] Tachado ilegible, posiblemente por un borrón, aunque se ha intentado rehacer con las dos primeras letras por encima de la línea y viendo las dos últimas.

Entre los papeles pertenecientes al Fuero Juzgo que se han pasado de la Biblioteca Real a la Academia[155] hay una copia hecha por el P.e Andres Marcos Burriel del Fuero original qe. se conservaba en el Archivo de // (1v) la Ciudad de Murcia, de donde se sacó para este fin de orden de S.M. en tiempo del S.r Carbajal.

Por el cotejo que he hecho de dicha copia con el Codice que ha remitido V.E. no queda duda de que es el mismo de la Ciudad de Murcia cuyo paradero se ignoraba, y por consiguiente ha sido un hallazgo muy apreciable para la Academia, la qual me encarga dé á V.E. en su nombre las mas expresivas gracias por los // (2r) auxîlios[156] y proteccion que se sirve dispensarla, y con la qual[157] espera poder hacer una edicion del Fuero Juzgo tan perfecta como desea.

Luego qe. se haga el uso correspondiente[158] del Códice, lo devolveré à V.E. como me previene en su papel. Entre tanto ofreciendome con el respeto que siempre á la disposicion de V.E. pido á Dios guê su vida m.s a.s. Madrid á 18 de Octubre de 1785

Doc. 118 (ARAE 302/3/2 - 1)[159]

2 hojas [en cuarto]

Illmo. Señor

Desde la epoca en que por real decreto comunicado á ese muy ilustre Ayuntamiento se sacó de su archivo y entregó à D. Asensio Morales el precioso codice del Fuero-Juzgo, propio de esa noble ciudad, corrio este varias fortunas y manos hasta que llegó por fin à las de la Real Academia Española, la cual apreciando debidamente las particulares circunstancias, que le recomiendan, le eligio por texto para la edicion de dicho codigo legal que está ya para concluirse. // (1v) Deseando este cuerpo literario que monumento tan digno se restituya à su centro, segun es justo y decoroso, me manda que tributando à su nombre las mas expresivas gracias à V.S. Ill.ma por la parte que le cabe en la exactitud y esplendor de la empresa qe. se propuso la Academia, y à que ha contribuido la presencia de su antiguo codice, me manda avisar à V.S. Ill.ma se sirva comisionar persona ò personas que de él se encarguen para depositarlo enelarchivo[160] de esa ciudad, comunicandome al mismo tiempo los pre-//(2r)ceptos de su agrado.

Dios guê e à V. S. Ill.ma muchos años. Madrid y Julio 18 de 1817.

El Secretario de la R.l Academia Española

Francisco Ant.o Gonzalez [Rúbrica.]

Ill.mo Ayuntamiento de la muy noble ciudad de Murcia.

---

155 Añadido en la interlínea superior.

156 Más que un acento circunflejo, es una tilde de nasalización.

157 Tachado: quizá *no dud*.

158 Se reparten las *r* en distintas líneas.

159 Lleva el número 3052 con lápiz antes de la carta.

160 Aparece así porque faltaba el artículo y se añadió entre las dos palabras extremas.

Doc. 119 (ARAE 302/3/3 - 1)

Correspondencia del Ayuntamiento de Murcia relativa al Códice del Fuero Juzgo que de un Archivo existe en el de la Academia (años 1833 y 1877) [sic]

Doc. 120 (ARAE 302/3/4 - 1)

2 hojas [folio]

[Carta del alcalde de Murcia al Director de la RAE (14.03.1916), en la que pide la devolución del manuscrito del *Fuero Juzgo*. A raíz de esa carta, se designa al senador vitalicio por Murcia Isidoro de la Cierva para que recoja el códice: había sido él mismo el que había preguntado al ayuntamiento de Murcia cuál era la situación en la que se encontraba el manuscrito del *Fuero Juzgo*. Detrás de la carta hay una nota autógrafa (2v):]

"He recibido del Sr. Secretario de la Real Academia Española el Códice del Fuero Juzgo a que se refiere la presente autorización.
Madrid 26 de mayo de 1916.
Isidoro de la Cierva"

Doc. 121 (ARAE 302/4/1 - 1)

2 hojas [en cuarto]

Muy S.ʳ. mio. Por elParte de hoy acabo de recibir la adjunta del Conde de Floridablanca, que remito à Vs. para que se entere de el estado de los Codices de Toledo y Leon que no dudo embiarán quanto antes, segun las ultimas ordenes. Me repito à la disposicion deVs. cuya vida g.ᵈᵉ Dios m.ˢ a.ˢ Madrid 23. de Abril de1785.
Blm. de Vs. su mas afecto serv.ᵒʳ
MelMarq.ˢ deS.ᵗᵃ Cruz

S. D.ⁿ Manuel de Lardizabal y Vribe

Doc. 122 (ARAE 302/4/1 - 2)

2 hojas [en cuarto]

Exm̃o Señor

Aunque el Arzobispo de Toledo me respondiò en 17. De Febrero de este año, que tanto èl, como su Cavildo estavan prontos àentregar los seis Codices del Fuero Juzgo que existian en la Libreria de aquella Santa Yglesia à disposicion dela Academia Española, segun le previne de Orden delRey en 8. del mismo, le buelvo escrivir con esta fecha. para que[161] // (1v) asi seegecute, por sifuesen ciertas las noticias que le han dado àV.E. acerca delas escusas conque âora sepretende suspender el cumplimiento. Lo prevengo àV.E. en contestacion desu Papel de 16. del corriente, para que lo noticie ala Academia, advirtiendole para el mismo fin, que envista del otro Papel de V.E. del 26. de Marzo enque enmienda la equivocacion que padeciò, he puesto nueva Orden para que el // (2r) Abad, y Cavildo de S^n^. Ysidro de Leon, entregue el Codice del Fuero Juzgo que existe en aquella Sta Yglesia à disposi.^on^[162] dela Academia, en los mismos terminos que se previno para los demas Codices. Dios guê àV.S. muchos años: Aranjuez à 22 de Abril del1785.

El Conde deFloridablanca [Rúbrica]

Señor Marques de Sta. Cruz.

Doc. 123 (ARAE 302/4/2 - 1)

2 hojas [en cuarto]

[Cruz]

Amigo y muy S.^r^ mìo: en effecto la R.^l^ Orden, que Vm. expressas en su estimada de 31. del proximo pasado, se communicò al Cab.^o^ por medio de nrô. Exmo Prelado, quien de acuerdo con el mismo respondiò al Exmo Sor de Floridablanca, hallarse pronto el Cab.^o^ â franqueàr â la Academia Española los exemplares del Fuero Juzgo, que tiene en su Bibliotheca, con las seguridades correspondientes, conforme â dĥa R.^l^ Orden.

Como nada se hà tratado â cerca de las seguridades, y precauciones en la entrega no puedo decir â Vm. cosa segura, y positiva nì en ordena â esto, nì â las diligencias, que deberà practicar la Academia, porque bien sabe Vm. lo que sòn[163] Communidades; pero si hè de decir mi sentir, me parece, que dando la Accademia [sic] aviso al Cab.^o^ del sugetto de su confianza, de quien piensa valerse para la conduccion de otros Codices, ò presentandose este con Carta de la Academia, el Cab.^o^ regularmente acordarà, se le entreguen en cajonados, cerrados, y sellados, // (1v) dexando otro Comisionado el correspondiente Recibo: esto ès lo que se me ofrece, y lo que yo pienso, pero otros â caso pensaràn de otro modo, y avrà â quienes no parezcan bastantes las insinuadas precauciones, y por el contrario no faltarâ quièn las tenga por sufficièntissimas, y aùn sobradas.

[161] Tanto en esta pagina como en la siguiente en el margen final hay un signo de comillas, pero rectas, como si fuera un "igual" vertical.

[162] Parece que hay después de la *i* algo como una *s*, que no tiene sentido.

[163] Este acento grave recae sobre la consonante final. Lo mismo pasa con *ès* y *pensaràn* algo más abajo. También se da este fenómeno en otras cartas.

Deseò, que se mantenga Vm. conmuy cumplida salud, y que mande quanto guste âsu af.^{mo} amigo, y seg.^{o} ser.^{or}. Tol.^{o} 5 de Junio de = 85.

Q. B. S. M.
Agapito Ramírez

Sor Dn Manuel Lardizabal, y Uribe.

Doc. 124 (ARAE 302/4/2 - 2)

2 hojas [en cuarto]

[Cruz]

Amigo, y muy S.^{r} mìo: aunque yo no tengo reparo alguno en encargarme de recoger los Codices del Fuero Juzgo en nombre de la Accademia [sic], para remitirlos â esa, y tambien me inclìno, â que tampoco lo tendrà el Cab.^{o} en hacer la entrega en los terminos, que Vm. me manifiesta en su estimada de 17, que acabo derecibir; contodo me parece màs seguro, y acertado, el que yo lo haga antes presente al Cab.^{o}, como lo harè sin falta en primera ocasiòn, y de lo que acuerde, ò resuelva, darè â Vm. puntuál avìso. En el interin, y siempre mande Vm. con toda satisfacciòn âsu af.^{mo} ser.^{or} am.^{o} Q.S.M.B. Tol.^{o} â 19. de Junio de =85.

Agapìto Ramìrez.

Sor Dn Manuel Lardizabal, y Uribe.

Doc. 125 (ARAE 302/4/2 - 3)

2 hojas [en cuarto]

[Cruz]

Amigo, y muy S.^{r} mìo: ya dìxe â Vm. en mì anterìor, no tenìa reparo alguno en encargarme de recogèr los Codices del Fuero Juzgo ennombre de la Accademia [sic], tampoco le tiene por su parte el Cab^{o}, segùn memanìfestò ayèr, en entregarlos succesivamente conforme â lo prevenìdo enla R.^{l} Orden, y con las precauciones, ò seguridades, que se hà hecho otras uezes; conque asì podrà la Accademia [sic], quando guste, y le accomode, escribìr al Cab^{o}, y Vm. remitirme la Carta, paraque pressentada sìn la menòr dilacion, acuerde él Cab.^{o} la entrega: verificada esta, quedarà âsu tiempo el Recìbo por parte de la Accademia [sic] con la formalidad, que Vm inisnùa ensu citada Carta. Nadamàs seme ofrece que prevenir, y Vm mande q.^{to} guste âsu af.^{mo} ser.^{or} amigo. Tol.^{o} 26. de Junio de = 85.

Q.B.S.M.
Agapito Ramìrez.

Sor Dn Manuel Lardizabal, y Uribe.

Doc. 126 (ARAE 302/4/3 - 1)

2 hojas [folio]

Ylt.^{mo} S.^{r}

Muy s.^{r} mio. El Exc.^{mo} Sr Conde de Floridablanca pasó un oficio por mi mano á la R.^{l} Academia Española con fecha de 8 de Febrero de este año, diciendo, que con la misma había comunicado á V.S.I. una orden del Rey N.S., que Dios guarde, à fin de que franquearse á la Academia los Codices latinos y castellanos del Fuero Juzgo que conserva en su librería, para cotejarlos con otros, que con el mismo objeto se han traido de diversas partes. Y habiendo llegado ya el caso de hacerse dicho cotejo, lo participo á V.S.J. de orden de la Academia, pidiendole en su nombre, se sirva mandarlos poner á la disposicion del Sr Dn Agapito Ramirez de Arellano, quien entregará á V.S.J. el resguardo correspondiente.

Debiendose hacer á un mismo tiempo el cotejo del texto latino y del Castellano, la Academia estima-//(1v)rá á V.S.J. se sirva mandar remitir ahora un Codice latino y otro castellano, para que concluido el cotejo de estos, se devuelvan, y puedan venir succesivamente los demas.

La Academia ^{desea} entre tanto[164] se la proporciónen muchas ocasiones de emplearse en obsequio de V.S.J. y yo ofreciendome à su disposicion, pido à D.^{s} conserve á V.S.J. en toda su prosperidad m.^{s} a.^{s} Madrid á 15 de Julio de 1785.

Ylt.^{mo} Sr Dean y Cabildo de la Sta Yglesia Primada de Toledo.

Doc. 127 (ARAE 302/4/3 - 2)

2 hojas [folio]

[Signo.]

Condesciendo gustosos con los deseos dela Real Academia Española, que de su orden, y en su nombre Nos manifiesta V. S. en Carta del 5. de este, hemos acordado, que se pongan à la disposicion de n̂o Hermano, y Concanonigo Doctoral el S^{or}. D. Juan Agapito Ramírez, en la forma que V. S. expresa, un Codice latino, y otro Castellano del Fuero Juzgo delos que se conserban en esta Biblioteca; Y q^{e}. debueltos otros dos Codices se haga lo mismo sucesivamente con los demas conforme à laReal Orden, que se nos comunicò por el Exmo S^{or}. Conde de Floridablanca. Lo que se servirà V. S. pasar à noticia dela Real Academia con nuestros mas constantes sinceros deseos de emplearnos en quanto sea de su maior obsequio. // (1v)

Con este motivo Nos ofrecemos àla disposicion deV.S. y rogamos à Nr̃o S^{or}. guê su vida m^{s}. a^{s}. Toledo, nr̃o Cabildo, à 28. de Julio de1785.

[164] Se tacha una palabra a continuación, que puede ser la forma del verbo *desear*.

Dn Mathias Robles [Rúbrica] Dn. Antonio Ceinos Rojo [Rúbrica]

Por mandado delos Sores. Dean, y Cab.o dela Sta. Igl.a deTolo. Primda. delas Españs.
Antonio Gomez Gamero Pro So. [Rúbrica]

Sor. D. Manual de Lardizabal y Vribe.

Doc. 128 (ARAE 302/4/3 - 3)

2 hojas [en cuarto]

D.n Man.l de Lardizabal y Uribe del Consejo de S.M. su Alcalde del Crimen y de Hijosdalgo de la R.l Chancillería de Granada, Académico del Número y Secretario perpetuo de la R.l Academia Española,

Certifico haber recibido, y quedar en poder de la expresada Academia dos Codices[165] que contienen las Leyes del Fuero Juzgo, el uno latino gótico en un tomo en folio enquadernado en pergamino, escrito en vitela: le falta la primera hoja, y comienza la foliacion desde el número 2 hasta el 12 en q.e concluye: tiene muchas hojas manchadas y otras cortadas y agujereadas; pero sin que los agujeros y cortaduras interrumpan la escritura, por haberse escrito estando ya cortado y agujereado el pergamino, tiene algunas notas arábigas al margen, y no contiene mas que las leyes del Fuero Juzgo. El otro Codice es castellano en un tomo en folio grande enquadernado en // (1v) tablas cubiertas de badana con sus abrazaderas: está escrito en papel muy fuerte y bruñido, de muy buena letra antigua, las iniciales iluminadas y los epigrafes de las leyes de vermellon: en las dos primeras hojas se ve dibujado de colores el Paraiso y un árbol genealógico, todo el Codice está bien tratado y tien ciento y doce hojas, inclusas las dos iluminadas y otras dos blancas, una al principio y otra al fin, en la qual hay una nota. Tampoco contiene más q.e las leyes del Fuero Juzgo.

Los expresados dos Codices son propios del Cabildo de la Santa Yglesia Primada de Toledo, quien los haremitido de órden de S.M. para que se cotejen con otros que han de servir para la ediciòn latina y Castellana del Fuero Juzgo que va á hacer la Academia, la qual se obliga á resti//(2r)tuir estos dos Codices, luego que se haga el cotejo de ellos, al expresado Cabildo, y entre tanto doy para su resguardo esta certificacion de órden de la misma Academia sellada con su sello y firmada de mi mano en Madrid á 8 de Agosto de 1785.

Doc. 129 (ARAE 302/4/3 - 4)

2 hojas [en cuarto]

[165] Tachado a continuación: *del Fuero*.

[Cruz]

Amigo, y muy S.^{r} mìo: hè recibido la muy estimada de Vm. con la adjunta Certificacion, que queda ya en podèr del Secretario, y se darà cuenta, ò harà presente en èl primer Cabildo.

Agradezco, y estimo sobre manera la expression de gracias de la Accademia, y dandoselas â Vm. por su cuidado, y puntualidad, me ofrezco como siempre â su disposicion, rogando â Dios, guê su vida los m.^{s} a.^{s} que desèa su mas af.^{to} amigo. y seg.^{o} ser.^{or} Q. B. S. M.
Tol.^{o} 10. de Agosto de = 85.

Agapìto Ramìrez.

Sor Dn Manuel Lardizabal, y Uribe.

Doc. 130 (ARAE 302/4/4 - 1)

2 hojas [en cuarto]

Deseo saber en que estado se halla la edicion del Fuero Juzgo q.^{e} pensó publicar esa R.^{l} Academia, pues ha reclamado la Iglesia detoledo los dos codices latinos y español q.^{e} prestó deR.^{l}orden p^{a}. el fin, añadiendo que si los Academicos tienen q.^{e} hazer cotejos pueden ir á executarlo á su archivo, en entregandoseles.

Dios gũe á V. S. m.^{s}a.$^{s.}$ Aranjuez 4 de Abril de1794.
El Duque dela Alcudia [Rúbrica.]

Sor Secretario de la R.^{l} Academia Española.

Doc. 131 (ARAE 302/4/4 - 2)

2 hojas [en cuarto]

Exc.^{mo} S.^{r}

Con fecha de 4 del corr.^{te} se sirve V.E. decirme, que desea saber en que estado se halla la edicion del Fuero Juzgo q.^{e} pensó publicar la R.^{l} Academia Española, porque ha reclamado la Yglesia de Toledo los dos Codices latino y español que prestó de R.^{l} Orden para este fin.

Habiendo hecho esto presente á la Academia en Junta que celebró ayer, me encarga diga á V.E. que el cotejo de dichos Codices de Toledo está muy proxîmo á concluirse, de suerte que dentro de 20 dias y quando mas dentro de un mes quedará enteramente finalizado, y verificado que sea, cuidará // (1v) la Academia de restituir inmediatamente dichos Codices à la Yglesia de Toledo por el mismo conducto y con la propia seguridad con que se traxeron, que es quanto puedo decir á V.E. sobre el asunto.

Me ofrezco con el debido respeto á la disposicion de V.E. y pido á Dios que su vida m.s a.s Madrid á 11 de Abril de 1794.

Exc.mo S.r Duque de la Alcudia // (2r)

S.or d.n Man.l Los dos Codices Toledanos el uno latino y el otro Castellano están ambos cotejados, y estando sacadas las muestras dePalomanres, pueden estar despachados dentro del15,, ó 20,, dias, porque solo hay en el latino que copiar una ó dos leyes.

B. L. M. de Sm. Su apas.do serv.or
Alamanzon

Doc. 132 (ARAE 302/5/1 - 1)

2 hojas [en cuarto]

Exc.mo S.r

Muy S.r mio. En virtud de la orden del Rey N.S. comunicada por V.E. á la R.l Academia Española en papel de 8 de Febrero de este año, han concurrido repetidas veces á la R.l Biblioteca los Academicos comisionados para hacer la edicion del Fuero Juzgo, á fin de executar allí mismo, como se dignó mandarlo S.M., el cotejo de los Codices y reconocimiento de papeles concernientes al asunto, que se conservan en ella.

La experiencia ha manifestado, que esta suerte se adelanta muy poco ó nada en el trabajo, y por consiguiente se retardará infinito la publicaciòn de la Obra. Esto consiste en que algunos de los comisionados por razon de sus empleos no pueden concurrir à este trabajo por las mañanas, sino en los dias de // (1v) fiesta y feriados, en los quales puntualmente está cerrada la Biblioteca, y así solo quedan utiles siete quartos de hora precisos por la tarde en los días que no son de fiesta ni feriados, que es muy poco tiempo y muy interrumpido para este género de trabajos.

La Academia deseosa de cumplir quanto antes lo que tiene ofrecido á S.M. y de publicar una Obra en que interesa el público, quisiera ver removidos estos obstáculos, lo que se verificaria, si S.M. en atenciòn á lo que va expuesto, se dignase mandar, que los[166] citados Codices y papeles se pasasen á la habitacion que ocupa la Academia, que está contigua á la Biblioteca en la propia Casa del Rey, y por con-// (2r)siguiente estarán allí con igual custodia y seguridad que en la misma Biblioteca, á la qual dará la Academia el resguardo correspondiente, con la obligaciòn de restituirlos, luego que se acabe el cotejo, como lo ha executado con la R.l Biblioteca del Escorial, la del Cabildo de Toledo y otras, de donde se han traido ya varios Codices para el mismo fin.

Hago presente á V.E. todo lo expuesto de orden de la Academia, suplicandole en su nombre se sirva dar cuenta de ello al Rey N.S. y espera del favorable influxo que

---

166 Tachado a continuación: *Codi.*

debe à V.E. que hará quanto esté de su parte para inclinar el R.[l] ánimo de S.M. à que se digne de condescender con la súplica que le hace.

Me ofrezco como siempre con el de-//(2v)bido respeto á la disposiciòn de V.E. y pido á Dios guê su vida m.[s] a.[s] Madrid á 18 de Agosto de 1785.

Exc.[mo] Sr Conde de Floridablanca[167]

Doc. 133 (ARAE 302/5/1 - 2)

2 hojas [en cuarto]

Hecho cargo delos motivos q[e][168] me expone la Academia Española en su Representación de 18 de Agosto en La q[e] solicital el Real permiso p[a] la extracciòn delos Codices del Fuero Juzgo q[e] se hallan en la Real Biblioteca, con el correspond.[te] resguardo; se lo he hecho presente al Rey, el qual accede benignam.[te] à la Súplica de un Cuerpo Literario tan benemèrito. // (1v)

Pongo en noticia de V.S. la resoluciòn de S.M. p.[a] q[e] lo prevenga asi à la Academia, en la inteligencia de q[e] con esta misma fha envio la correspondiente orden á d.[n] Fran.[co] Perez p.[a] q[e] inmediatam.[te] entregue à V.S. dhos Còdices.

Dios guê à V.S. m.[s] a.[s]

S. Ildefonso 20 de Ŝbre de 1785.

El Conde deFloridablanca[Rúbrica.]

S.[r]Dn Man.[l] de Lardizàbal.

Doc. 134 (ARAE 302/5/2 - 1)

2 hojas [en cuarto]

[Cruz]

Muy S.[or] mio. Ayer tarde me mostró el Sor Bayer una orden que tuvo del Rey para entregar prontamente a la Acad.[a] Española los cod.[s] del Fuero Iudgo que haya en la R.[l] Biblioteca. Yo quedé encargado de avisarlo a V.S. para que los recoja quando gustare dexando un recibo que los especifique para resguardo de la Biblioteca.

Dios g.[e] a V.S. // (1v) m.[s] a.[s] como deseo.

Mad.[d] 22 de Set.[e] de 1785.

B.L.M. de V.S. su mas at.[o] Serv.[or] y cap.[n]

Thomas Antonio Sanchez [Rúbrica.]

S[r] D.[n] Manuel de Lardizaval.

---

[167] Este mismo destinatario aparece tachado en la página anterior.

[168] *Vid.* el documento 116, en el que abunda también este tipo abreviado de *que*.

Doc. 135 (ARAE 302/5/2 - 2)

2 hojas [folio]

Dn Man.^{l} de Lardizabal y Uribe del Consejo de S.M. su Alcalde del Crimen y de Hijosdalgo de la R.^{l} Chancilleria de Granada, Academico del Numero y Secretario perpetuo de la R.^{l} Academia Española,

Certifico haber recibido en nombre de la misma Academia del Ilt.^{mo} Sr Dn Fran.^{co} Perez Vayer del Consejo y Camara de S.M. y su Bibliotecario Mayor los Codices y papeles siguientes. El Codice Vigilano.= El Codice Emilianense.= Un Codice en quarto de letra antigua forrado en papel jaspeado con el lomo de badana, el qual fué del Ylt.^{mo} Sr Dn Miguel de Nava, y contiene las leyes del Fuero Juzgo en Castellano.= Otro Codice en folio delgado forrado en pergamino verde, que contiene tambien las leyes del Fuero Juzgo en Castellano.= Un libro MS.^{to} moderno en folio $^{de\ varias\ letras}$ que tiene 730 páginas,[169] anotado en las margenes por el P. Andres Marcos Burriel, y en la portada se dice haberse copiado de un exemplar auténtico del archivo de la Ciudad de Murcia y de otros tres MS.^{tos} de la librería de la Santa Yglesia de Toledo.= Un quaderno en que hay varias hojas sueltas, y en la primera se lee de letra del P. Burriel: Adicion al prólogo del Fuero Juzgo: y luego de otra letra: Ordenaciòn que fizo el Rey Dn Alfonso con los omes buenos de Toledo en razon de los assentamientos &a. y otros opusculos.= Una copia del Fuero Juzgo del Codice Vigilano de letra de Dn Fran.^{co} Palomares en folio grande, // (1v) forrado de papel jaspeado y sin folios.= Otra copia del Fuero Juzgo castellano de letra del mismo Palomares en folio grande forrado en papel jaspeado, tambien sin folios, y no se dice de que original se sacó la copia.

Todos estos Codices y papeles se han sacado de la R.^{l} Biblioteca de orden de S.M. para hacer la ediciòn latina y Castellana del Fuero Juzgo,[170] de que está encargada la Academia Española, la qual se obliga á restituirlos conforme los ha recibido, luego que haga de ellos el uso correspondiente. Entre tanto para resguardo del Ylt.^{mo} Sr Dn Fran.^{co} Perez Vayer y de la misma R.^{l} Biblioteca doy esta firmada de mi mano y refrendada con el Sello de la Academia en Madrid á 27 de Septiembre de 1785.

Doc. 136 (ARAE 302/5/2 - 3)

1 hoja [en cuarto]

[Cruz]

Quatro Codices

El Vigilano____
El Emilianense

---

169 Tachado un texto que empieza por *de varias letras* y termina en *copiando*.

170 Tachado a continuación: *en*.

El Español que fue del Š. Nava en quarto forrado en Papel jaspeado, Como de badana; y en el FUERO JUZGO.

Otro Español enfolio delgado en pasta pero forrado en pergamino verde; y en el lomo: FUERO IUZGO.

Vn libro MS.[to] moderno de varias letras ó manos, annotado en sus margenes por el P. Andres Marcos Burriel elqual contiene 729. hojas enfol. y ensuportada se dice haberse copiado de vn exemplar autentico del Archivo de la Ciudad de Murcia y de otros tres MS.[tos] de la libreria dela Santa Iglesia de Toledo.

Vn quaderno enque hai varias hojas sueltas y en laprimera se lee de letra del P. Burriel: Adicion al Prologo del Fuero Juzgo: y luego de otra letra: Ordenacion que fizo el Rei D. Alfonso con los omes buenos de Toledo en razon de los assentamientos &c. y otros opusculos

Vna copia del Fuero Juzgo del Cod. Vigilano de letra de Dn Fran.[co] Palomares en fol. [grande] forrado de Papel Jaspeado: no foliado.

Otra copia del Fuero juzgo por elmismo Palomares en Castellano: fol. grande nofoliado: no se dice dedonde se copiò.

Doc. 137 (ARAE 302/5/2 - 4)

1 hoja [folio]

El Codice Vigilano= El Emilianense= Otro en 4.º en papel jaspeado, lomo de badana, en castellano.= Otro en fol. delgado forrado en pergamino verde, en castellano.= Un libro ms. moderno en fol. de varias letras de 730.pag.[s] anotado por el P. Burriel copiado de un exemplar de Murcia y de otros tres de Toledo.= Un quaderno en que hay varias hojas sueltas, y en la 1.ª selee de letra del P. Burriel: Adicion al prologo &c y luego de otra letra: Ordenacion &c y otros opúsculos.= Una copia del Vigilano hecha por Palomares en folio grande.= Otra del F. Juzgo castellano por el mismo Palomares, ambas forradas en papel jaspeado.

Doc. 138 (ARAE 302/5/2 - 5)

2 hojas [folio]

[Cruz]

Dn Man.[l] de Lardizabal y Uribe del Consejo de S.M. su Alcalde del Crimen y de Hijosdalgo de la R.[l] Chancilleria de Granada, Academico del Número y Secretario perpetuo de la R.[l] Academia Española,

Certifico haber recibido en nombre dela misma Academia del Ylt.[mo] Sr Dn Fran.[co] Perez Vayer delConsejo y Cámara de S.M, [sic] y su Bibliotecario Mayor los Códices y papeles siguientes. El Códice Vigilano.= El Códice Emilianense.= Un Códice en quarto de letra antigua forrado en papel jaspeado con el lomo de badana, el qual fué del Ylt.^{mo} Sr Dn Miguel de Nava, y contiene las leyes del Fuero Juzgo en Castellano.= Otro Códice enfolio delgado forrado en pergamino verde, que contiene tambien las leyes del Fuero Juzgo en Castellano.= Un libro MS.^{to} moderno enfolio de varias letras que tiene 730 páginas, anotado en las margenes por el P. Andres Marcos // (1v) Burriel, y en laportada se dice haberse copiado de un exemplar auténtico del archivo de laCiudad de Murcia y de otros tres MS.^{tos} de la librería de laSanta Yglesia de Toledo.= Un quaderno en que hay varias hojas sueltas y en la primera se lee de letra del P.^{e} Burriel: Adicion al prólogo del Fuero Juzgo: y luego de otra letra: Ordenacion quefizo el Rey Dn Alfonso con los omes buenos de Toledo en razon de los assentamientos &. y otros opusculos.= Una copia del Fuero Juzgo del Codice Vigilano de letra de Dn Fran.^{co} Palomares en folio grande, forrado depapel jaspeado y sin folios.= Otra copia del Fuero Juzgo Castellano de letra del mismo Palomares en folio grande forrado en papel jaspeado, tambien sin folios, y no se dice deque original se sacó la copia.

Todos estos Codices y papeles se han sacado dela R.^{l} Biblioteca de orden de S.M. p.^{ra} // (2r) hacer la edicion latina y Castellana del Fuero Juzgo, de que está encargada la Academia Española, la qual se obliga á restituirlos conforme los ha recibido, luego que haga de ellos el uso correspondiente. Entre tanto para resguardo del Ylt.^{mo} Sr Dn Fran.^{co} Perez Vayer y de la misma R.^{l} Biblioteca doy esta firmada de mi mano y refrendada con el Sello de la Academia en Madrid á 27 de Septiembre de 1785.

Dn Man.^{l}de Lardizabal y Uribe [Rúbrica.]

Quedan entregados en esta R.^{l} Biblioteca en el dia de hoy los códices que se expresan en este recibo, a excepcion de los dos de la primera llana, uno en 4.º y otro en fol.^{o} que contienen el Fuerojuzgo en castellano, los quales no se han acabado de cotejar. Madrid 20 de F.^{o} de 1795.

Thomas Antonio Sanchez

Quedan en esta R.^{l} Biblioteca los dhos dos Codices que contienen el Fuero-juzgo en castellano, entregados hoy 21 de Junio de 1797.

Sanchez [Rúbrica.]

Doc. 139 (ARAE 302/5/3 - 1)

2 hojas [en cuarto]

[Cruz]

Muyseñor mio: Por el PapeL de V.S. de 31 de Enero de Èste, quedo enterado dela orden que en 30 de Septiembre de 1785 se sirvió S.M. de enviar à la Real Academia Española, para que dejando el correspondiente resguardo recogieselos Còdices deL Fuero Juzgo quese hallan en la Real Biblioteca; y deseando, no tan solo cumplir con lo que S.M. entonces mandó sino ademas contribuir por mi parte á que pueda desempeñar mejor ese Real Cuerpo sus tareas literarias en beneficio è instruccion deL pùblico, he dado la orden correspondiente para que siempre que fuere su voluntad seLe franqueen enLos terminos expresados los Còdices que solicita: loque se servirá V.S. poner en noticia de La Real Academia.

Me ofrezco de nuevo áLa // (1v) disposición de V.S.y ruego áDios lo gũe mu.[s] añ.[s]. Madrid 8. de Febrero de1800.

B.L.M. deVs su aten.[o] Serv.[r]

Antonio deVargas y Laguna [Rúbrica.]

S.[r] d.[n] Juan Crisostomo Ramirez Alamanzon

Doc. 140 (ARAE 302/5/3 - 2)

2 hojas [en cuarto]

Muy S.[or] mio. La R.[l] Academia Española ha[171] determinado, que se devuelvan á sus respectivos dueños los códices[172] del Fuero Juzgo, que estuvieren cotejados, y cuandolo ya los [dos] latinos,[173] que[174] siendo ya necesarios otros papeles, que con este motivose traxeron de la misma, á excepcion de dos codices castellanos, que[175] [aun no] estan concluydos[176], lo pongo en noticia de V.S. por si gustan[177] que pase á su poder[178] los expresados códices, y papeles[179] en cuyo caso se recogerá[180] el resguardo[181] que[182] à nombre de la Academia se dio, y[183] otro de los dos codices que quedan[184], ó se dispondrá como á V.S. sera bien le pareciese .p[a]. la seguridad de ambos establecim.[tos]

19. de Febr.[o]

S.[or] d.[n] T. A. S.

---

[171] Tachado: *resuelto*.

[172] Ilegible lo tachado.

[173] Llamada para que se lea a continuación el margen izquierdo: *que con orden de S. M. de20 de Sept[e]. de1785, y por mano deV.S. se sacaron de esa R.[l] Biblioteca.*

[174] Tachado a continuación: *se con[ilegible]eron de esa R.[l] Biblioteca, y no*.

[175] Tachado: *se*.

[176] Modificado lo que se había escrito: *concluyendo*.

[177] Se tacha la parte final, que parecer ser *gustando*.

[178] Ilegible lo tachado.

[179] Tachado a continuación: *que eran ya cotejados*.

[180] En el margen izquierdo se corrige: *habrá de recoger*.

[181] Encima: *recibo*.

[182] Tachado a continuación: *por la*.

[183] Tachado a continuación: *dará*. En el margen izquierdo se precisa: *dandose otro*.

[184] Tachado a continuación: *aquí*.

Doc. 141 (ARAE 302/5/4 - 1)

2 hojas [folio]

[Cruz]

Razon delos Códices que p.^{r} orñ. de S.M. pasan de la Biblioteca R.^{l} á la R.^{l} Academia Española

1. .: Fuero Juzgo en Castellano, fol. max. forrado en papel jaspeado, copiado p.^{a} Dn Fran.^{co} Palomares.
1. ....Forum Iudicum, vulgo Fuero Juzgo, en Codice Vigilano Escurial. fol. max. la misma enquaderna.^{on}, cop.^{a} p.^{a} el mismo Palomares.
1. .... Fuero Juzgo en Castellano, en vitela, 4.º max., en papel jaspeado, con esta señal en la 1.ª hoja á la b.^{ta} [Signo de circunferencia cruzada.]
1. ...Otro en Castellano, vitela, 4.º pequeño, en pergamino, Est.^{te} Q.- codice 185.
1. ...Otro en Castellano, en vitela y papel; en pergamino, Est.^{te} D. codice 163.
1. ..... Otro en Castellano, en papel, fol. pergamino. Est.^{te} Q. cod. 94.
1. ..... Otro en Castellano, en vitela, fol. pergamino. Est.^{te} Q. cod. 125.
1. ...Otro en Castellano, en vitela, fol. pergamino. Est.^{te} D. cod. 52.
1. .... Otro Miscelanea, fol. carteras verdes, Est.^{te} DD. cod. 139.

Madrid á 23 de Abril de1800.

Juan Antonio Pellicer[185] [Rúbrica.]

---

185 En la página web http://www.traduccionliteraria.org/biblib/misc/MS101.htm, firma Juan Gabriel López Guix esta breve biografía de Pellicer: "JUAN ANTONIO PELLICER Y SAFORCADA (1738-1806) nació en Encinacorba (Zaragoza), estudió en Alcalá de Henares, donde se graduó como bachiller en Cánones y Leyes, e ingresó en 1762 como «tercer escribiente» en la Biblioteca Real. Allí recibiría unos años más tarde el encargo de culminar, junto con Tomás Antonio Sánchez y Rafael Casalbón, la revisión y ampliación de la *Bibliotheca hispana nova* (1672) del bibliógrafo Nicolás Antonio (1617-1684), un repertorio de escritores españoles desde 1500. La tarea se prolongó a lo largo de dos décadas, y los dos volúmenes de la edición refundida vieron finalmente la luz en 1783 y 1788. Dicho proyecto reflejaba fielmente el impulso ilustrado por los estudios bibliográficos y la naciente historia literaria. Además, en Pellicer, ese espíritu secular de fervor cartográfico y acumulación de saberes dio lugar, por un lado, a una destacada trayectoria como cervantista (publicó en 1797 una edición crítica del *Quijote* y en 1800 una *Vida de Miguel de Cervantes Saavedra*) y, por otro, a la compilación de un *Ensayo de bibliotheca de traductores españoles* (1778). Dicha obra, cuyo título indicaba en el siglo XVIII el adelanto de una obra en curso -y en el XXI plantea la duda sobre la posibilidad de su conclusión-, reúne dos libros en apariencia muy diferentes. En efecto, al catálogo de traductores anteceden unas «noticias literarias», ajenas al contenido anunciado y de mayor extensión en número de páginas, sobre los hermanos Lupercio y Bartolomé Leonardo de Argensola y sobre Miguel de Cervantes. Sin embargo, las «biografías literarias» de estos tres autores del Siglo de Oro desarrollan lo contenido de modo más breve en las entradas dedicadas a los treinta y seis traductores: datos biográficos entreverados con la rigurosa descripción de sus obras. En realidad, Pellicer sigue una concepción clásica de la

Nota: Se han recibido estos Códices enla Acad.ª y con la misma fha [sic] sedió recibo deellos en la forma ordinaria.

Doc. 142 (ARAE 302/6/3 - 1)

1 hoja [en cuarto]

Fueros juzgos en Castellano

Un codice MS. en pergamino marcado con esta cifra. iij. d. 18 tiene 137. fojas. en .4º.
Otro cod. MS. en pergamino iij.Z.6. de 209 fojas en fol. menor.
Otro Cod. MS. en pergamino ij. P. 17. de 61 fojas en folio menor.
Otro Cod. M.S. enperg.º iij. Z. 18. en 4.º
Otro Cod. MS. en perg.º iij. M. 5. con 177 fojas en folio menor.
Otro Cod. M.S. en pergam.º ij. M. 18

Doc. 143 (ARAE 302/6/4 - 1)

1 hoja [folio]

[Signo.]

Libros y Papeles de la BB. de la R. A. E. q.ᵉ he traído
á mi casa para la celebracion delas Juntas de Fuero Juzgo

La copia de D. Fran.ᶜᵒ Palomares, Castellana.
La latina
El Codice de Cardona.
El de Leon.
El de S.ⁿ Juan de los Reyes.
El de la R. BB. q.ᵉ fué deS.ⁿ Bartolomé de Salamanca (dudo si es dela BB)
El de d. Ignacio Bejar.

---

historia literaria en la cual el traducir se inscribe como actividad de pleno derecho, no como ejercicio subalterno y parasitario: «estas traducciones... arguyen el gusto y laboriosidad de nuestros Españoles, y la diligencia con que aprovechaban a su nación, y enriquecían su lengua». Pellicer murió en Madrid sin poder concluir su «biblioteca». El proyecto fue retomado un siglo más tarde por Marcelino Menéndez Pelayo, quien tampoco pudo verlo publicado como libro: la *Biblioteca de traductores españoles* se editaría cuarenta años después de su muerte. Sobre el ambiente intelectual de la época, véase José Cebrián, *Nicolás Antonio y la Ilustración española*, Kassel, Reichenberger, 1997, que contiene además un capítulo sobre Pellicer. También puede verse Antonio Marco García, «Sobre el *Ensayo de una bibliotheca de traductores españoles* de J. A. Pellicer y Saforcada», en F. Lafarga (ed.), *La traducción en España (1750-1830)*, Lérida, Universitat de Lleida, 1991" (consulta: 28.11.2016).

El de Toledo gótico.
El de alli mismo en Castellano.
El deMurcia.
El delP.e Burriel.
El dela BB. del Ms enquadernado en verde, notado D-38.
Quatro del Marques de Malpica, traídos deValladolid.
El Lindembrogio dela A. dela H.
Un Legajo de varios pliegos rotulado: Advertencias.
q.e hace la Junta de Fuero Juzgo.
Un Legajo de siete cuadernos de copias sacadas ded. Fran.co
Palomares de los Codices de S.n Juan de los Reyes, y del
dela BB. del Rey,[186]
(El del S.r Vara [sic] conpra enel Libro deRecibos q.e lo tiene
d. Fran.co Palomares p.a el especímen.)

Doc. 144 (ARAE 302/6/6 - 1)

8 hojas [en cuarto]

Junio.

Dia 20 quedò en la ley que dice: Del amonestamiento de los Obispos contra los Principes &c
Dia 22. quedò en la ley que dice: Que el pueblo non yerre contra su Rey.

Julio.

Dia 4. quedo en la ley que empieza: daquellos que quebrantan los juramentos.
Dia 20 quedò en el libro 1.º

Agosto

Dia 3. hasta concluir el lib. 1.º
Dia 15 hasta la ley 10 del tit. 1.º

Setiembre

Dia 6 hasta concluir la ley .19 del tit. 1.º
Dia 21 h.ta concluir la ley 29 del tit. 1.º lib. 2.º
Dia 26 h.ta concluir el tit. 1. lib. 2. // (3r)

---

[186] Tachado a continuación: *q. fué de S.n Bartolomé, y del S.r / Manc* (acaba en la línea siguiente).

Cotejo del texto castellano

Febrero de 89

Dia 16 de Febrero h^{ta} concluir la ley 1 del prologo.
Dia 18 h^{ta} concluir la ley 2 τ su prologo
Dia 29 h^{ta} concluir la ley 3

Marzo

Dia 5 de Marzo h^{ta} concluir la ley 4.
Dia 9 h^{ta} concluir la ley 10.
Dia 16 hasta empezar la ley 17.
Dia 23 h^{ta} concluir el prologo

Abril

Dia 20 h^{ta} concluir la ley 2 tit. 1. lib. 1
Dia 22 h^{ta} concluir la ley 3 tit. 2, lib. 1.
Dia 27 h^{ta} concluir el lib. 1.
Dia 29 h^{ta} concluir la ley 4 tit. 1. lib. 2

Mayo[187]

Dia 4 de Mayo[188] h^{ta} concluir la ley 6 tit. 1. lib. 2
Dia 6 h^{ta} concluir la ley 16 del tit. 1, lib. 2.
Dia 9 h^{ta} concluir la ley 19 tit. 1. lib. 6 // (3v)
Dia 14 h^{ta} concluir la ley 26 tit. 1. lib. 2
Dia 18 h^{ta} concluir la ley 27 del tit. 1. lib. 2
Dia 27 hasta concluir el lib. 1

Junio

Dia 14 de Junio h^{ta} concluir la ley 5 tit. 2. lib. 2.
Dia 17 h^{ta} concluir la ley 9 tit. 2. lib. 2.
Dia 22 h^{ta} concluir el tit. 3 lib. 2.

Julio

Dia 1 de Julio h^{ta} concluir la ley 3 tit. 3, lib. 2.
Dia 6 h^{ta} acabar la ley 8 tit. 3 lib. 2.

---

187 Antes de este nombre del mes: *Abril*.
188 Tachado: *Abril*.

Dia 8 h^{ta} concluir la ley 4 lib. 2.
Dia 9. Los epigrafes.
Dia 13 h.^{ta} concluir la ley 10 tit. 5 lib. 2.
Dia 20 h.^{ta} concluir la ley 12, tit. 9. lib. 2.
Dia 22 h.^{ta} concluir lib. 2. // (4r)
Dia 28 h.^{ta} concluir la ley 3 tit. 1 lib. 3.

Agosto

Dia 19 h.^{ta} concluir la ley 6 tit. 1 lib. 3.
Dia 24 h.^{ta} concluir el tit. 1 del lib. 3.
Dia 26 h.^{ta} concluir el tit. 2. lib. 3.
Dia 31 h.^{ta} concluir el tit. 3. lib. 3.

Sept^{re}

Dia 7 hasta concluir la ley 11 tit. 1 lib. ^{3}.[189]
Dia 9 h.^{ta} concluir la ley 13 tit. 4 lib. ^{3}
Dia 16 [sic] hasta la 16 inclusive del mismo titulo estuvimos S.^{res} Jovellanos, Florez y yo.
Dia 13 h.^{ta} concluir la ley 2, tit. 5 lib. 3.
Dia 19 de Oct.^{re} ha.^{ta} concluir[190] el tit. 5 lib. 3.
Dia 20 h^{ta} concluir el tit. 1 lib. 4.

Nov.^{re}

Dia 2 h^{ta} concluir la ley 12 tit. 2. lib. 4. // (4v)
Dia 4 h.^{ta} concluir la ley 14 tit. 2 lib. 4
Dia 9 h.^{ta} concluir la ley 19 tit. 2 lib. 4.
Dia 10 h.^{ta} concluir el tit. 2 lib. 4.
Dia 16 h.^{ta} concluir la ley 2 tit. 2 lib. 4.
Dia 18 h.^{ta} concluir el tit. 4. lib. 4.
Dia 23 h.^{ta} la mitad de la ley 1, tit. 1. lib. 5 en el Codice Toledano
Dia 25 h.^{ta} concluir el tit. 1 lib. 5

[191]Dic.^{re}

Dia 2 h.^{ta} las palabras E demas ennademos de la ley 6 tit. 2 lib. 5.
Dia 7 h.^{ta} concluir[192] el tit. 3 lib. 5.

---

189 Tachado: *4*. Igual que en la línea siguiente.

190 Tachado a continuación: *la ley*.

191 En la parte izquierda de la línea, tachado: *Dia*.

192 Tachado a continuación: *la ley*.

Dia 9 h.ta concluir la ley 11 tit. 4. lib. 5.
Dia 14 h.ta concluir la ley 14 tit. 4 lib. 5.
Dia 16 h.ta concluir la ley 19 tit. 4 lib. 5.
Dia 21 h.ta concluir la ley 1. tit. 5 lib. 5. // (5r)

Cotejo del texto castellano

Dia 23 de Dic.re h.ta concluir la ley 6 tit. 5 lib. 5.
Dia 29 h.ta concluir la ley 9.[193] tit. 5 lib. 5.

Enero de 90

Dia[194] 11 h.ta concluir la ley 5 tit. 6. lib. 5.
Dia 13 h.ta concluir la ley 2, tit. 7. lib. 5.
Dia 25 h.ta concluir la ley 14 tit. 7. lib. 5.
Dia 27 h.ta concluir el libro 5.

Febrero

Dia 1 hasta las palabras: Mas se lo non pudiere probar cerca del fin der la ley 1. tit. 1. lib. 6 en el toled.
Dia 7 h.ta concluir la ley 6, tit. 1. lib. 6.
Dia 14 h.ta concluir el tit. 3 lib. 6.
Dia 16 h.ta concluir el tit. 4 lib. 6.
Dia 22 h.ta concluir la ley 8. tit. 5 lib. 6.
Dia 24 h.ta concluir la ley 16 tit. 5 lib. 6. // (5v)

Marzo

Dia 1 h.ta concluir el libro 6.
Dia 4 h.ta concluir la ley 4 tit. 1. lib. 7.
Dia 8 h.ta concluir la ley 12 tit. 2. lib. 7.
Dia 10 h.ta concluir el tit. 2 lib. 7.
Dia 15 h.ta concluir la ley 4, tit. 4 lib. 7.
Dia 17 h.ta concluir la ley 2 tit. 5. lib. 7
Dia 22 h.ta concluir[195] el tit. 5. lib. 7.
Dia 24 h.ta concluir la ley 5, tit. 1. lib. 8.
Dia 29 h.ta concluir el tit. 2, lib. 8

[193] Tachado a continuación: *lib.*
[194] Tachado a continuación: *10.*
[195] Mancha sobre las dos primeras letras.

Abril

Dia 7 h.ta concluir el tit. 3, lib. 8.
Dia 13 h.ta concluir la ley 15, tit. 4 lib. 8.
Dia 15 h.ta concluir el tit. 4, lib. 8[196]

Mayo

Dia 5 de Mayo h.ta concluir la ley 5 tit. 1 lib. 9.
Dia 10 h.ta concluir la ley 11, tit. 1 lib. 9.
Dia 12 h.ta concluir el tit. 1. lib. 9.
Dia 17 h.ta concluir la ley 8, tit. 2. lib. 9. // (6r)
Dia 19 h.ta concluir el tit. 1. lib. 10.

Dia 31 h.ta concluir el lib. 10

Junio

Dia 7 h.ta concluir el tit. 1 lib. 12.
Dia 9 h.ta concluir la ley 6 tit. 2 lib. 12
Dia 14 h.ta concluir la ley 14, tit. 2. lib. 12
Dia 16 h.ta concluir el tit. 2. lib. 12.

Abril de 91

Dia 6 de Abril hasta concluir losepigrafes [sic] del tit. 3. lib. 12.
Dia 11. hasta concluir la ley 1. del tít. 3. delas[197] leyes nuevas. lib. 3.
Dia 13 h.ta concluir la ley 7 tit. 3 de las leyes nuevas.
Dia 18 h.ta concluir la ley 10, tit. 3.
Dia 27 h.ta concluir la ley 12 del mismo tit.

Mayo

Dia 2 de Mayo h.ta concluir la ley 14 del mismo tit
Dia 4 h.ta concluir la ley 15 del mismo tit
Dia 9 h.ta concluir la traduccion castellana del Codice Toledano. // (6v)
Dia 11 h.ta concluir la ley 1, tit. 1. lib. 1.
Dia 16. los tres clérigos.
Dia 18 h.ta concluir la ley 3 tit. 1. lib. 1.
Dia 23 h.ta las palabras: Por esto el Rey de la ley 4 tit. 1. lib. 1.
Dia 25 h.ta concluir la ley 4.

---

196 En la siguiente línea, aparece tachado: *Dia 26 h.ta concluir la ley 8. tit. 5. lib. 6.*

197 La *s* final se queda corta. Como siempre, es solo un trazo vertical.

Dia 30. los tres clérigos.
Dia 1. de Junio los tres clérigos.
Dia 6 del otro S.^{r} d. Man.^{l} y S.^{r} d. Juan conmigo.

Junio

Dia 8 de Junio hasta la ley: Pues que nos.
Dia 1.. de Julio hasta la ley D'aquellos que quebrantan
Dia 6 hasta la ley Algunos Clerigos.
Dia 11 hasta empezar el libro 1.
Dia 18 h.^{ta} el tit. 2. lib. 1.
Dia 27 h.^{ta} concluir el lib. 1.

Agosto

Dia 8 de Ag.^{to} h.^{ta} concluir la ley 4, tit. 1. lib. 2.
Dia 15 de Agosto[198] los tres Clérigos.
Dia 17 h.^{ta} concluir la ley 6, tit. 1. lib. 2.
Dia 22 h.^{ta} concluir la ley 10 tit. 1. lib. 2. // (7r)
Dia 24 h.^{ta} concluir la ley 17[199] tit. 1. lib. 2.
Dia 29 h.^{ta} concluir la ley 25 tit. 1. lib. 2.
Dia 31 h.^{ta} concluir el tit. 1. lib. 2.

Septiembre

Dia 5 de Sept.^{re} h.^{ta} concluir la ley 2, tit. 2. lib. 2.
Dia[200] 13 h.^{ta} concluir el cotejo de lasleyes del tit. 1. lib. 2.
Dia 29.. se cotejaron los titulos de Mayo. Su enumeracion y division

Octubre

Dia 3. Hasta la ley 5 del tit. 3, lib. 2.

Doc. 145 (ARAE 302/6/7 - 1)

1 hoja [en cuarto]

El cotejo delas capillas con el códice murciano que se empezó en 2 de enero de 1806, fue desde el tit. 4 del libro 8.º.

---

198 Tachado a continuación: *hasta lo.*
199 Tachado a continuación: *del.*
200 Tachado: *14.*

Las pruebas de Ymprenta se empezaron á corregir con el Codice Murciano desde la ley 14.. tit. 1.o Lib. IX.

Doc. 146 (ARAE 302/7/1)

28 hojas [folio][201]

(1r) Juntas extraordinarias para la edicion del Fuero Juzgo

En 28 de Sept.re de 1785 hubo Junta, á la que asistieron los SS. del margen[202], y se acordó que se sacasen copias del texto latino por el que está en el Codice Vigilano, y del castellano por el del libro del P.e Andres Marcos Burriel que se traxo de la Biblioteca[203] Real, y que sacadas estas copias, se empezasen á hacer los cotejos. El S.r Jovellanos se encargó de formar un plan de los puntos que deberán tratarse para que la edicion se haga con la ilustracion correspondiente. [Rúbrica.]

En 17 de Octubre hubo Junta extraordinaria, en la qual se leyó el plan encargado al S.r Jovellanos en la Junta antecedente. Se aprobó y acordó que se sacasen 9 [sic: confuso] copias de el, y se numeraron los Codices que han de servir para el cotejo. [Rúbrica.]

En 24 de Octubre hubo Junta extraordinaria, en la qual se[204] trató sobreel modo de hacer los cotejos de los Codices, y se acordó que se haga primero el de los Codices latinos, y arreglado que sea el texto, se haga e de los castellanos, en cuya virtud se empezaron // (1v) á cotejar los Codices latinos, comenzando por los Goticos. Tambien se acordó, que respecto á ser cortas las tardes, se empiecen las Juntas de aqui adelante á las tres y media. [Rúbrica.]

En 29 de Octubre hubo junta extraordinaria, á la qual asistieron los SS Lardizabal y Murillo, y se cotejo la copia hecha por Palomares con el original del Vigilano desde el principio hasta concluir la ley 10, tit. 2, lib. Primero. [Rúbrica.]

En 5 de Noviembre de 1785 hubo junta extraordinaria, á la q.e asistieron los SS. Lardizabal, Tavira y Murillo, y se[205] continuó el cotejo de la copia de Palomares con el Original y con el Codice Toledano Gotico, notando las variantes de este, hasta concluir la ley 19 del mismo titulo y libro que en la antecedente. [Rúbrica.]

En 10 de Nov.re de 1785 hubo Junta extraordinaria, á la que asistieron los SS. Lardizabal, Tavira y Murillo, y se cotejaron las leyes del Codice Toledano que no se

---

[201] Tres cuadernos: el primero, 1r-6v; el segundo, 7r-16v; el tercero, 17v-28r. Incompleto el último, solo se escribe hasta el 22r.

[202] Verticalmente, en el margen, aparecen por este orden: Lardizabal, 2 Murillo, 1 Tavira, Jovellanos, Florez [sic].

[203] Aparece entonces una llamada (1), que corresponde a una advertencia que se encuentra en el margen izquierdo, en la parte superior de este folio 1r, al lado del título, que dice: "Despues de haberse hecho este acuerdo, se adquirió el original de donde sacó el P.e Burriel [tachado: *esta*] copia, el qual le remitió el S.r Conde de Floridablanca, y se acordó q.e se tenga presente para el cotejo."

[204] Tachado a continuación: *empezaron á hacer los cotejos acord.*

[205] Tachado a continuación: *cotejo.*

habian cotejado con el Vigilano hasta[206] concluir la 17, tit. 1 del libro 2, anotando las variantes. [Rúbrica.]

En 12 de Nov.re hubo Junta extraordinaria, á la que asistieron los SS. Lardizabal, Tavira y Murillo, y se continuó el cotejo de la Copia de Palomares con // (2r) el original y el Toledano Gotico hasta concluir la ley 24, tit. 1, lib. 2. [Rúbrica.]

En 14 de Nov.re hubo Junta extraordinaria, á la que asistieron los SS. Lardizabal, Tavira, Murillo y Jovellanos, y se empezaron[207] á cotejar con el[208] Codice Vigilano el de Leon, el de Cardona y el de Sn Juan de los Reyes, y se Cotejo[209] hasta concluir la ley 1, tit. 1, libro 1, anotando las variantes de todos ellos. [Rúbrica.]

En 17 de Nov.re de 1785 hubo Junta extraordinaria, á la que asistieron los SS. Lardizabal, Tavira y Murillo, y se continuó el cotejo de la copia del Vigilano con el original y el Toledano Gotico hasta concluir la ley 29, tit. 1, lib. 2. [Rúbrica.]

En 19 del mismo de Nov.re hubo Junta extraordinaria, á la que asistieron los SS. Lardizabal, Tavira y Murillo, y se continuó el cotejo mismo que en la antecedente hasta concluir la ley 4 del titulo 2 lib. 2. [Rúbrica.]

En 20 de Nov.re de 1785 hubo Junta extraordinaria á la que asistieron los señores del margen[210] y se continuó el cotejo del Codice Vigilano con el de Cardona, el de Leon, el Emilianense y el de S.n Juan de los Reyes hasta concluir la ley ultima del tit. 1, libro 1. [Rúbrica.] // (2v)

En 24 de Nov.re de 1785 hubo Junta extraordinaria á la que asistieron los SS. Lardizabal, Tavira y Murillo, y se continuó el cotejo mismo de[211] la copia del Vigilano con el original, y con el Toledano Gotico hasta concluir el titulo 2 lib. segundo. [Rúbrica.]

En 27 de Nov.re de 1785 hubo Junta extraordinaria, á la q.e asistieron los SS. Lardizabal, Tavira y Murillo, y se continuó el cotejo mismo de la copia del Vigilano con el original, y con el Toledano Gotico hasta concluir el titulo 3 del lib. 2. [Rúbrica.]

En 29 del mismo hubo Junta extraordinaria, á la que asistieron los SS. Lardizabal, Tavira y Murillo, y se continuó el cotejo de la copia del Vigilano con el original y el Codice Toledano Gotico hasta concluir la ley 6, tit. 3, lib. 2. [Rúbrica.]

En 13 de Dic.re hubo Junta extraordinaria, á la que asistieron los SS. Lardizabal, Tavira y Murillo, y se continuó el cotejo de la copia del Vigilano con el original y el Codice Toledano Gotico hasta concluir la ley 4 del lib. 2. [Rúbrica.]

En 17 de Dic.re hubo Junta extraordinaria, á la que asistieron los SS. Lardizabal, Tavira y Murillo, y se continuó el cotejo de la copia del Vigilano con el original y el codice Toleda-//(3r)no Gotico hasta concluir la ley 9, tit. 5, lib. 2. [Rúbrica.]

[206] Tachado a continuación: *la 17,*.

[207] Tachado a continuación: *á hacerlo*.

[208] Tachado a continuación: *Vig*.

[209] Se ha escrito *Consejo* y se escribe un trazo vertical para indicar que no es correcta.

[210] Son los siguientes: "Lardizábal, Tavira, Murillo, Jovellanos y Florez [sic]". Es la forma habitual de transmitir este tipo de contenido, como en las actas de las sesiones ordinarias.

[211] Tachado a continuación: *del or.*

En 19 de Dic.^{re} hubo Junta extraordinaria á la que asistieron los SS. del margen, y se continuó el cotejo de la copia del Vigilano con el original y con el Toledano Gotico hasta concluir el libro 2. [Rúbrica.]

En 21 de Dic.^{re} hubo Junta extraordinaria, à la que asistieron los SS. del margen, y se continuó el cotejo de la Copia del Vigilano con su original y con el Toledano Gotico hasta concluir la ley 4, tit. 1. lib. 3. [Rúbrica.]

En 29 del mismo hubo Junta extraordinaria, á la que asistieron los SS. Lardizabal, Tavira y Murillo, y se continuó el cotejo de la copia del Vigilano con el original y el Codice Toledano Gotico hasta concluir la ley 6, tit. 3, lib. 2. [Rúbrica.]

En 13 de Dic.^{re} hubo Junta extraordinaria, á la que asistieron los SS. Lardizabal, Tavira y Murillo, y se continuó el cotejo de la copia del Vigilano con el original y el Codice Toledano Gotico hasta concluir la ley 4 del lib. 2. [Rúbrica.]

En 17 de Dic.^{re} hubo Junta extraordinaria, á la que asistieron los SS. Lardizabal, Tavira y Murillo, y se continuó el cotejo de la copia del Vigilano con el original y el codice Toleda-//(3r)no Gotico hasta concluir la ley 9, tit. 5, lib. 2. [Rúbrica.]

En 19 de Dic.^{re} hubo Junta extraordinaria á la que asistieron los SS. del margen, y se continuó el cotejo de la copia del Vigilano con el original y con el Toledano Gotico hasta concluir el libro 2. [Rúbrica.]

En 21 de Dic.^{re} hubo Junta extraordinaria, à la que asistieron los SS. del margen, y se continuó el cotejo de la Copia del Vigilano con su original y con el Toledano Gotico hasta concluir la ley 4, tit. 1. lib. 3. [Rúbrica.]

En 30 de Dic.^{re} hubo Junta extraordinaria, á la q.^{e} asistieron los SS. del margen, y se continuó el cotejo del Codice Vigilano con el original y con el de Cardona, el de Leon, el Emilianense y el de S.^{n} de los Reyes hasta concluir el tit 2, del libro primero. [Rúbrica.]

Año de 1786.

En 3 de Enero de 1786 hubo Junta extraordinaria, á la q.^{e} asistieron los SS. del margen, y se continuó el cotejo del Codice Vigilano con el de Cardona, el de Leon, el Emilianense y el de S.^{n} de los Reyes hasta concluir los sumarios del tit 1, libro segundo. [Rúbrica.]

En 15 de Febrero de 1786 hubo Junta extraordinaria, á la q.^{e} asistieron los SS. Lardizabal y Murillo, y se // (3v) cotejo la copia hecha por Palomares con el original del Vigilano hasta acabar el quadernillo guarro de la Copia. [Rúbrica.]

En 19 de[212] Abril de 1786 hubo Junta extraordinaria á la q.^{e} asistieron los SS. del margen y se continuó el cotejo del Codice Vigilano con el de Cardona, Emilianense y S.^{n} de los Reyes hasta concluir ley 1, tit 1, libro 2. [Rúbrica.]

En 21 del mismo hubo Junta extraordinaria á la que asistieron los SS. del margen y se continuó el cotejo de los mismos codices hasta concluir ley 4, tit 1, lib. 2. [Rúbrica.]

---

212 Tachado a continuación: *Febrer*.

En 22 del mismo hubo Junta extraordinaria à la que asistieron los SS. del margen y se[213] acordó que desde luego se arreglase el texto[214] adoptando la mejor lecccion [sic] q.e resulte del cotejo de los Codices, sin anotar todas las variantes, sino solamente aquellas[215] de q.e pueda resultar sentido diverso. [Rúbrica.]

En 24 del mismo hubo Junta extraordinaria, y se continuó el cotejo conforme á lo acordado en la anterior hasta concluir la ley 5, tit. 1, lib. 2. [Rúbrica.]

En 26 del mismo hubo Junta extraordinaria, y se continuó el cotejo de los mismos Codices hasta concluir // (4r) la ley 5, tit. 1, lib. 2. [Rúbrica.]

En 1 de Mayo hubo Junta extraordinaria y se continuó el cotejo de los mismos Codices hasta la mitad de la ley 6 del mismo tit. [Rúbrica.]

En tres del mismo hubo Junta extraordinaria y se continuó el cotejo de los mismos Codices hasta concluir la ley 6 del mismo tit. [Rúbrica.][216]

En 10 del mismo hubo Junta extraordinaria y se continuó el cotejo de la copia de Palomares con el original Vigilano. [Rúbrica.][217]

En 19 del mismo hubo Junta extraordinaria y se continuó el cotejo de los Codices Toledano, de Leon y Vigilano. [Rúbrica.][218]

En 31 del mismo hubo Junta extraordinaria y se continuó el Cotejo de los Codices Goticos. [Rúbrica.][219]

Enero de 1787

En 3 de Enero de 1787 hubo Junta extraordinaria y se cotejaron algunas leyes latinas con la traduccion castellana, por no haber concurrido mas q.e dos à la Junta, y no // (7v) haberse podido hacer por consiguiente el cotejo de los Codices latinos.

En 8 del mismo hubo Junta extraordinaria y se continuó el cotejo de los Codices Goticos. [Rúbrica.][220]

En 31 del mismo hubo Junta extraordinaria, y se cotejo[221] la copia del Vigilano con su original. [Rúbrica.][222]

---

[213] Tachado a continuación: *continuó el cotejo*.

[214] Tachado a continuación: *ad.*

[215] Tachado a continuación: *que parezcan en que p.*

[216] Se repite este modelo, sin indicación de término de análisis, en los días 10, 17, 22, 29 y 31 de mayo; 12, 14, 19, 21, 26 y 28 de junio; y 4 y 6 de julio.

[217] Se insiste en este patrón el día 17 de julio.

[218] Se continúa esta plantilla en las fechas 24 y 26 del mismo mes.

[219] Se reitera esta maqueta el resto del año: 2, 7, 16, 17, 22, 24, 27 y 29 de agosto; 4, 6, 11, 13, 18, 20, 25 y 27 de septiembre; 2, 4, 9, 11, 16, 18, 23, 25 y 30 de octubre; 6, 8, 13, 15, 20, 22, 27 y 29 de noviembre; y 4, 6, 11, 13, 18, 20 y 27 de diciembre de 1786.

[220] Se persiste en este molde en los días 10, 15, 17, 22, 24, 27 y 29 de enero de 1787.

[221] Ilegible lo tachado.

[222] Se copia el modelo en la sesión del 5 de febrero.

En 7 del mismo hubo Junta extraordinaria, y se cotejó[223] la traduccion castellana con el original latino. [Rúbrica.]

En 12 del mismo hubo Junta extraordinaria, y se continuó el cotejo de los Codices Goticos. [Rúbrica.] // (8r)

En 14 del mismo hubo Junta extraordinaria y se cotejo el texto castellano con el latino. [Rúbrica.][224]

En 26 del mismo hubo Junta extraordinaria, y se continuó el cotejo de los Codices Goticos. [Rúbrica.][225]

En 12 del mismo hubo Junta extraordinaria y se cotejó el texto latino del Vigilano con la copia[226]. [Rúbrica.][227]

En 21 del mismo hubo Junta extraordinaria, y se cotejó el texto latino con[228] la traduccion castellana. [Rúbrica.]

En 28 del mismo hubo Junta extraordinaria, y se cotejo el texto castellano con el latino. [Rúbrica.] // (8v)

Abril de 87.

En 16 del mismo hubo Junta extraordinaria, y se cotejó el teto [sic] latino con la traduccion castellana. [Rúbrica.]

En 18 del mismo hubo Junta extraordinaria, y se continuó el cotejo de los Codices Goticos. [Rúbrica.][229]

En 4 de Febrero hubo Junta extraordinaria y se comenzo el cotejo de los Codices Castellanos. [Rúbrica.][230]

En 9 del mismo hubo Junta extraordinaria, y se continuó el cotejo de los Codices Castellanos. [Rúbrica.][231]

---

[223] Tachado a continuación: *aron los Cod.*

[224] Se mantiene este objeto de estudio el día 21.

[225] Se conserva esa materia en los días 28 de febrero y 5 y 7 de marzo.

[226] Tachado: *traduccion.*

[227] Se repite esta matriz los días 14, 19 y 26 de marzo y el 2 de abril.

[228] Tachado a continuación: *el.*

[229] Se continúa esa maqueta en siguientes días del resto del año 1787: 18, 23, 25 y 30 de abril; 2, 7, 9, 14 y 16 de mayo; 4, 11, 18, 20, 25 y 27 de junio; 2, 4, 9, 11, 16, 18, 23 y 30 de julio; 1, 6, 8, 13, 20, 22, 27 y 29 de agosto; 3, 5, 10, 12, 17, 19, 24 y 26 de septiembre; 1, 3, 8, 10, 15, 17, 22, 24, 29 y 31 de octubre; 5, 7, 12, 14, 19, 21, 26 y 28 de noviembre; y 3, 5, 10, 12, 17 y 19 de diciembre. Se debe incluir el año 1788 completo, que figura en el calendario de asistencias, y el mes de enero de 1789 (días 7, 10, 21, 26 y 28).

[230] Se dedica a esta labor el resto del año 1789, hasta el 3 de octubre, que también se encuentra en el calendario de asistencias.

[231] Así se llega hasta el último día.

Doc. 147 (ARAE 302/8/1 - 1)

2 hojas [en cuarto]

Hoy 19. de Nov.ᵉ de 1785

Señor D. Manuel de Lardizaval mi Dueño estimadissimo.

El deseo de servir à la Academia, y de hacer las dos Copias del Fuero-juzgo con igualdad, me obliga à solicitar de la vivacidad de Vmd. el acòpio del papel necesario.

He contado mi copia Vigilana y tiene 90. Pliegos que son 18. Quadernos, ò por mejor decir Quinternos. Por esta cuenta, necesito para las dos Copias en que trabajo 36. Quadernos, ò 180. Pliegos.

Vmd. me envió 18. Quadernos, ó noventa pliegos, y asi necesito 20. Quadernos, ò 100. pliegos mas.

Perdona Vmd. y mande como puede à su seguro y af.ᵐᵒ servidor Q. S. M. B.

Francisco Xavier de Santiago Palomàres [Rúbrica.]

P.D.

Aunque vengan un par de quadernos mas, no dañarán; por si se yerra alguno, ò sale roto, ò manchado, como ha sucedido con algunos de la primera remesa. [Rúbrica.]

Doc. 148 (ARAE 302/8/2 - 1)

4 hojas [folio]

Razon de los Codices que ha recibido la R.ˡ Academia Española, para la edicion, que va à hacer del Fuero Juzgo en latin y castellano[232]

Un Codice ˡᵃᵗⁱⁿᵒ de la libreria del Convento de Religiosos Franciscos de S.ⁿ Juan de los Reyes de la Ciudad de Toledo. Es un tomo en folio delgado, de vitela y letra antigua, bien conservado à excepcion de dos ó tres hojas, que estan maltratadas. Al fin tiene el Fuero de Leon y el municipal de Palencia. [Firma y rúbrica en el margen izquierdo.]

Un Codice latino Gotico llamado de Cardona de la libreria del Escorial. Es un tomo en folio grueso de vitela bien conservado. Tiene al fin los exôrcismos del agua caliente y fria. [Firma y rúbrica en el margen izquierdo.]

Un Codice Castellano de la librería del Colegio Mayor de S.ⁿ Bartolomé de la Ciudad de Salamanca. Es un tomo en quarto de vitela y letra antigua bien conservado. Comienza y acaba con las leyes del Fuero Juzgo. [Firma y rúbrica en el margen izquierdo.]

Un Codice Castellano propio de D.ⁿ Ygn.ᵒ de Bejar, Contador del Serenisimo S.ʳ Ynfante D.ⁿ Gabriel. Es un tomo en folio regular de vitela y letra antigua, tiene al principio un kalendario al qual le faltan los quatro meses primeros, y á las leyes falta el libre doce. [Firma y rúbrica en el margen izquierdo.]

---

232 Ilegible lo tachado a continuación.

Dos Codices castellanos pertenecientes á la libreria que el Exc.mo S.r Marques de Malpica tiene en la Ciudad de Valladolid en su casa llamada del Sol. Son dos tomos en folio de vitela y letra antigua, no contienen mas que las leyes del Fuero Juzgo, entrambos estan bien tratados: el uno tiene docientas trein-//(1v)ya y dos hojas; las iniciales[233] iluminadas, y al principio de cada libro una cabecera tambien una iluminada con figuras alusivas á la materia del libro; pero las mas estan raspadas, y algunas enteramente borradas. El otro codice tiene docientas veinte y una hojas y las iniciales tambien iluminadas, pero son cabeceras al principio de los libros. [Firma y rúbrica en el margen izquierdo, en la página anterior.]

Un Codice latino, Gotico perteneciente á la librería del Cabildo de S.n Ysudro de Leon. Es un tomo en folio de vitela, tiene al principio un catálogo de varias Ciudades é Yglesias Episcopales, un lunario y un Kalendario todo en ocho hojas: siguen los epigrafes de los libros y titulos del Fuero Juzgo puestos con separaciones en tres hojas con varios dibujos iluminados, siguen[234] se las leyes en 137 hojas. Despues de ella hay un Catalogo de los Visigodos desde la Era 400 con los años que reynaron, en una hoja. A continuación de ella hay un Opusculo intitulado De rebus Ecclesiae por el Rey Cintila en 7 hojas, despues un tratado de Ortografía en dos hojas. Ultimamente otro Opusculo intitulado Liber glosomadas, que viene á ser un glosario por el órden alfabético que no está completo y tiene 28 hojas, con lo que se concluye el Codice el qual tiene en todo 186 hojas. Las ultimas del Glosario estan bastante maltratadas como tambien las cubiertas del Codice, que son de tablas clavateadas con clavos gruesos. [Firma y rúbrica en el margen izquierdo.]

Vn Codice latino Gotico perteneciente á la libreria del Cabildo de la St.a Yglesia de Toledo. Es un tomo en // (2r) folio enquadernado en pergamino, escrito en vitela: le falta la primera hoja, y comienza la foliacion desde el numero 2 hasta el 124 en que concluye: tiene muchas hojas manchadas y otras cortadas y agujereadas, pero sin que los agujeros y cortaduras interrumpan la escritura, por haberse escrito estando ya cortado y agujereado el pergamino; tiene algunas notas arabigas al margen, y no contiene mas que las leyes del Fuero Juzgo. [Firma y rúbrica en el margen izquierdo.]

Vn Codice castellano perteneciente á la librería del Cabildo de la misma S.ta Yglesia de Toledo. Es un tomo en folio grande enquadernado en tablas cubiertas de badana con sus abrazaderas de metal; esta escrito en papel muy fuerte[235] y bruñido, de muy buena letra antigua, las iniciales estan iluminadas y los epigrafes de las leyes de vermellon: en las dos primeras hojas se ve[236] dibujado de colores el Paraiso y un arbol genealógico, todo el Codice está bien tratado y tiene ciento y doce hojas, inclusas las dos iluminadas y otras dos blancas, una al principio y otra al fin, en la qual hay una nota. Tampoco contiene mas que las leyes del Fuero Juzgo. [Firma y rúbrica en el margen izquierdo.]

De la Biblioteca Real se han traido los siguientes.

El Codigo Vigilano. El Codice Emilianense. Un Codice en quarto de letra antigua

---

233 La *e*, manchada e inentendible.

234 La *g* está absolutamente manchada.

235 Tachado: *mu*.

236 Esta *e* está bastante manchada, pero se lee relativamente bien.

que contiene las leyes del Fuero Juzgo en // (2v) castellano que tiene ciento y sesenta y quatro paginas. Otro Codice en folio pequeño y delgado, que contiene tambien las leyes del Fuero Juzgo en castellano, y tiene ochenta y un paginas. Una copia de letra de D.ⁿ Fran.ᶜᵒ Palomares del Fuero Juzgo del Codice Vigilano. Otra copia del mismo Palomares de las leyes del Fuero Juzgo en Castellano en un tomo en folio de papel de marca mayor.[237] Una copia del Fuero Juzgo o Castellano hecha por el P.ᵉ Andres Marcos Burriel anotado á las margenes por el mismo, y siete quadernillos de apuntaciones sobre el Fuero Juzgo hechas tambien por el P.ᵉ Burriel.

El Exc.ᵐᵒ S.ʳ Conde de Floridablanca remitió[238] con papel de 17 de Oct.ʳᵉ de 1785 un Codice en quarto de pergamino de letra antigua, que contiene las leyes del Fuero Juzgo en Castellano perteneciente al Archivo de la Ciudad[239] de Murcia, y es el original de que sacó el Pᵉ Andres Marcos Burriel la Copia que se traxo de la R.ˡ Biblioteca.

Un codice del Fuero Juzgo Castellano perteneciente á la librería que el Exc.ᵐᵒ S.ʳ Marques de Malpica tiene en Valladolid en la casa llamada del Sol. Es un tomo en folio regular encuadernado en badana negra de letra[240] moderna, y // (3r) no contiene mas que las leyes del Fuero Juzgo. Con este Codice vino otro de la misma librería con el titulode Fuero Juzgo; pero no es sino el Fuero Real, y es un tomo en folio regular delgado de letra antigua forrado en pergamino, al qual le falta el titulo 1, del lib. 1, y no contiene otra cosa que las dichas leyes del Fuero Real.

Un exemplar latino del Fuero Juzgo de la impresion de Pedro Piteo perteneciente á la libreria de Agustinos Recoletos de Copacauana. Un tomo en folio en Paris año de 1579.

Un Codice M.S. de Jacobo de las leyes perteneciente al P. Fr. Juan Sobreira y Salgado Monge Benedictino en el Monasterio de San Zoil [sic] de Carrion. Un tomo en 4. de letra antigua.

Doc. 149 (ARAE 302/8/3 - 1)

2 hojas [en cuarto]

Para qᵉ el Academico D.ⁿ Juan Ramirez Alamazon no falte à la Junta formada en esa Academia para la importante edicion del Fuero Juzgo en què entiende; se ha dignado el Rey dispensarle, mientras dure otra comisión, la residencia del Benefició [sic] qᵉ le ha concedido en Requena; a cuyo fin se lo he comunicado // (1v) asì de Real Orden al Ministerió [sic] de Gracia y Justicia; y à V.S. se lo aviso p.ᵃ qᵉ lo haga presente à la Academia, y al interesado.

Dios guê à V.S. m.ˢ a.ˢ Aranjuez 13 de Abril de 1791.
El Conde deFloridablanca [Rúbrica.]

S.ʳ D.ⁿ Manuel de Lardizàbal y Uribe.

---

237 A continuación, hay dos o tres palabras tachadas: la última es *quaderno*.

238 Tachado a continuación: *por*.

239 En esta posición hay un tachado absoluto o una mancha.

240 Palabra con la letra corrida. La *o* de la palabra siguiente, manchada.

Doc. 150 (ARAE 302/8/4 - 1)

2 hojas [folio]

[Signo][241]

En la Junta que se celebró en 30.[242] de Diciembre del1784 sehizo la propuesta de que convendria hacer una edicion correcta del FueroJuzgo con el texto latino y la traduccion castellana, y habiendo sin duda [243] parecido bien[244] aquella se acordó que el S.or Director conferenciase con el S.or Conde de Floridablanca para saber si habria alguna dificultad en que [245] se traxeren con licencia deS. M. los códices que eran necesarios para este cotejo.

De resultas deste paso preliminar se pasó oficio al Ministro de Estado por el secretario dela Academia con fecha de 3. deFebrero del a.o siguiente del1785. pidiendo á nombre de esta que S.M. se dignase[246] aprobado[247] el pensamiento[248] deste cuerpo de publicar una ediccion [sic] exâcta y correcta del FueroJuzgo con todas aquellas adiciones y observaciones que puedan[249] diesen contribuir á la mejor inteligencia é ilustracion dela obra, expidiendo si fuese desu aprobacion las ordenes correspondientes para que se franqueasen à la Academia los codices, y[250] documentos necesarios, y[251] los quales se expresan en el citado oficio; y por ser este[252] un testimonio nada equivoco delas intenciones, que tuvo la Academia, y como el[253] papel de obligacion que hizo para este proyecto, convendrá tenerla á la vista para resolver con acierto, y consecuencià [sic].

Condescendio el Rey con esta solicitud, y en 8. de Febr.o se contestó por el S.or Conde de Floridablanca,[254] manifestando la aprobacion deS. M. y que se habian

---

[241] Lleva "110" al principio con lápiz.

[242] En realidad, son dos puntos seguidos o dos comas no curvas, sino rectas. Pero ya no a partir del folio 1v, excepto lo que se indica expresamente.

[243] En la interlínea superior hay una palabra tachada (¿*esto*?).

[244] Texto tachado, que no se lee. Se sustituye por lo que aparece en la interlínea superior.

[245] Tachado lo que viene a continuación: *se traxere* (quizá *traxare*) *S. M.*

[246] Tachado: *se dignare*.

[247] Palabra dudosa: hay algo tachado entre *a* y *d*, ya en el borde derecho de la página.

[248] Se tacha una letra que aparece al final del artículo; se continúa con una raya que llega hasta la *n* de *pen*.

[249] Se tachan las últimas cuatro letras de esta palabra; además, la *e* está totalmente manchada.

[250] Tachado a continuación: *par*.

[251] No está claro si se ha tachado mediante un trazo vertical grueso o bien se quiere representar una *q*, sin nada más como signo de abreviación.

[252] Tachado a continuación: *como*.

[253] Tachado a continuación: *a escritura*.

[254] Tachado a continuación: *que habia parecido bien á S.M.*

dado las ordenes necesarias para[255] poner á disposicion dela Academia los codices y papeles que se pedian con las precauciones, y limitaciones, que en el se refieren.[256] Y[257] en su consecuencia para trabajar en esta obra se nombró una Junta compuesta delos SS. d.^{n} Man.^{l} de Lardizábal, d.^{n} Ant.^{o} Tavira, d.^{n} Ant.^{o} Murillo, d.^{n} Gaspar deJovellanos, y d.^{n} Josef deFlores con encargo al mismo tp̃o de que tratasen sobre el mejor modo dehacer la // (1v) la proyectada edicion, y sin duda se compuso con este objeto[258] plan formado por d.^{n} Gaspar de Jovellanos en 17. de Octubre del mismo año.

Trabajaron estos Academicos con constancia y aplicacion, y llegáron á cotejar todos los códices latinos[259], que se habian trahido,[260] pero por la ausencia de los SS. Jovellanos y Tavira, y con la muerte del Sr Florez se suspendieron estas tareas hasta que en Marzo de1791 se volvio á tratar $^{la\ continuacion}$ de este asunto nombrandonos para ella á el Sr Cabrera, y á mi.

[261]Concluimos con el cotejo de los codices castellanos, y dimos principio al de otros en cuyo estado sobrevino la muerte delS.^{or} Murillo[262] con lo qual volvieron segunda vez á suspenderse estos trabajos, y $^{en\ este}$[263] tiempo se notaba ya alguna tibieza, y aun desafecto dela Academia hacia este proyecto, ó porque faltaron sus proveedores principales, ó porque se creyo que no ^{era}[264] asequible la ^{execucion}[265] deste proyecto con la extension con que se habia concebido, ó tal vez porque[266] las mudanzas politicas se[267] alcanzan tambien á los cuerpos literarios, y sus proyectos.

Sin embargo por cierto incidente se emprendio nuevamente este trabajo en el a.^{o} pasado de 95, y con el nombramiento que se habia hecho anteriorm.^{te} del Sor Canseco, y el que posteriormente se añadio de los SS. Villanueva, y Florez se ha llegado á concluir el cotejo de todos los codices castellanos, que hay en nrō. poder. Y digo el de todos porque aunque faltan por cotejar unos tres por lo que hemos visto son copias delos que ya están examinados, y[268] segun el caracter de la letra en el siglo 16.. no pueden ser otra cosa, ni servir para el fin que nos hemos propuesto.

---

[255] Se corta el trazo inferior de la letra que debe ser la *r*.

[256] Tachado: *Y verificada que fué esta traslacion de papeles.*

[257] Tachado a continuación: *para.*

[258] Tachado a continuación: *Este.*

[259] En la interlínez superior hay un texto tachado: ... *de... Jovellanos* (?).

[260] En el margen la nota continúa a partir de este sitio: *y parte delos Castellanos.*

[261] Tachado: *Continuamos el.*

[262] Tachado a continuación: *y la pr...* (no se lee completa la última palabra).

[263] Tachado: *cuyo.*

[264] Tachado: *seria.* A continuación: *efectiva.*

[265] Tachado: *extension.* Incluso, la palabra escrita arriba se escribe sobre la escrita inicialmente. Con seguridad, se ha anticipado el pensamiento a la escritura.

[266] Tachado a continuación: *esta.*

[267] No se ve con claridad.

[268] No se lee bien. Se añade una llamada; la nota dice: *habiendo sido escritos.*

[269]En este estado de cosas[270] es necesario, que la Academia resuelva, si los codices cotejados son suficientes para la edicion[271] correcta, que prometio[272], que son casi todos todos [sic] los propuestos en el mencionado oficio de 3... de Febrero de 1785... es á saber para el texto latino; el codice vigilano, y el Emilianense, el de Cardona, un Gotico de laS.ta Yglesia detoledo, muy celebrado aunque injustamente por elP. Sarmiento, el deS.n Ysidro deLeon, y el del Conv.to de PP. Franciscos deS.n Juan delos Reyes de toledo: Para la traduccion // (2r) Castellana el dela Ciudad de Murcia, el del Colegio mayor deS.n Bartolome, [273]vno dela S.ta Yglesia detoledo, otro dela Biblioteca R.l que del S.or Nava [sic], tres del Archivo del Excm.o S.or marques deMalpica, y las copias una que de d.n Diego Covarrubias, y lo es del de Malpica 2… [sic] y otra dela R.l Biblioteca que lo es del s.r Nava.

Si la Academia contemplase por insuficiente este numero, es consiguiente que se sirva resolver si se ha de imprimir, ó no; y si se ha de imprimir inmediatam.te ó pasado[274] algun tiempo, para poner la mano desde luego en aquellas cosas que son necesarias, como por exemplo para repasar todas las variantes, y examinar quales se han de adoptar, y quales no; las que se han de introducir en el tesoro, y las que han de quedar como variantes, y aun es necesario que determine el modo, y forma con que[275] gusta que se imprima, diciendo [276]el tamaño, letra y papel en que se ha de executar la impresion.

En este caso Es [sic] indispensable tambien que especifique menuda, y circunstanciadam.te quales, y quantos han de ser las adiciones, y observaciones, que se han de hacer en esta impresion, y si se hiciesen quienes han deser los sugetos, que corran con ellas, y si se han depublicar con sus nombres, ó con el dela Academia y lo demas que estime por conveniente.

Madrid 15. de S.e de1796

(2v) En sentido vertical, con otra letra, mucho mayor: Papeles del Fuero Juzgo, y cartas de oficio.

Doc. 151 (ARAE 302/10/1 - 1)

1 hoja [23,2 x 19,1 cm.]

Muy S.r mio. Enterado del oficio, que con fecha de 24 del mes anterior me ha pasado V.S. de orden de la R.l Academia Española, participandome la resolucion que se ha servido tomar acerca de la edicion y publicacion del Fuero Juzgo, en que está entendiendo,

---

269 Tachado: *Y* (no se ve con claridad).

270 Tachado a continuación: *se hace. Cosas* se escribe encima de otra palabra que no se puede distinguir.

271 Tachado: *publicacion.*

272 Tachado: *preparo* (no se ve con claridad).

273 Tachado: *el de.*

274 Estas dos últimas palabras están destintadas.

275 Aunque parece *qui.*

276 Tachado en la interlínea superior: *por lo.*

é incluyendome copia del plan que sobre el asuntó [sic] formó el S.r D.n Gaspar de Jove llanos: debo decir, que hallando me por muchos titulos obligado à servir en quanto alcancen mis cortas facultades à un ilustre Cuerpo que de tantos modos me ha honrado y favorecido siempre sobre mi mérito, no debo perder occasion ninguna que de qualquier modo me proporcione la apreciable // (1v) satisfaccion de emplearme en su obsequio y complacerle en quanto pueda.

Por mi actual situacion[277] y circunstancias carezco en el dia de muchos libros y de otros auxîlios conducentes, y aun necesarios para desempeñar debidamente y segun mis deseos el encargo que se me hace. Pero como V.S me dice, que hasta de aquí à tres años no se publicará la edición del Fuero Juzgo, y por otra parte no se compromete de ningun modo la Academia, puesto que tambien me previene V.S. que si para entonces no hubiese presentado lo que hubiere de trabajar sobre el asunto, no por eso se suspenderá la publicacion de dicha obra; procuraré en este intermedio hacer todos los esfuerzos posibles à fin de ponerme en estado de poder corresponder segun mis deseos à la confianza que // (2r) merezco á la Academia, y darle un testimonio de mi inalterable gratitud y reconocimiento.

Entre tanto ruego á V.S. se lo haga así presente juntam.te con mis respetos y eficaces deseos de complacerle y servirle, así en esto, como en qualquiera otra cosa, si me contemplare útil para ella.

Nr̃o S.r gûe à V.S. m.s a.s Ocaña 2 de Nov.re de 1796
Blm.o de V.S. su mas atento seg.o serv.r
Man.l de Lardizabal y Uribe [Rúbrica.]

S.r D.n Juan Chrisostomo Ram.z Alamanzon.

Doc. 152 (ARAE 302/10/1 - 2)

1 hoja [23,2 x 19,1 cm.][278]

Para el S.r Lardizabal

Yll.mo S.or

En la junta extraordinaria celebrada [279]el sabado 21 del corriente por la R.l Academia Española se determinó que el Discurso sobre las leyes de los Wisigodos, que V. Yll.ma tenia presentado, se publique y preceda à la edicion del Fuero Juzgo que está casi concluida; y de orden de la misma se le devuelvo à V. Yll.ma para que si gusta[280] corrija, añada, quite

[277] Totalmente manchada la *a*.
[278] Con lápiz y en sentido vertical, en el ángulo izquierdo superior, se indica "1540".
[279] Tachado: *ayer*.
[280] Tachado a continuación: ò le parece conveniente.

ò emiende[281] lo que le[282] parezca conveniente, esperando de su zelo por el honor de este cuerpo que tendra la bondad de hacer este reconocim.to con la brevedad que le permitan sus muchas y graves ocupaciones.

Dios guê à V. Yll.ma Sr. [sic]

Doc. 153 (ARAE 302/10/2 - 1)

2 hojas [en cuarto][283]

En contestacion al oficio q.e V.S. se sirvió dirigirme con fecha 26 de noviembre próximo, en q.e me manifestaba la única dificultad que tenia esa R.l Academia para la aprobacion en todas sus partes de la cuenta del Fuero Juzgo, en su consecuencia le hago presente como habiendo tomado todas las noticias é informes necesarios del regente q.e era D.n Miguel de Burgos y del caxista que lo compuso, los cuales unánimes y conformes dicen q.e las primeras pruebas las corrigieron los Señores Canseco y Balbuena con bastantes enmiendas, y en seguida se aumentaron considerablemente por el difunto Señor // (1v) Alamanzon; pero es indudable que desde el principio fueron extraordinarias en terminos de precisar á pagarlo á jornal contra la costumbre, por no acomodarse ningun caxista á trabajarlo á destajo. En este supuesto he de merecer de la bondad de V.S. haga vez á esa respetable Corporacion cuantos sacrificios habrá hecho esta casa en haber dado quince S.s diarios á un caxista por espacio de siete años, sin incluir los gastos de prensa y demas, de cuyos intereses ha carecido tanto tiempo; por lo que no se puede dudar q.e el total importe de la cuenta no puede ni auncubrir los gastos causados: pero no obstante, deseando nibelar los intereses de ese R.l Cuerpo con los de esta casa q.e está á mi cargo, no me es posible hacer mas q.e poner el texto latino á 360 S.s y el castellano á 630, y asi se rebaja del total // (2r) de la cuenta la cantidad de 3800 S.s es cuanto tengo q.e hacer presente á la alta consideracion de V.S. para q.e asi se sirva ponerlo en noticia de la R.l Academia.

Dios güe á V.S. muchos años. Madrid 4 de diciembre de 1817.

Agustin Ramon García [Rúbrica.]

Senor D.n Francisco Antonio Gonzalez, Secretario de la R.l Academia Española

Doc. 154 (ARAE 302/10/3 - 1)

1 hoja [en cuarto][284]

---

281 Tachado: *ejecute*.

282 Hay un trazo en la posición inicial que puede ser *g*, tachado, pero no eliminado. La *l* se traza sobre el cuerpo de la *g*.

283 Con lápiz y en sentido horizontal, en el centro, superior, se indica "2893".

284 Con lápiz y en sentido horizontal, en el centro, hacia la derecha, superior, se indica "1542".

Exc.^{mo} S.^{or}

Cada vez que se lee en nrã R.^{l} Academia Española algun oficio ò papel de V.E., se excita mas y mas $^{\text{en todos sus individuos}}$ el afecto y respeto hácia su dignisimo Director. En la junta celebrada ayer dia 2 del corriente tuve el honor de presentar su apreciable de 9 de Enero, por la que se manifestaba que V.E. celoso de los intereses del cuerpo habia hecho publicar en una de las mejores gazetas de esa Nacion la edicion que ha dado á luz del Fuero Juzgo, ò libro de los Jueces. Se oyó con el mayor placer, y se acordó se tributen à V.E. las mas expresivas gracias, como lo ejecuto de orden de la misma Academia prostestandole al mismo tiempo mi fina atencion y gratitud.

Dios gũe à V.E. muchos años. Madrid y Abril 18 de 1818.

Exc.^{mo} S.^{or}

B. L. M. de V. E. su atento serv.^{or} y capellan

Francisco Ant.^{o} Gonz^{z} [Rúbrica.]

Exc.^{mo} Sor Duque de Sn Carlos, Director de la R.^{l} Ac.^{a} Española

Doc. 155 (ARAE 302/11/1 - 1)

1 hoja [en cuarto][285]

Mui Sr. mio, de todo mi aprecio: he dado cuenta á la R.^{l} Academia en la Historia del oficio de V.S. de 22 del corr.^{te}, presentándole al mismo tpõ el ejemplar de la nueva edicion del Fuero Juzgo latino y castellano hecha por la R.^{l} Academia Española, que de su orden remita V.S. para que se coloque en nr͡a biblioteca.

La Academia ha recibido con la debida gratitud esta nueva muestra de consideracion y buena correspondencia: y así me // (1v) manda manifestarlo á V.S., como lo hago, para noticia de ese ilustre cuerpo.

Dios gu͡e á V.S. m.^{s} a.^{s} Madrid 25 de octubre de1817.

B. L. M. deV.S.

Su mas at.^{o} seg.^{o} serv.^{or}

Diego Clemencin [Rúbrica]

Sr. D. Fran.^{co} Antonio Gonzalez.

Doc. 156 (ARAE 302/11/2 - 1)

1 hoja [en cuarto][286]

---

285 Con lápiz y en sentido horizontal, en el ángulo superior derecho, se indica el número de orden “2922”.

286 Con lápiz y en sentido horizontal, en el centro, hacia la izquierda, se indica el número de orden “2919”.

La Real Academia de San Frñdo, ha recibido con mucho aprecio el egemplar de la edicion del Fuero Juzgo que por acuerdo de la la R.[l] Academia Española se sirve V.S. remitirme con oficio de 22. De este mes; y há acordado en su Junta particular del día 27. Que tributando en su nombre a á Real Academia las mas expresivas gracias por su fina correspond.[a], la manifieste al mismo tpõ la satisfaccion é interes que la cabe al ver publicadas é ilustradas las obras primitivas de ntro lenguage castellano p.[r] el conato y aplicacion de tan sabio é ilustre cuerpo.

Dios gue áV.S. m.[s] a.[s] Madrid 29 de Oct.[re] de1817.

Martin Fern.[z] Navarrete [Rúbrica]

Sr. D. Fran.[co] Ant.[o] Gonzalez.

Doc. 157 (ARAE 302/11/3 - 1)

1 hoja [en cuarto][287]

[Cruz de Malta]

Recibióse en esta Biblioteca de los Estudios Reales de Madrid un exemplar de la obra intitulada [texto manuscrito a partir de aquí hasta el punto y aparte] Fuero juzgo en latín y castellano, cotejado con los mas antiguos y preciosos por la R.[l] Academia Española. [sic]

que en virtud del privilegio que tiene de S. M. se entregó para ella[288] Madrid [texto manuscrito hasta el final] 24 de Noviembre de1817.

Ignacio Muñoz [Rúbrica.]

Doc. 158 (ARAE 302/11/4 - 1)

2 hojas [21,5 x 7 cm.][289]

[Cruz]

Quando seiba imprimiendo elFueroJuzgo, enviaron al S.[r]. Arzobispo dePalmira las capillas desdela pagina 1.[a] numerada con cifras arábigas, hasta la pagina 182.

Faltan pues para completar el exemplar la portada, prólogo, Discurso preliminar, y el Primus titulus de electione Principum, con lo restante que sigue ála pag. 182 hasta elfin.

---

287 Con lápiz y en sentido vertical, en el ángulo superior izquierdo, se indica “2920”. Se tacha “20” en sentido horizontal en el ángulo superior derecho . Texto impreso.

288 Tachado a continuación: *en la Escribanía de Cámara y de Gobierno del Consejo*.

289 Con lápiz y en sentido horizontal, en el ángulo superior derecho, se indica “2907”. La cuartilla está dividida en cuatro partes.

Se suplica al Sor Gonzalez dirija y facilite al dador que es amigo del mencionado Sor Amat, el poder comprar dichos pliegos. Enlo que recibirá una prueba mas de la afectuosa condescendencia que tiene el Sor Bibliot.^{o} M.^{r} de Su Mag.^{d} con el sacristan deBarcelona. // (2v)

Para el Sor Dn Fran.^{co} Ant.^{o} / Gonzalez / Bibliot.^{o} Mayor honor.^{o} de / S. Mag^{d}.

Doc. 159 (ARAE 302/11/4 - 2)

1 hoja [en cuarto][290]

[Cruz]

Sor Lor.^{zo} 10 de Dic.^{bre} de 817.

Sor D^{n} Fran.^{co} Ant.^{o} Gonzalez

Muy S^{or} mio y de todo mi respeto: Entregaron à V. el P.^{e}. Adm.^{or} del nuevo f[ilegible] esado dos recibos, resguardos q.^{e} tiene V. dados de Seis Exemplar.^{s} del Fuero-Juzgo- y ã [sic] dicho P.^{e} dignese V. entregar el Exemplar impreso p.^{a} esta Biblioteca, como [ilegible] dice en la suya, deg.^{e} doi á V. las muydebidas gracias. Conservese V. bueno y mande loq^{e}. fuere de su agrado ã [sic] su aff.^{mo} Amigo y Capp.^{n} Q. B. S. M.

Fr. Patricio dela Torre [Rúbrica.]

Mem.^{s} al Sor Lor[ilegible]zo [sic][291]

Doc. 160 (ARAE 302/11/5 - 1)

1 hoja [en cuarto]

Illmo Señor

De orden de la Real Academia Española tengo el honor de remitir à V.S. Illma para su uso un ejemplar del Fuero-Juzgo de la nueva edicion que este ilustre cuerpo acaba de publicar; y con este motivo le tributo todos mis respetos y atenciones.

Dios gue à V. S. Illma muchos años. Madrid y Enero 10 de 1818.

F.^{r} A. G.

Illmo Sor Juez de imprentas D. Francisco Marin.

---

290 Con lápiz y en sentido horizontal, en el ángulo superior derecho, se indica "2906".

291 Se puede leer como *Lornezo, Loruezo, Lorenzo* o, incluso, *Romero*.

EXPEDIENTES II: EXPEDIENTES DE ACADÉMICOS

Doc. 161 (ARAE Legajo 17 – Exp. 5 - 6)

2 hojas [en cuarto]

Muy S.r mio. Con fecha de 8 del corr.te me dice V.S. que habiendose concluido la ediciòn del Diccionario de la lengua castellana, la Academia habia dispuesto finalizar la del Fuero Juzgo, y la Junta nombrada para desempeñar esta comisiòn ha encargado à V.S. que me lo prevenga, por si estoy en ánimo y disposiciòn de formar el prólogo que debe preceder, y que segun dixe á V.S. en otra ocasiòn, le habría llevado mas adelante, si hubiera tenido los auxîlios que deseaba.

Mis deseos han sido siempre y serán de servir // (1v) en quanto alcancen mis cortas facultades á la Academia por el reconocimiento que siempre conservo á las muchas obligaciones que le debo, y sí efectivam.te hubiera tenido los auxîlios correspondientes para hacer una cosa que mereciera ponerse á la frente de una Obra publicada por la Academia, para ahora estaria ya enteram.te concluida. Pero respecto á que la Junta ofrece facilitarme los que dependan de su arbitrio y proporcionarme las noticias, que sobre la materia tuvieren sus individuos, pue-//(2r)de VS. asegurarle que trabajaré sobre ello con todo empeño y diligencia, y me aprovecharé de sus auxîlios, siguiendo la correspondencia con V.S. como me previene.

He recibido ya las cedulas de aumento correspondientes al repartimiento que me ha tocado en el tomo quinto, en el qual empezaré á trabajar desde luego, y lo mismo hare con la correcciòn de la letra ó paginas[292] que la Academia quiera señalarme del tomo que acaba de reimprimirse, y V.S. se servirá de decirme lo que sea, como tam-//(2v)bien de dar en mi nombre las gracias á la Academia por los exemplares del mismo tomo que se ha servido destinarme.

Ntr̂o S.or guê á V.S. m.s a.s Alcala de Henares 14 de Diciembre de1803.
Blm.o de V.S. su mas atento serv.r
Man.l de LardizabalyUribe [Rúbrica.]

S.r D.n Juan Chrisostomo Ramirez Alamanzon

Doc. 162 (ARAE Legajo 17 – Exp.10 - 1)

2 hojas [en cuarto]

Me es sumamente lisonjera y apreciable la honra, que me ha hecho la R.l Academia Española nombrandome Academico Supernumerario. Sirvase V.S. de hacer presente mi gratitud y grandes deseos de contribuir por mi parte á quanto pueda ser util y ventajoso â un cuerpo tan benemerito yque tanto ha trabajado en beneficio dela lengua castellana; quedandome el sentimiento de no poder asistir á parti//(1v)cipar desus luces con la

[292] Hay una especie de acento que recae sobre la *i*.

frequencia que desearia porque no me lo permiten mis muchas y graves ocupaciones.

Dios gūe[293] â V.S. m.[s] a.[s] Madrid 4 de Junio del814

Meel [sic] Duque deSanCarlos [Rúbrica]

Sr Secret.[o] dela R.[l] Acad.[a] Española

Doc. 163 (ARAE Legajo 17 – Exp. 10 - 2)

1 hoja [en cuarto][294]

Conformandose el Rey N.S con los deseos de esa R.[l] Academia, y teniendo presentes los distinguidos meritos y servicios del Duque de Sn Carlos ha venido en nombrarle Director perpetuo de dicho cuerpoLiterario: p.[a] cuyo conocim.[to] satisfaccion se lo participo á VS. de r.[l] oñ.

Dios guê á VS. // (1v) m.[s] a.[s] Palacio 25 deSep.[re] de 1815.

Pedro Cevallos [Rúbrica.]

Sor Secret.[io] de la R.[l] Acad.[a] Española.

Doc. 164 (ARAE Legajo 17 – Exp. 10 - 3)

1 hoja [en cuarto][295]

Mui S.[or] mio: Han llegado á mis manos los exemplares quelaR.[l]Academia sesirve remitirme del discurso que ha dirigido áS. M. con el plausible motibo desu feliz enlace, y de él del Serenísimo Sr Infante D. Carlos. Cifro una de mis mayores glorias enpertenecer à un tan ilustre cuerpo, y por lo mismo me es sumam.[te] grata la memoria que me conserba. El particular afecto con qué miro à este establecimiento y el interes quetoma mi amor propio en cooperar àsus gloriosas tareas mehacen desear conel mayor ardor quelaReal Academia encuentre en este Pais // (1v) obgeto para emplearme ensu obsequio, mientras yo aprovecho las ocasiones quepuedan presentarseme para serla util.

Sirvase V.S. hacerlo presente á laReal Academia y disponga de mi fino afecto.

Dios gūe à V.S. m.[s] a.[s] Viena 6 de Diziembre del816.

Bl. M. deV.S. su m.[s] at.[o] Serv.[or]

Meel [sic] Duque deSanCarlos [Rúbrica]

Sor Secret.[o] delaReal AcademiaEspañola.

---

[293] La raya termina en una curva hacia arriba y atrás.

[294] En el centro de la parte superior se indica, con lápiz, el número de orden 2553.

[295] En la parte derecha del encabezamiento se indica, con lápiz, el número de orden 3071. En el ángulo superior izquierdo, con lápiz, con la escritura inclinada hacia arriba, se escribe "Carvajal" y, un poco abajo y hacia delante, "28".

Doc. 165 (ARAE Legajo 17 – Exp. 10 - 4)

2 hojas [en cuarto]

Muy S.^{or} mio: Mi apoderado me ha remitido aora la atenta carta deV.S. del 17 de Oct.^{e} ultimo en quese sirue acusarme la remesa de un exemplar del fuero juzgo que acaba de imprimirse, y con que esa R.^{l} Academia sesirve obsequiarme. Sirvase V.S. manifestarla quanto agradezco su memoria, y atencion.

Por el exemplar adjunto se instruira V.S. de que he cuidado sepublique en una delas mejores Gazetas esta edicion, y hago igual // (1v) encargo à personas conocidas mias en las Cortes deParis y Viena para que lohagan publicar tambien en aquellos periodicos à fin de quesea mas conocido en todas partes este trabajo de la Academia.

Sirvase V.S. hacerselo asi presente como mi deseo de emplearme en quanto sea desu obsequio.

Dios gūe a V.S. m.^{s} a.^{s} Londres 9 deEn.^{o} de1818.

Bl. m.^{o} deV.S. su at.^{o} serv.^{or}

Meel [sic] Duque deSanCarlos [Rúbrica]

Sr D. Franc.^{o} Antonio Gonzalez

[Se acompaña un ejemplar de *The Morning Post*, del viernes 2 de enero de 1818, número 14.649, de 7 d. de precio. En la quinta columna de las cinco que aparecen en la portada, en la primera de las noticias, se puede leer:]

LAW.- Published by the Royal Academy of Spain, FUERO-JUZGO; or, The book of Judges in Latin and Castilian, compared with the most ancient and most valuable works on Legislation. In one volume, in folio. This work is intended to establish the fountain and origin of the Laws of Europe, and will contain Latin text, free from faults and imperfections, it having been compiled from the Archives of the Kingdom, and carefully compared with nine Tracts in the Royal, and several Public and Private Libraries. The Spanish has been collated with twenty Treatises from the Royal Library of the Escurial, and various Public and Private Archives of Literature. It will contain a Preface, explaining the method and means by which the Work, has been executed, and a Dissertation on the ancient Legislation of the Vice-Goths, and numerous historical and legal points. To which is added a very important and complete Glossary. This volume, which is well worth the notice of literary characters, is sold at the Despatch Office of the Academy, in the street Valverde (Madrid), at 44 rials, 43 rials, 54' and[296] 60 rials (according to the mannerin [sic] which is the same is bound), and a liberal allowance is made to those who purchase many copies.

[296] Antes y después de esta palabra, se escribe algo como una *i* en la interlínea superior.

Doc. 166 (ARAE Legajo 17 – Exp. 17 - 2)

1 hoja [en cuarto][297]

El S. Secretario delDespacho deGracia y Just.^{a} meha comunicado con f̄ha d12 de este mes la R.^{l} orden siguiente.

"A consequencia de la causa seguida contra los individuos de la Junta de Censura de esta Corte ha Resuelto S. M. entre otras cosas, que D. Ramon Cabrera, individuo de ella, cese deserlo dela Academia Española, à que tambien pertenecia"

DeordendeS .M. // (1v) lo traslado áV.S. p^{a}. noticia y cumplim.^{to} delaR.^{l} Academia Española.

Dios gūe áV. S. m.^{s} a.^{s} Palacio 16 de Octubrede1814.

Meel Duque deSanCarlos [Rúbrica]

Sr. Secretario delaR.^{l} Academia Española

TABLA DE ABREVIATURAS

1^{r}	=	primer	benignam.^{te}	=	benignamente
a.^{o}	=	año	Cab.^{o}	=	Cabildo
a.^{s}	=	años	Cap.^{n}, cap.^{n}	=	Capellán
Ab.	=	Abril	Capp.^{n}	=	Capellán
Acad.^{a}	=	Academia	ciertam.^{te}	=	ciertamente
adj.^{ta}	=	adjunta	cod.^{s}	=	códices
Adm.^{or}	=	Administrador	comodam.^{te}	=	cómodamente
af.^{o}, af.^{to}	=	afecto	compila^{n}	=	compilación
afmo., af.^{mo}	=	afectísimo	conocim.^{tos}	=	conocimientos
aff.^{mo}	=	afectísimo	continuam.^{te}	=	continuamente
am^{o}	=	amigo	cop.^{a}	=	copia
an.^{s}, añ.^{s}	=	años	correspond.^{a}	=	correspondencia
anteriorm.^{te}	=	anteriormente	correspond.^{te}	=	correspondiente
Ant.^{o}	=	Antonio	corr.^{te}	=	corriente
apas^{do}	=	apasionado	crimi^{l}	=	criminal
at.^{to}	=	atento	cumplim.^{to}	=	cumplimiento
b.	=	bien	D.	=	Director, Don
BB.	=	Biblioteca	d., d.^{n}, D.^{n}	=	don
B. L. M., Bl. M.	=	beso la mano	D.^{a}	=	doña
Blm., Blm.^{o}	=	beso la mano	D.^{r}	=	Doctor
B. l. m.$^{(s)}$	=	beso la(s) mano(s)	Dic.^{bre}	=	Diciembre
B. R.	=	Biblioteca Real	D.^{re}, Dic.^{re}, Diz.^{re}	=	Diciembre

[297] En la parte derecha del encabezamiento se indica, con lápiz, el número de orden 2549.

D.^{s} = Dios
debidam.^{te} = debidamente
derecham.^{te} = derechamente
dho, dhos = dicho(s)
đh̄o, đh̄os = dicho(s)
Diccion.^{o} = Diccionario
difer.$^{te(s)}$ = diferente(s)
Dign.^{d} = Dignidad
disposi.^{on} = disposición
E. = Escorial
edic.^{n} = edición
efectivam.^{te} = efectivamente
enquaderna.^{on} = enquadernación
enteram.^{te} = enteramente
especialm.^{te} = especialmente
establecim.^{to} = establecimiento
Est.^{te} = Estante
estim.^{do} = estimado
Exmo, Exc.^{mo} = Excelentísimo
Excm.o = Excelentísimo
Ex̄mo, Ex͡mo = Excelentísimo
Ex͡cmo = Excelentísimo
Ex̃mo. = Excelentísimo
Exemplar.^{s} = Exemplares
F.^{o}, Febr.^{o}, Febr.^{ro} = Febrero
f̄ha, f̄has, f̄ha = fecha(s)
fcha, fchas = fecha(s)
Fern.^{do} = Fernando
fol, fol.^{o} = folio
fr, F.^{r} = fray, Fray
Fran.^{co} = Francisco
Gob.^{no} = Gobierno
G͡ral = general
Greg.^{o} = Gregorio
gue, guae = guarde
g.^{e}, g.^{de} = guarde
gūe, guē, gu͡e = guarde
gu͡ê, gŭe = guarde
g̃ue, gũe = guarde
hono.^{rio} = honorario
h^{ta}, h.^{ta} = hasta
Igl.^{a} = Iglesia
Igl.^{s} = Iglesias
Illma, Illmo = Ilustrísima, Ilustrísimo
incesantem.^{te} = incesantemente
inclin.^{n} = inclinación
inmediatam.^{te} = inmediatamente
It. = Item
Ju^{n} = Juan
juntam.^{te} = juntamente
L.^{a} = cincuenta
Jur.^{on} = Jurisdicción
lib. = libro
Lib.^{a} = Librería
Lor.^{zo} = Lorenzo
m.^{s}, mu.^{s} = muchos
M.^{a} = Málaga
M.^{d} = Madrid
M.^{r} = Mayor
Mag.^{d} = Magestad
Malp. = Malpica
Man.^{l} = Manuel
Mar͡z. = Marzo
max. = máximo
Med.^{a} = Medina
Mem.^{s} = Memorias
Monast.^{o} = Monasterio
mrs. = maravedí(e)s
M. S. = manuscrito
M. S. M. = Ministro de Su Majestad
nombram.^{to} = nombramiento
Nov.^{re}, Nov.^{bre} = Noviembre
nra, nr̃a, nr͡a = nuestra
nro, nr̂o = nuestro
nrô, nr͡ô = nuestro
ntro, nt͡ro = nuestro
8.re = Ochobre
Oct.^{e}, Oct.^{re} = Octubre
oblig.^{do} = obligado
Obpo. = Obispo
or̄n = orden
orñ = orden
Ordin^{o}. = Ordinario
P., P.^{e} = Padre
P. M. = Padre Maestro
PP.^{s} = Padres

p.^{a}, p.^{ra}	=	para
Pasq.^{s}	=	Pasquas
p.^{r}	=	por
p.^{te}	=	parte
pergam.^{o}, perg.^{o}	=	pergamino
posteriorm.^{te}	=	posteriormente
preg.^{ta}	=	pregunta
Presb.^{o}	=	Presbítero
primeram.^{te}	=	primeramente
Priv.^{o}	=	privado
q, q., q.^{e}	=	que
q.^{l}	=	qual / que el
q.^{n}	=	quien
q.^{o}	=	quarto
q.^{to}	=	quanto
Q. B. S. M.	=	que beso su mano
Q. S. M. B.	=	que su mano beso
R.^{l}	=	Real
R.^{s}	=	Reales (instituciones)
r.^{s}	=	reales (moneda)
R.^{ma}, R.^{mo}	=	Reverendísima, Reverendísimo
reconocim.^{to}	=	reconocimiento
Regim.^{to}	=	Regimiento
rȳs	=	reyes
S.	=	Secretario
S.^{e}, Set.^{e}	=	Septiembre
S.^{n}	=	san
satisfacc.^{on}	=	satisfacción
S. E., S.E.^{c}	=	Su Excelencia
S. M., S. M.^{d}	=	Su Majestad
S. Mag.^{d}	=	Su Magestad
S.^{or}, S^{or}.	=	señor
Sōr, S͡or	=	señor
s^{r}, s.^{r}, S.^{r}	=	señor
S^{res}	=	Señores
Sta, S.^{to}	=	Santa, Santo
Sec.^{rio}	=	Secretario
Secret.^{o} (s-)	=	Secretario (s-)
Seg.^{o}, seg.^{o}	=	seguro
seg.^{ro}	=	seguro
separadam.^{te}	=	separadamente
S.^{bre}	=	Septiembre
Sep.^{re}, Septbre.	=	Septiembre
ser.^{or}, seru.^{or}	=	servidor
Serb^{or}	=	servidor
Serv.^{r}, serv.^{r}	=	servidor
Serv.^{or}, serv.^{or}	=	servidor
s͡re	=	sobre
SS.	=	Señores
S.^{s}, SS.	=	sueldos
succesivam.^{te}	=	succesivament
sumam.^{te}	=	sumamente
Sup.^{ca}, supp.^{ca}	=	suplica
Sm.	=	Su merced
testim.^{o}	=	testimonio
tit.	=	título
Toled., Told.	=	Toledano
Tol.^{o}	=	Toledo
Toletan.	=	Toletanus
tpo, tpô, tp͠o	=	tiempo
tpō, t͡po	=	tiempo
ultimam.^{te}	=	últimamente
V.	=	usted / usía
V. E.	=	Vuecencia, Vuestra Excelencia
V. R.	=	Vuestra Reverencia
V. S.	=	Vuestra Señoría, Usía, Vsía
V. Yll.^{ma}	=	Vuestra Ylustrísima
Vall.^{d}, Vāŀŀđ	=	Valladolid
vivam.^{te}	=	vivamente
Vm., Vm̄ (v-)	=	Vuestra merced
V. S. I., V. S. J.	=	Vuestra Señoría Ilustrísima
X̄anos	=	cristianos
Yd.	=	Ydem
Ygn.^{o}	=	Ygnacio
Ylt.^{mo}	=	Ylustrísimo

AUTORÍAS DE CORRESPONDENCIA

Signatura	Doc.	Fecha	Remitente	Destinatario
302/2/1 – 1	82	3.02.1785	Lardizábal	Floridablanca
302/2/1 – 2	83	8.02.1785	Floridablanca	Lardizábal
302/2/2 – 1	84	8.02.1785	Floridablanca	P. Guardián, San Juan de
los				Reyes
302/2/2 – 2	85	18.02.1785	Floridablanca	Díaz Bernardo
302/2/2 – 3	86	18.02.1785	Floridablanca	Lardizábal
302/2/2 – 4	87	21.02.1785	[Lardizábal]	Floridablanca
302/2/3 – 1	88	11.02.1785	Medina Conde	García de la Huerta
302/2/4 – 1	89	10.03.1785	Olivares	Lardizábal
302/2/4/ - 2	90	19.03.1785	[Lardizábal]	Olivares
302/2/5 – 1	91	17.03.1785	Lardizábal (certificado S. Bartolomé)	
302/2/6 – 1	92	16.04.1785	Lardizábal (certificado duque Medina de Rioseco)	
302/2/6 – 2	93	18.05.1785	López Lago	Lardizábal
302/2/6 – 3	94	30.06.1785	Duque Medina...	Marqués Santa Cruz
302/2/6 – 4	95	6.07.[1785]	López Lago	Lardizábal
302/2/6 – 5	96	26.10.1785	Mazón	Lardizábal
302/2/6 – 6	97	7.11.1785	Marqués Santa Cruz	Lardizábal
302/2/6 – 7	98	12.11.1785	Mazón	Lardizábal
302/2/6 – 8	99	28.12.1785	Mazón	Lardizábal
302/2/6 – 9	100	17.01.1786	Lardizábal (certificado duque Medina de Rioseco)	
302/2/7 – 1	101	22.06.1785	Lardizábal (certificado San Isidoro de León)	
302/2/8 – 1	102	15.02.1786	Soto Vela	Lardizábal
302/2/9 – 1	103	24.02.1786	[Lardizábal]	Floridablanca
302/2/9 – 2	104	1.03.1786	Floridablanca	Lardizábal
302/2/10 – 1	105	2.03.1786	[Lardizábal]	Glez. de Menchaca
302/2/10 – 2	106	2.03.1786	Lardizábal (certificado Glez. de Menchaca)	
302/2/10 – 3	107	21.03.1786	González Menchaca	Lardizábal
302/2/11 – 1	108	Códice San Isidro de esta Corte		
302/2/11 – 2	109	Códices Cardona y otros		
302/2/11 – 3	110	20.08.1798	Alamanzón (certificado prior El Escorial)	
302/2/12 – 1	111	12.04.1829	De la Cruz	González
302/2/13 – 1	112	9.04.1829	Manzan[ares]	González
302/2/13 – 2	113	9.04.1829	Manzanares	González
302/2/14 – 1	114	25.03.1804	Lardizábal	Alamanzón
302/2/15 – 1	115	28.11.1817	Muñoz (Est. Reales)	[González]
302/3/1 - 1	116	17.10.1785	Floridablanca	Lardizábal
302/3/1 - 2	117	18.10.1785	Lardizábal	Floridablanca
302/3/2 – 1	118	18.07.1817	González	Ayto. Murcia
302/3/4	120	14.03.1916	Alcalde Murcia	Director RAE
302/4/1 – 1	121	23.04.1785	Marqués Santa Cruz	Lardizábal

302/4/1 – 2	122	22.04.1785	Floridablanca	Santa Cruz
302/4/2 – 1	123	5.06.1785	Ramírez	Lardizábal
302/4/2 – 2	124	19.06.1785	Ramírez	Lardizábal
302/4/2 – 3	125	26.06.1785	Ramírez	Lardizábal
302/4/3 – 1	126	15.07.1785	[Lardizábal]	Deán Iglesia Primada Toledo
302/4/3 – 2	127	28.07.1785	Robles / Ceinos Rojo	Lardizábal
302/4/3 – 3	128	8.07.1785	Lardizábal (certificado Iglesia Primada Toledo)	
302/4/3 – 4	129	10.08.1785	Ramírez	Lardizábal
302/4/4 – 1	130	4.04.1794	Duque Alcudia	Secretario RAE
302/4/4 – 2	131	11.04.1794	[Lardizábal]	Duque Alcudia
			Alamanzón	Lardizábal
302/5/1 – 1	132	18.08.1785	[Lardizábal]	Floridablanca
302/5/1 – 2	133	20.09.1785	Floridablanca	Lardizábal
302/5/2 – 1	134	22.09.1785	Sánchez	Lardizábal
302/5/2 – 2	135	27.09.1785	Lardizábal (certificado Biblioteca Real)	
302/5/2 – 3	136		"Quatro códices"	
302/5/2 – 4	137		Varios códices	
302/5/2 – 5	138	27.09.1785	Lardizábal (certificado Biblioteca Real)	
302/5/3 – 1	139	8.02.1800	Vargas	Alamanzón
302/5/3 – 2	140	19.02	Alamanzón	Sánchez
302/5/4 – 1	141	23.04.1800	Pellicer	
302/6/3 – 1	142		Fueros Juzgos en castellano	
302/6/4	143		Libros y papeles de la BB de la RAE...	
302/7	146	Actas de Juntas extraordinarias (1785-1796)		
302/8/1 – 1	147	19.11.1785	Palomares	Lardizábal
302/8/2 – 1	148	17.10.1785	[Lardizábal]	
302/8/3 – 1	149	13.04.1791	Floridablanca	Lardizábal
302/8/4 – 1	150	15.06.1796	[Alamanzón]	
302/10/1 -1	151	2.11.1796	Lardizábal	Alamanzón
302/10/1- 2	152	21.02.1816[298]	[González]	Lardizábal
302/10/2 – 1	153	4.12.1817	García (Imp. Ibarra)	González
302/10/3 – 1	154	18.04.1818	González	San Carlos
302/11/1 – 1	155	25.10.1817	Clemencín	González
302/11/2 – 1	156	29.10.1817	Navarrete	González
302/11/3 – 1	157	24.11.1817	Muñoz	[RAE/Secretario]
302/11/4 – 1	158			González
302/11/4 – 2	159	10.12.1817	De la Torre	González
302/11/5 – 1	160	10.01.1818	González	Juez de Impr. Marín
17/ 5 – 6[299]	161	14.12.1803	Lardizábal	Ramírez Alamanzón

[298] Es posible esa fecha, dado que se refiere a lo que se trató en las sesiones a las que corresponden los documentos 56 y 58.

[299] Desde aquí hasta el final de la correspondencia, el primer número indica el legajo, mientras que tras la barra se señala el expediente.

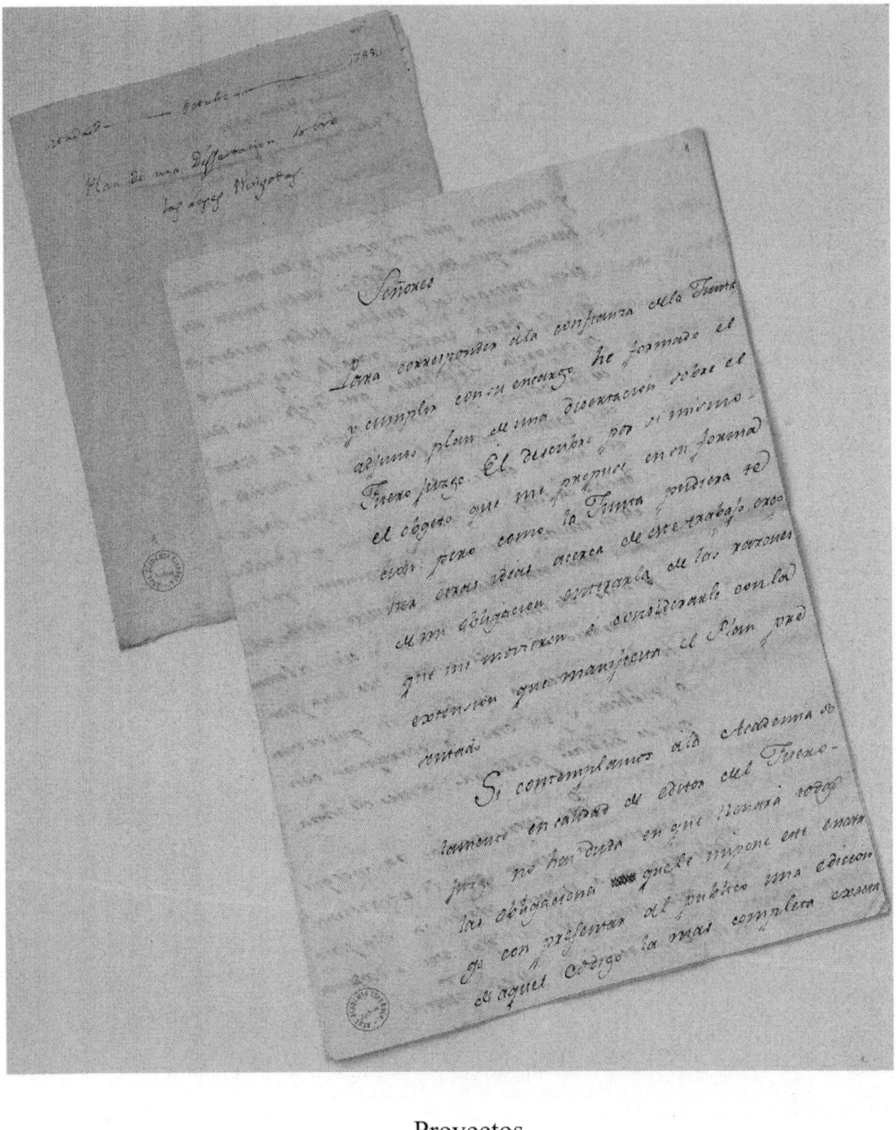

Señores

Para corresponder á la confianza de la Junta
y cumplir con su encargo he formado el
adjunto plan de una disertacion sobre el
Fuero juzgo. El discurso por si mismo
el objeto que me propuse en su forma-
cion: pero como la Junta pudiera te-
ner otras ideas acerca de este trabajo creo
de mi obligacion enterarla de las razones
que me movieron á considerarle con la
extension que manifiesta el Plan pro-
ciertas.

Si contemplamos á la Academia so-
lamente en calidad de editor del Fuero-
juzgo no hay duda en que llenará todas
las obligaciones que le impone este encar-
go con presentar al publico una edicion
de aquel Codigo la mas completa exacta

Proyectos

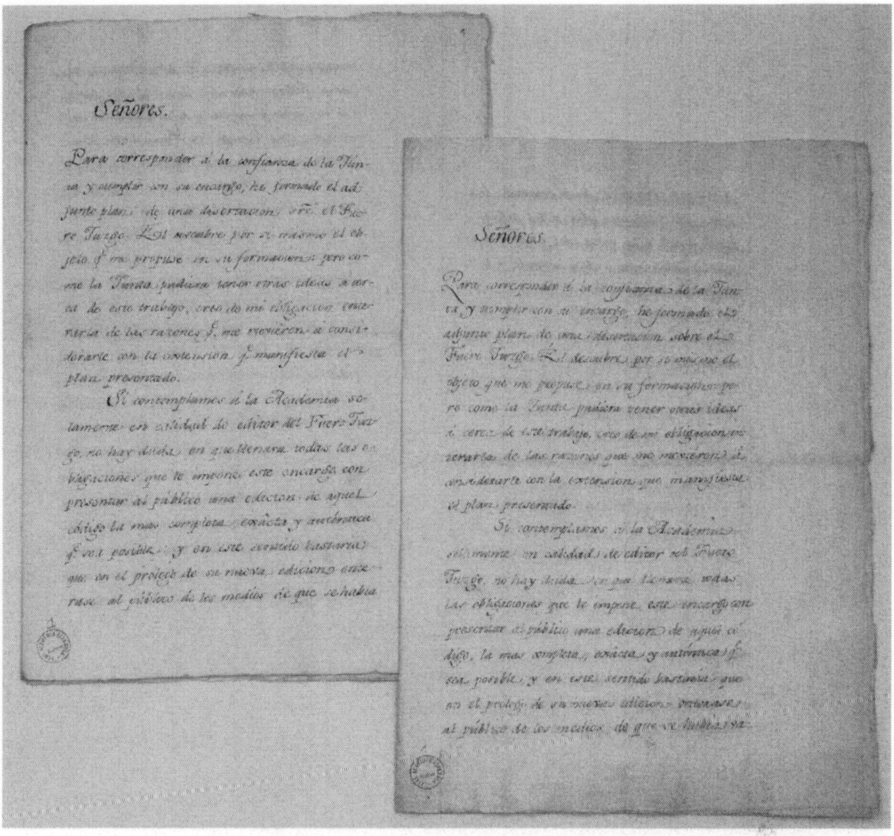
Señores.

Para corresponder á la confianza de la Junta y cumplir con su encargo, he formado el adjunto plan de una disertacion sobre el Fuero Juzgo. El descubre por sí mismo el objeto q.e me propuse en su formacion: pero como la Junta pudiera tener otras ideas acerca de este trabajo, creo de mi obligacion enumerar de las razones q.e me movieron á considerarle con la extension q.e manifiesta el plan presentado.

Si contemplamos á la Academia solamente en calidad de editor del Fuero Juzgo, no hay duda en que llenará todas las obligaciones que le impone este encargo con presentar al público una edicion de aquel código la mas completa, exacta y auténtica q.e sea posible; y en este sentido bastaria que en el prólogo de su nueva edicion enterase al público de los medios de que se habia

Señores.

Para corresponder á la confianza de la Junta y cumplir con su encargo, he formado el adjunto plan de una disertacion sobre el Fuero Juzgo. El descubre por sí mismo el objeto que me propuse en su formacion: pero como la Junta pudiera tener otras ideas á cerca de este trabajo, creo de mi obligacion enumerar de las razones que me movieron á considerarle con la extension que manifiesta el plan presentado.

Si contemplamos á la Academia solamente en calidad de editor del Fuero Juzgo, no hay duda en que llenará todas las obligaciones que le impone este encargo con presentar al público una edicion de aquel código, la mas completa, exacta y auténtica q.e sea posible; y en este sentido bastaria que en el prólogo de su nueva edicion enterase al público de los medios de que se habia va-

Proyectos

Páginas siguientes: Actas y The Morning Post

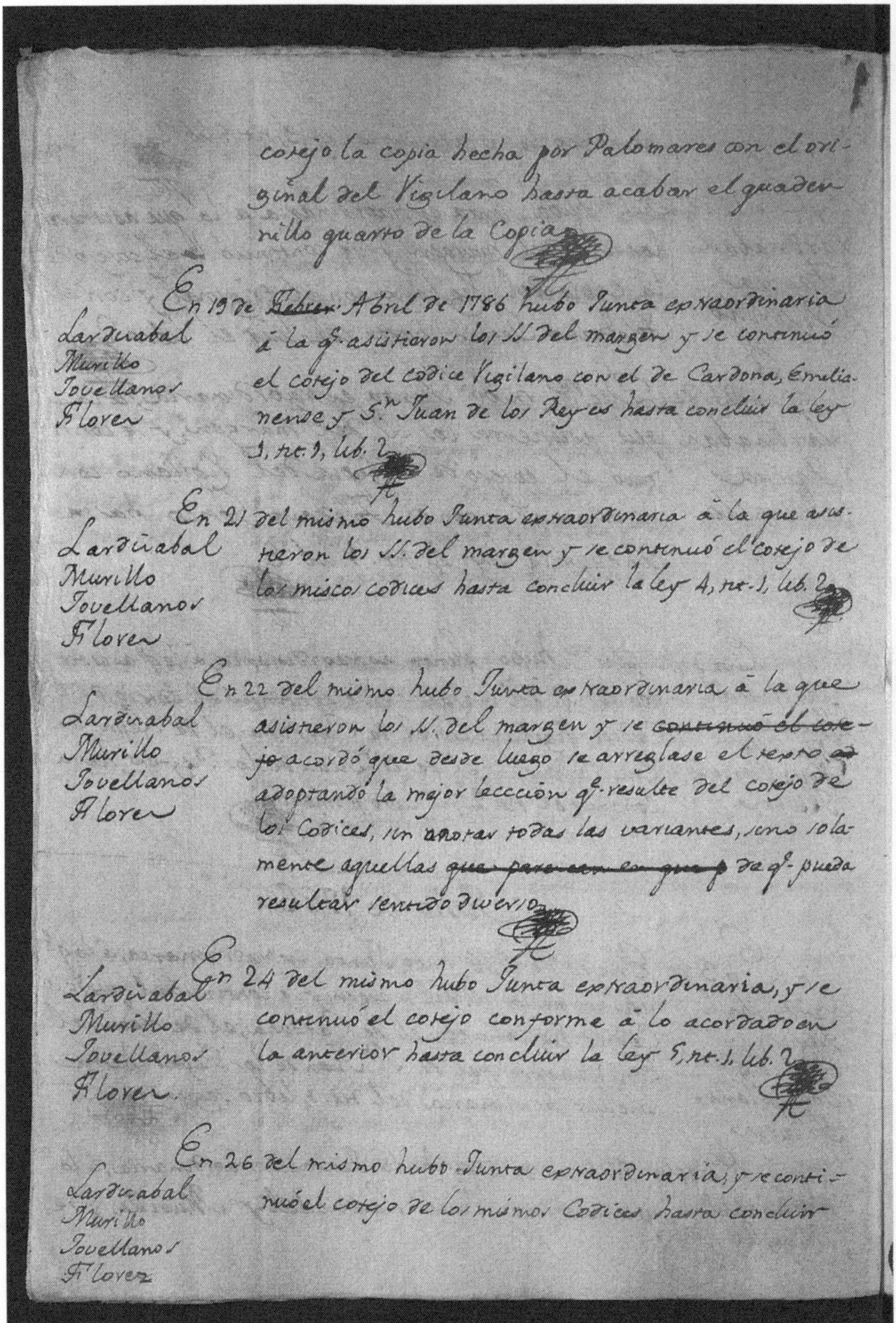

cotejo la copia hecha por Palomares con el ori-
ginal del Vigilano hasta acabar el quader-
nillo quarto de la Copia.

Lardizabal
Murillo
Jovellanos
Florez

En 19 de ~~Febrer~~ Abril de 1786 hubo Junta extraordinaria
a la qe. asistieron los SS. del margen y se continuó
el cotejo del codice Vigilano con el de Cardona, Emilia-
nense y Sn. Juan de los Reyes hasta concluir la ley
3, tt. 1, lib. 2.

Lardizabal
Murillo
Jovellanos
Florez

En 21 del mismo hubo Junta extraordinaria a la que asis-
tieron los SS. del margen y se continuó el cotejo de
los mismos codices hasta concluir la ley 4, tt. 1, lib. 2.

Lardizabal
Murillo
Jovellanos
Florez

En 22 del mismo hubo Junta extraordinaria a la que
asistieron los SS. del margen y se ~~continuó el cote-~~
~~jo~~ acordó que desde luego se arreglase el texto ~~a~~
adoptando la mejor lección qe. resulte del cotejo de
los Codices, sin anotar todas las variantes, sino sola-
mente aquellas ~~que parecen en que~~ de qe. pueda
resultar sentido diverso.

Lardizabal
Murillo
Jovellanos
Florez.

En 24 del mismo hubo Junta extraordinaria, y se
continuó el cotejo conforme a lo acordado en
la anterior hasta concluir la ley 5, tt. 1, lib. 2.

Lardizabal
Murillo
Jovellanos
Florez

En 26 del mismo hubo Junta extraordinaria, y se conti-
nuó el cotejo de los mismos Codices hasta concluir

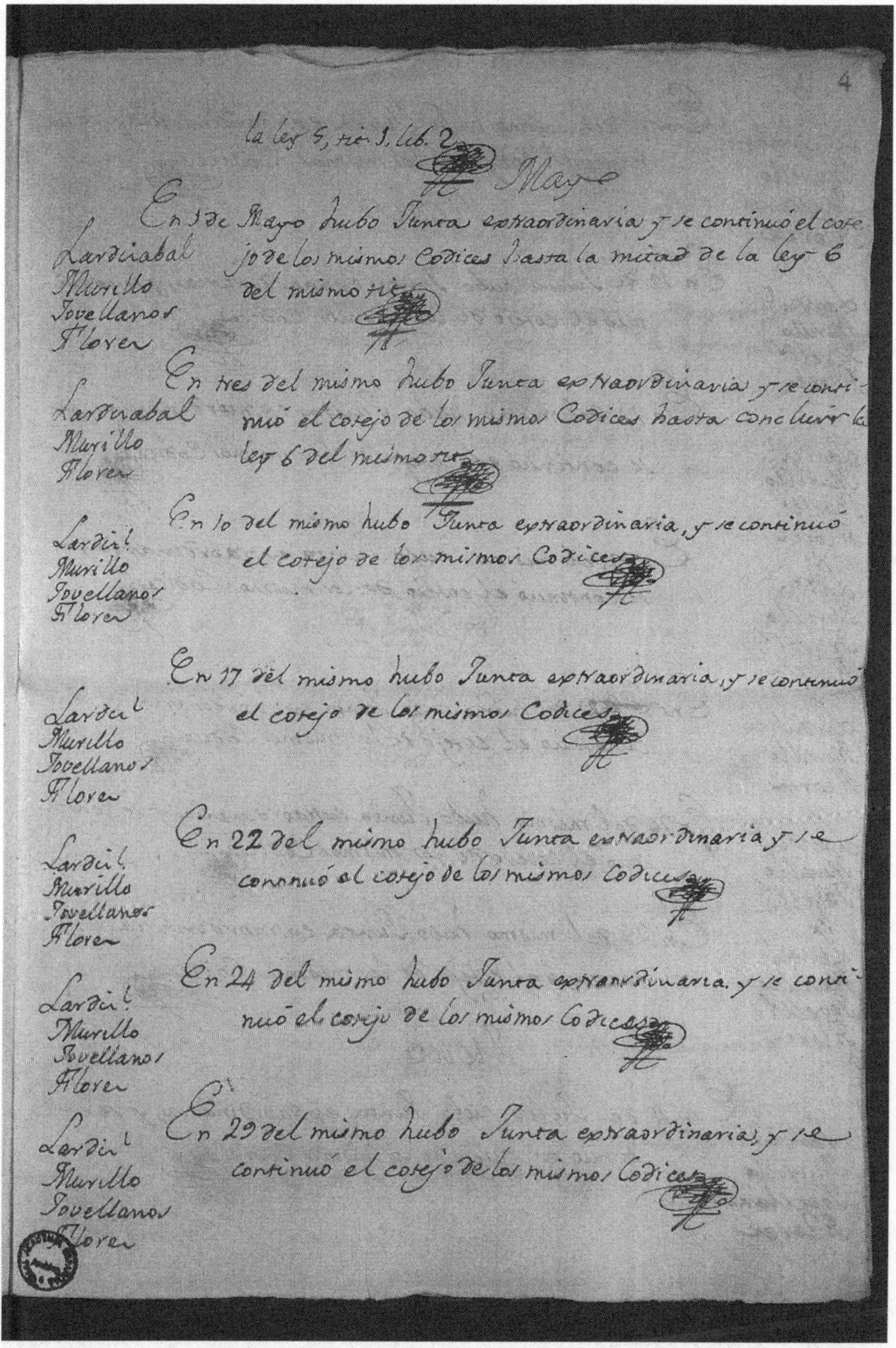

4

la ley 5, tit. 1, lib. 2

Mayo

Lardizabal
Murillo
Jovellanos
Flores

En 1 de Mayo hubo Junta extraordinaria y se continuó el cotejo de los mismos Codices hasta la mitad de la ley 6 del mismo tit.

Lardizabal
Murillo
Flores

En tres del mismo hubo Junta extraordinaria y se continuó el cotejo de los mismos Codices hasta concluir la ley 6 del mismo tit.

Lardiz.l
Murillo
Jovellanos
Flores

En 10 del mismo hubo Junta extraordinaria, y se continuó el cotejo de los mismos Codices.

Lardiz.l
Murillo
Jovellanos
Flores

En 17 del mismo hubo Junta extraordinaria, y se continuó el cotejo de los mismos Codices.

Lardiz.l
Murillo
Jovellanos
Flores

En 22 del mismo hubo Junta extraordinaria y se continuó el cotejo de los mismos Codices.

Lardiz.l
Murillo
Jovellanos
Flores

En 24 del mismo hubo Junta extraordinaria, y se continuó el cotejo de los mismos Codices.

Lardiz.l
Murillo
Jovellanos
Flores

En 29 del mismo hubo Junta extraordinaria, y se continuó el cotejo de los mismos Codices.

The Morn[illegible]

No. 14,649. FRIDAY, JANUA[illegible]

STRAND THEATRE.—The SANS PAREIL.—THIS PRESENT EVENING and TO-MORROW, by particular desire, a new Serio-Comic Irish Burletta, with appropriate Dresses and Scenery, written partly from the Works of Miss Edgeworth, with new Songs, Dialogue, Incidents, and Stage Situations, by Miss Scott, the Music selected by her from the most popular Irish Melodies, and arranged by Mr. Jolly, called THE ROW OF BALLYNAVOGUE; or, the Lily of Lismore. After which the favourite Divertisement, composed by Monsieur Le Clercq, called THE SUMMER'S EVENING; principal dancers, Monsieur and Madame Le Clercq. Miss Young continuing to be received with rapturous applause, will Perform this and every evening on the Slack Wire. The whole to conclude with a grand distinguished Comic Pantomime, with entire new dresses, new and splendid Scenery, and additional Incidents, which has been received with unbounded applause, called THE NECROMANCER; or, Golden Key. In the course of the Pantomime, Madame Le Clercq will introduce a new Veil Dance; also a Pas Quartra, by Miss Simpson, Miss Le Brun, Miss Bennett, and Master Conway. In the course of the evening, a favourite Comic Song, by Mr. Stebbing, and "Oh! Mr. Barney, none of your Blarney," an admired Irish Song, by Mr. Sturmer. Doors open at half-past Five, and begin half-past Six. Box 4s. Pit 2s. Gal. 1s. Second Price half-past Eight. No money returned. Places to be taken of Mr. Stuck, at the Box Office of the Theatre, from Ten till Four. Places cannot be kept later than half-past Seven. On Monday next, first time, a new Comic Burletta Sketch, founded on recent facts, entitled, The Fortunate Youth; or, Newmarket Hoax. The Old Oak Chest is in rehearsal, and will speedily be produced.

☞ For this Week only.—In addition to the present highly popular Performances, Mr. Mackintosh, the celebrated and wonderful Caledonian, will, in the course of the evening, exhibit his astonishing Performances on the Corde Volante.

SURREY THEATRE.——THIS and the FOLLOWING EVENING, will be presented, fourth time, a grand Melo-dramatic Burletta Spectacle, taken from Garrick's celebrated Romance, called THE CHRISTMAS TALE, with additional Music, new and appropriate Scenery, Machinery, Dresses, and Embellishments. End of the Spectacle, 6th time, an entirely new Comic Pantomime Ballet, called LOVE AND THE LANCET. In the course of the Evening, a favourite Song, by Mr. Leonard. After which, for the sixth time, a Comic, Whimsical, Rhetorical Extravaganza, adapted to present times (with considerable alterations from the original), founded on the popular Speaking Pantomime, called THE TOUCHSTONE; or, Harlequin Traveller, with a new Overture, new additional Music, Dresses, &c. New Scenery: Paris—Gate of St. Denis; Pont Neuf, illuminated. London—the Mansion House; the Bank; Modern Drawing-room; and Pharo Bank, in which Scene will be introduced, a Set of Quadrilles, composed by Mr. Giroux; View near Vauxhall; Butcher's shop; Enchanted Carcases; Magic Beer-barrel, and Tavern; Fairy Forest; to conclude with the Magnificent Palace of Foredon.—Boxes 4s. Pit 2s. Gallery 1s. Half-price at Half-past Eight. Places for the Boxes to be taken of Mr. Romney, at the Box Office, near the stage door of the Theatre (where a Private Box may be had nightly, and Free Admissions for the Season), and, for the [illegible] of families, at that end of the town, at the Western Exchange, Bond-street. Doors to be opened at half-past Five, to begin at half-past Six.—On Monday will be produced, an entirely new superb Melo-Drama (which has been long in preparation), called The Knights of the Lion, in which a young Gentleman will make his first appearance. Miss Taylor, Mr. Huntley, Mr. Cordell, will perform for the first time this Season. And Mr. Watkyns and Miss Adcock will make their first appearance on this Stage. A new Burletta, taken from one of Fielding's most celebrated Novels, is in preparation, in which Mr. [illegible], of the Theatre Royal, Windsor, will appear for the time before a London audience.

TO the EDITOR.—Sir,—It is my intention to offer to my Friends, and to the Public in general, a new WEEKLY PAPER, to be called "THE WORLD, and FASHIONABLE SUNDAY CHRONICLE." The first Number to appear on Sunday next, the 4th of January, 1818; I shall feel much obliged to those who patronize it, and make their intention known, as soon as convenient, to the Publisher, No. 4, Catherine-street, Strand; or to Mr. Sams, at his Reading Rooms, Pall-mall, that some estimate may be formed of the number required to be printed on the first day.

29th Dec. 1817. HUGH DOHERTY, 62, Pall-mall.

"The World" may be had from all Booksellers and Newsmen throughout the United Kingdom; and may be seen at all Circulating Libraries and Reading Rooms. The Monday Edition of "The World" sent (free of postage) to all parts of

EAST INDIA HOUSE, Dec. 19, 1817.—The Court of Directors of the United Company of Merchants of England trading to the East Indies do hereby give Notice, That the Papers relative to the appropriations from the Fee Fund alluded to in the Courts' advertisement of the 3d instant, are open at this House for the perusal and information of the Proprietors. JAMES COBB, Secretary.

MESSRS. FLIGHT and ROBSON respectfully beg to acquaint the Nobility and Gentry, that TO-MORROW, at Two o'clock precisely, Mr. PURKIS will perform on the APOLLONICON, at their Warerooms, 101, St. Martin's-lane. A selection of Music from the works of the most eminent Composers, in which he will introduce a Fantasie, composed by himself expressly for the Instrument.

THE YELLOW DWARF.—The First Number of this New Weekly Miscellany will be published next SATURDAY, price 4d.

"A Stirring Dwarf we do allowance give
"Before a Sleeping Lion."—SHAKS.

Sold by J. Appleyard, 19, Catherine-street, Strand; and by all the Booksellers and Newsvenders.

WANTED, a COOK, who understands her business, and management of a large family with economy; pickling, preserving, soups, and made dishes. Apply at 190, Oxford-street.

WANTED, for a large regular Family in the Country, a good-sized respectable FOOTMAN, who would assist the Under Butler. Apply to Mr. Harvey, No. 8, North-street, Red Lion-square, from two to three o'clock.

WANTED, a YOUNG LADY, as HALF-BOARDER; the terms 18 Guineas per annum, and no entrance. The Young Lady will have every advantage with the other Ladies, only work for her Governess. For Particulars, inquire at No. 11, Charles-street, Westminster.

WANTED, in a respectable Seminary, thirty miles from London, a Lady, to TEACH the FRENCH LANGUAGE; she must speak it fluently, and understand it grammatically; age not less than twenty-five. Address, post paid, to P. D., No. 27, Great Castle-street, Cavendish-square. Personal application not attended to.

SITUATION WANTED.—As COMPANION to a Lady, or Assistant in a School, by a Widow Lady, the daughter of a highly respectable Clergyman; has no objection to go abroad with a genteel Family; salary not so material an object as kind treatment.—Address, by letter, post paid, to Y. G., Mr. Buchan's, No. 21, Addington-place, Camberwell.

WANTED, for Six Months or longer, at the West End of the Town, for a small Family, without Children, handsome APARTMENTS; consisting of two drawing rooms, with one or two principal bed rooms, and two or three for servants. The House and Street must be of undoubted respectability. Letters, post paid, with the price required, and other particulars, to be addressed to E. H., at Mr. Norton's, Stationer, Charlotte-street, Fitzroy-square.

A FRENCH PROTESTANT.—A Widow Lady, who has been an Instructress for some years, is desirous of obtaining a SITUATION in a Family, or in a Seminary of the first respectability, where Music and Drawing should not be required. She is competent to teach her language with grammatical purity, without the assistance of a Master; also Geography, History, and the Use of the Globes; she can be well recommended by the Lady she has just left. Letters, post paid, directed to G. P., 142, Strand, will be attended to.

TO the NOBILITY and GENTRY visiting the Continent.—A Physician, a Graduate of the University of Edinburgh, unmarried, would be glad to ACCOMPANY a FAMILY, or PERSON of DISTINCTION, on a TOUR through the Continent. In addition to his knowledge in the various departments of Science, Literature, and the Arts in general, he is eminently conversant with Mineralogy, Geology, and other branches of Natural History, Statistics, &c. Apply to Dr. George Pearson, 9, George-street, Hanover-square.

LAW.—A Young Man, who has served an Apprenticeship to a Law Stationer, and has since been nearly two years in a Solicitor's Office in the country, wishes for a Situation in a SOLICITOR'S OFFICE, either in town or country; the Advertiser will make himself useful in general business. Unexceptionable references as to character, &c. will be given. Applications by letter (post paid) addressed to A. B., at Mr. Sackett's, Law Stationer, No. 8, Quality-court, Chancery-lane, will be immediately attended to.

…ning Post.

…ARY 2, 1818.

A CHESNUT GELDING, eight years old, by Barneby, a very good Hunter, fast and steady with Hounds; and a Bay Ditto, by Spear, six years old; have been regularly hunted this season. The property of a Gentleman. To be seen at Thurston's, Euston Livery Stables, Southampton Mews, New-road, near Tottenham-court.

TO be SOLD, the property of a Gentleman, a neat handsome LANDAULET, with harness complete, which has recently been painted, with new wheels and carriage, and fitted either for town use or travelling, with a barouche seat in front; has also one behind which may be removed. The lowest price 200 guineas. To be seen at the Stable, 11, Upper Gower-mews, Upper Gower-street.

HORSES.—To be SOLD, THREE seasoned HUNTERS, in high condition, fine goers, and superior shape, equal to 13, 14, and 17 stone, and well bred. Two Hacks, the completest in the kingdom as to action and shape, 15 hands high, a Black and a Bay. A Bay Mare, a Brown Horse, a Chesnut, and two Bays, that are well bred, fine goers, and handsome figures; are likely to answer for either hunters, road horses, or chargers. A Brown Horse and a Bay, that go in tilburies, and ride well. A Pair of seasoned Chariot Horses, very grand figures, Bays, without the least white. The above horses are just come from York, will be warranted, and a trial granted. At the owner's, Elmore's, Duke-street, Manchester-square.

THE UPPER PART of a genteel HOUSE, to be LET, with other conveniences, in a pleasant situation, near Great Cumberland-street, well adapted for a small family. Please to apply to 239, Oxford-street.

LAW.—Published by the Royal Academy of Spain, FUERO-JUZGO; or, The Book of Judges in Latin and Castilian, compared with the most ancient and most valuable works on Legislation. In one volume, in folio. This work is intended to establish the fountain and origin of the Laws of Europe, and will contain a Latin text, free from faults and imperfections, it having been compiled from the Archives of the Kingdom, and carefully compared with the Tracts in the Royal, and several Public and Private Libraries. The Spanish has been collated with many … from the Royal Library of the Escurial, and various Public and Private Archives of Literature. It will contain a Preface, explaining the method and means by which the Work has been executed, and a Dissertation on the ancient Legislation of the Visigoths, and numerous historical and legal points. To which is added, a very important and complete Glossary. This volume, which is well worth the notice of literary characters, is sold at the Despatch Office of the Academy, in the street Valverde (Madrid), at 44 rials, 48 rials, 54 … rials (according to the manner in which the same is bound), and a liberal allowance is made to those who purchase many copies.

This day is published, price 3s.

A REPORT of the CASE of the LOUIS, Forest, Master; appealed from the Vice-Admiralty Court at Sierra Leone, and determined in the High Court of Admiralty, on the 15th December, 1817; with an Appendix.—By JOHN DODSON, L.L.D. Advocate.

London: Printed for J. Butterworth and Son, Fleet-street; and J. Cooke, Ormond Quay, Dublin.

17/10 – 1	162	4.06.1814	San Carlos	Secretario [González]
17/10 – 2	163	25.09.1815	Cevallos	Secretario [González]
17/10 – 3	164	4.12.1816	San Carlos	Secretario [González]
17/10 – 4	165	9.01.1818	San Carlos	Secretario [González]
17/17 – 2	166	16.10.1814	San Carlos	Secretario [González]

REFERENCIAS BIBLIOGRÁFICAS

A) Fuentes documentales

Archivo de la Real Academia Española: *Expediente del Fuero Juzgo (signatura 302)*. Madrid: Real Academia Española.

B) Estudios

Abascal, Juan Manuel, y Cebrián, Rosario (2005): *Manuscritos sobre antigüedades*. Madrid: Real Academia de la Historia.

Alba González, Luis (1990): "La Real Sociedad Económica de Toledo, a través de sus actas (1776-1816)", *Toletum. Boletín de la Real Academia de Bellas Artes y Ciencias Históricas de Toledo*, 24: 9-30.

Alvarado, Javier, ed. (2000): *Historia de la literatura jurídica en la España del Antiguo Régimen*, Madrid: Marcial Pons.

Álvarez Junco, José (2011): "Jovellanos y la generación doceañista. Entre la Ilustración y el Liberalismo", en Ignacio Fernández Sarasola *et alii* 2011: 17-31.

Álvarez-Valdés y Valdés, Manuel (2002): *Jovellanos: enigmas y certezas*. Gijón: Fundación Alvargonzález.

— (2006): *Noticia de Jovellanos y su entorno*. Gijón: Fundación Alvargonzález.

— (2012): *Jovellanos: vida y pensamiento*. Gijón: Fundación Alvargonzález.

Anes y Álvarez De Castrillón, Gonzalo, dir. cient. (2009-2013): *Diccionario biográfico español*. Madrid: Real Academia de la Historia. Cincuenta tomos (citado globalmente *DBE*).

— (2012): "Gaspar Melchor de Jovellanos y Ramírez", *DBE*, XXVIII: 183-193.

Antón Oneca, José (1966): "El Derecho penal de la Ilustración y don Manuel de Lardizábal", *Revista de Estudios Penitenciarios*, 174: 595ss. (separata de esta revista como "Estudio preliminar a la edición de Discurso sobre las penas, de Lardizábal", 1967).

Arencibia Suárez, Juan Carlos (2012): *El obispo Antonio Tavira y Almazán y la Ilustración en Canarias. Iglesia y sociedad canaria en las últimas décadas del siglo XVIII*. Las Palmas de Gran Canaria: Instituto Superior de Teología de las Islas Canarias (Sede Gran Canaria).

Artola, Miguel (1956): "Estudio preliminar. Vida y pensamiento de D. Gaspar Melchor de Jovellanos", en *Obras publicada e inéditas de Don Gaspar Melchor de Jovellanos*, Madrid: Atlas, V-LXXXVII.

— (²2008): *Los afrancesados*. Madrid: Alianza Editorial.

Baldinger, Kurt (²1971): *La formación de los dominios lingüísticos en la península Ibérica*. Madrid: Gredos.

Baldó, Francisco, y Sánchez Silva, José María (1988): "Introducción al pensamiento penal de la Ilustración española. Ley penal y delito en Manuel de Lardizábal y Uribe", *Documentación Jurídica*, 60: 79ss.

Barreda Fontes, José María, y Carretero Zamora, Juan Manuel (1981): *Ilustración y Reforma en la Mancha. Las Reales Sociedades Económicas de Amigos del País*. Madrid: CSIC, Instituto de Historia «Jerónimo Zurita».

Barrera y Leirado, Cayetano Alberto de la (1922): "Biografías de D. José Miguel de Flores y de D. Joaquín de Flores", *Boletín de la Real Academia de la Historia*, LXXXI: 255-300.

Blasco y Fernández de Moreda, Francisco (1957): *Lardizábal. El primer penalista de América*. Ciudad de México: Universidad Nacional Autónoma de México.

Bosarte, Isidoro (1804): *Viage artístico á varios pueblos de España, con el juicio de las obras de las tres nobles artes que en ellos existen, y épocas á que pertenecen. Tomo primero. Viage á Segovia, Valladolid, y Búrgos*. Madrid: Imprenta Real.

Calatayud, María Ángeles (1987): *Catálogo de documentos del Real Gabinete de Historia Natural (1752-1786)*. Madrid: CSIC (Museo Nacional de Ciencias Naturales).

Camacho Martínez, Rosario (2011): "Beneficencia y mecenazgo entre Italia y Málaga: los Torres, arzobispos de Salerno y Morreale", en Rosario Camacho Martínez, Eduardo Asenjo Rubio y Belén Calderón Roca, coords. y eds., *Creación artística y mecenazgo en el desarrollo cultural del Mediterráneo en la Edad Moderna*. Málaga: Universidad de Málaga.

Campos y Fernández de Sevilla, Francisco Javier (2010): "Grafitos en el Real Monasterio del Escorial", *Anuario Jurídico y Económico Escurialense*, XLIII: 483-510.

Casabó Ruiz, José Ramón (1989): "Vida y obra de Manuel de Lardizábal y Uribe", en José Luis de la Cuesta, Iñaki y Dendaluze y Enrique Echeburúa (comps.), *Criminología y Derecho Penal al servicio de la persona. Libro-Homenaje al Profesor Antonio Beristain*, Donostia-San Sebastián: Instituto Vasco de Criminología / Kriminologiaren Euskal Institutoa, 103-114.

Caso González, José Miguel (1993): *Vida y obra de Jovellanos*. Gijón: El Comercio y Oviedo: Caja de Asturias.

— (1998): *Jovellanos*. Barcelona: Ariel.

— (2010): *Biografía de Jovellanos*. Oviedo: Fundación María Cristina Masaveu Peterson.

Castillo Lluch, Mónica (2011): *Tel fils, tel père. Ferdinand III dans le processus de planification du castillan (Étude linguistique du* Fuero juzgo*)*. Tesis de habilitación. Paris: Université Paris-IV (Sorbonne).

— (2012): "Las lenguas del Fuero juzgo: avatares históricos e historiográficos de las versiones romances de la Ley visigótica (I)", *e-Spania*, publicación 11.06.2012 (URL: http://e-spania.revues.org/20994; D.O.I. 10.4000/e-spania.20994; consultado el 15.11.2016).

CASTILLO LLUCH, Mónica (2016): "Las lenguas del Fuero juzgo: avatares históricos e historiográficos de las versiones romances de la Ley visigótica (II)", en Araceli López Serena y Antonio Narbona Jiménez, eds., *El español a través del tiempo. Homenaje al Profesor Rafael Cano Aguilar*. Sevilla: Editorial Universidad de Sevilla, I: 47-68.

CORONAS GONZÁLEZ, Santos (1995): "Las leyes fundamentales del Antiguo Régimen (Notas sobre la Constitución histórica española)", *Anuario de Historia del Derecho Español*, LXV: 127-218.

— (1996): "Jovellanos, jurista ilustrado", *Anuario de Historia del Derecho Español*, LXVI: 561-614.

— (2000a): "La literatura jurídica española del siglo XVIII", en Javier Alvarado, ed., *Historia de la literatura jurídica en la España del Antiguo Régimen*, Madrid: Marcial Pons, 527-574.

— (2000b): *Jovellanos. Justicia, Estado y Constitución en la España del Antiguo Régimen*. Gijón: Fundación Foro Jovellanos del Principado de Asturias.

— (2000c): "La literatura jurídica española del siglpo XVIII", en Alvarado 2000: 527-574.

— (2004a): "Gaspar Melchor de Jovellanos (1744-1811)", en Rafael Domingo 2004: 730-736.

— (2004b): "El método jurídico", en Ignacio Fernández Sarasola *et alii*, eds., 323-335.

— (2015a): "Estudio preliminar. Reguera y su *Extracto del Fuero Juzgo* (1798)", en *Fuero Juzgo de Juan de la Reguera Valdelomar, 1798*. Madrid: Boletín Oficial del Estado (Leyes Históricas de España), XI-XVI.

— (2015b): "*Fuero Juzgo*. Texto legal y ediciones. Estudio preliminar". en *Fuero Juzgo por la Real Academia Española, 1815*, Madrid: Boletín Oficial del Estado (Leyes Históricas de España), XI-XXXII.

CORTS Y BLAY, Ramon; GALTÉS I PUJOL, Joan; y MANENT I SEGIMON, Albert, dirs. (2001): *Diccionari d'història eclesiàstica de Catalunya*. Barcelona: Generalitat de Catalunya y Editorial Claret. Tomo III.

COTARELO Y MORI, Emilio (1928): *Discurso acerca de las obras publicadas por la Real Academia Española*. Leído en la junta pública de 7 de octubre de 1928 por___. Madrid : Tipografía de la Revista de Archivos.

COTARELO VALLEDOR, Armando (1947): "Bosquejo histórico de la Real Academia Española", en Cotarelo Valledor, Armando, y Zabala Lera, Pío: *Sesión conmemorativa del Centenario del Rey Don Felipe V celebrada por el Instituto de España en los salones de la Real Academia de la Historia el día 26 de octubre de 1946*. Madrid: Imprenta de Editorial Magisterio Español, 7-75.

CUENCA TORIBIO, José Manuel (2013): "Antonio Jerónimo Tavira y Almazán", en *DBE*, XLVII: 661-664.

CUESTA, José Luis de la (2004): "Manuel de Lardizábal y Uribe (1739-1820)", en Rafael Domingo 2004: 700-702.

DEMERSON, Georges (1974): "Sur Jovellanos et Campomanes"; *Boletín del Centro de Estudios del Siglo XVIII*, 2: 37-56.

Díaz y Pérez, Nicolás (1888): *Diccionario histórico, biográfico, crítico y bibliográfico de autores, artistas y extremeños ilustres*. II. Madrid: Pérez y Boix editores, 445-446.

Dios, Salustiano de y Torijano Pérez, Eugenia (2012): *Cultura, política y práctica del derecho : juristas de Salamanca, siglos xv-xx*. Salamanca: Universidad de Salamanca.

Domingo, Rafael, dir. (2004): *Juristas universales. Volumen II: Juristas modernos. Siglos XVI al XVIII: de Zasio a Savigny*. Madrid: Marcial Pons.

Fernández Álvarez, Manuel (1998): *Jovellanos, un hombre de nuestro tiempo*. Madrid: Espasa.

— (2009): *Jovellanos, el patriota*. Barcelona: Planeta DeAgostini.

Fernández Sarasola, Ignacio; Lorenzo Álvarez, Elena de; Ocampo Suárez-Valdés, Joaquín; y Ruiz de la Peña Solar, Álvaro, eds. (2011): *Jovellanos, el valor de la razón (1811-2011)*. Gijón: Trea.

Fontana, Josep (2002): *La quiebra de la monarquía absoluta 1814-1820. La crisis del Antiguo Régimen en España*. Barcelona: Crítica (Obra de Josep Fontana).

Friera Álvarez, Marta (2011): "Los escritos jurídicos de Jovellanos", en Ignacio Fernández Sarasola *et alii* 2011: 357-372.

García de la Concha, Víctor (2014): *La Real Academia Española. Vida e historia*. Madrid: Espasa.

García Sánchez, Justo (1999): *El Sínodo Diocesano de Oviedo de 1769. I Estudio*. Oviedo: Universidad de Oviedo.

Gibert, Rafael (1986): "Jovellanos y la historia del Derecho español", en Ignacio de la Concha, ed., *Liber Amicorum profesor don Ignacio de la Concha*. Oviedo: Universidad de Oviedo, 291-313.

Gómez Rivero, Ricardo (2005) : "Ministros del Consejo de Castilla (1814-1820)", *Anuario de Historia del Derecho Español*, 75 : 277-330.

Gracia Menéndez, Ángela (2011): "El espíritu histórico-filológico de Gaspar de Jovellanos", en Ignacio Fernández Sarasola *et alii* 2011: 815-828.

Jovellanos, Gaspar Melchor de (1951): *Obras*. Tomo primero. Edición de Cándido Nocedal. Madrid: Atlas (Biblioteca de Autores Españoles, 46).

Justel Calabozo, Braulio (1991): *El toledano Patricio de la Torre: monje escurialense, arabista y vicecónsul de Tánger.* El Escorial: Ediciones Escurialenses.

Llombart, Vicente (2011): "Jovellanos y Campones; sintonías y contrastes", en Ignacio Fernández Sarasola *et alii* 2011: 479-496..

Lodares, Juan Ramón (1991): "El Diccionario del lenguaje antiguo castellano, de Ramón Cabrera", *Cahiers de linguistique hispanique médiévale*, 16: 183-188.

López Ruiz, Antonio, y Aranda Muñoz, Eusebio (^{2}1994): *Diego Clemencín*. Murcia: Real Academia Alfonso X el Sabio (Biografías populares de murcianos ilustres, X).

Maintier-Vermorel, Estelle (2008): "Étude comparée du *Liber Iudiciorum* et du *Fuero Juzgo*. Introduction", *e-Spania*, *Masters*, 6.12.2008, puesto en línea el 6.04.2009 (URL: http://e-spania.revues.org/16833; D.O.I. 10.4000/e-spania.16833; consultado el 29.11.2016).

— (2009): "Étude comparée du *Liber Iudiciorum* et du *Fuero Juzgo*. La traduction au service de la genèse de l'Etat moderne", *e-Spania*, *Masters*, puesto en línea

el 8.04.2009 (URL: http://e-spania.revues.org/17193; D.O.I. 10.4000/e-spania.17193; consultado el 29.11.2016).
— (2010): "*Fuero Juzgo*: una traducción al servicio de la génesis del Estado moderno", en Mónica Castillo Lluch y Marta López Izquierdo, eds., *Modelos latinos en la Castilla medieval*, Madrid/Frankfurt a. M.: Iberoamericana/Vervuert, 271-287.

Marín Pérez, Andrés (1907): *Guía histórica y descriptiva del Monasterio de San Lorenzo de El Escorial.* Madrid: Imprenta de Fortanet.

Mencé, Corinne (1996): *Fuero Juzgo. Manuscript Z-III-6 de la Bibliothèque de San Lorenzo de El Escorial.* Paris: Université de Paris XIII. Tres tomos.

Merino, José María (2013): "De afrancesados y patriotas en la Real Academia Española", en Iglesias, Carmen, y Sánchez Ron, José Manuel, eds., *La lengua y la palabra: Trescientos años de la Real Academia Española*, Madrid, Real Academia Española, 2013: 81-88.

Mestre Sanchis, Antonio (2012): "Pérez Bayer, Francisco", en *DBE*, XL: 796-800.

Molas Ribalta, Pere (1996): "Política, economía y derecho", en Francisco Aguilar Piñal, ed., *Historia literaria de España en el siglo XVIII*, Madrid: Trotta, 915-963.

Moreno Mengíbar, Andrés, ed. (2002): *Discurso sobre las penas* (1782) [de Manuel de Lardizábal y Uribe]. Cádiz: Universidad de Cádiz.

Muriel, Andrés (1959): *Historia de Carlos IV*. Edición y estudio preliminar de Carlos Seco Serrano. Madrid: Atlas (Biblioteca de Autores Españoles).

Nava Rodríguez, Teresa (2012): "Mateos Murillo", en *DBE*, XXXIII: 804-806.

Noguer, T. (1959): "El Ilmo. Dr. D. Juan Agapito Ramírez de Arellano, obispo de Gerona (1798-1810)", en *Anales del Instituto de Estudios Gerundenses*, XIII: 17-23.

Orazi, Veronica (1993): "Tecnicismos jurídicos en un código del *Fuero Juzgo*", *Estudios de Lingüística*, 9: 61-72.
— (1994): *Una versione leonese del* Fuero Juzgo. *Studio linguistico e glossario.* Cuneo: L'arciere.
— (1997): *El dialecto leonés antiguo (Edición, estudio lingüístico y glosario del* Fuero Juzgo *según el Ms. escurialense Z.III.21).* Madrid: Universidad Europea-CEES Ediciones.

Orella Unzué, José Luis (1998): "Juristas ilustrados vascos: Manuel de Lardizábal y Uribe", en *Sancho el Sabio. Revista de Cultura e Investigación Vasca*, 8 (9): 105-120.
— (2003): "Don Manuel de Lardizábal y Uribe (Tlaxcala 1734+ Madrid, 1820), consejero de Castilla y firmante del Estatuto de Bayona", en María Dolores del Mar Sánchez González, coord., *Corte y Monarquía en España*, Madrid: Editorial Centro de Estudios Ramón Areces/Universidad Nacional de Educación a Distancia, 111-152.
— (2009): "Manuel y Miguel de Lardizábal y Uribe y el Estatuto de Bayona", *Revista Internacional de Estudios Vascos*, cuaderno 4, 233-254.

Palacios Fernández, Emilio, y González Troyano, Alberto (2004). "La pluralidad y la polémica: entre la Revolución Francesa y el silencio", en Joaquín Álvarez Barrientos, ed., *Se hicieron literatos para ser políticos. Cultura y política en la España de Carlos IV y Fernando VII*, Madrid: Biblioteca Nueva (Colección Historia Biblioteca Nueva) y Cádiz: Universidad de Cádiz, 271-329.

PÉREZ-PRENDES, José Manuel (1978): "Fuero Juzgo", en *Enciclopédia Verbo Luso-Brasileira da Cultura*. Lisboa/São Paulo: Editorial Verbo, tomo 12, *s.v. Fuero Juzgo*.

PÉREZ-RIOJA, José Antonio (1962): *El helenista Ranz Romanillos y la España de su tiempo (1759-1830)*. Madrid: CSIC (Centro de Estudios Sorianos, Patronato "José María Quadrado")

POLT, John H. R. (1971): *Gaspar Melchor de Jovellanos*. New York: Twayne Publishers, Inc.

RICARD, Robert (1955): "De Campomanes à Jovellanos. Les courants d'idées dans l'Espagne du XVIIIe siècle d'après un ouvrage récent", *Les Lettres Romanes*, 11: 31-52.

RIVACOBA Y RIVACOBA, Manuel de (1964): *Lardizábal, un penalista ilustrado*. Santa Fe: Departamento de Extensión Universitaria de la Facultad de Ciencias Jurídicas y Sociales de la Universidad Nacional del Litoral.

— (2001): "Estudio preliminar", en *Discurso sobre las penas, de Manuel de Lardizábal y Uribe*. Vitoria/Gasteiz: Defensor del Pueblo/Arateko.

SÁEZ, Liciniano (1805): *Demostración histórica del verdadero valor de todas las monedas que corrían en Castilla durante el reynado del Señor Don Enrique IV, y de su correspondencia con las del Señor D. Carlos IV*. Madrid: Imprenta de Sancha.

SAINZ Y RODRÍGUEZ, Pedro (1926): *El P. Burriel paleógrafo*. Madrid: Gráfica Universal (de Bibliografía General Española e Hispanoamericana).

SÁNCHEZ-BLANCO PARODY, Francisco (1991): *Europa y el pensamiento español del siglo XVIII*. Madrid: Alianza Universidad.

— (2002): *El Absolutismo y las Luces en el reinado de Carlos III*. Madrid: Marcial Pons.

— (2007): *La Ilustración goyesca. La cultura en España durante el reinado de Carlos IV (1788-1808)*. Madrid: CSIC/Centro de Estudios Políticos y Constitucionales.

SÁNCHEZ GONZÁLEZ, María Dolores del Mar (2000): "El padre Burriel y los orígenes de la Historia del Derecho", en Javier Alvarado, ed., 607-639.

SAUGNIEUX, Joël (1970): *Un prélat éclairé. Don Antonio Tavira y Almazán (1737-1807). Contribution à l'étude du jansénisme espagnol*. Toulouse: Université de Toulouse / Institut d'Études Hispaniques, Hispano-Américaines et Luso-Brésiliennes.

SCOTT, Samuel Parsons (1910): *The Visigothic Code (Forum judicum)*. Boston: Boston Book Company (en línea en http//books.uca.edu/vcode/visigoths.htm).

SEMPERE Y GUARINOS, Juan (1785-1789): *Ensayo de una biblioteca española de los mejores escritores del reinado de Carlos III*. Madrid: Imprenta Real. Seis tomos (reimpresión, Madrid: Gredos, 1969, tres tomos).

SEMPERE Y GUARINOS, Juan (^{2}1847): *Historia del Derecho español por ---. Continuada hasta el enlace S. M. Doña Isabel II*. Barcelona: Imprenta de D. Ramón Martín Indar.

SILVA SÁNCHEZ, Jesús Mª, y BALDÓ LAVILLA, Francisco (1989): "La teoría del delito en la obra de Manuel de Lardizábal", en *Estudios de Derecho penal y Criminología. En homenaje al profesor José María Rodríguez Devesa*. Madrid: Universidad Nacional de Educación a Distancia (Facultad de Derecho), II: 345-372.

SIMÓN DÍAZ, José (1950): "El reconocimiento de los Archivos Españoles en 1750-1756", *Revista Bibliográfica y Documental*, IV: 131-170.

SORIA SESÉ, Lourdes (2012): "Manuel de Lardizábal y Uribe", en *DBE*, 2012: 28-32.

TAVIRA Y ALMAZÁN, Antonio (1998): *Diario*. Edición e introducción de José Antonio Infantes Florido. Córdoba: Publicaciones de la Obra Social y Cultural de Cajasur.

TOMÁS Y VALIENTE, Francisco (1991): *Martínez Marina, historiador del derecho*. Madrid: Real Academia de la Historia.

TORRECILLA, Jesús (2016): *España al revés. Los mitos del pensamiento progresista (1790-1840)*. Madrid: Marcial Pons Historia.

UREÑA Y SMENJAUD, Rafael de (1909): "Discurso de recepción. Una edición inédita de las *Leges Gothorum Regum* preparado por Diego y Antonio de Covarruvias [sic], en la segunda mitad del siglo XVI. Necrología del Excmo. Sr. D. José Gómez de Arteche". Madrid: Real Academia de la Historia, 5-96.

VARELA, Javier (1988): *Jovellanos*. Madrid: Alianza Editorial.

VELASCO MORENO, Eva (2000): *La Real Academia de la Historia en el siglo XVIII. Una Institución de sociabilidad*. Madrid: Boletín Oficial del Estado / Centro de Estudios Políticos y Constitucionales.

VELASCO MORENO, Eva (2011): "José Miguel de Flores y la Barrera", en *DBE*, XX: 238-240.

ZAMORA VICENTE, Alosno (1999): *Historia de la Real Academia Española*. Madrid: Espasa (hay reedición como *La Real Academia Española*, Oviedo: Fundación María Cristina Masaveu Peterson/Real Academia Española, 2015).

ZARAGOZA PASCUAL, Ernest (2000): "Abadologio del Monasterio de Ntra. Sra. de la Misericordia de Frómista (1437-1835", en *Publicaciones de la Institución Tello Téllez de Meneses* (Palencia), 71: 135-158.

El ms. Holkham misc. 46 de la Bodleian, testimonio del *Fuero Juzgo*: notas para su estudio y propuesta de edición parcial

0. Presentación

Ha de entenderse la contribución que sigue como unos primeros pasos en el inicio del largo camino que nos aproxime al estudio y a la edición de la casi cincuentena de manuscritos que nos han transmitido el *Fuero Juzgo,* y así, a la elucidación de los múltiples aspectos que el código legal presenta para los filólogos, los estudiosos de la Historia de la lengua, los del Derecho... Centraré mi atención en un solo testimonio: el Holkham misc. 46 de la Biblioteca Bodleian oxfoniense (O a partir de ahora).

Una primera parte del presente trabajo estará dedicada al examen del manuscrito, con dos secciones. En la inicial, se abordarán diferentes aspectos relativos al ejemplar: varias cuestiones codicológicas, su carácter de misceláneo, su contenido, la existencia de glosas, la actuación de un revisor, la plasmación material de la *ordinatio*, la naturaleza del mandante y la historia posterior del códice. En una segunda sección daré cuenta del contenido del *Fuero Juzgo* tal como nos ha sido transmitido en O y, fundamentalmente, de los rasgos que caracterizan al copista. Seguirá, como complemento a la parte primera, la edición de una serie de fragmentos. Lo que aquí se esboza o propone no agota, ni remotamente, cuantas cuestiones plantearía el análisis completo del manuscrito.

Dos han sido los condicionantes que han estado en la base de mi trabajo. En primer lugar, he teniendo a la vista al realizarlo la reproducción de una buena parte del total de los testimonios de nuestro código legal, veintiocho. El conjunto de estos testimonios reunidos no ha sido estudiado de manera sistemática: se ha recurrido a él para analizar diversos puntos que se me han ido planteando y para realizar distintas calas. También he tenido en cuenta, por supuesto, las diferentes ediciones y transcripciones existentes: RAE (1815), Tuero (1994), Orazi (1997) Mencé-Caster (1996), Perona (2002), HSMS, Castillo/Pinchel (2015).

En segundo lugar, una estancia de investigación me ha brindado la feliz oportunidad de poder leer y consultar directamente, con todo el reposo deseable, el manuscrito oxfoniense.

Ninguna obra puede hacerse, verdaderamente, en soledad, sino en diálogo. El artículo de Díaz y Díaz (1976), el estudio de García Fernández (1996) del *Liber*, así como la edición de este (Alturo/Bellès/Font i Rius/García/Mundó: 2003) me han revelado cuestiones fundamentales para entender la constitución y la naturaleza misma del fuero romance. Quiero dejar constancia de mi agradecimiento a quienes de muy diferente forma me han ayudado: a Vicente Beltrán, que vino en mi auxilio con sus conocimientos codicológicos; a Pedro Sánchez-Prieto, Francisco Ruiz Gómez, Ana Isabel López-Salazar Codes e Ignacio García Pinilla, que solventaron mis dudas en paleografía, romance o latina; al personal de la Bodleian, en especial a Colin Harris. Desde luego, no hubiera sido posible sin la asistencia de la Universidad de Castilla-La Mancha, que sufragó mi estancia en Oxford, y sin la amable acogida de Juan Carlos Conde en el Magdalen College. No quiero dejar de expresar mi gratitud a José María García, que me ha invitado generosamente a participar en este libro.

1. Estudio

1.1. Estudio del códice

1.1.1. La proyección de un misceláneo y su contenido

El ms. Holkham misc. 46 de la Bodleian (*olim* Norfolk, Holkham Hall, ms. 718) presenta una medida de 288 x 205 mm y cuenta con 149 folios en pergamino, más una guarda inicial de papel y dos finales, también de papel: I + 149 + II. La foliación es moderna, a lápiz, sin errores. Consta de un quinión inicial; el resto son cuaterniones, salvo los tres folios finales, que son sueltos o volantes: $1^{10}+17^{8}+(1)+(1)+(1)$.[1] Contiene cuatro obras, dos completas y dos fragmentos:

1ª) De los ff. 1r al 130v, el *Fuero Juzgo* (en adelante FJ). Incipit: "Libro .i. Delos ensina<n>m<ien>tos delas lees .iº." (rúbrica). Explicit: "digan que non

[1] La encuadernación actual del ms. dificulta la descripción de los fascículos. Es una encuadernación del XIX, que contiene el escudo de uno de sus propietarios (en la cubierta anterior y su vuelta, "Thomas William Coke"). Sobre la naturaleza de los cuadernos segundo al diecisiete no hay duda, pues el cómputo de folios coincide con los reclamos conservados (ff. 26, 42, 50, 58, 66, 74, 82, 98, 106, 122; todos van en horizontal, salvo el de 74 y 82). Concluyo que el primero es un quinión porque está hecho con un pergamino distinto al empleado en el resto del códice.

lo sopieron τ todas las p<ro>feciones. τ las istituciones aya<n>/ hy esc<ri>p-tas τ que non lo feziere non escapara dela setencia del Rey". Colofón: "Laus tibi sit ch<rist>e.' conpletur iudic<um>/ iste. codex s<an>c<to<rum> ret<i>ne<n>s sibi iura prior<um>./ Hec lex gothor<um> succedentib<us> edita for<um>./ est yspa<n>nor<um> p<o>pulis sub iure priorum".

2ª) De los ff. 131r-144v, las *Flores de Derecho* (FD) de Jacobo de Juntas. Incipit: "Aqui comiencan las somas de/ maestre iacob delas Leys" (rúbrica). Explicit: "assi se/ cu<m>ple la se<n>te<n>cia q<ue> es dada sob<re> alguna debda o en razo<n> de debda q<ue> es dicho en lati<n> actio p<er>-/sonalis".[2]

3ª) De los ff. 145a a 147d, el *Fuero de León* (FL), fragmento de cuarenta y seis capítulos. Incipit: "Aqui com<ien>ca el fuero de la cibdat/ de Leon τ desus terminos" (rúbrica). Explicit: "sea ferido de gaffez τ escomungado. τ padesca/ las penas del infierno p<er> dama<n>pcion p<er>durable conlo diablo τ contodos los s<us/ angeles. p<er> infinita s<ae>c<u>lor<um> s<ae>c<u>la amen".

4ª) De los ff. 147d a 149d, el concilio de Coyanza (CC). Incipit: "Decreta Fernand<us> rex. τ sancia regina" (rúbrica)/ Estos son los degredos/ establecidos del tiempo del Rey". Explicit: "Conlo diablo ye co<n>/ los s<us> angeles. τ sea priuado dela di-/nidat temporal que ouier por sie<n>p<re>". Colofón: "BENEDICAM<US> DOMINO".

No cabe duda de que el misceláneo se proyectó originariamente como una unidad pues presenta características del todo uniformes:

1ª) La caja y el pautado no varían. La escritura es a dos columnas, con una caja de 220 mm de alto por 73 x 15 x 73, con 36 rectrices (6,3 mm la unidad de pautado).[3] El pautado es a mina de plomo. El intercolumnio lleva una línea en el medio: se conforman así tres con las dos líneas de justificación laterales de cada columna. Las líneas de justificación verticales externas son dobles a ambos márgenes, separadas 8 mm. Hay tres marcados pinchazos arriba y abajo del intercolumnio, y otros dos en cada uno de los márgenes.

2ª) La decoración del códice no varía: se levanta a partir de un delicado juego bicromático entre el azul y el rojo, con el uso de ruedas intitulatorias. La plasmación en el códice de la *ordinatio* es la misma, con algún matiz. En el FJ y en las FD se utiliza la capitulación inicial (véase 1.3); en FL y CC, no ha lugar. En todo el códice, aunque se han ejecutado las capitales decoradas con filigrana,

[2] Esta obra fue editada ya por Roudil (2012).

[3] La variación en la caja de las FD, tal como puede medirse en el f. 131r, no es significativa: 230 de alto 60 x 12 x 61 de ancho. En el f. 145r tenemos, sin embargo, 220 alto por 70 x 17 x 68 mm. Estas variaciones mínimas se deben a una factura manual y a que el pautado de los folios se acometía en diferentes tandas. A página abierta, en la transición con el FJ, no se aprecia diferencia.

no se han llegado a realizar las iluminadas que debían encabezar el comienzo del texto del primer capítulo de cada libro.

3ª) El ms. está escrito en gótica libraria, de finales del XIII (Roudil 2000: I. 1, 33) y todo él se debe a la misma mano.

Las transiciones entre unas piezas y otras resultan reveladoras del proceso de elaboración del manuscrito. El FJ termina en el colofón reflejado arriba y el espacio restante de la columna queda en blanco. Las FD empiezan en un cuaderno aparte, con una rúbrica ordinaria, sin más señal demarcativa. Estas terminan al final del verso del antepenúltimo folio de un segundo cuaternión (f. 144, como queda dicho), sin colofón, de tal forma que los dos últimos folios del cuaderno se utilizan para copiar el fragmento del FL, iniciado en el f. 145a con una rúbrica ordinaria solo destacada por un espacio en blanco de dos líneas dejado a continuación (acaso destinado a escribir la capitulación). La transición entre el FL y el CC se produce en la misma columna 148d, sin solución de continuidad: solo un "amen" indica que se ha acabado de copiar la pieza anterior y se pasa a escribir la rúbrica, ordinaria, que inicia el fragmento transmitido del CC. Tras finalizar el último cuaternión, en el f. 146, lo que sigue, como ya se ha anticipado, son tres folios independientes, sujetos con dos lengüetas pegadas (visibles entre los ff. 147 y 148, y entre los ff. 148 y 149). Si examinamos el pergamino, hallamos que en el último cuaternión (ff. 139-146), los dos bifolios que van de 141 a 144 tiene un pergamino diferente al que se ha venido utilizando: es más basto y (el rasgo más visible) en la cara de pelo se aprecian muy marcados los folículos pilosos. Lo realmente significativo es que el f. 148 es de este mismo pergamino, en tanto que 149 es de otro, flexible y finísimo, absolutamente distinto al empleado en el resto del manuscrito. En el f. 149, solo se han escrito hasta la mitad las columnas a y b, y el verso está en blanco. Estos datos ponen de relieve que los dos fragmentos finales incluidos en O, FL y CC, no se escribieron accidentalmente, digamos que para completar un espacio en blanco, sino por voluntad del compilador.

Al final del colofón del FJ, en f. 130v, se encuentra una suma escrita por el copista: "CXXV" más "XXV", "CL". Como en la actualidad el ms. consta de 149 folios, en algún momento se habría perdido el que falta. Puesto que no hay, a lo que se ve, discontinuidad en el texto de CC en el paso de 148 a 149 y 149d acaba en colofón, ese folio se cortó justo ahí, sería el que haría el 150: por esa razón no tenemos un binión sino esa primorosa subsanación que une los tres folios volantes, llevada a cabo en la misma fase final de constitución del códice.

Hay, sin embargo, datos que hacen dudar de que la primera intención fuera constituir el misceláneo tal como nos ha llegado. Aunque estos no aparecen en el FJ, en las FD hay restos de foliación en espera (en cursiva en romanos, margen superior izquierdo): en f. 134r leemos "CCCLIIº" (cortado el último "i");

en 135r "CCCLIIIIº", en 136r "CCCLVº", y así sucesivamente hasta en 140r, donde tenemos "CCCLVIIIIIº". Se conserva también en este cuaderno restos de la signatura alfanumérica en el margen de pie. Caben dos hipótesis aunque no hay argumentos para decantarse por una u otra: pudo suceder que se copiara antes del FJ otra obra: la falta de todo título inicial que presenta el códice (véase 2.1) sería compatible con esa posibilidad; también pudo ocurrir que la idea inicial fuera ligar las FD con otro material ya copiado en el escriptorium y que, finalmente, se abandonara este primitivo plan. Lo único cierto es que el FJ y las FD se copiaron como dos unidades independientes (colofón y espacio en blanco, y cuaderno distinto).

La copia de fueros o códigos legales en códices misceláneos no es sino la consecuencia directa del modo en que desarrollan su actividad los hombres de leyes. Jurisconsultos y cancillerías compilan diferentes textos legales a fin de llevar a cabo estudios comparativos; en ellos descansa, asimismo, la nueva actividad legislativa. En este sentido, Ureña (1909: 27) resume certeramente el modo de proceder de un jurista cuando afirma con respecto al *Fuero Juzgo* que este se formó por "acarreo": por reunión de materiales presentes en unos y otros códices. En algunos misceláneos nos ha llegado el *Liber Iudicum*, tal como explica Díaz y Díaz (1976). Por poner otro ejemplo, cuatro manuscritos transmiten el FJ junto con las FD: además de O, el 49 de la RAE y los escurialenses M.II.18 y Z.III.21 (Roudil 2000: I, 1, 30). De todos ellos, sería de especial interés establecer la relación entre este último (el editado por Orazi 1997), y O, pues ambos incluyen en tercer lugar el FL: el oxfoniense contiene hasta la rúbrica XLVI, según se ha dicho, y el laurentino, incompleto por el final, incluye hasta la rúbrica XXXVII del primer libro.

En lo que sigue me referiré únicamente a la copia del *Fuero Juzgo* transmitida en O.

1.1.2. Un códice "enmendado" y "concordado"

El lenguaje jurídico ha de ser por necesidad de una claridad absoluta y evitar toda ambigüedad. El propio fuero prescribe: "El fazedor delas lees deue fablar poco τ bien. τ no<n> deue dar iuzio dubdoso. mas llano. τ abierto. que todolo que saliere dela ley. q<ue> lo entienda<n> luego todos los que lo oyere<n> τ q<ue> lo sepan sin toda dubda. τ sin ninguna grauedumbre" (I, I, 5, ff. 19cd). A defender la expresión clara se dedica todo el capítulo II, I, 6 (véase edición). El FJ adopta así un estilo característicamente repetitivo, del que es buena muestra el siguiente capítulo: "El sen<n>or q<ue> faz furto con su sieruo el sennor deue fazer toda la enmienda del furto canon el sieruo. τ el sen<n>or reciba .c. azotes. τ por ende el sieruo non deue auer ni<n>guna pena porq<ue> lo fizo por mandado del sen<n>or" (VII, II, 5, f. 85v). Semejante estilo constituye una erizada trampa continua de saltos de ojo. Causa admiración que el copista haya logrado llevar a término tan bien su labor, sin demasiadas equivocaciones. Es cierto que muchas faltas, sin la colación con los demás códices, nos pasarán desapercibidas. Estamos ante un amanuense profesional, acaso especializado en la ejecución de textos legales, que aplica sistemáticamente procedimientos de subsanación cuando advierte que ha incurrido en un error (véase 2.2). Más allá de esta circunstancia, el manuscrito ha sido revisado por entero y se ha completado cada capítulo con una glosa.

1.1.2.1. Un texto revisado

Como se acaba de indicar, el amanuense introduce de forma sistemática subsanaciones al escribir. Hay, con todo, un hecho más relevante: el texto entero, de principio a fin, fue objeto de una revisión experta y, digamos, "certificada" debida a una persona diferente del copista. Esta revisión tuvo lugar después de realizadas las rúbricas del texto, pues hay muchas (como en 55r, 56r, 89r o 118v) que han sido corregidas en sepia; también, incluso, después de que se ejecutaran las capitales, ya que hay en la capitulación varias subsanadas (f. 5a en III, III, 6; f. 6a en VI, I, 7...) y una olvidada añadida (XII, III, 4)[4].

Es justamente en la capitulación donde el revisor desempeñó su función de la manera más rigurosa y exhaustiva: remito a la edición propuesta abajo para ilustrar cuanto aquí sintetizo. El copista ya había introducido en ella subsanaciones de calado. Por su parte, el revisor añade, por ejemplo, capítulos omitidos: en el f. 2v tres capítulos en el margen inferior y dos en los laterales, y en el f. 3r uno más abajo. Son suyas todas las adiciones en la misma redonda del texto. Las intervenciones introducidas por el revisor son de todo tipo. Daré solo alguna ilustración de cada supuesto, aunque los ejemplos podrían multiplicarse. El revisor completa rúbricas (III, VI, 1), pero hay subsanaciones de mayor entidad: tacha capítulos repetidos (en XII, II, 1); une otros que se habían dividido erróneamente (en XII, III, 21; en III, 1, 5 puede leerse "toda es una con la de yuso"); divide rúbricas que debían constituir dos (en X, III, 1); indica que en algunas se ha invertido el orden correcto (en VIII, V, 6-7; en VIII, VI, 1-2; en XII, II, 5-6); añade capítulos omitidos (XII, II, 4). Con todas estas correcciones, la numeración de los capítulos queda trastocada a menudo; el revisor intenta subsanarla (como en VII, I.), pero no siempre le es posible pues opera sobre una copia ya plenamente terminada en limpio.

---

[4] La corrección de un manuscrito finalizado no debe sorprender: así ocurre en el ms. 10134 de la BNE, a pesar de su carácter suntuario (Romero 2011).

El trabajo del revisor abarcó el texto entero. En la capitulación hay dos rúbricas en las que se apunta un "uaga", esto es, 'falta' (XII, II, 18 y XII, III, 17): ambas figuran en el sumario correspondiente que precede en el texto a cada título, pero no han llegado a copiarse después en él. A lo largo de los doce libros hallamos numerosas anotaciones que dan fe del trabajo de cotejo: en 74r leemos "es de emendar"; en 74v y 75v, "emendarse p<or> ot<ro>"; en 80r, "emendar esta lee p<or> ot<ro> libro". La nota más extensa está en 69v. Aquí, ya el copista, que advierte que ha copiado por error el título de la anterior, escribe en redonda: "esta rub<ri>ca está errada" (V, VI, 6). Antes, en el margen izquierdo el revisor comenta: "Esta ley se declara τ se deue a [...] [e]nte<n>der por la ley <con>tenjda e<n>los [...] cº libro. libro tercero. titulo [...] debdas τ d<e>las pagas d<e> ley [...]". La tarea no se da por concluida, a juzgar por anotaciones como esta: "eme<n>dar en cabo esta lee" (114v). Queda por esclarecer un punto muy importante, como es si el revisor contaba con un segundo ejemplar, distinto del trasladado, para "concordar" este, como entendería un hombre de leyes, o para "contaminarlo", visto el proceso desde la perspectiva del filólogo. Tal vez esa posibilidad es la que sugiera la nota de 79v y 80r, "emendar esta lee p<or> ot<ro> liuro" (aquí se ha rodeado con un círculito un notatur); y sobre todo, la de 124r: "Este titolo es p<or> emendar p<or> el ot<ro> liuro".

Existen buenos argumentos para concluir que el revisor y el copista no son la misma persona. El primero es paleográfico. He comparado la cursiva de ambos en sus manifestaciones a lo largo del códice. Como muestra inequívoca de la mano del primero, he tomado las indicaciones arriba consignadas; y como la del segundo, dos anotaciones en espera: "liber quartus" (f. 52v), "liber septimus" (f. 84r). El principal rasgo distintivo de la del primero es una "d" cuyo astil se duplica en un lazo (por trazarse sin levantar la mano), mientras que en el caso del copista, este tiende hacia la izquierda más o menos, pero nunca se hace doble; además, la "s" larga de aquel se cierra en la parte superior y cae más, y la "r" larga, en interior de palabra, también es más baja y tiene una caída mayor. La "a" y la "y" presentan también diferencias en una y otra mano.

El distinto proceder del copista y del revisor es muy claro en ciertas ocasiones. En los pasajes severamente deturpados la actuación del revisor rectifica las subsanaciones ya acometidas por el copista. Así, en el f. 109a, donde el copista ya había escrito sobre dos líneas raspadas por entero, el revisor raspa las correcciones supraescritas y, como no puede subsanar el texto, lo marca como errado con un notatur.

Otros datos adquieren relevancia en esta línea argumental. El revisor realiza correcciones lingüísticas: por ejemplo, "uerdade" aparece rectificado al margen en cursiva en "uerdad" (119b). También corrige tecnicismos jurídicos que el copista no ha entendido al menos en dos ocasiones y que altera, aunque sea mínimamente. En f. 73d, este había escrito: "los otros buenos omnes"; el revisor tacha "omnes", y mediante llamada enmienda: "los otros omnes buenos". Similarmente, en f. 108c corrige "los o<mn>es ricos" en "los ricos omnes". Por último, resulta evidente que el revisor tiene un dominio del latín mucho mayor que el del copista. Este transmite con muchos errores un pasaje biblíco intercalado en latín (véase 2.1.3º), que el revisor subsana mediante diversas intervenciones. El insuficiente conocimiento del latín lo manifiesta asimismo el copista en la defiente forma en que transcribe el colofón con que termina el FJ (f. 130d). Se trata de cuatro versos de rima interna. Puntuados de acuerdo con el uso moderno, tendríamos: "Laus tibi sit ch<rist>e; conpletur iudic<um>/ iste codex, s<an>c<to<rum> ret<ine<n>s sibi iura prior<um>./ Hec lex gothor<um>, succedentib<us> edita, for<um>/ est yspa<n>nor<um> p<o>pulis sub iure priorum". Sobre "iudic" va la abreviatura de "us", lo que rompería la rima en "-um". Tales versos de cierre no se deben al copista, estarían en su modelo, y él los transmite rudamente (si el error estaba ya, no ha sabido ponerle remedio).

La labor de cotejo es ciertamente trascendental. Por eso, en el último folio, en 149r, tras el colofón final convencional del copista transcrito arriba, en redonda libraria ("BENDICAMUS DOMINO"), el revisor deja su nombre, certificando de esta forma que el códice ha sido "condordado": "yo don f<re>ndal".[5] La cursiva utilizada en tal inscripción manifiesta las mismas características que he atribuido a su mano. Si el copista hubiera querido dejar constancia de su nombre lo habría hecho en el mismo colofón, y no después.

La lectura atentísima de otros sabios y juristas ha continuado con el correr del tiempo. Muchos códices medievales que habían perdido folios o los tenían en mal estado los vieron sustituidos por la accción de una mano del XVI, del XVII o del XVIII: es el caso, entre otros que nos conservan el FJ, del 244 de la BNE, el 53 de la RAE o el esc. Z-II-9. Esta tarea no puede llevarse a término sino contaminando.

1.1.2.2. Las glosas

Las glosas en O solo aparecen en el FJ.[6] Cada capítulo cuanta con una (si falta, como ocurre en II, 1, 4, es que se ha omitido al copiar). Estas resumen

[5] No doy por cuestión terminada la dilucidación de este nombre: la abreviatura sobre la "f" quizá haya de resolverse de otra manera. *Frendal*, aunque no es nombre peninsular, sí existe en francés.

[6] Otro manuscrito del FJ con glosas antiguas es el toledano 43-10, pero estas van en cursiva, en otra mano que la del texto, son pocas y esporádicas, y no ligadas a cada capítulo.

las más de las veces el contenido, aunque a otras lo amplían (véanse ejemplos en la selección editada). Estaban ya en el borrador de partida porque el amanuense comete los errores característicos de todo proceso de copia. Se deben a la misma mano.

Se pautan ahora cuatro columnas: dos centrales para el texto y dos columnas memores a ambos lados. La anchura de las columnas del texto se ve ligeramente reducida a 57 mm. La de las columnas destinadas a las glosas, con oscilaciones, es de 24 mm en el margen externo y algo menor en el interno. Tenemos, pues, 20 x 57 x 13 x 57 x 24. La segunda línea de justificación vertical de las columnas de texto lo es de la columna de glosa correspondiente. El cálculo de la ubicación y longitud de cada glosa, la *mise en page,* es tarea compleja, pues cambia tanto la extensión de estas como la de los capítulos. El amanuense debía pautar sobre la marcha. Las columnitas varían en anchura, en la distancia entre las rectrices (4,5 mm o 3 mm) y, también, en el cuerpo de la letra. En ellas, la escritura continúa, si es preciso, desde la del margen interno a la del margen derecho (como en I, II, 1), se extienden por el margen inferior (I, I, 6 y I, I, 7; se deja la última rectriz de la caja en blanco) o pasa al folio siguiente (I, II, 4). La pluma empleada es de menor diámetro y la tinta más diluida que la del texto. Cada glosa se adorna con una capital más pequeña, de dos rectrices (entre 9 y 6 mm), que alterna en color con la que lleva el comienzo de su capítulo. La inadecuada encuadernación al que se sometió el ejemplar prácticamente impide la lectura de las glosas de los márgenes interiores si no es con él entre las manos.

1.1.3. La modélica plasmación de la *ordinatio* de un código legal

El uso de un cuerpo legal requiera que pueda encontrarse con facilidad la disposición pertinente para cada cuestión. En los manuscritos transmisores del FJ se desarrolló un sistema muy elaborado a tal fin. En algunos de ellos se encarece justamente su perfecto funcionamiento. Así, en el prólogo del escurialense Z-III-6 se lee:

> Los antiguos sabios solien abreviar las poniziones de sus libros en comienço de sus scripturas atal abreuiamiento en que aiuntauan todo aquello de que querian fablar. atanto que lo aiuntaron de guisa que non ende falascie nada dentro en un circulo redondo fecho por compasso. τ departieron el libro delos iuyzios todo en partidas que son padrones. Desi partieron las partidas en titulos en rubricas que son capitulos. Et ensennaron cada question dellas con su rubrica τ con numero sabudo τ su propria cuenta assi que non dexaron ende cosa que non ordenassen en su orden que la non fincassen en su termino por tal que el que catare este libro quando busque una razon. τ preguntar por una question que la busque primeramentre en el comienço del libro e fallarla a sin dubda e sin trabaio puesta en su lugar" (Mencé 1996: vol. 3, 4)

El primer recurso para la expresión formal o material de la *ordinatio* o estructura lo constituye, en un cuerpo legal, la utilización de las ruedas intituladas en las que se inscribe el número y el contenido de cada libro. Las ruedas se encuentran en muchos mss. del FJ, además de en O: considerando veintiocho mss., diez[7] las presentan y dieciocho no[8]. Las ruedas constituían una tradición secularmente bien asentada en los mss. del *Liber Iudicum* (están presentes en el de la Bibliotheca Apostólica vaticana *Reginensis latinus* 1024, del VIII, y en el Es. Z-II-2, del XI: Díaz y Díaz 1976). También se trasladan a las FD, al menos en O y en el esc. Z-III-21.

Otro recurso fundamental para desarrollar la *ordinatio* es la *capitulatio* o capitulación inicial, o exposición pormenorizada de los títulos (y capítulos) al comienzo del códice. Podemos decir que esta tiene dos partes: la sumaria y la completa. En el f. 1r de O se han trazado cuatro columnas. En las impares se sitúan las ruedas y en las pares la relación de los libros con sus títulos. Las ruedas expresan el número del libro ("L I"), y van precedidas en rojo de la denominación de este: "Libro .iº. Delos ensinam<en>tos delas lees". Sigue la exposición de los títulos. Cada uno va precedido de su número en rojo y se inicia con un calderón a colores alternantes: "¶ Titolo primero el fazedor dela Ley". Una vez finalizada esta, en el f. 2a, en rojo, se indica el comienzo de un primer título, equivocadamente, pues no se da cuenta sino de las rúbricas del prólogo. Figuran después los capítulos de este con numeración en rojo y capital de una línea a colores alternantes (rojo y azul). En el 2b empieza la "capitulación completa" o exposición en detalle de los títulos de cada libro y de los capítulos de aquellos. Tras la rúbrica con el título de cada uno se halla la rueda con el número del libro. La rúbrica de cada título va en rojo, numerada. A continuación figuran sus capítulos, en tinta sepia y con la numeración en rojo. El primero de ellos se inicia con una capital de dos líneas; en los demás, alternando el color, es de una línea. Unidas la "capitulación sumaria" y la "completa" ocupan diez folios (hasta 10d). Es de destacar que no todos los códices transmisores del FJ presentan esta capitulación plenamente desarrollada.[9] Por tomar solo un punto de comparación, en el vitr. 17-10 de la BNE solo dispone de la capitulación sumaria, sin ruedas, además. Tras la capitulación, ya en el texto, debajo de la rúbrica, figura la rueda con el número del libro; tras esta el título en rojo, de nuevo con

---

[7] Escorial M-III-5, d-III-18, P-II-17, Z-III-6 y Z-III-21; RAE 49, 50, 53 y 54; BNE, 5975.

[8] Escorial, Z-II-9, M-II-18 y Z-III-18: RAE 51 y 52; BNE 244, 5814, 5774 y Vitr. 17-10; Toledo, 15-37, 43-9 y 43-10; Murcia; Bib. del Estado de Baviera, Hisp. 28; Lisboa IL-111; Hispa. Soc. Am. B2567 y B2713; Kungliga B. B693.

[9] Sí la tiene el Toledo 43-9.

el sumario de los títulos en negro, destacados con calderones alternantes y numerados en rojo. Los títulos han sido subrayados en rojo hasta el libro III. La rúbrica del primer capítulo de cada título iba seguida de una capital iluminada, que no se ha llegado a hacer; las primeras letras del texto se escriben en mayúsculas, decoradas, de nuevo alternando el rojo y el azul. Tras la rúbrica de cada capítulo hay una capital de dos líneas y la de la glosa correspondiente lleva el color alterno. Como un último y útil recurso demarcativo, en el encabezamiento los versos llevan un "L" en rojo y los rectos indican el libro correspondiente, siguiendo a una letra azul otra roja y viceversa.

El responsable de O ha sido plenamente consciente de la relevancia de la capitulación y la ha cuidado al máximo. Así se echa de ver en el plano ornamental. También en lo que a la corrección y revisión de la misma, como se comprobará en la edición (II). Se ha escrito en un cuaderno aparte (el pergamino es diferente al utilizado después, más basto) y acaso tras haberse concluido la ejecución del texto.[10]

En suma, evaluando el resultado final, por lo que respecta al grado de elaboración y a la funcionalidad de este sistema de representar la *ordinatio,* el códice de la Bodleian alcanza la perfección. Desde el punto de vista estético, su bicromatismo ornamental que deriva en taracea entre el azul cobalto y el rojo, es de la más refinada elegancia. Las ruedas llegan a ser bellísimas, trazadas con tres círculos concéntricos alternando los dos colores base, a veces con un juego de dobelitas que recuerda la ornamentación de un arco árabe. Como han quedado sin realizar las capitales iluminadas no es posible saber si estas habrían roto la dualidad ornamental rojo y azul. El mismo empleo bicolor de estos dos colores en el ornato caracteriza a otros manuscritos transmisores del FJ, como el 49 de la RAE el vitr. 17-10 de la BNE.

1.1.4. La lujosa puesta en limpio de un libro de trabajo

Volvamos sobre las principales características de O vistas hasta ahora. Se trata de un misceláneo donde es notorio el empeño por unir al conjunto las dos últimas piezas; el texto se ha revisado exhaustivamente a conciencia, incluso hasta después de rubricado y hechas las capitales; hay anotaciones sobre cómo la labor de corrección debe continuar; se le han añadido glosas, también corregidas, con una compleja *mise en page*... Estamos ante la puesta en limpio del minucioso trabajo previo de un especialista, de un "sabidor de leyes". El tamaño del ejemplar, 288 x 205 mm (aun teniendo en cuenta los recortes que haya sufrido en encuadernaciones ulteriores), lo hacen manejable, apto para la

[10] Al menos así ocurre en todos los códices heredianos (Romero 2009).

lectura individual, el trabajo y la consulta asidua; a ese propósito contribuyen igualmente las glosas, resumen por lo general del capítulo correspondiente. O es también una obra costosa: piénsese en el elevado número de calderones coloreados, de capitales adornadas con filigrana, en las trece capitales iluminadas que se habían proyectado (cuya ejecución se vio diferida quizá por el trabajo del revisor); piénsese en la dificultad de escribir las glosas, con una letra de cuerpo menor. El mandante debió ser una persona de alta posición.

Conocemos la identidad de los sucesivos propietarios posteriores del manuscrito. Uno de ellos es Luis Varona (Barahona) Zapata, al que se le dedica una obra en 1631.[11] Su nombre aparece en el f. 1a en el margen inferior, donde se rasparon quizá más huellas que lo ligaran a él o a otro propietario. Según ha quedado establecido (De la Mare/Barker-Benfield, 1980: 128), el ejemplar perteneció al Conde-Duque de Olivares; de él pasó a su heredero, Gaspar de Haro, al convento de las descalzas agustinas de Sevilla y, más tarde, al de la orden en Lyons. Allí lo adquirió Thomas Coke, quizá en su tercer viaje en 1715; el manuscrito lleva el escudo de su sobrino nieto, Thomas William Coke.

Del siglo XVII quedan algunas anotaciones. En el margen superior del f. 2r se rasparon unas líneas. Singularmente, en el f. 11r, donde comienza el texto, se anota en el margen superior: "Ambrossio de Morales h. 12 de la coronica de spaña. c 61: que dize ser en tiempo del Rey Flavio Egica"; en el derecho, cortado, "sisnandus ante 27 de quo hic flavio egica fuit 34". Esta misma mano interviene señalando con "notatur", subrayando numerosos pasajes, introduciendo comentarios y comparaciones con otras leyes, y también reforzando al margen las indicaciones de la capitulación (24v, 47v, 48r, 54v, 55r, 146v...). La obra y este manuscrito no han dejado, en fin, de ser estudiados en el transcurso de los siglos: en el f. 125v, en letra del XIX leemos: "Villadiego acabo aqui".

1.2. Apuntes para la edición del *Fuero Juzgo* transmitido en O

El apartado anterior se consagró a examinar diversos aspectos de O partiendo de su descripción codicológica. He procurado insistir en particularidades que pudieran afinar en la datación (y en la localización) de la versión y de la copia tal como ha sido establecida en trabajos previos (Philobiblon, Roudil 2000): el bicromatismo ornamental, el pautado... No intentaré, sin embargo, esbozar un estudio lingüístico de la versión de *Fuero Juzgo* de O por entender que es esta una cuestión extremadamente compleja en una obra como la que nos ocupa, con

[11] El *Epitalamio en la consagración del Ilmo. Sr. D. Juan Varona Zapata*. Véase la Biblioteca Hispánica Digital <http://bdh-rd.bne.es/viewer.vm?id=0000153211τpage=1> (16-08-2016).

una larga tradición textual y transmitida en diferentes variedades diatópicas y diacrónicas. Dicho estudio solo puede ser abordado desde el conocimiento más profundo de un número importante de testimonios: no de otra manera, por poner únicamente un ejemplo muy claro, podría tratarse el examen de los posesivos.[12] Con todo, los fragmentos editados permitirán extraer conclusiones sobre la variedad lingüística. Antes de presentar la propuesta editorial de II, conviene atender a dos puntos: el contenido del *Fuero Juzgo* en su versión oxfoniense y la caracterización del copista.

1.2.1. El contenido

El FJ se inicia en O sin título; desde el punto de vista de la estructura material del códice, se esperaría también algún detalle ornamental o, por qué no, alguna iluminación que destacara el comienzo.[13] El título consta, sin embargo, en el colofón reproducido arriba: "Hec lex gothorum..." Es posible que el manuscrito haya perdido algún folio antes de recibir la encuadernación que ahora tiene. El resto de las piezas del ejemplar sí llevan título en cambio. Echando un vistazo a otros códices antiguos del FJ, cuenta con tituto inicial el vitr. 17-10 de la BNE, el Z-III-18 Esc. o el muniqués Hisp. 28., aunque no otros. En muchos casos, el ejemplar copiado no debía llevar ya título: así, el toledano 15-37 no lo tiene, a pesar de conservar la encuadernación original, del XIV o más tardía.

Respecto al contenido, O presenta completos los doce libros. Realizando un análisis comparativo con otros testimonios, hallamos:

1º) O incluye la capitulación sumaria pero, como rasgo singular, también la completa. La edición de esta proporcionará una primera idea de las similitudes y diferencias entre el contenido de los diversos testimonios, empezando por la redacción misma de las rúbricas.

2º) Como casi todos los estimonios, O contiene la sección inicial aparte que comienza con el prólogo: "Con cuydado del amor de christo..." (ff. 11- 18c). Carecen de ella el Z-III-6 Esc. y el 53 de la RAE.[14] En O dicha sección presenta diversas características destacables. La primera es que, al no constituir un libro, no está recogida en la capitulación ni se inicia tras una rueda intitulatoria,

[12] El el ms. es general el uso de *suyo*. Sin embargo, registro en él empleos desconcertantes que solo pueden explicarse por que el amanuense esté copiando desde una variedad dialectal que le es ajena: en 20 d, "los sus" (no "los sos", por "los suyos" pronombre); "las sus" por "las suyas"; en 22b, "mayor prod gana dela salud delos otros que *dela sua*".

[13] El tejuelo de O reproduce la primera rúbrica: "De los ensinamentos delas lees". La inscripción en f. 1r en mano del XVII que, según el catálogo de la Bodleian, rezaba "Liber hic est forus iud." ya no puede leerse en el ejemplar.

[14] El comienzo de este último manuscrito ha sido añadido modernamente.

sino con una rúbrica: **"Primero titulo dela election delos p<ri>n-/cipes como deuen seeR. amonestados..."** Está articulada en dos títulos (en f. 14b, **"Titulo del amonestam<ie>nto q<ue>/ el pueblo no desampare so sennor..."**). Lleva rúbricas, pero estas no van numeradas ni van acompañadas de glosas. Finalmente, en el encabezamiento, aunque los versos llevan "L", los rectos, como es lógico, no muestran ningún número de libro.

3º) O no incluye, en cambio, el excurso que se da en algunos testimonios, como señaló ya la Academia en su edición (1819: XV): así en el Z-III-6 Esc. o en el 53 de la RAE. Este excurso contiene:

a) Una primera digresión sobre los dos tipos de juicios: "Los iudicios son dos: el primero es el de los euangelios [...]. El segundo iuycio es el iucio del regno que es manifiesto".

b) Una lista de los reyes godos: "De quando començaron los reyes godos a regnar".

c) Y, finalmente, la rúbrica "De qual tiempo furon las leyes emendadas et dadas por ualederas".

En nota (XV, n. 3), la propia edición académica reproduce la versión del mencionado códice escurialense. Estos añadidos se hallaban ya en algunos códices latinos, por ejemplo, en el lat. 4667 de la Biblioteca Nacional de París (Díaz y Díaz 1976: 166), del siglo IX.

4º) Como ya reflejan las propias notas mecanografiadas del catálogo de la Bodleian, O inserta de manera abrupta en el libro XII, entre los tit. I y II (ff. 117v al 188v), trece cánones sobre los judíos (véase edición en D. abajo).

5º) O presenta otra intercalación entre el final del libro VII y el VIII (ff. 91v-92r): el inicio del evangelio según san Juan ("In principio erat uerbum [...] Et uidimus gl<or>iam/ eius; gl<or>riam quasi unigeniti/ apatre. plenum g<ra>c<i>e τ uerita-/tis") y según san Lucas ("In illo tempore missus est angelus gabriel [...] Fiat mi<hi> sec<un>dum verbum tuum").

6º) O no contiene ninguno de los anexos que solían preceder a los códices del *Liber*: una tabla de los grados de parentesco[15] o un calendario con los días hábiles e inhábiles a efectos judiciales.

1.2.2. El copista

Como ya queda indicado, *el* texto de las cuatro piezas, las rúbricas y las glosas se deben a una única mano. Desde el punto de vista paleográfico, caracteriza al amanuense no usar ningún rasgueo de fino en el trazado de las letras y, por

[15] Sí la presenta el vitr. 17-10 de la BNE, pero su inclusión no es habitual en las copias del fuero romance.

ejemplo, el empleo la "z" similar a un 5, de la "R" mayúscula a final de palabra (sobre todo a final de línea), así como, más esporádicamente, en este mismo contexto, de la "L". En mi transcripción no reflejaré estos rasgos por considerarlos impuestos por el propio procedimiento de la manuscritura, como tampoco reproduciré los distintos tipos de "s".

Desde el punto de vista gráfico, sí es singular de nuestro copista el uso de "z" para la sorda: es frecuente encontrar "fuerza", "cabeza" (repetidas veces en f. 21 y 22), "curazon" (14b), "curazones" (13b) "naze", junto a "nace" y "naçe<n>" (20d). Igualmente resulta muy característico de este copista, para ese mismo sonido, la grafía "ci": "forcia" (f. 5c). Utiliza la "h" con valor diacrítico: "husar" (2c), "ha" verbo (*passim*), "huebras" (13b), "hu"< UBI (17d), "ho" conjunción (*passim*). La tilde diacrítica marca varias letras: la "i", la "j", la "e" y la "o"; la "n" lleva un punto entre los dos vástagos para distinguirla de "u". La alternancia entre "toller" y "toier", con "batalia" (1c), pero también con un "bataia" (20d)[16], ha de verse como pura cuestión de grafía.

La variedad lingüística es castellana. Algunos occidentalismos, como "salude" (13c, 15c), por ser esporádicos u excepcionales, presumiblemente no estaban en el códice copiado por nuestro amanuense, sino en otro u otros anteriores, de los que han sido arrastrados. Lo mismo cabe suponer, en fin, de algún "nouo" (4a), "seruo" (5d), "bona" (11d), "orto" (7d), de un "no-/stra" escrito sin abreviatura, en división de línea (19a). Igual interpretación le doy al cierre de las átonas en las formas "curazon" o "hu", ya señalada.

Como ya se ha apuntado, el nuestro es un copista experto, atento a la correcta transmisión del contenido y que intenta luchar contra la dificultad de trasladar un texto de estilo tan repetitivo en el que, por su carácter de código legal, es primordial la exactitud. Comparando los usos de este amanuense con los del que escribió el Toledo 15-37, códice que he transcrito, tengo la impresión de que, para evitar en la medida de lo posible los saltos de ojo, el amanuense acortaba la perícopa (a menudo de unas ocho palabras aproximadamente) y, tras ella, ponía un signo de puntuación (un punto bajo o un *punctus elevatus*). El trabajo de copia se hacía entonces más lento y laborioso. La sección siempre más difícil de copiar es la capitulación ya que no se da conexión de sentido entre una rúbrica y otra, además del alto grado de repetición de sintagmas idénticos que en ella se agrupan. Ahí es donde se acumulan los fallos.

Aun redoblando el copista su atención, los errores, inevitablemente, se producen. Cuando los advierte, como queda dicho, el amanuense de O se aplica con tenacidad a subsanarlos de todas las formas a su alcance. Las letras, palabras o sintagmas errados, aparecen sopuntados. En casos de iteraciones, suele

16 "Bataia" se lee también en Tol. 15-37.

tachar, aunque semejante procedimiento le sirva de igual forma simplemente para indicar error. También añade letras o palabras olvidadas sobre la línea o, en el caso de simples letras, interlineadas. Utiliza igualmente el raspado y rectifica letras sobreescribiendo. Los pasajes errados son en ocasiones extensos. No queda otra solución que usar la cuchilla: los raspados pueden abarcar una o dos líneas sobre las que se ha vuelto a escribir. Los rotos son numerosos. Las omisiones más extensas las escribe el amanuense al margen: al principio usa más la redonda para este fin pero, según avanza el códice, la cursiva se hace más frecuente. En f. 90a hallamos en esta localización, al margen, una raspadura de cinco líneas, de un añadido en cursiva, que casi llega a romper el pergamino.

2. Edición parcial

Como ya hacía constar al comienzo, esta edición parcial ha de entenderse como un anticipo de la edición completa del texto del FJ que nos ha llegado en O, y en definitiva, como una mínima aportación a la de la obra en toda su complejidad.[17]

Respecto a las pautas y los criterios seguidos en ella, se trata de una edición de carácter paleográfico, si bien incorporaré al texto las correcciones hechas tanto por el copista como por el revisor. Quiero con esto último advertir de que, en consonancia con el proceder del amanuense y del revisor, secluiré en el texto lo que uno y otro consideran errado, e igualmente daré en él los añadidos que ambos se han encargado de incorporar mediante diversa vía. Resolveré las abreviaturas entre corchetes angulares y respetaré la separación de palabras del manuscrito. Asimismo, uniré con un guion las palabras que quedan divididas por el cambio de línea. Para indicar esta me serviré de la barra. Sin embargo, utilizaré línea aparte en la capitulación y en las rúbricas por su valor demarcativo. Las escasas restituciones mías irán entre corchetes. Si una forma está errada y no lo ha advertido el copista o el revisor la señalaré con un signo de admiración entre corchetes ([!]). Con la intención de reproducir el uso del amanuense, respetaré sus signos de puntuación: el calderón, el punto bajo, el *punctus elevatus* (como el moderno punto y coma, pero invertido, que representaré como "⁏") y el colon con coma (:,), que marca generalmente el final de un párrafo y, siempre, el de una glosa.[18] Las ruedas intitulatorias las marcaré con "**O**". El uso del rojo, por su valor demarcativo, se representará en negrita. Las glosas se editarán encabe-

[17] Ya Roudil (2012) llevó a cabo la edición de las FD.

[18] Sobre la historia de la puntuación, véase Sebastián (2012).

zando el título al que corresponden y en un cuerpo de letra menor.[19]

Todas las indicaciones paleográficas y las intervenciones que se practiquen serán reflejadas en las notas. Si la nota atañe a una sola letra irá sobre ella. La parte del texto a la que se haga referencia irá entre comillas. Se adoptarán las siguientes abreviaturas:

sopunt.: sopuntado (procedimiento de cancelación).
rasp.: raspado o raspadura (procedimiento de cancelación).
tach.: tachado o tachadura (procedimiento de cancelación).
rect.: rectificación, letra escrita sobre otra errónea; también, subsanación por diversos procedimientos.
supraesc.: supraescrito (procedimiento de corrección).
interli.: interlineado (procedimiento de corrección).
al marg.: al margen.
red.: redonda, para subsanar una omisión de texto.
cur.: cursiva.
omit.: omitido.
llam.: llamada (hecha en el texto para subsanar un error o añadir algo omitido).

Los framentos editados son:

A., la capitulación, con mucho, el más extenso.
B., diversos fragmentos de la sección previa (prólogo) que antecede al primer libro: 1º) el prólogo propiamente dicho; 2º) el título I [capítulo I] ; 3º) el título II [capítulo X, final].
C., el libro II. I, 4-6.
D., cl libro XII: 1º), los cánones interpolados entre el lib. I y el II ; 2º) XII, IIII, 21-27, los capítulos finales.
E., comienzo de la versión romance del Concilio de Coyanza. Aunque no forma parte del FJ, incluyo estos títulos por constituir el final de O.

2.1. La capitulación

f. 1a. **O** L I **Libro .iº. De los ensinam<en>tos delas lees.**
.iº. Titolo. primero el fazedor dela Ley
.ii. Titolo .iiº. dela ley[20]

---

[19] No serán recogidas las intervenciones existentes de la mano del XVII.
[20] Cuatro líneas en blanco.

O L II **Libro .iiº. como deue<n>/ seer ordenadas las lees en las razones que/ pueden nacer.**

.iº. Titolo .primero. De/los iuyzes τ delas cosas /iudgadas

.iiº. Titulo .ii.º Delas q<ue>/ son necessarias en todos/ los pleytos q<ue> nascen

.iiiº. Titolo .iii.º Delos senno-/res delos pleytos. τ delos q<ue>/toman los pl<e>itos por man-/dadado [!] delos sennores

iiiiº. Titulo. Delas pesq<ui>sas/ τ delos testimonios

.vº. Titolo. Delas esc<ri>pturas/ q<ue> deuen ualer. τ delos testa-/mientos delos enfermos τ/ delos q<ue> mueren como de-/uen ualer

O L III Libro .iiiº. Del aiuntamiento del/ casamiento.

.iº. Titolo. En q<ua>l man<er>a deue<n>/faz<er> uodas de aiuntamiento

.iiº. Titulo delos casamientos/ uedados que non conuiene<n>/ de fazer

.iiiº. Titolo. Del rabicimie<n>to/ **f. 1b** delas mugieres aienas et/ de la bibdas

.iiiiº. Titolo. Delos adult<er>ios/ τ delos fornicios

.vº. Titolo. Delos religiosos τ/ delos sodomitos

.viº. Titolo. Delos[21]/ partimientos delos casados/ τ delos esposados.

O L IIII Del linaie natural.

.iº. Titolo. Delos g<ra>dos d<e> p<ar>entesco[22]

.iiº. Titolo. Delos herederos/ como deuen heredar los he-/redamientos

.iiiº. Titolo. Delos bienes q<ue> p<er>-/tenecen por natura

[23]Titolo. Delos ni<n>nos echados:,

O L V Libro .vº. Delas cosas dadas/ o pasadas cada una en q<ua>l cosa deue ual<e>r.

.i. Titolo. Delas cosas dela/ yglesia.

.iiº. Titolo. Delas donaciones/ de todas maneras.

.iiiiº. [!] Titolo. De las donaciones/ delos sen<n>ores τ de los padrones.

.vº. Titolo. Delas uendudas/ cosas τ canbiadas.

.viº. Titolo. Delas cosas enp<re>-/stadas τ <con>me<n>dudas en g<ua>rda[24]

[25]Titolo. Delos pennos et/ delos debdos

.viiº. Titolo. Delas franq<ue>zas/ τ delos franqueados:,

---

[21] "adult<er>ios" tach.

[22] Título añadido: no lleva calderón y hace que en la serie falte un núm. Error no subsanado.

[23] Núm. omit. sin que se haya advertido.

[24] "da" rect. Omit. el núm. sin que se haya advertido.

[25] Calderón omit.

Libro .vi°. Delos forfachosos. τ delos fran-/queados/ f. 1c **O L VI**

[26]Titolo. Delos accusado-/res τ delos forfachosos.

.ii°. Titolo. Delos adeuinos/ τ delos fechizeros τ delos po-/zonadores τ delos q<ue> toman su conseio.

.iii°. Titolo. Delos que fazen/ abortar las mugieres

.iiii°. Titolo. Delos denuestos/ τ amortigamientos τ de/los liuores delas plagas

.v°. Titolo. Delas muertes de/los omnes

O LVII Libro.vii°. Delos furtos τ delos enga<n>nos.

.i° Titolo. Del descobrimi-/ento delos furtos.

ii°. Titolo. Delos q<ue> furtan τ/ delas cosas furtadas

.iii°. Titolo. Delos creedores/ τ sosacadores τ engan<n>adores/ d<e> ma<n>-cebos τ de s<ier>uos aienos.

.iiii°. Titolo. De la guarda et/ del iuyzio delos malfecho-/res

.v. Titolo. Delos falssarios τ co<n>r-/ro<n>pedores delas esc<ri>pt<ur>as

vi°. Titolo. Delos falssarios τ/ corrompedores de metales/ τ de monedas.

O L VIII Lib<er> viii°. Delas fuercias τ q<ue>b<ra>ntam<ie>ntos τ dan<n>os

.i.[27] Titolo. Delos en<n>aiemie<n>-/tos τ delos ençeramie<n>tos

.ii°. Titolo. Delos encendim-/ientos de fuego τ delos ençe<n>-/dedores

.iii°. f. 1d Titolo. Delos dannos delos/ aruoles τ delos huertos et/ delas miesses

.iiii°. Titolo. Delos dan<n>os delas/ bestias τ de diu<er>sas cosas

.v°. Titolo. Delos pastos delos/ puercos τ de todas bestias/ erradas q<ue> fazen danno

.vi°. Titolo. Delas abeias τ delos/ dannos dellas:,

O. L VIIII Libro .viiii. Delos que fuyen τ delos encobridores

.i°. Titolo. Delos foydores. et/ delos ascondedores enqual/ manera los tiene

.ii°. Titolo. Delos q<ue> no<n> uan/a hueste o a batalia ma<n>dada/ o q<ue> foyen della

.iii°. Titolo. Delos que foen/ala eglesia

O L X Libro .x°. Delas/ p<ar>ticiones por an<n>os τ por tie<n>pos τ de t<er>minos

.i.[28] Titolo. Delas particiones/ τ delas t<ier>ras dadas aplaço

.ii°. Titolo. Delas demandas/ τ delas suertes τ conpras fa-/ta .XXX. annos o fata .L^a^.

.iii°. Titolo. Delos t<er>minos τ delas/ lindias [!].

---

[26] Núm. omit.

[27] Núm. añadido en negro.

[28] Núm. añadido en negro.

O L XI Libro .xiº. Delos/ enfermos τ delos meies τ de los m<er>-/cadores dutramar:,

.iº. Titolo. Delos fisicos τ delos/ enfermos

.iiº. Titolo. Del q<ue>brantam<ie>nto/ τ dela uiolencia delos monu-/ mentos

.iiiº. Titolo. Delos m<er>cadores/ f. 2a dultra mar o dultra puer-/tos

O LXII Libro .xiiº. De ma-/tar o de sopozar todas las sentencias de here-/ gia τ toda la creencia co<n>t<ra> la fet catholica.

.iº. Titolo. De temprar el iu-/yzio por toier toda senten-/cia contra la fet catholica

.iiº. Titolo. De taiar τ descabez-/ar todos los onbres delos iu-/dios τ delos hereges.

.iiiº. Titolo. De fazer nueuas/ lees delos iudios assi como/ las uieias leyes sean confir-/madas τ fazer gelas todas/ guardar. τ tener:,

Primero titolo dela election delos p<ri>ncipes/ como deue<n> seer amonestados q<ue> iudgue<n> derec-/hamientre. Et dela ue<n>gancia de los iudgadores/ mala mie<n>t torticeros. Et del conceio de Toledo/ en q<ue> foron .XLª. VI. obispos a faz<er> este libro. Co<n>/ el glorioso rey don Sisnando estando p<re>sent/ en el t<er>cero anno que regno. En Era .DC./ .LXXª. .Iª. SINANDO REGIS:,

.iº. Primero titolo dela election delos princi-/pes τ delas ganancia dellos[29]

.iiº. El segondo titulo dela election delos pri<n>-/cipes τ dela ganancia dellos

.iiiº. Del amonestamiento delos sacerdotes en/qual manera los reyes sean mansos τ tempra-/dos a sus pueblos

.iiiiº. El decreto del iuyzio de todo el concilio mo-/strado enel nombre del principe enqual man-/era sea piadoso τ como gouierne con grant/ misericordia el pueblo q<ue> es de dios come<n>çado [!]

.vº./ f. 2b Titolo del repoiamiento delas p<er>sonas en/ ganar el regno. τ del repoiamiento delas p<er>-/sonas que son uedadas de lo[30] ganar

.viº. Delos que falagan τ enblandeçen el reg<no>/ uiuiendo el rey por es-p<er>ança q<ue> regne<n>

.vii. Delos que quieren el regno p<or>a ssi o p<or>a ot<ro>s/ por regnar uiuiendo el rey/ τ[31] delas p<er>sonas/ que son uedadas de regnar

.viiiº. Qve ninguno si non es del linaie delos/ godos. τ digno de costumbres

[29] "s" rect.

[30] "lo" supraes.

[31] "τ" supraes.

τ con otorga-/miento delos obispos τ de todos los godos/ τ con otorgamiento de todo el pueblo non/ sea alzado por Rey

.viiii. Titulo del amonestamiento que el pue-/blo non desampare su sennor. τ q<ue> los pueblos/ non traspassen la fet que an p<ro>metida alos/ Reys. τ dela guarda delos reys por la baraia/ destas cosas dela comonicion del pueblo/ que non lexe<n> sus principes. τ del traspassa-/miento dela fet que p<ro>mete el pueblo a/ los Reys:,

.x. Delos porfiosos cl<er>igos o legos que consi-/ente[32]n enel election de otro uiuiendo el/ rey si el concelio toledano. Lª .viiª. parte/ del cabillo primo [!]

.xi. Delos que son conuscidos que me<n>tieron/ la iura que fezieron al rey

.xii. Dela guarda del derecho delos principes/ τ del defendimiento delos reys primeros/ como deue seer dado a los otros principes/ que uienen de pues dellos. enel conce-/lio Toledano .viº.

.xiii. Del poder de p<er>donar q<ue> es dado alos p<ri>nci-/pes de p<er>-donar alos farfechosos. si el conce-/lio toledano quinto:,

f. 2c **. xiiii.**/ Dela guarda τ de saluo delos reys τ del defe<n>-/dimiento del linnaie delos presentes princi-/pes τ delos que uernan despues dellos.

.xv. Qual fet τ qual amor deuen auer los subiec-/tos <con>tra los reys τ cont<ra> sus fijos

.xvi. Qve los pueblos non conseien nin consie<n>-/tan nin fagan mal.' nin uiltar alos Reyes/ nin asu linnaie. Esto foe fecho en el t<er>cio/ decimo conceio. de toledo

.xvii. Qve ninguno non case nin conseie casar/ a otro con mug<er> del rey por regnar. nin ni-/guno non faga mal nin contraria a ella/ nin asus fijos

.xviii. Como aquellos que fielmientre sieruen/ al principe τ que fazen todos sus mandados τ quelo guardan. a todo su poder. que no<n>/ pierdan sus derechos nin su dignidat/ nin sus cosas sin derecho.

O LIBER I Aqui comienca el lib<ro>/ p<ri>mo. Titolo .iº. qual deue seer el arte d<e> faz<er> las/ leyes

.iº. Qval deue/ seer el arte de fazer las le-/yes

.ii. El fazedor delas/ leys como las deu-/e husar[33].

Que[34] deue auer ensi/ el fazedor delas/ leyes

.iii. De que uida deue seer el fazedor delas lees.

---

[32] "a" sopunt. corregida al marg. en "e".

[33] "Husar" escrito sobre rasp.

[34] Rasp. y añadida "q<ue>" en cur. Capítulo inicialmente omit.: no va ni en línea aparte ni empieza por capital.

C[35]omo deue dar conseio el fazedor delas leys

.iiii. Como deue fablar el fazedor delas leyes/ [...] al deue seer el fa [...] sus derechos delas leys em [...] uid[36] τ mesurar[37]

.v. Qval deue seer enlas cosas comunales o en/las cosas d<e> cada uno el fazedor delas leys.

.vi./ f. 2d Qval ensennam<ie>nto deue auer el fazedor de/las leys.

Titolo .ii°. Dela ley en q<ua>ntas guisas/τ en q<ua>ntas maneras puede seer

.i°. Que guarda a el fazedor enel amonestam<ien>to/ delas leys

.ii. Qve cosa puede seer la Ley

.iii. Q<ua>nto faze la ley.

.iiii. Qval τ enque guisa deue seer la ley

.v. Porq<ue> foe fecha la ley.[38] [...ue] la ley deue seer uen-/cedor de sus enemigos

O LIBER II Aq<ui> comie<n>ca el lib<ro>.ii./ como deue<n> seer ordenadas las leys en las razon<es>/ q<ue> puede<n> nacer.

Titolo. i°. Delos iuyzes τ delas cosas/ iulgadas.

.i°. Qve el Rey et/ los pueblos/ deuen seer sometidos delas leyes

.ii. Que todo omne de-/ue asaber las leys

.iii.[39]

.iiii. Quelas cosas del/ principe deuen seer/ ante ordenadas τ las del pueblo depues

.v. En q<ua>nto tiempo deuen aualer las leys que son[40] emendadas

.vi. De toier la cobdicia de los prin-/cipes. ye como deuen seer fechos los escriptos en/ su nombre delos principes.

[E]nq<ua>nto tiempo deuen aualer las leys q<ue> son em<en>dadas[41]

.vii. Delos que son rebelles o mal obedientes cont<ra>l/ principe o cont<ra> el pueblo o/ <con>t<ra> la t<ier>ra

[D]elos q<ue> destorua<n> τ contralla<n> iura τ el derech<o> q<ue> ha fech<o> todo el/ pueblo a nouo Rey τ confirmado τ delos dela corte q<ue>l no<n> q<ui>ere<n> obe-/decer ni<n> uenir asu election.[42]

---

35 "c" en espera.

36 "al deue [...] em uid": capítulo añadido al marg. tras llam. en red., cortado.

37 "mesurar" escrito sobre tach.

38 Rasp. aquí, en blanco. A continuación, "ue la ley" al marg. en red.

39 "Que tod omne deue asaber las leys" tach.

40 "q<ue> son" supraes. en cur.

41 "[E]nq<ua>nto tiempo [...] em<en>dadas", capítulo añadido al marg. en red. tras llam.

42 "Delos que son rebelles [...] election", capítulo añadido al marg. inferior en cur. tras llam.

[D]e toier las leys delos omnes estra<n>nos[43]

.viii. Que ningun ombre non deue blasmar el pri<n>cipe nin maldizir.

.viiii. [Q]ue ni<n>guno no<n> sea osado de se atar de iura con otros contra la iura τ la fet q<ue> es p<ro>metuda al rey por toier le s<u> derechos o por fazer engan<no> o decibimiento contra el rey[44]

.x. Delos dias τ delas fiestas que non deuen tener pleitos

.xi./ **f. 3a** Qve los iuyzes non ayan ningun pl<e>ito/ si non aquel q<ue> es <con>tenido enlas leys

.xii. Qvelos pl<e>itos pues q<ue> una uegada fueren/ acabados que non sean despues rebueltos

.xiii. Que ningun omne non deue seer iuyz si/ non quien mandara el principe o aq<ue>l q<ue> fuere/ de consentimiento delas partes o de mandado/ delos otros iuyzes

.xiiii. Quales pleitos deuen iudgar los siniscales/ del rey. ye aquales[45] p<er>-sonas los deue<n> dar a iudgar

.xv. Quelos iuyzes deuen iudgar/ los pleytos criminales τ los otros

.xvi. Dela pena que deuen auer aq<ue>llos q<ue> iudgan/ τ non an poder de iudgar

.xvii. Delos que son lamados por letras del iuyz o[46]/ por seyello τ non quieren uenir.

xviii. E[47]l iuyz que non quiere oyr aq<ue>l q<ue> le[48] le deman-/da quel faga derecho.' ho[49] quel iulga tuerto o por enganno[50]. o por non[51] saber.

.xviiii. Del iuyz q<ue> iutga tuerto por ruego o[52] por ignorancia

.xx. Del iuyz que faz p<er>der alguna/ cosa por arte o por engan<n>no a[53] alguna delas p<ar>tes.

.xxi. Del iuyz que bien quiere entender el plei-/to que deue prim<er>a mien-tre fazer

.xxii. Del iuyz que an sospechoso alguna delas p<ar>tes.

.xxiii. Del iuy [!] como deue iudgar.

---

43 "[D]e toier [...] estra<n>nos", capítulo añadido al marg. inferior tras llam.

44 "[Q] ni<n>guno [...] el rey" capítulo añadido al marg. inferior tras llam.

45 Escrito sobre rasp.

46 "iuyz o"escrito sobre rasp.

47 "E" capital errada: "d" en espera.

48 "le" supraesc.

49 "ho" supraes.

50 "e" rect. después en "o".

51 "non" supraes.

52 "e" rect. después en "o".

53 "a" supres.

D[54]el p<ro>d o del dan<n>o q<ue> deue au<er> el iuez ho[55] el sayon

.xxiiii. Que tod omne aquien es dado poder d<e> iudgar ha nombre del iuyz.

Que el iuyz lo que es dado de pleteses no<n> con derecho ni<n> como deue non uala[56].

.xxvi. Que el iuyzio que es dado[57] por mandado del Rey/ o por miedo.' si es torcido que/ non uala

.xxvii. Del poder q<ue> an los ob<is>pos sobrelos iuyzes[58]/ que iudgan tuerto

Delos ob<is>pos q<ue> an poder sobrelos iuyzes q<ue> iudgan tuerto e dela pena q<ue> deue<n> auer q<ua>ndo los iuyzes iulgare<n> tuerto sabiendolo el ob<is>po.[59]

.xxviii. Qve el iuyz deue dar razon de q<ua>ntol[60] dema<n>-/daren.

.xxviiii./ f. 3b Dela pena que deue auer. el iuyz que toma/ las cosas aienas.' o las manda tomar.

.xxx. Delos q<ue> non q<ui>eren uenir por mandado del rey.

Titolo .ii°. Delas cosas q<ue> son necessarias en/ todos los pleytos que nacen

. i°. Qve ningun omne non se pueda escusar/ que non responda al q<ue>relloso por dezir q<ue> non/ quiso demandar nada. aaquel[61] de q<ui>en el tenia la cosa

.ii. Que los pleytos non deue<n> seer/ destoruados por bozes nin por bueltas.

.iii. Que si los que se q<ue>riellan fueren muchos de-/uen ensin<n>ar uno o dos dessi q<ue> trayan el pl<e>ito.

iiii. Qve el iuyz o el sayon deue constennir an-/bas las partes por recabdo que uengan al plei-/to el dia del plazo

.v. Que despues que el [!] pleito fueren antel iu-/yz las partes non deuen fazer conposicion en-/tressi sin mandado del iuyz

.vi. Si alguno faz trabaiar a otro de luenga ca-/rrera con tuerto

.vii. Que ambas las partes deuen dar pruebas/ enel pleyto

.viii. Si algun omne que es ent<ier>ra de un iuyz/ quiere lamar a otro que es en t<ier>ra dotro iuyz/ por se q<ue>rellar del

---

54 “d” al marg. en cur.

55 “el iuez ho” supraes.

56 “Que el iuyz [...] uala” añadido al marg. inferior tras llam. “lo” supraes.

57 “dado” supraes.

58 Rasp. en blanco dos letras.

59 “Del poder [...] el obispo” capítulo añadido al marg. inferior en cur., tras llam. “a” en “auer” supraes.; tras el último “iuyzes”, tach.

60 “l” supraes.

61 Blanco de dos letras.

.viiii. Delos que defienden pleytos aienos

.x. Que todo omne deue responder a sieruo a-/ieno que se q<ue>riella del.

Titolo .iii. Delos se<n>/nores delos pl<e>itos o delos q<ue toma<n> los pleitos delos sennores por su mandado

.iº. Quelos principes τ los obispos non pueden/ traer el pl<e>ito por ssi.' mas por sus omnes

.ii. Del iuyz que deue demandar al q<ue> se q<ue>riella/ si el pleyto es suo [o] aieno

.iii. Del que non sabe razonar por ssi.' q<ue> lo de esc<ri>pto al uozero

.iiii./ f. 3c Qve los iuyzes non deuen fazer torme<n>-/tar las p<er>sonas poderosas por otri si non por/ si τ como el omne libre ye el sieruo deuen/ seer tormentados

.v. Del que metio su p<er>sonero que si el pleito/ es mucho porlongado por aquel p<er>sonero q<ue>/ ielo puede mudar

.vi. Que las mug<e>r<e>s non deuen seer p<er>soneras/ dotre mas bie<n> puede<n> razonar por su pl<e>ito

.vii. Que el prouecho. τ el danno del pleyto deue/ tornar aaq<ue>l q<ue> mete el p<er>sonero

.viii. Del que es p<er>sonero si muere sus herederos/ deue<n> au<er> lo q<ue>l fuera promitido

.viiii. Quales p<er>soneros deuen auer los omnes/ que son poderosos. τ los que son pobres

.x. Quelos mayordomos delas cosas del rey.'/ pueden meter por p<er>-son<er>os aquien q<ui>sieren

Titolo .iiii. Delas pesquisas o delos testi-/gos τ de los testimonios:,

.iº. Delas p<er>sonas que non pueden seer testimonias [...] timo<n>nias no<n> deuen[62]

seer creydas si non iuraren. τ si ambas las/ partes dieren testimonias quales deuen/ seer mas creydas. τ si la testimonia non q<ui>-/ere dezir u<er>dat

.ii. Dela testimonioa q<ue> dize una cosa. el escrip-/to dize otra

.iii. Del testigo del sieruo q<ue> non deue seer crey-/do τ quales sieruos del rey deue<n> seer creydos

.iiii. Que el testigo non puede testimoniar por/ letras mas por ssi mismo

.v. Delos que dizen falsso testimonio

.vi. Delos peccadores que son dichos contra la/ testimonia que pueden seer p<ro>uados fata./ treynta annos

[62] "timonias [...] non deuen" añadido al marg. en red. tras llam., cortado.

.vii./ f. 3d Delos que dizen falsso testimonio. τ q<ue>/ el testigo puede seer desdicho fata .vi. me-/ses. τ q<ue> ningun omne non puede testimo-/niar por el muerto

.viii. Delos que aduzen otros omnes q<ue> digan fal-/sso testimonio

.viiii. En q<ua>les pleitos los s<ier>uos[63] pueden seer testigos

.x. Delos que fazen pl<e>ito o esc<ri>pto a otre q<ue> non/ diga la u<er>dat del pleito

.xi. Hata q<ua>ntos annos puede el omne seer testi-/monio

.xii. Qve el pariente.' o el p<ro>pinco non deue seer/ testimonio contra el estranno.

Titolo .vº. Delas esc<ri>pturas que deuen ualer. τ delos testa-/mientos delos enfermos. τ delos que muere<n>/ como deue<n> ualer.

.iº. Quales esc<rip>tos deuen ualer o q<ua>les no<n>.

.ii. Quela testimonia non confirme el esc<ri>pto q<ue> non sabe

.iii. Delos pleytos τ delas con-/posiciones q<ue> deuen seer guardadas

.iiii. Que los fijos nin los herederos non uenga <con>t<ra>/ lo que mando su padre.

.v. Dela pena que deue auer el que q<ue>branta el/ pleito que ha p<ro>metido

.vi. Delos pleitos delos sieruos que deue<n> ualer

.vii. Delos pl<e>itos que non son derechos q<ue> no<n> ualan

.viii. Que por un pl<e>ito nin por una co-/sa ninguna omne non deue enpen<n>ar su p<er>so/ na[64] ni<n> toda su buena

.viiii. Que el esc<ri>pto q<ue> es fecho por fuercia o por mie-/do que non uala

[D]elos esc<ri>ptos τ delos pl<e>ito q<ue> faz omne demas que no<n> manda la ley[65]

.x. Delos esc<ri>ptos que fazen.' los nin<n>os q<ua>les de-/uen ualer

.xi. Delas mandas delos muertos como deuen seer esc<ri>ptos τ firmados [!]

.xii./ f. 4a Delas mandas daq<ue>llos que uan en rome-/ria como deuen ser firmadas

.xiii. Que la manda del muerto deue seer mostra-/da antel obispo. τ ante las testimonias fata .vi. meses

.xiiii. Delos esc<ri>ptos que son dub-/dosos como deuen seer p<ro>uados por otro esc<ri>to/ dessa misma mano

63 "los sieruos" supraes.

64 "nin toda su p<er>sona", iterado, tach.

65 "[D]elos [...] la ley" capítulo añadido al marg. inferior en red. tras llam.

.xv. Delos esc<ri>ptos dubdosos

.xvi. Delos esc<ri>tos que se semeian

.xvii. Sila testimonia dize una cosa τ el es<ri>pto diz otra

.xviii.[66]

.xviiii.[67]

.xx.[68]

.xxi.[69]

O LIBER III Aqui comienca el libro iiiº. del comienço/ del casamie<n>to. Titolo .iº. en q<ua>l manera deue<n>/ faz<er> uodas de aiuntam<ien>-/to

.i. Titolo q<ue>la mugier romana/ puede casar con el/ omne godo. τ q<ue> la/ mug<e>r goda puede casar con omne ro-/mano.

.ii. Si la nin<n>a contra/ la uoluntad del padre se casa con otro τ non/ con aq<ue>l q<ue> es desposada.

.iii. S[70]elas arras pues que son dadas quelas no<n>/ puedan demandar

.iiii. Quelas mugieres de grant edad non se de-/uen acasar con los omnes de menor edat

.v. Delas arras que son dadas[71]

.vi. Quanto deue dar el marido ala mug<e>r por ar-/ras de sus cosas

.vii./ f. 4b Que el padre deue demandar las arras dela/ fija τ guardarlas

.viii. Que el padre muerto. el casamiento delos/ fijos τ delas fijas finca en pod<er> dela mad<re>

.viiii. Silos ermanos tardan el casamiento de su/ hermana o si la manceba se casa por ssi sin con-/eio de los hermanos

.x. Quelas arras que son dadas por esc<ri>pto[72] en q<ua>l cosa q<ui>er/ que sean dadas deuen seer estables τ si por auentura m [...] el esposo[73]

Titolo .iiº. Delos casamientos uedados q<ue> n<on> <con>uien d<e> faz<er>

.i. Si la mug<er> se casa despues de muer-/te de su marido ante que cu<n>pla el an<n>o. .

ii.[74]

---

66 "Que ni<n>gun omne no se ose iuramentar contral rey nin cont<ra> otro" tach.

67 "Delos que non quieren fazer iuramiento/ al rey nouo" tach.

68 "Delos que compiezan traer el pl<e>to por iuzio" tach.

69 "Delos que compiezan traer el pl<e>ito por iuyzio." tach.

70 "d" en espera.

71 "toda es una co<n> la d<e> yuso", anadido en cur., refiriéndose al capítulo anterior.

72 "por esc<ri>pto" supraes.

73 "si por auentura [...] esposo": capítulo añadido al marg. en red. tras llam., cortado.

74 Núm. añadido de más.

.iii. Sila mug<e>r lib<re>[75] se casa con su sieruo.' o con el q<ue>/ foe su sieruo τ es franq<ue>ado.

.iiii. Si la mug<e>r libre casa con el sieruo aieno/ o el omne libre casa con sierua aiena

.v. Si la mug<er> que foe sierua τ es libre casa con/ sieruo aieno[76]. ossi el omne q<ue> foe s<ier>uo τ es libre/ casa con la sierua aiena

.vii. Si la mug<e>r casa con otro marido q<ua>ndo el/ so non es enla t<ier>ra

.viii. Si el sennor casa s<us> sieruos los q<ue> dize que/ eran libres con mugieres liu<re>s[77]

.viiii. Si la mug<er> libre casa sin uoluntad del pad<re>

Titolo .iii°. del rabicimie<n>to delas mug<e>r<e>s/ uirgines τ delas bibdas.

.i°. Si el omne libre lieua la mug<er> libre por/ fuercia. maguer pierde la u<ir>ginidat. el forçador[78]/ non deue casar con ella

.ii. Silos padres pueden sacar la manceba/ de poder daquel q<ue>la leuo por fuerzia

.iii. Silos padres concuerdan con aq<ue>l q<ue> lleuo/ la manceba por fuercia q<ue> era desposada co<n> otro.

.iiii./ f. 4c Si los hermanos concuerdan con aq<ue>l q<ue leuo/ su hermana por fuercia en uida del padre e desp-/ues de su muerte

.v. Qui lieua por fuercia esposa aiena

.vi. Si algun daq<ue>llos que lieua la mugier por/ fuercia sil matan

.vii. Fata q<ua>nto tiempo deuen seer accusados los/ que lieuan las mugieres por fuercia

.viii. Si el sieruo lieua la mug<e>r libre por fuercia

.ix. Si el sieruo lieua por fuercia la mugier que/ foe sierua τ es libre

.x. Si el sieruo lieua por fuercia la s<ier>ua aiena

.xi. Delos que engan<n>a las fijas o las mugieres/ aienas olas bibdas o las u<ir>gines

.xii. Delos omne libres. τ delos que aiudaron/ a leuar la mug<e>r por fuercia

Titolo .iiii°. Delos adult<er>ios τ delos fornicios:,

.i°. Si la mug<e>r faze adult<er>io con otro seyendo/ con su marido

.ii. Si la manceba desposada faze adult<er>io

[75] "lib<re>" supraes.

[76] "o" rect.

[77] "con mugieres liu<res>" añadido supraes. y también a continuación en cur.

[78] "-ador" añadido a continuación en cur.

.iii. Dela mug<er> casada q<ue> faze adult<er>io

.iiii. Si algun mata los q<ue> faze<n> adult<er>io

.v. Si el padre o los parientes mata<n> la fija que/ faze adult<er>io en su casa delos

.vi. Qvelos sieruos no<n> deue<n> matar los que fal-/lan faziendo adult<er>io

.vii. Si la mug<e>r fuere a casa dotro por faz<er> adult<er>io/ sil adut<er>ador la quier tener por mug<e>r.

[...] er libre faze adult<er> [...] ado co<n> q<ua>l q<ui>er o<mn>e[79]

viii. Si la mugier libre faze por su grado adult<er>io/ con el marido aieno

.viiii. S[80]uelos sieruos τ las sieruas deuen seer tor-/mentados por adult<er>io delos sennores

.x. Si el sieruo es fecho libre por encobrir el adul-/terio

S[81]elas cosas q<ue> faze<n> adult<er>io.

[...] nas q<ue> puede<n> accu [...] ulterio[82]/

.xi. Si el omne libre o el sieruo fezier adult<er>io./ **f. 4d** por fuercia con la mug<e>r li<re>[83] o fornicio

.xii. Si el omne libre o el sieruo non sabiendolo[84] el sennor o sabiendolo[85] fizo adult<er>io con la s<ier>ua/ aiena

.xiii. Dela sierua q<ue> faze adult<er>io

.xiiii. Delas putas libres o sieruas

.xv. Del fornicio delos cl<er>igos.

Titolo .vº. Delos/ adult<er>ios contra natura τ delos religiosos τ/ delos sodomitos

.iº. Delos casamientos/ que son fechos en adult<er>io τ en parentesco

.iiº. Delos barones τ delas mugieres q<ue> dexan los/ pan<n>os τ la sarcenadura dela orden

.iiiiº. Del enganno que fazen las bibdas

.vº. Delos que iazen con los omnes/ elos sodomitos

.viº. Delos que iazen con las mug<e>r<e>s delos padres/ τ delos hermanos

79 "er [...] o<mn>e" capítulo añadido al marg. en red., cortado.

80 "q<ue>" en espera.

81 "q<ue>" en espera. Se ha saltado un núm.

82 "nas [...] ulterio", capítulo añadido al marg. en red. tras llam., cortado.

83 "libre" supraes.

84 "lo" al marg. en cur.

85 "lo" supraes. en cur.

Titolo .viº. Delos partimientos delos casados τ delos esposados

.iº. La mugier que se parte del marido con derech<o> ho co<n>[86] tuerto

.iiº. Que los casados no se/ partan nin se puedan partir

.iiiº. Que los esposados non se puedan partir/ nin se partan

O LIBER IIII Aqui compieza el .iiiiº./ libro del linnaie natural.
Titolo. primo. Delos grados de parentesco.

.iº. Del primer grado.

.iiº. Del segundo g<ra>do

.iiiº. Del .iiiº. grado.

.iiiiº. Del .iiiiº. g<ra>do.

.vº. Del .vº. grado

.viº. Del .viº. grado

.viiº. Del .viiº. grado

Titolo .iiº. Delos/ f. 5a **herederos como deuen heredar los heredam<ie>ntos**

.iº. Quelas hermanas deuen uenir ygual-/mientre con los hermanos ala buena del pad<re>

.iiº. Quelos fijos deuen heredar prim<er>am<ie>tre./ en la buena del padre

.iiiº. Que se non fuere algun del linnaie delos q<ue>/ uiene de suso. los que uienen de trauiesso de-/uen auer la heredat

.iiiiº. Quien deue auer la buena delos q<ue> no<n> faze<n>/ testamiento[87] nin por es<cri>pto ni<n> por testimonios

.vº. Delos herederos delos hermanos. τ delas her-/manas τ de aquellos que non son de un pad<re>/ τ de una mad<re> τ non han herederos. fueras los/ hermanos τ las hermanas.

.viº. Si aq<ue>l que muere dexo auuelo o auuela.

.viiº. Si aquel que muere ha tio del padre o de/la madre

.viiiº.[88]

.viiiiº. Que la mug<e>r puede au<er> p<ar>te en toda la heredat.

viiiiº.[89]

.xº. Qua la mugi<e>r puede heredar[90] ye aq<ue>l q<ue> es engra-/do mas p<ro>pinco deue au<er> la heredat

.xiº. Del heredamiento del marido τ dela mug<e>r

[86] "con derecho ho" añadido al marg. en cur., cortado.
[87] "ni por [...] testimonio" añadido a continuación en cur.
[88] "Si aquel que muere auie sobrinos de su/ hermano o de su hermana" tach.
[89] "Que la mug<e>r puede au<er> toda eredat" tach.
[90] "auer" tach.; "heredar" supraes. en red.

.xiiº. Dela eredat delos cl<er>igos τ delos mo<n>ges

[Q]uelos fijos deue<n> fincar en pod<er> del pad<re> despues dela [...] erte dela madre[91]

.xiiiº. Que los fijos deuen fincar en pod<er> del padre despues/ dela muerte dela madre maguer q<ue> ayan madrastra./ τ que deue fazer el padre delas cosas d<e>los fijos

.xiiiiº. Sila madre finca bibda deue auenir ygalmie<n>-/tre co<n>los fijos ala buena del padre

.xv. Que la mugier non deue auer nada delo q<ue> gano/ el marido con los sus s<ier>uos della

.xvi. Delo que gana<n> el marido τ la mug<e> seyendo ca-/sados[92]

.xvii. Del nin<n>o como puede auer la heredat

f. 5b [93]Como los padres deuen ganar la heredat/ delos nin<n>os

.xviii. Delos que nacen depues la muerte. del padre.

.xviiii. Que el omne que non ha fi-/jos deuen fazer de su heredat lo q<ue> q<ui>sier.

Titolo .iiiº. Delos orffanos o de s<us> defendedores.

.iº. Que aquel es dicho orffanos q<ue> non ha pad<re>/ ni madre

.iiº. Como deue omne recebir la guarda. delos/ orffanos

.iiiº. Quanto[94] deue auer el defendedor delos orffanos.

Quelos q<ue> defende<n> [...] nos non les faga [...] ni<n>gu<n> esc<ri>pto[95]

Titolo .iiiiº. Delos bienes que p<er>tenecen por natura

.iº. Quelos fijos nin los nie-/tos non deuen seer deseredados

.iiº. Quanto puede la mugier mandar de sus/ arras

.iiiº. Delos [!] cosas q<ue> dan los padres alas uodas

.iiiiº. Delos fijos que non son dun padre

.vº. Delo que ganan los fijos uiuiendo el padre o la mad<re>

.vi. De[96] los obispos q<ue> quieren/ toier alas eglesias lo que dizen que touieron .xxxª. an<n>os

.viiº. Quelos sieruos delas/ eglesias non sean franqueados nin se casen con/ mugieres libres.

---

[91] "[Q]ue los fijos [...] madre" capítulo añadido al marg. en red. tras llam., cortado.

[92] Tipo de llam. que indica capítulo omitido. Se recuperaría en el marg. inferior, pero este ha sido cortado.

[93] Llam. que señala la omisión de un capítulo que, en este caso, no se ha copiado.

[94] "Quanto" es rect. de "quando".

[95] Rúbrica añadida al marg. en red., cortada.

[96] Rect., que se hace tras ejecutarse las capitales: hay un "Que", donde se ha sopuntado "Qu"; en cur., "d".

Titolo .iiii°. Delos nin<n>os echados

.i. Que el omne libre ola mug<er> que echa el ninno non[97] deue seer su[98] sieruo.

[99]Si el sieruo o la sierua echa el ninno sabie<n>-/dolo el sennor o no.

El qui cria el nin<n>no q<ua>nto deue au<er> por soldada.

O LIBER[100]Aqui comienca el quinto libro q<ue>/ Delas cosas dadas/ o passadas [!]

Titolo/ delas cosas dela y-/glesia cada una en q<ua>l/$_{\text{f. 5c}}$ guisa deue ualer.

[101]Delas cosas que son dadas ala eglesia.

Dela guarda delas cosas dela eglesia.

Dela uendicion τ dela donacion de las co-/sas dela eglesia.

Delas cosas dela eglesia q<ue> tiene<n> aq<ue>llos q<ue> faze<n>/ seruicio ala eglesia.

Titolo segondo dela/ donacion general.

.i°. Que la donacion que es fecha por fuercia non uala

.ii°. Dela donacion del rey

.iii°. Delas cosas que da el rey al marido/ o ala mugier

.iiii°. Delas cosas q<ue> son dadas por escri>pto

.v°. Delo que da el marido ala mugier en arras

.vii°. Delo que da el marido ala mugier o la/ mugier al marido.

Titolo. iii°. Delas dona-/ciones delos sennores o[102] delos padrones

.i°. Si aquel que aiuda a otro en la lid. o s<us>/ fijos desamparan al padron enla lid o s<us>/ fijos

.ii°. Delas armas que son da-/das alos sayones q<ue> aiudan aomne en la/ lid τ delo que ganan

.iii°. Delas cosas que son ganadas en la lid τ/ delo que da el padron

.iiii°. Delas cosas que son dadas en la lid et ga-/nadas

Titolo .iiii°. Delas cosas uendu-/das et camiadas

.i°. Que como ualen las uendiciones que/ assi uelan [!] los canbios

.ii°. Que si el uendedor non es conuenible/ q<ue> de fiador

[97] "non" supraes. en red.

[98] "su" supraes. en cur.

[99] Omit. numeración en este capítulo y en el siguiente.

[100] Raspado el núm.

[101] Omit. numeración en todo el título.

[102] "o" supraes.

.iiiº. Quela uendicion/ q<ue> es fecha por forcia que non uala
.iiiiº. Si el precio non for pagado pues q<ue> el sen-/f. 5d nal es dado
.vº. Si alguna parte del p<re>cio fincar por pag<a>r.
.viº. Si algun engan<n>o fuer fecho en la uendicio<n>
.vii. [103]Si algun omne toma o co<n>/ pra la cosa aiena o le es dada.
.viiiº. Si alguno diz que uendio s<us>/ cosas por menos p<re>cio q<ue> no<n> ualen
.viiiiº.[104]
.xº. Delos que uienden o da<n> las cosas aienas
.xiº. Que ninguno non uienda ni<n> de la cosa q<ue> esta/ en contienda
.xiiº. Si el omne liure sofre q<ue>l uendan
.xiiiº.[105]
.xiiiiº Delos que uienden los omnes libres o las mugieres libres
.xv. Que los padres non puedan uender los fijos/ nin meter[106] en poder dotro
.xvi. Dela uendicion q<ue> faze<n>[107] los sieruos
.xvii. Que el sieruo pues que es uendudo no<n> pue-/de accusar el primero sennor
.xviii. Que el sennor q<ue> uiende su sieruo[108] el demande sus cosas
.xviiii. Si el sieruo se redime de su/ peguiar
.xx. Que ninguno non uienda su seruo cont<ra>/ su uoluntad
.xxi. Si el sieruo por culpa q<ue> fizo sea dado enpoder[109] dot<ro>.
.xxii. Delas cosas delos priuados τ delos dela/ corte que non sean enaie-nada[110]s
.xxiii. Si alguno uiende la cosa que quiere uen-/cer por iuyzio
.xxiiii. Delos sieruos q<ue> p<re>nde<n> s<us> enemigos
.xxv. Por q<ua>nto p<re>cio deue seer conprado el omne/ libre.

Titolo quinto delas cosas comenda-/das en guarda τ emp<re>stadas
.iº. Delas cosas que son dadas por p<re>cio aguardar
Delas animalias q<ue> son emp<re>stadas p<ar>a lauor[111]

---

[103] "D", capital, rect. en cur. en "s".
[104] "Si algun omne toma la cosa q<ue> diz q<ue> es aiena" tach.
[105] Núm. añadido de más erróneamente.
[106] "meter" añadido al marg. en cur.
[107] "q<ue> faze<n>" supraes.; a continuación, "delos" con "de" sopunt.
[108] "su sieruo" supraes. en red.
[109] "enpoder" supraes. en cur.
[110] "o" rect. en "a".
[111] Capítulo sin núm.

.iiº./ f. 6a Delas cosas q<ue> son dadas en guarda[112] que se pierden/ por fuego o por furto

.iii. Dela pecunia perdida τ delas ganacias della

.iiii. Delas cosas emp<re>stadas que se/ pierden por agua

.v. Delas cosas que al sieruo[113] dan encomie<n>-/dan [!] non lo sabiendo el sennor

.vi. Si el sieruo demanda las cosas con mentira que su sennor en comendo a otre [!]

.viii. Delas usuras del pan

.viiii. Aquien deuen seer dados los testamientos τ las esc<ri>pturas.

Titolo .viº. Delos pennos τ[114] delos debdos.

.iº. De non prendar por si[115]

.ii. Del penno que es furtado

.iii. Del penno que es dado por debda.

.iiii. Si el penno non es rendudo pues q<ue> el pre-/cio o el debdo quieren pagar

.v. Si un omne es timudo [!] de muchas debdas/ τ de muchas[116] culpas

.vi. Como deue omne demandar la debda que/ deue el muerto. o la fuercia q<ue> fizo

Titolo .viiº. Delas franq<ue>zas τ delos franq<ue>amie<n>tos.

.iº. Delos s<ier>uos que son franq<ue>ados por testigo o por esc<ri>pto

.ii. Si el sieruo aieno o el comunal/ es franqueado

.iii. Delos que dizen q<ue> son libres

.iiii. S[117]e aquel q<ue> anda por libre. es demandado por sieruo

.v. Si algun omne tueie algu-/na cosa a[118] aquel q<ue> es demandado por sieruo

.vi. Si algun omne quiere demandar por[119] su sier-/uo el q<ue> dixo antel iuyz q<ue> era libre

.vii. Si algun omne dize q<ue> es sieruo por miedo

---

112 "que [...] en guarda" supraes. en cur.; "emprestadas" tach. en el texto.

113 Rect. "seruicio" en "sieruo": "seruicio" con "ici" sopunt. e "i" supraes.

114 "o" tach., "τ" al marg. en cur.

115 "por si" añadido a continuación en cur.

116 "debdas" tach.

117 "D" capital, rect. en "s" en cur.

118 "a" supraes.

119 "por" supraes.

.viii./ f. 6b Si aq<ue>l que es libre es demandado por sieruo/ o si aq<ue>l q<ue> es sieruo. diz q<ue> es libre

.viiii. Por qual cosa el sieruo franq<ue>ado deue seer/ tornado en seruidumbre

.x. Si el franqueado faze tuerto al sennor quel fra<n>q<ue>o

.xi. Que los franq<ue>ados sean tes-/timonios τ non contra el sennor q<ue>los franq<ue>o/ nin contra sus fijos

Q<ue> los franq<ue>ados faga<n> pesq<ui>sa[120]

.xii. [121]Dela buena daquel que es franqueado si/ fijos non ouiere

.xiii. Delas condiciones que pone. el sennor q<ua>ndo franq<ue>a su sieruo[122]

.xiiii.[123] Delos sieruos del rey o dela corte fra<n>q<ue>ados

.xv. Delos sieruos de la corte franq<ue>ados τ de s<us> cosas

.xvi. Que los franq<ue>ados nin los s<ier>uos/ non se casen con li<n>naie de su sen<n>nor

.xvii. Delos franq<ue>ados q<ue> son entrados en orden/ que non sean tornados en s<er>uicio de su sennor[124]

.xix.[125] Delos franq<ue>ados del rey τ de s<us>/ fijos como deuen guardar el rey en la hueste/ τ con quien deue<n> andar

.xx. Que los franq<ue>ados non dexen s<us> sen<n>nores

.xxi. Delos q<ue> matan s<us> almas por p<er>iurio.

O LIBER VI Aqui comença/ el. sesto libro delos malfechores τ de/las penas delos tormientos.

Titolo primo delos accu-/sadores τ delos mal-/fechores

.iº. Qve el sennor del lugar deue demandar/ el sieruo que es accusado τ[126] por q<ua>les cosas

.iiº. ho[127] en q<ua>l man<er>a los om<n>es libres deue<n> seer torm<en>tados.

iiiº/ fol 6c D[128]elos omnes libres que fazen mal alos que/ se queriellan

---

120 "Q<ue>los [...] pesq<ui>sa" capítulo añadido al marg. en cur. tras llam.

121 "S" capital, rect., en "d" en cur.

122 "pone [...] su sieruo", rect. ejecutada rasp. tras "pone" y rasp. una "D" capital que le sigue.

123 "xiiii" rect. "iii" en negro.

124 Se dividió lo copiado en principio como un capítulo en dos. Primero, en la subsanación se añade "q<ue> no<n> son tornados fueras de su sen<n>or" al marg. en cur., luego tach. La "Q" capital se subsana en "d" en cur. También rect. el núm. en negro.

125 La última "x" corregida a posteriori en negro.

126 "τ" supraes.

127 Subsanación: "iiº" añadido en negro y "ho" en cur.

128 "ii" rect. en "iii" con negro. "D" capital rect. "s" en cur.

.iiiiº.[129] Por quales cosas o en qual man<er>a los sieruos/ sean tormentados contra los sennores

.vº.[130] Por quales cosas o enqual manera el omne/ franqueado sea tormentado

.viº.[131] En qual manera la accusacion deue seer/ fecha antel iuyz

.viiº.[132] Dela piedat delos principes

.viiiº.[133] Que aquel solo deue auer la pena q<ui> fezier/ la culpa.

Titolo .iiº. Delos adeuinos. τ delos/ fechizeros pozonadores τ delos q<ue> toma<n> so/ co<n>seio

.i. Si el omne libre toma co<n>seio/ con los adiuinos o con los sortoreros. de la ui-/da. τ dela muerte de algun om<n>e

.ii. Delos que dan yeruas

.iii. Delos iuyzes o delos otros omnes q<ue> toman/ conseio con los adiuinos o con los sorteros

.iiii. Delos encantadores. τ delos p<ro>uinceros. o de/los que toman conseio dellos

.v. Delos omnes q<ue> fazen mal a los omnes o alas/ animalias o aotras cosas[134]

Titolo .iii. Silos que fazen abortar las mugieres [!]

.iº. Delos que fazen abortar las mug<e>r<e>s por yeruas

.ii. Si el omne libre faz la mug<er>/ libre abortar por fuercia

.iii. Sila mugier libre fezier abortar ot<ra> mug<e>r libre

.iiii. Si el omne lib<re> faz abortar/ la sierua.

.v. Si el sieruo faz abortar la mug<e>r libre.

[...] s<ier>uo faz abor [...] s<ier>ua[135]

.vi. Delos que matan sus fijos enel uientre o de-/pues q<ue> son nados.

Titolo .iiii. Delos den-/uestos τ de amortigamientos τ delos liuores/ τ delas plagas

.iº. De muerte de omne libre τ del sieruo

.i.[136]/ **f. 6d** Delos soberuiosos τ de sos fechos

[129] “iiiº” rect. con negro en “iiiiº”.

[130] Rasp. y rect. “vº” en negro.

[131] “vº” rect. en “viº” en negro.

[132] “viº” rect. en “viiº” en negro.

[133] “viiº” rect. en “viiiº” en negro.

[134] Sigue rasp. en blanco.

[135] “sieruo [...] sierua” capítulo añadido al marg. en cur., cortado.

[136] Debería ser un “ii”: toda la numeración del título va errada.

ii. Que los que fieren o lagan omnes deue<n> me-/ter su cuerpo a otro tal o se auenir [137] con ellos

[...] retiene [...][138]

.iii. Si algun omne por fuercia o por tuerto[139] aaq<ue>l/ que ua so camino[140]

.iiii. Que[141] aquel q<ue> faze algun tuerto a otre/ <con>tra ley q<ue> reciba otro tal como fizo

.v. Que aquel no<n> sea culpado que fiere el om<n>e/ que lo quiere ante ferir

.vi. Si el sieruo faze tuerto al omne libre.

.vii. Si el omne libre fiere a otro om<n>e libre.

.viii. Si el omne libre fiere sieruo aieno

.viiii. Si el sieruo fiere omne libre.

.x. Si el sieruo fiere sieruo aieno.

Titolo quinto. Delas muertes delos omnes

.iº.[142] Si algun omne mata a otro omne sin su g<ra>do

.ii.[143] Si algun omne mata a ot<ro> omne/ non lo veyendo

.iii. Si algun omne mata otro omne por enpu-/xo o por alguna uentura

.iiii. Si el que quiere ferir un ome mata ot<ro>

.v. Si algun omne muerre en descarpir

.vi. Si algun om<n>e mata[144] otro[145] de peq<ue>na ferida

.vii. Si algun om<n>e mata a ot<ro> en iuego

.viii. Si algun om<n>e mata aq<ue>l q<ue> tie<n> eng<ua>rda o q<ue> [146]<ui>er castig<a>r.

.x.[147] Si el s<ier>uo mata omne libre./ por ocasion

.viiii. [S]i el omne libre mata el sieruo por alguna uentura[148]

---

137 "auenier","i" sopunt.

138 "retiene" capítulo añadido al marg. tras llam., cortado.

139 Llamada aquí, con un "se" en cur. al marg., cortado.

140 Sigue llam. a capítulo añadido: texto no copiado o perdido.

141 "aque" tach. aquí, secluido.

142 En las dos primeras rúbricas hay una llam. sobre la capital, como de ordinario. Hay anomalía en la numeración de las rúbricas y una rasp. en el marg. inferior, bajo la columna, de unos 20 mm de alto y 70 mm de ancho que puede corresponder a un capítulo omit.

143 Otra llam.: véase n. anterior.

144 "ata" escrito sobre rasp.

145 "otro" supraes.

146 "q" supraes.

147 Rasp. y rect. "xª en negro.

148 "[S]i [...] uentura" capítulo añadido al marg. inferior en red. tras llam.

.xi.[149] Si alguno mata a otro por su grado.
.xii.[150] Que el sennor no<n> mate su s<ier>uo sin razon[151]
.xiii.[152] Que el sen<n>or non taie miebro al s<ier>uo nin a/la sierua
.xiiii.[153] Que todo omne puede accusar al q<ue> faz omezilio
.xv.[154] Quelos parientes. τ los estran<n>os/ pueden accusar al q<ue> faz el omezilio
.xvi.[155] Si el que faz omezilio fue ala eglesia
.xvii·.[156]/ f. 7a Delos que matan s<us> padres τ de s<us> cosas
.xviii.[157] Delos q<ue> matant sus parientes
.xix.[158] Delos q<ue> mata<n> s<us> parie<n>tes por occasion
.xx. Si el sieruo mata otro sieruo por occasion
.xxi. Delos q<ue> p<er>iuran por s<us> parientes.

O LIBER VII Aqui comiença/ el libro septimo./ Delos furtos τ delos engan<n>os Titolo primo. Delos descobrimientos delos/ furtos
.iº. Delos que manifiestan los/ ladrones
.iiº. Quela testimonia del sieruo non deue se-/er creyda.' si el sennor no<n> lo otorgar
Del iuyz que sabe el furto[159]
.iiiº. Del galardon del iuyz.
.iiiiº. Si el q<ue> non es culpado es accusado.

Titolo segondo. Delos q<ue> furtan τ delas cosas fortadas.[160]
.iº. Que aquel q<ue> busca la cosa de furto diga q<ua>l es la cosa
.ii. Si el sieruo faz furto se-/yendo[161] sieruo o depues que es libre[162]
.iii. Si el s<ier>uo se torna dotro sen<n>nor fazie<n>do furto
.iiii. Si el om<n>e libre faze furto co<n> el s<ier>uo

---

149 "x" rect. en "xi" con negro.
150 "xi" rect. en "xii" con negro.
151 "razón" escrito sobre rasp.
152 "xii" rect. en "xiii" con negro.
153 "xiii" rect. en "xiiii" con negro.
154 "xiiii" rect. en "xv" con negro.
155 "xv" rect. en "xvi" con negro.
156 "xvi" rect. en "xvii" con negro.
157 "xviii" rect. en "xix" con negro.
158 "xix" rect. en "xx" con negro.
159 Sin núm.; errados los dos núm. siguientes.
160 "rt" rasp. y rect. en negro.
161 "se-/yendo" escrito sobre rasp.
162 Sigue rasp. en blanco.

Si el sen<n>or faz furto co<n> el s<ier>uo aieno.[163]
.v. Si el sieruo aieno es amonestado de algu<n>o/ que faga furto
.vi. Delos que son sabidores del furto
.vii. Si algu<n> o<mn>e co<m>pra la cosa de furto no<n>[164] sabie<n>dolo
Si algu<n> om<n>e co<n>pra la cosa d<e>l furto sabie<n>dolo[165]
.viii. Delos q<ue> furta<n> las cosas q<ue> so<n> del rey
.viiii. Delos q<ue> furta<n> las cencerras del ganado
.x. Delos q<ue> furtan los fierros o las ot<ra>s cosas delos[166]/ molinos[167]
.xi. Del dan<n>o q<ue> deue recebir el ladro<n>
.xii. Que el ladron pues q<ue> es p<re>so.' sea p<re>sentado/ **f. 7b** antel iuyz τ si el om<n>e libre[168] faze furto co<n> el s<ier>uo
.xiii. Si algun omne mata el ladron que se/ mapara con arma
.xiiii. Si alguno mata el ladro<n> q<ue> anda de noch<e>
.xv. Delas cosas aienas que manea el omne mal./ que peche otro tanto porello[169]
.xvi. Delas cosas q<ue> o<mn>e toma en p<er>iglo dagua
.xvii. Dela buena τ delos herederos del ladron
.xviii. Si algun omne dexa el ladron o el mal fechor q<ue> p<re>ndio
.xviiii. Del sieruo q<ue> faze furto a so sen<n>or o aotro s<ier>uo[170]
.xx. Hata q<uan>to tie<n>po el q<ue> p<re>rende el ladron lu deue[171]/ presentar antel iuyz.
.xxi.[172]
.xxii. Si alguno mata ganado aieno en ascuso.

Titolo .iii°. Delos traydores τ sosacadores et enganadores. [!]
.i°. Si alguno p<re>nde por fuer-/cia sieruo aieno
.ii. Si el omne libre uiende el sieruo o la s<ier>ua aiena[173]/ en otra tierra

---

[163] "Si el sen<n>or [...] aieno" capítulo añadido al marg. tras llam.

[164] "non" supraes.

[165] "Si algu<n> [...] sabie<n>dolo" capítulo añadido al marg. tras llam.

[166] "os" añadido al marg.

[167] "s" añadido al marg.

[168] "libre" supraes.

[169] Un asterisco marca aquí un error que no se pudo subsanar.

[170] Subsanación del capítulo, divido en dos inicialmente. Para ello, se tacha una "d" capital, se escribe sobre raspado "a so" y se tacha, tras "s<ier>uo", un "del sennor".

[171] "lu" supraes..' "l" sopunt. en "deuel", secluido.

[172] Núm. mal ordenado.

[173] "aiena" añadido al marg.

.iii. Delos fijos delos o<mn>es libres que son[174] uendududos [!] en otra tierra

.iiii. Si el s<ier>uo uiende s<ier>uo aieno en otra tierra/ de mandado de su sennor

.v. Si el sieruo uiende omne libre no<n> lo sabie<n>do su sennor

.viº. Si el sieruo uiende [...] non lo sabiendo el s [...][175]

Titolo .iiiiº. Dela guarda τ del iuyzio τ delos malfechores

.iº. Si algun om<n>e accusa el la-/dron antel iuyz τ depues se faze ende afuera

.ii. Que el sennor dela t<ier>ra deue. aiudar al iuyz/ por p<re>nder los malfechores

.iii. Delos que q<ue>brantan la carcel o engan<n>a el guardador

.iiii. D[176]elo que deuen tomar./ los guardadores τ delos q<ue> guardan

.v. Del iuyz q<ue> q<ui>ta los mal fechores o los mata co<n> tuerto[177]

Del dan<n>o q<ue> deue sofr [...] al mal fechor[178]

.vi. Que el malfechor non deue seer iudgado./ en ascuso mas paladina mientre.

Titolo .vº. Delos falssarios τ co<n>rropedores[179] q<ue> fassan las esc<ri>pturas

.iº./ f.7c Delos q<ue> falssan los escriptos del rey

.ii. Delos que faze<n> los falssos esc<ri>ptos

.iii. Delos que falsso mandado lieuan o falssas/ letras[180] del rey odel iuyz

.iiii. Delos q<ue> encubre<n> la ma<n>da del muerto o q<ue>la falssan

.v. Delos que falssan la manda/ del viuo contra su uoluntad

.vi. Si algun omne se pone falsso nonbre/ o linaie o falssos parientes

[D]elos esc<ri>ptos q<ue> son [...] ch<o>s q<ue> dize<n> q<ue> era<n> fe [...]s ant<e> q<ue> los fuessen[181]

.vii. Delos esc<ri>ptos que son fechos. que dizen q<ue>/ eran fechos depues. τ era<n> fechos ante

.viii. Delos que escriuen las leyes falssament<e>/ o las dan a otre<n> q<ue> las escriuan

.viiii. Delos falssarios τ delos corrompedores.

---

[174] "q<ue> don" supraes.

[175] "Si el sieruo [...] sabiendo el s [...]", capítulo añadido al marg. en red., cortado.

[176] "Q" capital tach. y rect. en cur. "d".

[177] "o los [...] tuerto" añadido al marg. en cur.

[178] "del [...] fechor", capítulo añadido al marg., cortado.

[179] "τ co<n>rropedores" añadido debajo en cur.

[180] "so om<ne>" tach.

[181] "[D]elos esc<ri>ptos [...] "fuessen"] añadido al marg. en cur., cortado.

Titolo .vi. de metales τ de monedas

. iº. Quelos sieruos deuen seer torme<n>tados/ contra s<us> sennores q<ue> corro<n>pen la moneda

.iiº. Delos q<ue> falssan las monedas τ los morauedis

.iii. Delos q<ue> falssan el oro

.iiii. Si el oriz furta alguna cosa del oro q<ue>l[182] dan

.v. Que ni<n>gu<n> om<n>e no<n> ose ni<n> refuse la mon[eda] der-/ echa:,

O LIBER VIII Aqui comiença/ el .viiiº. libro. Delas fuercias/ τ delos dannos.' τ/ delos q<ue>brantamie-/tos.

Titolo .primo. delos enuaemie<n>-/tos τ delos encer-/ramientos:,

.iº. Que el padron o el sennor deuen seer cul-/pados si el mancebo o el sieruo fazen dalgun/ tuerto por su mandado dellos

.ii. Si algun omne es saceado por fuercia d<e>lo suyo.

.iii. Si muchos omnes se aiuntan por faz<er> mal de suuno

f. 7d [183]Si algun omne es encerrado en su casa tras/ su puerta por fuercia

.v.[184] Que ni<n>gun omne non tome lo q<ue> otre/ tien por fuercia

.vi.[185] Si algun omne enuida aotros por fazer/ alguna roba

.vii.[186] Que si el sennor es enla casa o si es en hue-/ste ni<n>gun omne nol deue guerrear la casa

.viii.[187] Silos sieruos fazen dalgun mal mientre/ el sennor a la hueste

.viiii.[188] Delos que uan enla hueste et roban alg-/na [!] cosa

.x.[189] Que aquel que tien alguna partida dela ro-/ba.' nomne los otros s<us> <con>pan<er>os q<ue> foro<n> co<n> el

.xi.[190] Delos que muestran a los robadores algu-/na cosa que roben

.xii.[191] Quien fuercia alguna cosa al q<ue> ua por car-/rera. o al q<ue> esta en su lauor

.xiii.[192] Si aq<ue>l q<ue> faz fuercia sil matan.

---

182 "l" supraes.

183 Omit. el núm.

184 Rect. en negro.

185 "v" rect. "vi" en negro.

186 "vi" rect. "vii" en negro.

187 "vii" rect. "viii" en negro.

188 "viii" rect. "viiii" en negro.

189 "viiii" rect. "x" en negro.

190 "x" rect. "xi" en negro.

191 "xi" rect. "xii" en negro.

192 "xi" rect. "xi" en negro.

Titolo .iiº. Delos encendimie<n>tos de fuego τ delos ence<n>de-/dores.

.iº. Delos que q<ue>man casas en cibdat o fuera

.ii. Delos que q<ue>man montes ajenos[193]

.iii. Delos q<ue> uan carrera τ fazen fuego

Titolo .tercero. Delos dannos delos huer-/tos τ delas miesses

.iº. S[194]ela emienda delos aruoles taiados

.ii. Si algun omne destruye orto aieno

.iii. Si el q<ue> taia aruol si mata om<n>e o laga

.iiii. Si el aruol q<ue> es taiado dela una p<ar>te faz danno

.v. Si algu<n> omne taia los palos delos sietos

.vii. Si algun omne taia monte aieno

.viii. Si los lugares delos frucheros o delos pastos/ **f. 8a** son mas estrechados q<ue> non deuen

.viiii. Delos que meten al ganado en miesses aie-/nas o en uinias

.x. Del ganado q<ue> faz dan<n>no enlas miesses

.xi. Si el ganado pasce el prado q<ue> es[195] defesado

.xii.[196] Si el ganado faz dan<n>no en los[197] lugares de los[198] frucheros.

.xiii.[199] Si alguno faz fuercia al que echa/ el ganado fuera delas miesses.

.xiiii.[200]

.xv. Delos que fallan el ganado enlas uinnas/o enlas miesses.

.xvi. Si el ganado se sale dela miesse ante q<ue>lo ech-/en fuera

.xvii. Si algun omne laga o fie-/re el ganado q<ue> falla enla miesse:,

Titolo .iiii. Delos dannos delas bestias τ de diu<er>sas cosas.

Si algu<n> o<mn>e tueie cauallo o otra a<nim>alia de su pesebl<e> si<n> uoluntad de su señor"[201]

.iº. Si algun om<n>e la bestia q<ue> es en-/p<re>stada trae ho husa[202] contra uolu<n>tad de su sen<n>nor

.ii. Si algun omne danna la cola o la coma al cauallo

---

193 "ajenos" añadido al marg. en cur.

194 "d" en espera, y no "S".

195 "el prado q<ue> es": "el prado" escrito sobre rasp.; "q<ue> es" supraes.

196 "xi" rect. "xii" en negro.

197 "los" supraes.

198 "los" supraes.

199 "xii" rect. "xiii" en negro.

200 "xiii" rect. "xiiii" en negro. Núm. añadido de más.

201 "Si algu<n> [...] señor": añadido al marg. en red.

202 "ho husa" supraes.

.iii. Si algun omne castra al-/guna animalia aiena

.iiii. Si algun omne faz abortar ala animalia aiena

.v. Si algun omne faz abortar/ yegua pre<n>nada[203]

.vi. Delas animalias que se fieren unas con otras

.vii. Si algun omne mata ga-/nado aieno sil faz dan<n>o o no<n> le faz dan<n>o

.viii. Si algun omne labra co<n> ganado aieno sin/ uoluntad de su sennor

.viiii. Si algun omne encierra ganado aieno/ quel non faz dan<n>o

.x. Si algun omne trilla pan en era con ga-/nado aieno

Si bestia o a<n>i<m>alia dap<n>nosa de q<ue> quier faze dan<n>o[204]

.xi. Si algun omen mata ganado aieno por/ alguna ferida

.xii. Si el animalia se mete con otra grey aiena

.xiii. Si el omne faz gran espanto ala animalia/ **f. 8b** q<ue> es braua porq<ue> se pierda τ porq<ue> se muera

.xiiii. Si el a<n>i<m>alia q<ue> es braua mata dalgun o<mn>e

.xv. Si algun omne non quier quitar dessi/ el animalia pues q<ue> es braua

.xvi. Si algun omne faz algun guinamie<n>to/ con mano o con otra cosa al animalia et lo mata

.xvii. Si el can que[205] es enrizado mata/ o muerde adalgun omne

Del can q<ue> faz dan<n>[206]

.xviii. Del danno q<ue> omne faz en pan<n>os aienos

.xviiii. Si algun omne ua por faz<er> mal.' cae enlas/ armadijas delas bestias

.xx. El que faz las armaduras alas bestias deuel/ mostrar el lugar τ dezirlo alos uezinos

.xxi. Delos q<ue> cierran el camino

.xxii. Quanto de terreno deue omne dexar cer-/ca el camino

.xxiii. Si algun[207] omne tueie al q<ue> ua so camino q<ue> non/ pascha el ganado

.xxiiii. Que los pastos que non son encerrados n<on>/ sea<n> defe<n>dudos alos q<ue> passa<n> por camino

.xxv. Que el q<ue> faz algun lauor cerca uado de rio./ deue cercarllo aderredor del rio de ualladar. o d<e> seto

Como deue<n> faz<er> pes [...] enlas aguas gran[...][208]

---

[203] "pre<n>nada" escrito sobre rasp.

[204] "Si bestia [...] dan<n>o", capítulo añadido al marg. inferior en red. tras llam.

[205] "q<ue>" supraes.

[206] "Del can […] dan<n>", capítulo añadido al marg. tras llam., cortado

[207] "algu<n>" supraes.

[208] "como [...] aguas gran [...]", capítulo añadido al marg. en red. con calderón inicial tras llam., cortado.

.xxvi. Delos que quebrantan/ molinos o pesq<ue>ras

.xxvii. Delos q<ue> furten las aguas las lieua<n> po ll [...] no<n> husadas[209]

Titolo .v°. Delos/ pastos delos puercos τ d<e> todas bestias erradas/ τ que fazen danno:,

.i°. Delos puercos q<ue> comen la lande

.ii. Delos puercos q<ue> comen la lande que es/ de muchos

.iii. Si los puercos comen la lande por pley[210]teo/ q<ue> de[211] dezmo delos puercos

.iiii. Delos puercos q<ue> andan por el monte errados

.v. Sila grey de algun omne entra enlas/ mieses

.vi./ f. 8c Qve aq<ue>l q<ue> falla el animalia errada q<ue>la de-/ue aguardar

.vii. D[212]elas a<n>i<m>alia q<ue> andan erradas[213]

.viii. Que aq<ue>l q<ue> falla a<n>i<m>alia errada que non/ la deue sinnalar nin tresq<ui>lar.

Titolo .vi°. delas abeias τ delos dan<n>os dellas.

i°. Si algun omne falla abeias ajenas[214] ensu mo<n>te.

Si algun omne furta abeias.

Del dan<n>no q<ue> fazen las abeias[215]

O LIBER IX Aqui comi-/ença el libro .ix°. /Delos que fuye<n> τ delos encobrido-/res. Titolo .i°. Delos fuydores/ τ delos ascondedo-/res que muestra<n>/ τ dan carrera pa-/ra foyr.

.i°. Delos omnes libres que encobren/ los sieruos que fuyen

.ii. Si algun desliga el sieruo q<ue> suel foyr

.iii. Hata qual tiempo aq<ue>l q<ue> falla el sieruo que/ fuye lu.' deue[216] p<re>sentar al iuyz

.iiii. Si algun omne recibe sieruo fuydo non/ lo sabiendo

.v. Si algun omne conseia sieruo aieno q<ue> fuya

---

209 "las lieua<n> [...] husadas", capítulo añadido al marg. en cur. tras llam., cortado.

210 "y" supraes.

211 "de" supraes.

212 "d" en espera, y no "S".

213 Misma llam. al comienzo de este capítulo y del anterior: en el texto, ambos figuran en orden inverso.

214 "ajenas" supraes.

215 Misma llam. al comienzo de este capítulo y del anterior: en el texto, ambos figuran en orden inverso. Los dos sin núm.

216 "lu deue": "lu" supraes. y "deuel" con "l" sopunt.

.vi. Si el sieruo que es foydo/ muera mucho en casa de algu<n> omne

.vii. Si el sieruo muestra carrera al que fuye/ sabiendolo

.viii. Que aquel a cuya casa uiene el sieruo foy-/do deuelo luego dezir a los uezinos

.viiii. Que el sieruo que uiende su sen<n>or duas/ uezes en otra t<ier>ra si se torna deue seer libre

.x. Que el iuyz deue pesq<ui>rir si el sennor faz/ **f. 8d** fuyr el sieruo acasa de algun omne por gan-/nar algo del

.xi. Si el sieruo diz q<ue> es libre esta con algun/ omne por soldada

.xii. Si el sennor falla su sieruo foydo en casa/ de algun omne

.xiii. Del galardon que deue prender el que/ falla el sieruo foydo

.xiiii. Del sieruo foydo q<ue> diz q<ue> es libre

.xv. Delo q<ue> gana el s<ier>uo q<ue> fuye

.xvi. Delos sieruos q<ue> fuyen τ dizen q<ue> son libres/ τ casan con mu-g<e>r<e>s libres

.xvii. Delos q<ue> fallan los sieruos foydos τ non los q<ui>eren dar a s<us> sennores

.xviii. Delos omnes libres o sieruos q<ue> encubren/ los ladrones

.xviiii. Que el iuyz deue entregar al sennor su/ sieruo con q<ua>ntol fallare

.xx. Delos sieruos q<ue> fuyen

.xxi. Delos omnes libres o sieruos q<ue> reciben el/ sieruo que fuye.

Titolo .ii°. Delos q<ue> non uan a/ hueste o abataia mandado[217] q<ue> no<n> fuyan della

.i°. Si aq<ue>llos q<ue> son sinescales dela huest dexa<n>/ tornar algun omne dela hueste por p<re>cio o/ fincar en su casa

.ii. Si aq<ue>llos q<ue> mandan la hueste toma<n> dalg-/unas cosas delas casas daq<ue>llos q<ue> mandan/ hyr enla hueste

.iii. Si los sinescales que deuen ordenar la hu-/este. τ se tornan p<or>a sus casas o si dexan dalgun/ omne q<ue> no<n> costringan q<ue> uaya en la hueste.

.iiii. Si los que deuen ordenar la hueste se/ tornan dela bataia p<or>a s<us> casas. o ssi dexan/ a otros tornar

.v. Si los q<ue> ordenan la hueste recibe<n> dagun/ **f. 9a** p<re>cio por dexar dalgun omne fincar ensu ca-/sa que non es enfermo

.vi. Delos que toma<n>[218] por enganno el pan ola ceuada ola uida enla hueste[219]

---

[217] "do" supraes.

[218] "el pan" tach. secluido.

[219] "Delos que [...] hueste", capítulo añadido marg. en red., cortado. Rasp. en blanco la línea anterior; "vi" en negro.

.vii.[220] Que galardon deue/ auer el q<ue> reconbra sieruo aieno. o otras cosas delos enemigos

.viii.[221] Delos que non son enlla hueste[222] enel dia o antel tie<n>po/ establecido

.viiii.[223] Que deue seer guardado si guerra ha en/ espanna.

Titolo .iii°. Delos que fuyen/ ala eglesia.

.i°. Que el que fuye ala egl<es>ia quel non saq<ue>/ ninguno della si se non defendiere por armas

.ii. Si aquel que fuye a la eglesia/ si se defiende con armas sil mata<n>

.iii. Dela pena que deue auer los que saca<n> los/ omnes por fuercia dela egl<es>ia

.iiii. Que el malfechor o el debdor q<ue> fue[224] ala egl<es>ia/ non deue seer sacado dela egl<es>ia.' mas deue pa-/gar lo que deue.

O LIBER X Aqui comienca/ el libro .x°. delas particiones por annos/ τ por tiempos. τ delos/ terminos.

Titol. i°./ Delas particiones. τ/ delas t<ier>ras dadas a plazo.

.i°. Que el de-/paramiento/ que fue fecho delas heredades una uez que/ uala por siempre

.ii. Que la paticion que es fecha entre los her-/manos q<ue> se no<n> desfaga magar que non ayan/ ningun esc<ri>pto. se puede seer mostrado por tes-/tigos

.iii. Que la particion que fezieren los mayores τ los meyores[225]/ **f. 9b** quela deuen tener los menores

.iiii. Que el uno delos herederos puede respond<er>/ por los otros τ demandar

.v. Si algun omne q<ue>branta la particion q<ue>/ es fecha o toma dela p<ar>tida del otro

.vi. Si algun omne faze uinna o casa en here-/dat aiena. en q<ue> no<n> ha ni<n>guna suerte

Si algu<n> om<n>e faze [...] o casa en heredat ai [...] su conpa<n>nero[226]

.vii. Delos dep<ar>timientos delos t<ier>ras entre los godos/ τ los romanos

---

[220] “vi” rect. “vii” en negro.

[221] “vii” rect. “viii” en negro.

[222] “enlla hueste”: supraes., rasp.

[223] “viii” rect. “viiii” en negro.

[224] “fue”, escrito “foe”, con “o” sopunt. y “u” supraes.

[225] “τ los meyores” añadido al marg. inferior en cur.

[226] “Si algu<n> [...] conpa<n>nero”, capítulo añadido al marg. en red. tras llam.

Delos montes q<ue> son[227] p<ar> [...] los godos τ los rom [...][228]

.viii. Que aq<ue>llo q<ue> faze el sieruo sin mandado de/ su sennor non deue ualer. sin q<ua>nto manda/ la Ley.

.viiii. Que aquel que toma heredat a plazo de-/ue guardar el plazo

.x. Delos herederos [!] que son dados aplazo fata cierto tiempo

.xi. Si aquel que toma la heredat a plazo estie<n>-/de su lauor mas que no<n> deue

.xii. Si alguna contienda se leuanta contra[229] a-/quel que da la t<ier>ra a plazo τ el q<ue>la toma.

.xiii. Que aquel que toma la t<ier>ra a palzo [!] τ aq<ue>l q<ue>/ la da que cada uno dellos deue pagar el trib-/uto

.xiiii. Si los godos toman alguna cosa dela t<er>cia/ parte delos romanos

.xv. Delos sieruos como deuen seer partidos τ de/ sus peguiares.

.xvi. Que peguio τ peguiar todo es una cosa

.xvii. Si aquel que toma la t<ier>ra aplazo non paga/ la rienda.

Titolo .iiº. Delas demandas τ delas/ suertes τ conpras fata .xxx. annos. ho fata[230]

.iº. Que de .Lª. annos adelantre nin demande<n>/ los godos alos romanos ni<n> los romanos alos/ godos

.ii. Quelos sieruos que fuyen/ de. Lª annos adelantre no<n> sean dema<n>-dados/ f. 9c

[...] osas q<ue> no<n> so<n> demadadas fata .xxx. an<n>nos. dalli adelantre no<n> sea demandadas[231]

.iii. Del tiempo fata q<ua>ndo los sieruos del Rey/ deuen seer demandados

.iiii. Delas cosas que son demandadas ante/ de .xxx. annos complidos

.v. Como deue el iuyz enformar del man-/dado al sayon

.vi. Que los que son echados dela t<ier>ra si dal-/guno tiene su casa .xxx. annos non le de-/ue empeecer.

Titolo .iiiº. Delos t<er>minos τ/ delas lindes

.iº. Quelos t<er>minos τ los fitos sean guardados. τ los fitos arrancados o q<ue>bra<n>tados[232]

---

227 "Que son" supraes. en cur.

228 "Delos montes" [...] los rom.", capítulo añadido al marg. tras llam. cortado.

229 "contra" escrito sobre rasp.

230 "ho fata" supraes. sin completarse el resto.

231 "osas q<ue> [...] demandadas", capítulo añadido en marg. superior en red., cortado.

232 Se han unido erróneamente dos capítulos, pero no hay espacio rectificar: se marca el segundo "τ" con un calderón.

.ii. Si se leuanta contienda.' sobre termi-/nos τ sobre los fitos

.iii. Si algun omne toma alguna cosa de/ sobrel fito

.iiii. Que si alguna cosa foe mudada por los ro-/manos en su tiempo. non deue despues se-/er trasmudada:,

O LIBER XI

Aqui comienca el libro/ .xiº. Delos enfermos/ τ delos meies τ delos ydores dultram-/ar. Titolo .primo. Delos fisicos:,

.iº. Que el fisico n<on>/ deue sang<ra>r la mugier[233]/ nin melezinar si/ s<us> parientes non estodieren delant

.ii. Que el fisico non deue uisitar los q<ue> son/ presos en carcel sin aq<ue>-llos q<ue>los guardan

.iii. Que el fisico deue pletear con el enfe-/mo

.iiii. Si el enfermo muere pues/ que ha pleteado co<n> el fisico

[...]fisico tueie la nuue [...] oios[234]

.v. Si el omne libre o sieruo muere o enfla-/queçe por la sangria.

.vi./ f. 9d Quanto deue dar el discipulo al fisico/ quel demuestra

.vii. Si el mal fisico deue seer metido en car-/cel.

Titolo .iiº. del q<ue>brantamiento τ dela uiolencia de los monumentos

.iº.[235] Delos que fazen danno en/ los monumie<n>tos delos muertos.

.iii. Si algun omne furta monumiento de/los muertos.

Titolo .iiiº. Delos m<er>cadores q<ue>/ uienen dultramar q<ue> uienden cosas d<e> furto

.iº. Si el m<er>cador que uiene dultra-/mar uiende cosa de furto

.ii. Quelos m<er>cadores dultramar deuen seer/ iudgados por sus iuyzes τ por s<us> lees

.iii. Si el m<er>cador dultramar lieua consigo si-/eruo de n<uest>ro regno

.iiii. Si el m<er>cadero dultramar da alguna cosa/ aalgun sieruo de n<uest>ro regno q<ue>lle lieue su/ merchandia.

O LIBER XII Explicit liber .xi<us>. Incip<it>/ libro .xii<us>. De remouendis τ omniu<m> h<aer>itico<rum>/ sentenciis excientiis.

Titulus de temp<er>ando/ iudicio τ remoue<n>-/da pressura.

.i. Como el Rey/ manda a s<us>/ iuyzes que sean/ mesurados en dar/ el iuyzio

---

233 "la mugier" añadido al marg. en cur.

234 "[...] fisico [...] oios", capítulo añadido al marg. en red., cortado.

235 "Delos que fazen danno enlos monume<n>tos" tach. Tach. también "ii"; y "de los muertos", al marg. en cur. tach.

.ii. Que ni<n>gun om<n>e/ que ha ensu poder o en su guarda el pue-/blo q<ue>l non agrauie de despenssas nin de/ coiechas nin de otros lauores.

Titolo .iiº. Delos yerros delos hereges τ delos iudios

.i. Que despues quelas leyes fueron dadas/ alos fieles de dios[236] conuiene nos/ f. 10a faz<er> ley alos non fieles

.ii.[237]

.iii. Delas leyes que fueron dadas porla mal-/at delos iudios.[238]

De toier los yerros delos iudios[239]

.v. Que los iudios non casen segundo su ley

.vi. Quelos iudios non fagan su pascua segu<n>-/ do su ley[240]

.vii. Quelos iudios non se circumciden

.viii. Que los iudios non coman las uidas se-/gundo su ley [!]

.viiii. Quelos iudios non deuen fazer torme<n>tar/ los christiannos

.x. Quelos iudios non deuen seer testimo<n>ios/ contra los christianos

.xi. Como deuen seer penados los iudios que/ fazen contra ley

.xii. Quelos iudios non circu<m>ciden el s<ier>uo christiano

.xiii. Delos iudios que uienden los/ sieruos ch<rist>ianos o q<ue>los franq<ue>an

.xiiii. Quelos[241] sieruos ch<rist>ianos non se alegue<n>/ en ninguna manera alos iudios[242] nin entren en su secta

.xv. Que ningun christiano non deue/ manparar alos iudios nin defender

.xvi. Delas costituciones q<ue> i<n>uiaron los iudios/ al Rey

.xvii. Delos christianos que se tornan iudios

.xviii. [...] porfia[243] delos iudios

.xviiii.[244] Delos homezilio que faze<n> los iudios.

Titolo. tercero. Delos denuestos τ delas palabras ydiosas

.iº. Si algun omne dize por san<n>a/ a otro podrido

.ii. Si algun omne dize a ot<ro> tinoso o gottoso

---

236 "conuiene" tach. secluido.

237 "De toier los yerros de todos los hereges", capítulo tach.

238 "detoier los yerros dedados los ereges", capítulo añadido en el margen superior en cur. Dos rect.: tras "yerros", "delos" tach.; "dedalos" supraes.

239 "los" supraes.

240 Este capítulo y el anterior están precedidos por una cruz que indica que están copiados en orden inverso.

241 "iudios" rasp. y dejado en blanco, secluido.

242 "alos iudios" supraes.

243 "del enganno" tach. en el texto; "porfia" rect. al marg. en cur., cortado.

244 Aquí se añade un "uaga" en cur.: el capítulo está en el sumario del texto, pero falta en este.

.iii. Si algun omne dize a otro uizco o toposo

.iiii. Si algun o<mn>e diz a ot<ro> c<ir>cuncisio o sin<n>alado

.v./ f. 10b Si algun omne dize a otro corcobado

.vi. Si algun omne lama aotro sarrazin

.vii. Si algun omne muerre por su culpa

.viii. Del tuerto que fazen a omne libre

Titolo .iiiº. Delas nueuas leyes delos iudi-/os. assi como las uieias sean confirmadas./ τ fazer gelas tener:,

.iº. Dela menbrancia delas leyes antiguas/ que son dadas τ[245] los traspassados dellas. τ dela/ nueua confirmacion dellas

.ii. Delos denegadores τ blasphamadores de/la s<an>c<t>a trinidat

.iii. Que los iudios nin assi nin s<us> fijos ni<n> s<us>/ sieruos no<n> los tire<n> d<e> uolu<n>tad del baptismo

.iiii. Que los iudios non celebren pasqua seg-/undo su costunbre. nin se c<ir>cunciden. ni<n> ni<n>-/gun christiano no<n> tuelgan dela fet catholica

.v. Que los iudios non osen guardar los sab-/bados nin las otras fiestas segundo su costu<n>bre

.vi. Que todo iudio dexe d<e> labrar/ alos domingos. τ alas otras fiestas ma<n>dadas

.vii. Quelos iudios non de-/parten sus comeres segondo su huso

.viii. Que los iudios non osen casar con parie<n>-/tas fastal q<ua>rto grado

.viiii. Que los iudios non osen anparar ni<n> en-/cobrir nin recebir los christianos que se/ quieren tornar iudios

.x. Que el christiano non sea defendedor del iu-/dio por don<n>o alguno

.xi. Que los iudios non ossen leer aq<ue>llos lib<ros/ los q<ua>les refussa la fet catholica.

.xii. Que los iudios non aleguen assi ma<n>ceb-/os christianos nin se sieruan dellos

.xiii. Que el iudio non se enfinga seer christiano/ f. 10c nin se otorgue por christiano por non q<ue>rer toier/ dessi mancebo christiano

.xiiii. Como deue cada un iudio[246] uenir/ amanifestación q<ua>ndo uiene ala fet christiana/ τ como deue manifestar la fet catholica τ/ creerla

.xv. Las condiciones τ los sagramientos por/ los que deuen iurar los iudios q<ua>ndo uiene<n>/ ala fet catholica. τ como deuen iurar

---

245 "τ" supraes.

246 "deue" tach.

.xvi.[247] Delos mancebos christianos delos iudios que/ non se quieren descobrir. τ delos q<ue> q<ui>eren/ poblar con ellos

.xvii. Que ningun iudio non pueda ganar/ nin tormentar nin ap<ar>tar n<in>-gun crhistiano/ por pod<er> q<ue> aya recibido de q<ui>en q<ui>er si no<n> for por/ ordenamie<n>to de la corte del[248] rey.

xviii. Que los sieruos delos iudios q<ua>ndo quier/ que se tornen christianos q<ue> sean libres

.xviiii. Que los iudios non osen auer mancebos/ christianos. nin mayordomos ni<n> labradorse que/ guarden nin labren s<us> lauores. τ estos q<ue> fuye<n>/ con ellos ayan la pena misma dellos

.xx. Que los iudios que uienen dotras p<ro>ui<n>cias/ morar alas n<ues-t>ras. luego se muestre al obispo./ o al capellan mayor del lugar o aq<ue>l q<ue> co<n>uie-/ne guardar al iudio en todo esto.

.xxi. En qual manera deue yr el <con>uiento delos/ iudios enlos dias establecidos antel obispo.

.xxii. Que ningun christiano non ose tener con-/sigo ningun iudio seruicial. τ q<ue> luegol quite/ dessi delante un capellan q<ue> sea testimonio.

.xxiii. Que todo coydado sea dado a los p<re>lados/ τ todo pod<er> p<or>a destroyr los iudios

.xxiiii. Delos dannos delos sacerdotes delos iuy-/zes. que deuen auer q<ua>n-do tuellen alos iudi-/ **f. 10d** os q<ue> cumplan los establecimientos de/las leyes

.xxv. Que ningun iuyz non tome ni<n>gun don<no>/ nin p<ro>mission de iudios sobre defendim<ien>to/ delos p<re>lados

.xxvi. Que todos los ob<i>pos sean quitos de todos es-/tos dannos. establecemos q<ua>ndo enuian a s<us> capella-/nes que castiguen las cosas q<ue> son de casti-/gar nin gclo fazen saber a ellos[249].

xxviii. Como deue seer guardado el pod<er> delos prin-/cipes enla m<er>cet que fazen aaq<ue>llos que se tor/-nan uerdadera mientre ala fet de chr<ist>o

.xxviiii. Que todos los obispos den a todos los iudios/ p<ro>uinciales. este .xiiº. libro sacado delos s<us> erro-/res delos sus pleytos τ delas sus iuras. τ los ob-/ispos guarden lo en las arcas de sus Thesoros.

[247] Aquí se añade un "uaga" en cur.: el capítulo está en el sumario del texto, pero en este falta.

[248] "l" supraes.

[249] Se une lo que estaba copiado como dos capítulos: a partir de "es-/tos dannos" se rasp. y deja en blanco el resto de la línea, y un trazo une "dannos" con "establecemos" en la línea siguiente; "xxvii" se tacha en negro.

2.2. Sección previa, prólogo

f. 11a **Primero titulo dela election delos p<ri>n-/cipes como deuen seer amonestados que iutguen derechamintre. Et dela/ uengancia delos iutgadores malamie<n>-/te torticeros. Et del conceio de Toledo/ en q<ue> foron. xl. vi. obispos afaz<er> este libro. Con el glorioso Rey don sisnan-/do estando p<re>sente enel t<er>cero anno q<ue>/regno. en era. de. Lxx. iª. Sisnando Rey**

C[250] ON CUIDA-/DO DEL A-/MOR DE chr<ist>o τ con grant/ diligencia de do<n>/ sisnando muy gl<or>ioso Rey despan<n>a/ et de francia.' todos los obispos nos aiun-/tados en la cibdat de Toledo que por/ el mandado del Rey τ por el so ensen-/namiento feziessemos todos comun-/almientre un tractado delas cosas de/ s<an>c<t>a yglesia τ delos establecim<en>tos. τ pri-/meramie<n>tre nos todos diemos gracias/ al n<uest>ro sen<n>or dios que puede fa-/zer todas las cosas τ despues d<e>[251] esto. el/ deuandicho Rey el que es frucho muy/ sobre poiant τ muy gl<or>ioso principe/ quiso seer p<re>sente en n<uest>ra conpa<n>na.' / τ entro con sus barones muy grandes/ τ mucho ondrados. τ prim<er>amie<n>tre.' / luego dexosse caer en t<ier>ra homildosa-/mientre ante nos todos obispos de di-/os τ rogonos τ pedio nos m<er>cet con la-/ f. 11b grimas muchas τ con sospiros q<ue> roga-/ssemos adios por el τ despues amonesto/ todo el conceio con grand deuocion. q<ue>/se nenbrassen delos derechos de sus pa-/dres τ que diessen estudio. τ / fimencia de guardar los d<er>echos de s<an>c<t>a egl<es>ia. τ que/ emendassen algunas cosas q<ue>los om<n>es/ auien mal usadas en otro tiempo por/ negligencia contra las costumbres de/ de s<an>c<t>a egl<e>sia τ que tomara<n>. ya por costun-/bre. como si fosse demandado del princi-/pe. Onde por estos sos amonestamie<n>tos/ nos todos confiando en n<uest>ro sen<n>or τ dan-/dol gracias ael que es muy piadoso en-/tendemos cosa por muy n<e>c<a>r<i>a q<ue> segu<n>d/ so uoluntad del Rey.' τ dela n<uest>ra feziesse-/mos las cosas que eran conuenibles/ adios.' asi[252] enllos sagramientos de s<an>c<t>a egl<es>-/sia que son fechos en muchas egl<es>ias des-/pan<n>a en muchas man<er>as τ como non/ deuen.' como enlas otras malas costun-/bres q<ue> son fechas por contrario[253] τ por deci-/bimiento delos principes q<ue> les podam-/os[254] poner t<er>mino. τ que podi[255]amos pon<er>/ freno d<e> desciplina como τ enqual ma-/nera se guarde cada uno

[250] "C" en espera, letra iluminada no se ejecuta.

[251] "de" surpraes.

[252] "asi" interli.

[253] "o" rect.

[254] "podiamos", con "i" sopunt. secluida.

[255] "i" supraes.

delas cosas/ que non deue fazer τ delos decibim<ien>-/tos.' q<ue> tema cada uno el n<uest>ro sennor

2.3. Sección previa, tit. I

[f. 11c] **Primero titulo dela election delos prin-/cipes τ delas gana<n>cias dellos. (capítulo I)**[256]

En esta ley diz como deuen seer/ esleydos los principes.' q<ue>las cosas/ que ellos ganan deuen fincar al regno[257]./ ca los Reys son dichos reys porq<ue> regn-/an. τ el Regno es lamado.' regno por/ el rey.' y assi como los reys. son dichos[258]/ f. 11c de regnar.' assi el regno es dicho delos/ reys.' τ assi como el sacerdote es dich<o>/ de sacrificar assi el regno es dicho de/ regnar piadosamie<n>tre. mas aq<ue>l non/ regna piadosamie<n>tre qui[259]en non/ guarda mise<rico>dia.' doncas faziendo/ derecho el rey. deue auer nonbre de rey. τ faziendo tuerto. pierde no<n>bre de/ Rey. Onde los antigos dizen tal p<ro>-/uerbio.' Rey seras si fezieres derecho./ τ si non fezieres derecho.' no<n> seras rey./ Onde el rey deue auer duas u<er>tudes en/ ssi mayor mientre.' iusticia. τ u<er>dade./ mas loado es[260] el rey por piadat que por ca-/da una destas.' cala iusticia a u<er>dat co<n>-/ sigo deso. Enel. viii° <con>ceio de toledo.

2.4. Sección previa, tit. II

[f-. 18b] **Co-/mo aq<ue>llos que fielmientre sierue<n> al/ p<ri>cipe τ que fazen todos sus mandados/ τ quelos guardan atodo so poder.' que/ non pierdan sus derechos nin su di-/gnidat nin sus cosas sin derecho:, (capítulo X y último)**[261]

Toller so galardon alos fieles no<n> es tan[262]/ solamientre contra razon.' mas co<n>-/tra derecho.' τ por el rey celestial[263] τlos/ t<er>renales. an costumbrado gualardonar/ sos fieles razon es q<ue>los sac<er>dotes de dios/ fagan sobresto su s<ente>n<ç>ia τ porend foe/ establecido enel conceio del a<n>no p<ri>m<er>o/ que regno el n<uest>ro p<ri>ncipe/ q<ue> todos aq<ue>llos/

---

256 Sin numerar en el ms.

257 "o" supraes.

258 "u" sopunt.

259 "i" sopunt.

260 "es" supraes.

261 Sin numerar en el ms.

262 "tan" añadido al marg. en red.

263 Rasp. en blanco por espacio de tres letras.

que fielmientre seruissen[264] al p<ri>ncipe/ τ q<ue> fazen sus mandados τ que lo guar-/dan τ todo so poder non deuen p<er>der/ sus derechos del regno nin su digni-/dat nin sus cosas sin derecho. τ esto/ mismo stablecemos agora que el p<ri>n-/cipe los ordene[265] alos sus fieles assi como/ uiere que es[266] mester enla t<ier>ra τ fagales./ tanto debien por que aya [!] los otros[267]/ **f. 18c** que son deuenir en so poder τ quelas/ cosas que ellos ganaron con derecho[268]/ q<ue>las dexen enpoder dellos q<ue>las den/ asus fijos o aquien quisieren. τ si al-/gunos y ouiere que non sean fieles/ contral Rey o que non fagan porel/ las cosas quel son en comendadas se-/an en poder del rey de fazer daq<ue>llas[269] co-/mo quisiere.˙ ca grand tuerto es non/ connoscer aquel por sennor que dios/ metio por gouernador.˙ τ si despues de/la muerte del p<ri>ncipe alguno fore fa-/llado desta man<er>a pierda q<ua>ntol diera/ el p<ri>ncipe. τ q<ua>nto el ganara. τ torne to-/do enel regno. et esta n<uest>ra costitucio<n>/ sea firme. Este n<uest>ro degredo q<ue> nos/ todos fazemos por el n<uest>ro p<ri>ncipe por/ guardar fet τ piadat τ iusticia com-/endamos atodos ante dios.˙ τ ante/ los s<an>c<t>os angeles quelo cumplan et/ que defiendan que ni<n>guno non/ le quebrante.˙ τ a<que>llos quelo de-/spreciaren la yra de dios uenga/ sobrellos.˙ et los que lo guardare<n>/ ayan la misericordia de dios. et/ ayan paz perdurable τ la gloria/ celestial amen:, **Explicit prologus.**

2.5. Libro II, I, 4-6

.IIII. En q<ua>nto tiempo deuen ualer las/ leys que son emendadas[270]

[f. 22a] Porque la antiguidat delos pec-/cados faze fazer nueuas leys. τ/ renouar las que eran antiguas. por/ ende establecemos.˙ τ mandamos. q<ue>/ ualan las lees que son escriptas en/ este libro desdel el segundo a<n>no q<ue>/ regno n<uest>ro padre el rey don cintasuin-/do.˙ τ mandamos las guardar.˙ ato-/dos [!] las p<er>sonas de n<uest>ro regno. τ atoda/ n<uest>ra gente.˙ τ tollemos. todas las/ otras leys que non fueron fechas/ por derecho mas por fuerza.˙ τ todos/ los iuyze[271]s τ los esc<ri>ptos que fueron **f. 22b** fechos por ellas. non ualan.˙ aq<ue>-llas/ leyes. mandamos que ualan las/ quales entendemos que fueron/ fechas antiguamientre por derech<o>/ o porque iudgo el n<uest>ro padre mis-/mo. o que

---

264 "issen" escrito sobre rasp.

265 "e" supraes. en red.

266 "es" supraes. en red.

267 "que" tachado aquí, que secluyo.

268 "τ " rasp. a comienzo de la siguiente línea.

269 "s" interli.

270 Escrita sobre rasp toda la rúbrica. La "r" de "ualer", rect. Glosa no copiada.

271 "e" rect.

fizo por penar los mal-/fechores. τ enademos conestas/ las otras leys aque nos feziemos conlos otros obispos de dios. τ con/ todos los mayores de n<uest>ra corte. et/ con el otorgamiento del pueblo.' τ por el ensi<n>namie<n>to de dios. assi q<ue>/ aq<ue>llas lees que auemos fechas. τ/ las que faremos por otros nueuos/ pleytos. mandamos que ualan/ τ que sean firmes por siempre. Esta ley foe fecha enel octauo conceio de toledo.

.V. De toier la cobdicia/ delos principes τ como deuen seer/ fechos los esc<ri>ptos.' en su nonbre de/los p<ri>ncipes

La ley uieda/ alos p<ri>ncipes τ alos/ altos omnes que/ non sean cobdicio-/sos. τ diz assi q<ue> si/ alguno dellos. por fuercia o por enga<n>-/no o por mal iul-/gar. ganar algu-/na cosa. dalguno/ q<ue> ielo torne sin/ ni<n>gu<n>a detardan-/cia. τ si alguna/ cosa ganare dere-/charamientre [!] ole/ fuere dado de bue-/na uoluntat./ ayalo fata en/ su mu-/erte. τ des-/pues.' de su muerte ayalo aq<ue>l/ q<ue> estodier en su/ dignidat. τ lo al/ q<ue> ouiere de su pa-/trimonio. o de/ su heredamie<n>to ayan lo s<us> fijos/ o qui lo suyo heredar./ τ si alguna cosa ganare/ de algun su pariente/ non tan solamientre/ de heredamie<n>to. mas/ por qual quier man<er>a/ que derechamientre/ lo gane. se sin testa-/miento moriere. todo/ torne a sus fijos o a/ s<us> herederos. τ qui es-/ta ley q<ue>brantare. sea maldito τ descomun-/gado τ peche la mea-/tad. delo que ha. et/ sea echado dela corte:,

El p<ri>ncipe dela/ t<ier>ra o el sen<n>or estonçe semeia q<ue>/ ama salud. τ las cosas celestiales./ q<ua>ndo ha piedat de sus p<ro>ximos. τ/ les quier tener p<ro>uecho. Onde sue-/le[272] auenir que mayor prod gana/ dela salud delos otros que dela sua./ ca q<ua>nto los om<ne>s son mas.' tanto/ mayor ganacia suele uenir del-/los. τ q<ua>ndo el esp<er>a de auer prod desi/ mismo. solamientre.' nonl seme-/ia mucho de ganar bien fazer de/ si mismo.' que es un omne solo. τ por esto deuemos mays[273] guardar la sal-/ut de todo el pueblo. que de un/ omne solamientre por palabra f. 22c τ non por fecho. deue catar lo q<ue>l/ ruega el pueblo.' que estonce[274]/ aya el p<ro>uecho[275] del pueblo, q<ua>ndo.' entendiere<n> que los oye. delo quel/ demandan. τ que gelo otorga./ Onde como los p<ri>ncipes ayan es-/tado. muy cobdiciosos de robar/ el pueblo.' en los tiempos que son/ passados. τ de acrescentar el su te-/soro. τ nos catemos agora la[276] mezq<ui>n-/dat delos sometidos por la g<ra>cia del/

[272] "le" escrito sobre rasp.

[273] "mays" añadido al marg.

[274] Rasp. de una letra detrás.

[275] "p<ro>uecho" escrito sobre rasp.

[276] "la" supraes.

s<an>c<t>o sp<irit>u. pues que diemos las leys/ alos sometidos que touiessen. q<ue>re-/mos pon<er> freno τ t<er>mino.' a la cob-/dicia delos p<ri>ncipes. τ porende esta-/blecemos assi por nos. como por to-/dos n<uest>ros succeso-res.' que ningu<n>/ rey non costringa por fuerza nin-/gun omne q<ue>l faga esc<ri>pto dela/ debda que deue aotri. nin man-/de que gelo fagan fa<zer> por fuerza./ nin porque ninguno pierda co<n>/ tuerto nin contra su uoluntat/ las cosas que el otro le deue. et/ si algun omne quisier dar algu-/nas cosas al p<ri>ncipe porsu uelu<n>-/tad. o el p<ri>ncipe ganar del[277] alguna/ cosa.' por algun algo q<ue>l fizo.' sea en/ el esc<ri>pto puesto que gelo da por/ su uoluntad.' τ como gelo da. et/ que por aq<ue>sto pueda omne ente<n>-/der si gelo da por fuerza. τ por enga-/no del p<ri>ncipe. τ si por uentura po-/dier omne entender que ielo da/ contra su uoluntad. o ielo dexe el/ p<ri>ncipe τ desfaga lo que fizo mal f. 22d τ despues de su muerte.' torne las cosas/ aaquel que ielas diera o asus hereder-/os. τ aquellas cosas que fueren dadas/ al principe sin ninguna premia. assi/ como es derecho. τ faga dellas/ lo que quisiere. τ que atal cosa sea mas/ firme.[278] deue aleuar si algun esc<ri>pto/ fuere fecho dela donacion del princi-/pe. las testimonias que fueren enaq<ue>l/ esc<ri>pto.' sean pesquiridas. de quien/ mandare el principe.' si ouo y alguna/ fuerza del principe. o algun enga<n>no/ daquel que fizo el esc<ri>pto.' τ assi uala el/ esc<ri>p-to.' τ si non fuere desta manera n<on>/ uala. Et otrossi mandamos guard-/ar delas t<ier>ras delas uinnas τ delos/ sieruos. si alguna do[279]<m>pnacio<n> fuere fe-/cha sin esc<ri>pto.' τ ante testimonias./ τ de todas las cosas que ganaro<n>. los/ principes enel regno.' desde[280] el tienpo/ que regno.' el rey don cindasuindo fa-/ta enesaqui. o que ganaren los pri<n>-/cipes daqui adelantre. q<ua>ntas cosas/ fincaron por ordenar porque las ga-/naron enel regno.' deuen p<er>tenes-/cer al regno./ assi que el p<ri>ncipe q<ue> uen-/iere en el regno faga dellas lo q<ue> q<ui>siere./ τ las cosas que gano el p<ri>ncipe de sus/ padres o de sus parientes.' por hereda-/miento aya las el principe τ sus fijos.' / τ si fijos non ouiere ayan lo [!] sus he-/rederos legitrimos τ fagan dende su/ uoluntad. assi como delas otras co-/sas que an por eredamiento.' τ si alg-/una cosa ouiere<n> de sus padres o de s<us>/ f. 23a parientes que assi ielo dieron. o assi/ lo conpraron. o lo ganaron enotra/ manera qual quiere.' τ non feziero<n>/ ni<n>guna manda daquellas cosas. n<on>/ deuen p<er>tenecer al regno. mas asus/ fijos o asus herederos.' τ otrossi daq<ue>l-/las cosas que ga<n>no ante

---

277 "del" marcado como erróneo por el copista, que quiere separar esta palabra de la siguiente.

278 Sigue rasp. de una letra.

279 "o" rect.

280 Rasp. una letra a continuación.

que fuesse/ rey. o que eran suyas p<ro>prias.' puede/ dellas fazer lo que quisiere. olas de- uen auer sus fijos.' τ si fijos no<n> ouie-/re deuen las auer sus herederos. si n<on>/ fezieren dellas manda. Esta ley ma<n>-/damos guardar enlas cosas del prin-/cipe sola mientre.' τ mandamos la te-/ner ental man<er>a.' que ante que nin-guno/ aya el regno.' ante p<ro>metera/ porsu sagramiento de guardar esta/ ley. τ todo om<ne> que q<ui>siere. auer el re-/gno.' por grant roydo del pueblo. o por/ algun enganno.' manteniente a-/q<ue>l q<ue> quisiere auer el regno por es-/ta manera sea descomungado.' con/ todos aquellos que touieren [!] con el./ τ sea echado dela conpa<n>na delos c<hrist>ia-/nos. τ aya tan grant pena q<ue> todo c<hrist>ia-/no. que con el ouiere conpa<n>na aya/ otra tal pe<n>a como el. Et si algun/ omne esta ley quisiere q<ue>brantar/ o desfazer. o en ascuso o enpaladi-/no.' pues que foere descobierto. sea/ echado de todala conpa<n>na dela corte/ τ pierda todala meatad delas cosas/ que ouiere.' τ sea metido en algun/ fuerte logar por siempre.' τ pierda la/ dignidat que ouiere. τ todo omne/ ordenado que esta cosa osar fazer. f. 23b otrossi pierda la meatad desus cosas/ assi como es de suso dicho.

.VI. Enqu<ua>nto/ tiempo deuen ualer las leys q<ue> son emendadas

Esta ley diz q<ue>/ el anno seg-/ondo q<ue> regno el/ rey eruigio fueron aquestas/ leys emendadas/ τ con firmadas/ del mismo. τ de/ toda su corte. τ/ ualieron desdel/ tiempo el[281]/ tiempo [!] del rey. cindasuindo q<ue/ las confirmo.'/ otrossi como diz/ en aq<ue>lla ley. q<ue> comiennça. Q<ue> in /nouitate<m> legu<m> el anno segu<n>do/ q<ue> el regno con conseio τ con consentimien-/to de todos los/ ordenados. τ de toda la corte. τ/ este rey eruigio/ establecio que/ ualiessen otro-/ssi por todo tie<n>-/po:,

Nos que q<ue>remos/ emendar las lees dezimos esto/ luego por sentencia. prim<er>amientre./ que assi como las leyes paladinas/ son p<ro>uechosas por toier los peccados/ delos omnes. assi que las escuras le-/[282]es destoruan quelas no<n> pueda[283]/ omne ordenar. ca algunas cosas fu-/ertes son ordenadas.' por escuras parablas.' dalli nasce contienda por/ quelos pleytos. non pueden seer/ departidos claramientre por ellos. et/ hu deuien poner t<er>mino alas calo<n>-/nias alli ponen lazos alos omnes/ entressi. τ dalli nascen muchas diuersidades de pleitos: dalli nascen/ muchas contiendas entrelas partes./ dalli nacen dubdas entre los iuyzes/ assi que non pueden poner t<er>mino/ alos pleytos nin refrenar las calonp-/nias. Onde todas las cosas que uie-/nen en contienda.' non

281 Tach. aquí "desd", que secluyo.

282 Letra rasp. aquí.

283 "o<nm>e" tachado por repetición.

puedan se-/er demostradas por pocas palabras. si/ al que non los pleytos q<ue> fueren tractados ante nos. τ las lees q<ue> ende fue-/ron fechas q<ue>remos emendar enes-/te libro.' τ ordenar τ esplanar las/ cosas que son dubdosas. τ las q<ue> son/ nozibles.' fazer p<ro>uechosas. τ las q<ue>/ son mortales fazer piadosas. τ ab<ri>r/ las que son encerradas τ conplirlas/ que son comencadas ental man<er>a que/ todos los pueblos de n<uest>ro regno.' entie<n>-/ f. 23c dan que son bien emendadas τ/ ordenadas.' τ por ende estas leyes/ que nos emendamos τ las q<ue> faze-/mos nouamie<n>re.' ordenamos τ/ ponemos[284] eneste/ libro[285]. cada una[286] sus titulos. ma<n>-/damos que sean guardadas desde kalendas nouienbras.' deste seg-/undo anno que nos regnamos. τ/ que ualan por siempre. τ q<ue>las ten-/gan todos los que son de n<uest>ro regno/ assi como las oyeren τlas otorga-/ron todos los obispos de dios τ los sa-/bios de n<uest>ra corte. τ los mayores. et/ las leyes que feziemos contra los/ iudios mandamos que ualan da-/quel tiempo adelantre que fuere<n>/ confirmadas.' por nos. El rey don flauio recesuindo.

2.6. Libro XII, Trece Cánones

[f. 117d] **.Iº.** Esta ley diz que el primer/ canon da dignidat de fa-/zer testimonio atodos aquellos/ que por enxemplo de san paulo se tornaron a n<ues>tra ley. los q<ua>les/ iutga esta ley que fagan testi-/monio τ non pierdan ren de/lo suyo. nin ellos nin sus fijos/ sis tornaren:,

.IIº. Diz esta ley que este cano<n>/ segundo manda q<ue> nin-/guno sacerdot nin ningun alto/ omne de palacio non sea<n> torme<n>-/tado por ninguna cosa q<ue> faga de-/lantrel pueblo. mas todos aq<ue>llos/ que fueren accusados. segundo/ la instituycion del deuandicho/ cap<itu>lo sean iudgados. τ quie<n> <con>t<ra>/ la riegla dela sentencia quisier/ yr. o contra la instituycion del/ deuandicho canon aya poder.' si otra mientre iudgasse alguna/ p<er>sona delas diuandichas fueras/ f. 118a como aqui manda. o non diga/ ia mas testimonio o pierda lo/ que ha:,

.IIIº. Este tercero canon dize q<ue>/ todel tributo delos a<n>nos/ passados fasta el primero a<n>no/ que regno el rey que esta ley fizo.' el qual tributo <per>tenecie alos/ priuados o alos tesoreros del rey/ deue seer delexado por siempre/ ia mas.' pero si alguna cosa[287] hy ouie-/sse forciado[288] mandaualo tornar

---

[284] "nueuamientre" sopunt., secluido.

[285] "en" sopunt., secluido.

[286] "su" supraes., en lugar de "sus" aunque errado, secluido.

[287] "cosa" supraes. cur.

[288] "firciado", con una primera "o" supraes.

.IIIIº. Este q<ua>rto canon dize del gra-/mecirniento delos fijos del/ rey acuya election foe todel co<n>uie<n>-/to delos sacertodes. τ delos mayo-/rales dela cort<e>:,

.Vº. Diz en este quinto canon/ que pues dela muert<e> del/ rey ningun de sus uassallos no<n> sea osado de casar nin de faz>er> adul-/terio con su mug<er> la reyna:,

.VIº. Este .vi. canon dize q<ue> nin-/gun sieruo nin libre no<n>/ aya officio en casa del rey fueras/ los sieruos. o los libertos dela bolsa/ del rey. τ si lo fezieren sean torna-/dos en su seruidu<m>bre daq<ue>l cuyos/ solien seer.' o de sus herederos:,

.VIIº. Este .vii. canon dize q<ue> ni<n>gu<n>/ no por baraia q<ue> aya co<n> cl<er>i-/gos nin con otre.' non tuelga ue-/stamienta que aya dada aaltare/ nin tuelga luminaria ala ygl<es>ia.

.VIIIº. Manda este .viii. canon q<ue>.' / f. 118b ningun de q<ua>ntos son enlo arço-/bispado. non lo[289] desprecie. τ[290] deue ue-/nir.' o el arçopispo le lamar.

.VIIIIº. Este .viiii. canon dize/ del conformamiento/ del conceio toledano. xiiº. q<ue> foe/ fecho en el primer anno q<ue>[291] el rey[292]/ regno que fizo esta ley.

.Xº. Manda este canon .x. o fu/ iudgado si osarien can-/tar los sac<er>-dotes estando en pe-/nitencia:,

.XIº. Manda este canon. u<n>deci-/mo.' que ninguno non/ reciba cl<er>i-go nin monge aie-/no fuydizo:,

.XIIº. Este .xii. canon dize que/ si alguno echar al arçob-/ispo nonl puede el obispo des-/comungar:,

.XIIIº. Este .xiii. canon diz q<ue>/ dicmos gracias adios.' / τ al rey por aqueste conceio to-/das las institutiones q<ue> hy fue-/ren.' manda que sean todas bie<n>/ guardadas de religiosos o de cl<er>i-/gos. τ de legos τ si alguno las cor-/ronpier sea descomu<n>gado τ pier-/da la decima parte de q<ua>nto q<ue> ha/ τ metalo enla bolsa del rey. τ si nada non ouiere denle .Lª./ azotes.[293] Esta ley foe confirma-/da en toledo sub die yd<us> noue<n>-bris era septuaiesima .xxiª. el/ anno .iiiiº. que regno el Rey.'/ f. 118c que esta ley fizo en toledo.

---

[289] "lo" supraes. red.

[290] "τ " supraes.

[291] q<ue> supraes.

[292] "q<ue>" tach. aquí, secluido.

[293] Escrito sobre rasp. el signo de puntuación.

2.7. Libro XII, IIII, 21-27 (capítulos finales)

[130a] **Q<ue> ningu<n> ch<rist>iano no<n> ose tener co<n>sigo iu-/dio seruicial τ q<ue> luegol q<ui>te dessi delante/ un capellan q<ue> sea testimonio .xxi.**

Aquesta ley diz q<ue> ni<n>gu<n> lego/ non defienda iudio ni<n> ui-/dia por dono q<ue>l de nin por seruicio.' / q<ue>l faga que non uenga los dias q<ue>/ dixiemos al bispo o al secerdot. τ n<no>/ cumpla<n> los mandam<ien>-tos de la ygl<es>ia. et qui contra esto fuere sea descon-/mu<n>gado del bispo de la cibdat. et/ pierda todo aq<ue>llo que emedio ga-/nar delos iudios τ demas peche .iii./ libras doro ala bolsa del rey. ysebu-/to Rey.

Q<ue> todo coydado sea dado alos p<re>-la-/dos. τ todo pod<er> costre<n>nir los iudios .xxii.

f. 130b Esta ley diz dat licencia atodos/ los sacerdotes mayor mientre/ que ha otros de costrenir.' los iudios q<ue>/ que [!] cunplan todos los establecim<ien>-tos/ q<ue> sobrellos son esc<ri>ptos. τ que no<n> con-/sienta<n> a ni<n>guno quelos defienda et/ da enxemplo aq<ue>llos que diz enla pro-/phecia. Estaran los sacerdotes enlos/ mios iuyzes τ iudgaran la mi ley./ τ los mios comenda mientos:,

Delos/ dannos delos sacerdotes τ delos iuyzes/ que deuen auer q<ua>ndo tueie<n> alos iudios/ que non cumplem los stablecimie<n>tos/ delas leyes .xxiii.

Diz esta ley que si algu<n> bispo por/ alguna cobdicia o por alguna/ torpedat.' non fezies conplir alos iu-/dios estas cosas que son establecidas/ fi<n>que .iii. meses descomu<n>gado τ peche/ una libra doro ala bolsa del rey. et si/ non ouiere onde lo co<n>po<n>ga finq<ue> .vi./ meses descomungado τ peche aq<ue>llo/ q<ue> el no<n> q<ui>so castigar. venga otro obis-/po sobrel τ castiguelo τ emendelo otro-/ssi alos iuyzes que sopieren aq<ue>lla ne-/miga τ non la quisieren castigar pe-/che una libra doro ala bosa [!] delrey to-/da uia estos sera<n>[294] quitos desta pena/ los sacerdotes τ los iuyzes quando p<ro>-/uaren que por embargamientos q<ue>/ ouieron del rey non lo podiero<n>/ castigar. Eurigio rey:.

Que ningun/ iuyz non tome ningun do<n>no nin p<ro>-/mission.' de iudios sobre defendimien<n>-/to delos prelados:, .xxiiii.

f. 130c Esta ley diz que ningun iuyz/ non iudgue ningun iud<i>o si/ non otorgamiento del sacerdot por tal que por uentura porque es seglar/ non reciba alguna

[294] "sera<n>" rect. al marg.; en el texto, "sepan" tach.

cosa[295] del. pero si acaesci-/er en logar o non aya sacerdot ent-/onz. puede el iuyz iudgar. si porue<n>-/tura conteciere que el bispo se alue<n>-/gue del so lugar dexe algun sacerd-/ot que con el iuyz libre estos pleytos/ sin recebir ningun dono. Vrigius reys:,

Q<u>e los ob<is>pos sean quitos de<e> to-/dos aq<ue>stos damnos establecidos q<ua>ndo en-/uia<n> as<us> capellanes q<ue> castigue<n> las cosas/ q<ue> so<n> d<e> castiga τ no<n> las castigan ni<n> ge-/lo fazen saber a ellos.[296]

Diz esta ley q<ue>los p<re>tes τ los dia-/chonos τ los otros iuyzes que/ fueren stablecidos porlos lugares assi/ como acadauno p<er>teneciere.' el conui-/ento delos iudios.' assi los costringa/ τ las cosas q<ue> no<n> pudiere constre<n>nir en-/uie las dezir al rey. o asu obispo. Los/ bispos estonz no<n> auran el da<n>no desto [!]/ ley q<ua>ndo non gelo fezieren saber:, Eurigio rey:,

Como deue seer guar-/dado el poder delos pri<n>cipes en la m<er>ced/ q<ue> fazen aaq<ue>llos ques torna<n> u<er>dadera-/ mientre ala fet de chr<ist>o:,[297]

Esta ley diz que si alguno delos/ que foren desterrados porque/ yuan contra ley quisier tornar ala/ fet τ creer en s<an>c<t>a trinidat luego q<ue>los/ sacerdotes olos iuyzes de cuyo ter-/ritorio foren.' los ouieren esp<ro>uados/ **f. 130d** τ delant ellos ouieren la p<ro>fession fecha/ aya licencia del rey. de reuesterlo [!] de/ sus cosas τ de tornarlos en sus t<ier>ras./ τ si por sus peccados alguno destos ot<ra>/ uegada tornassen en su nemiga/ sean tornados en su sentencia. et ia/ mas non ayan p<er>don:,

Q<ue> todos los/ obispos den asus iudios todos p<ro>uin-/ciales. Este .xiiº. libro saccade [!] delos/ sus errores delos pl<e>itos suyos. τ delas/ sus iuras. τ los Bispos guardenlo en las arcas de sus thesoros:,[298]

Manda esta ley que alos obis-pos.' τ alos sacerdotes q<ue> ma<n>te<n>-/ga<n> bien conuiento delos iudios q<ue>/ p<er>teneciere asus p<ro>uincias τ q<ue> ayan/ estas lees esc<ri>ptas cada uno en su/ egl<es>ia por tal que se non escusen q<ue>/ digan que non lo sopieron τ todas/ las p<ro>feciones. τ las istituciones aya<n>/ hy esc<ri>ptas τ que non lo feziere non/ escapara dela setencia [!] del Rey:,

---

295 "cosa" añadido al marg. en cur.

296 Núm. omit.

297 Núm. omit.

298 Núm. omit.

2.8. CONCILIO DE COYANZA, TIT. 1-3

[f. 147d] **Decreta. Fernandus Rex. τ sancia re-/gina.**

Estos son los degredos./ establecidos en tiempo del Rey/ don ffernando de Leon τ dela/ Reyna do<n>na Sancha.' de todos los obis-/pos de espanna. τ delos arçobispos de su/ regno. Sub era. Mª.Lxxx.ª .viiiª.

Prologus:,

Ego fernand<us> et uxor mea sancia re-/gina. por restauracion dela ch<ri-t>iandat/ feziemos conceyo en Castro coyanca/ general. enlo obispado de Ouie-do con/ los obispos. τ con los abbades. τ conlos arçobispos de n<uest>ro regno. Elo qual conceio estodieron presentes.

¶ El obispo de Ouiedo don frola.
¶ El obispo don cibrian de Leon.
¶ El obispo don diego de Astorga.
¶ El obispo don miro de palencia.
f. 149a ¶ El obispo don Gomez de uiseo.
¶ El obispo don Gomez de Calaforra.
¶ El obispo don iohan de panplona.
¶ El obispo don pedro de Lugo.
¶ El obispo don gresogomo de orens.
¶ Et alii plures:,

T<itulus> .iº. Enlo prim<er>o titulo mandamos/ τ establecemos que cada uno/ obispo que tenga bien el ministram-/iento ecc<lesi>astico con sus cl<er>i-gos en sus/ sees ordenadamientre.

T<itulus> .iiº. Enlo segundo titulo establecem-/os q<ue>los abbades τ los monges τ los monest<er>ios tengan la riegla τ los es-/tablecimientos que ies dio san beney-/to. ye los abbades τlas abbadesas co<n> s<us>/ con uientos sean obedientes asus o-/bispos. Et ningun abbat non reciba/ monge aieno nin abba<-desa> mongia aie-/na si alguno q<ui>sier q<ue>bran-/tar estre [!] n<uest>ro establecimien>to sea es-/comungado:,

T<itulus> .iiiº. Enlo t<er>cero titulo mandamos q<ue>/ las egl<es>ias τ los cl<er>igos sean en poder de su obispo. ye q<ue> ningun lego/ non aya poderio sobrelas egl<es>ias nin/ sobrelos cl<er>igos. Las egl<es>ias sean entre-/gas τ no<n> partidas.' co<n> p<re>stes.' co<n> or-/namie<n>tos ecc<le-si>asticos. τ non sacrifiq<ue>n/ con calze de madero. nin de uidrio. ni<n>/ de cobre. nin de laton. si no<n> con calze/ de oro o de plata. o de plomo. Ela ues-/timie<n>ta del p<re>ste pora sacrificios.' amito/ f. 148b τ alua. τ cinta. esto-la. τ casula. emani-/polo. Ela uestimienta del diachono/ amito alua cinta. stola dalmatica. τ manipolo. τcon falesca desto nada./ El ara del altar sea de piedra ye consa-/grada p<or> mano de obispo. Ela hostia sea/ de t<ri>go escogido ye sana τ ent<re>ga. El ui-/no sea muy limpio. τ la agua limpia/ τ clara. assi que entre hostia τ el uino/ τ el agua el trinitat significada p<er>fecha-/mientre. El altar sea cobierto hones-/tamientre. desuso tenga pa<n>no de li-/no blanco τ mundo. Sobrel calze τ de-/iuso.' sea corporal de lino limpio ye/ entrego. Elos p<re>stes τ los diachonos q<ue>/ fazen el mi<ni>st<er>rio eccl<esi>astico.' nin tragan/ armas. ayan las coronas abiertas. ye las barbas raydas. τ non te<n>-ga<n> mug<ere>s/ en casa sinon fuer madre o ermana/ de padre o de madre. Elas uestiduras/ sean duna color τ conuenientes[299]. Dien-/tro los diestros dela egl<es>ia q<ue> son .xxx. pa-/ssadas non muere lego casado. ni<n> aya/ enla egl<es>ia. Et los cl<er>igos ensine<n> alos/ fijos dela egl<es>ia τ alos infantes. el Cre-/do in deum. τ el pater n<oste>r. assi q<ue>lo te<n>ga<n>/ de cor. Si algun lego quisiesse corro<n>-/per esta costitucion.' sea escomunga-/do. El p<re>ste o el diachono q<ue> fuesse destr-/uydor desta constitucion peche al ob<is>po. Lx.ª .s<ueldo>s. τ sea priuado de officio τ de bene-/ficio:,

299 "ien" supraes. en "conuenientes"

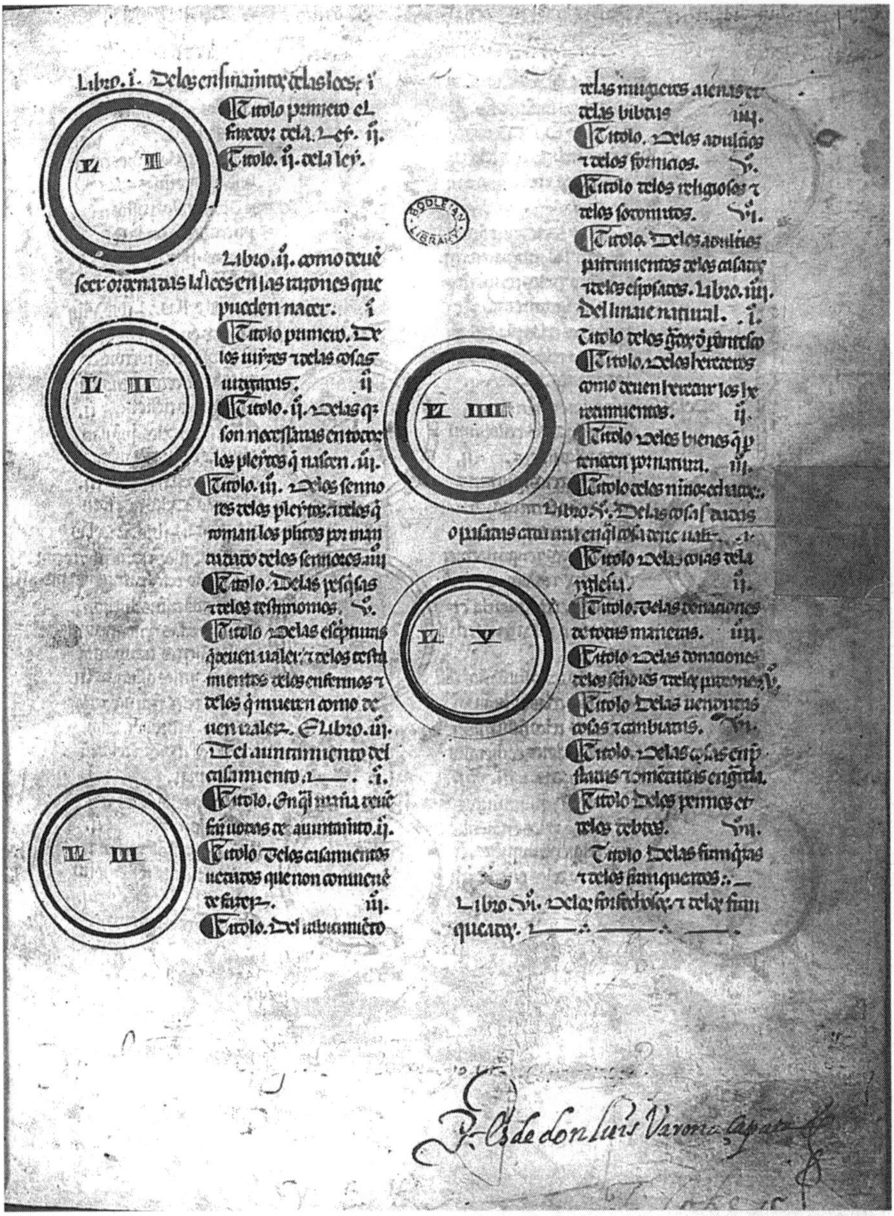

F. 1r del ms. Holkham misc. 46 de la Bodleian

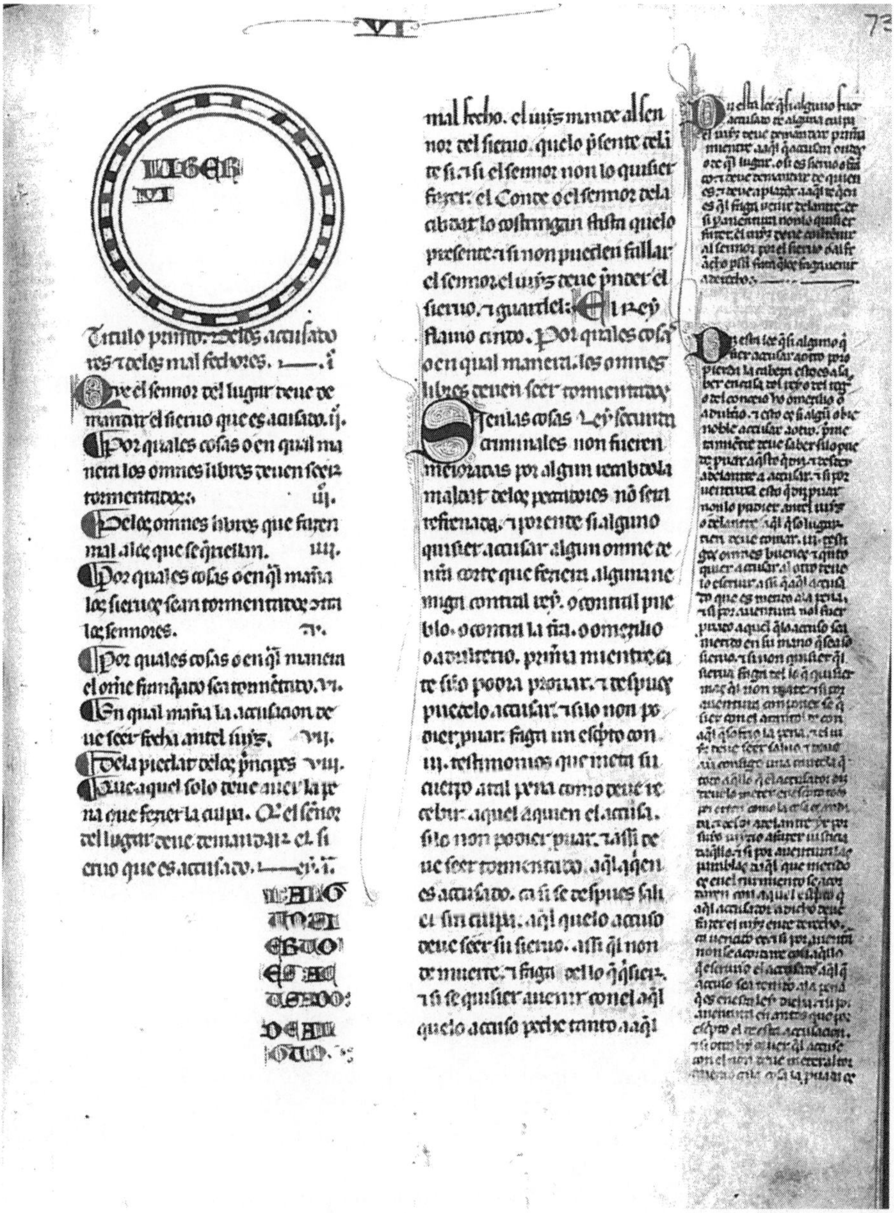

LIBER VI

Titulo primero. Delos acusadores e delos mal fechores. i.
Que el sennor del lugar deue demandar el sieruo que es acusado. ij.
Por quales cosas o en qual manera los omnes libres deuen seer tormentados. iij.
De los omnes libres que fueren mal aliados que se quieran. iiij.
Por quales cosas o en qual manera los sieruos sean tormentados a los sennores. v.
Por quales cosas o en qual manera el omne franqueado sea tormentado. vi.
En qual manera la acusacion deue seer fecha ante el iuiz. vij.
De la querella de los principes. viij.
Que aquel solo deue auer la pena que fezier la culpa. Que el sennor del lugar deue demandar el sieruo que es acusado. i.

mal fecho. el iuiz mande al sen
nor del sieruo. que lo presente deli
de si. e si el sennor non lo quisier
fazer: el Conde o el sennor de la
cibdat lo costringan fasta que lo
presente. e si non pueden fallar
el sennor el iuiz deue prender el
sieruo. e guardel: El rey
flauio cindo. Por quales cosas
o en qual manera los omnes
libres deuen seer tormentados
Si en las cosas Ley secunda
criminales non fueren
meioradas por algun [illegible]
maldat delos peccadores nõ seran
refiernadas. e por ende si alguno
quisier acusar algun omne de
nuestra corte que feciera alguna ne
migua contra el rey. o contra el pue
blo. o contra la tierra. o omezillo
o adulterio. primera mientre ca
de si podra prouar. e despues
puede lo acusar. e si lo non po
dier prouar: faga un escripto con
iij. testimonios que meta su
cuerpo a tal pena como deue re
cebir aquel a quien el acusa.
si lo non podier prouar. e assi de
ue seer tormentado. aquel a quien
es acusado. e si se despues sali
er sin culpa: aquel que lo acuso
deue seer su sieruo. assi que non
de muerte. e faga del lo que quisier.
e si se quisier auenir con el aquel
que lo acuso peche tanto a aquel

F. 73r del ms. Holkham misc. 46 de la Bodleian

REFERENCIAS BIBLIOGRÁFICAS

ALTUROL, Jesús, Joan BELLÈS, Joseph M. FONT I RIUS, Yolanda GARCÍA y Anscari M. MUNDÓ (2003): *Liber Iudicum Popularis, ordenat pel jutge Bonsom de Barcelona*. Barcelona: Generalitat de Catalunya, Departament de Justicia i Interior.

CASTILLO LLUCH, Mónica y Ricardo PICHEL GOTÉRREZ (2015): "El Códice López Ferreiro del *Fuero Juzgo:* revisión filológica, escriptológica y nueva edición", *RLiR* 79 (nº 313-314): 123-168.

DE LA MARE, A. C. y B. C. BARKER-BENFIELD (1980): *Manuscripts at Oxford: an Exhibition in Memoriam Richard William Hunt*. Oxford: s. e.

DÍAZ Y DÍAZ, Manuel C. (1976): "La Lex Visigothorum y sus manuscritos. Un ensayo de reinterpretación", *Anuario de Historia del Derecho Español* 46: 163-224.

GARCÍA LÓPEZ, Yolanda (1996): *Estudios críticos y literarios de la "Lex Wisigothorum"*. Alcalá de Henares: Universidad de Alcalá.

HSMS (Hispanic Society of Medieval Studies), <http://www.hispanicseminary.org/t&c/lex/index-en.htm> [16/08/2016]

MENCÉ-CASTER, Corinne (1996): *Fuero Juzgo (manuscrit Z.III.6 de la Bibliothèque de San Lorenzo de El Escorial): introduction, transcription, étude*, Thèse de doctorat sous la direction de Jean Roudil. Paris: Université de Paris XIII, 3 vols.

ORAZI, Verónica (1997): *El dialecto leonés antiguo (edición, estudio lingüístico y glosario del* Fuero Juzgo *según el ms. escurialense Z.III.21*. Madrid: Universidad Europea-CEES Ediciones.

PERONA, JOSÉ *et alii* (ed.) (2002): *El* Fuero Juzgo. *Estudios críticos y transcripción*. Murcia: Fundación Séneca, 2 vols.

PhiloBiblon, BETA (Bibliografía Española de Textos Antiguos): <http://vm136.lib.berkeley.edu/BANC/philobiblon/beta_en.html.; BETA manid 2850> [16/08/2016]

REAL ACADEMIA ESPAÑOLA (1815): *Fuero Juzgo en latín y castellano cotejado con los más antiguos y preciosos* códices. Madrid: Ibarra.

ROMERO CAMBRÓN, Ángeles (2009): "El ms. 10134bis de la BNE, *Grant Crónica de los Conquiridores, Segunda partida*: estudio codicológico con anotaciones gráfico-lingüísticas", *RLiR*, 73 (nº 291-292): 461-484.

—— (2012): "El ms. 10134 de la Biblioteca Nacional Madrid: *Grant Crónica de Espanya (Tercera partida)*, de Juan Fernández de Heredia", en Emilio Montero Carterlle (ed.), *Actas del VIII Congreso Internacional de Historia de la Lengua Española*. Santiago de Compostela: Meubook, II: 1777-1789.

ROUDIL, Jean (2000): *La tradition d'écriture des* Flores de Derecho, vol. I, t. 1. Paris: Klincksieck.

—— (2012): *La tradition d'écriture des* Flores de Derecho, vol. I, t. 2-5 y vol. II. Paris: Annexes des Cahiers Hispaniques Médiévales.

SEBASTHIAN MEDIAVILLA, Fidel (2012): "Itinerario de un sistema de puntuación", *Bulletin Hispanique,* 114 (2): 937-961.

TUERO MORÍS, Montserrat (1994): Fueru xulgu: *llectura fecha acordies col Cod. Hisp. 28 de la Biblioteca del Estáu de Baviera por entamu de Xosé Lluis García Arias; edición iguada pola Academia de la Llingua Asturiana*. Oviedo: Principáu d'Asturies.

Ureña y Smenjaud, Rafael de (1909): *Discursos leídos ante la Real Academia de la Historia en la recepción... de Rafael de Ureña y Smenjaud, discurso de contestación de D. Bienvenido Oliver.* Madrid: Tirada aparte de la Revista General de Legislación y Jurisprudencia.